Inhaltsverzeichnis

Der einzige Weg, sich von der Vergangenheit zu befreien,
ist es, eine Vision für die Zukunft zu haben.
Max Kohnstamm, niederländischer Diplomat (1914 – 2010)

Vorwort

Eine Vision

Stellen Sie sich vor, die deutsche soziale Versorgung hätte sich zu einer sozialen Versorgung in Deutschland verändert. Alle Menschen sind willkommen, werden mit Wertschätzung behandelt. Kinder, Jugendliche und Familien mit Migrationshintergrund nehmen die Angebote entsprechend ihren Bedürfnissen wahr. Die Mitarbeiterinnen und Mitarbeiter der sozialen Dienste sind empathisch, sensibel und aufmerksam im Umgang mit Vielfalt und Verschiedenheit. Sie sind sich ihrer eigenen kulturellen Gebundenheit bewusst. Sie sind mit den Spielregeln vertraut, die das Zusammenleben in Deutschland strukturieren. Das befähigt sie, sich mit anderen Verhaltensweisen konstruktiv auseinanderzusetzen, mit Ungewissheiten und Mehrdeutigkeiten umzugehen und Widersprüche auszuhalten. Die bunt gemischte Mitarbeiterschaft der sozialen Dienste ist deshalb in der Lage, eigene Werte zu reflektieren und kritisch zu bleiben für die vielfältigen Stereotypen und Vorurteile, von denen die Bilder über andere, als fremd empfundene Menschen und deren Vorstellungen geprägt sind. So gelingt es in der Regel, in einem gleichberechtigten Austauschprozess die geeigneten Hilfen für die Rat suchenden Menschen auszuhandeln. Die mittlerweile verbreitete kultursensible Evaluation der Hilfen belegt ihre zunehmenden Erfolge. Die Mitarbeiterinnen und Mitarbeiter sind sehr viel zufriedener mit ihrer Arbeitssituation als in der Vergangenheit. Die regelmäßigen Kundenbefragungen beweisen die hohe Qualität sozialer Dienstleistungen und die Zufriedenheit der Nutzerinnen und Nutzer.

Wir wollen, dass diese Vision Wirklichkeit wird. Dieses Buch ist ein Resümee unserer Erfahrungen in München und aus vielen Beratungsprozessen für Einrichtungen, Verbände und Kommunen (vgl. als Beispiel Handschuck 2008 a und b). Wir wollen damit Anregungen geben für den Prozess der interkulturellen Öffnung und darstellen, welche Vorgehensweisen sich taktisch und strategisch empfehlen. Es werden Aktivitäten vorgestellt, die hilfreich sind für die Unterstützung dieses Prozesses und es wird das notwendige Handwerkszeug zur Verfügung gestellt. Wir werden gute Praxis beispielhaft vorführen.

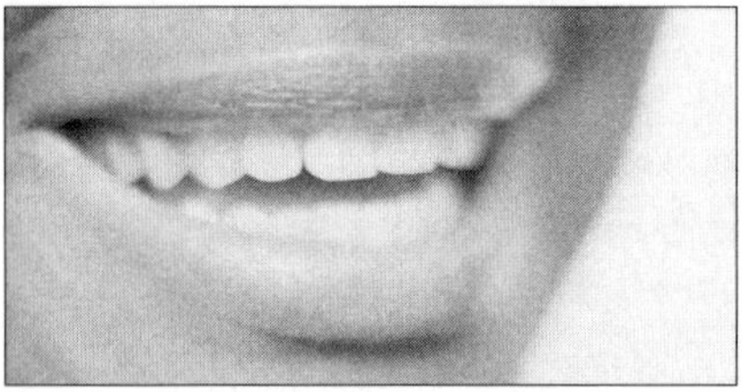

Unser Erfahrungshintergrund ist die Soziale Arbeit, schwerpunktmäßig die Kinder- und Jugendhilfe. Aus diesem Feld hat sich in Deutschland die Forderung nach der interkulturellen Öffnung entwickelt, wie wir gleich in einem kleinen historischen Rückblick darstellen werden. Unsere Erfahrungen und Überlegungen lassen sich aber auf alle dienstleistungsorientierten Organisationen übertragen, auch auf solche des Profit-Bereichs. Sie gelten generell für kommunale Öffnungsprozesse und ebenso für Organisationen im Bildungs-, Gesundheits- oder kulturellen Bereich. Die folgenden strategischen Ansätze und methodischen Vorschläge sind anwendbar für Organisationen aller Größenordnung und damit vom Team und dessen Entwicklung bis zur Großstadt und deren Veränderung, vom Handwerksbetrieb bis zum Konzern. Interkulturelle Öffnung ist Teil und wesentliche Grundlage erfolgreicher kommunaler Integrationspolitik.

Das Thema ist in Politik und Verwaltung, in Sozialarbeit und Gesundheitswesen, in Schulen und Pädagogik angekommen. Der Nationale Integrationsplan mit seinen diversen Selbstverpflichtungen der Beteiligten zur interkulturellen Öffnung legt dafür ein beredtes Zeugnis ab.

Die Aktualität ergibt sich ferner aus gesellschaftlichen Entwicklungen, die das Thema Vielfalt, den Umgang mit den Herausforderungen durch diese Vielfalt und die Gestaltung von Vielfalt als entscheidende Zukunftsaufgabe zu Top-Punkten auf der Agenda westlicher Industriestaaten haben werden lassen. Der Umgang mit ethnischer Verschiedenheit in Verwaltungen allgemein, speziell in der Sozialverwaltung, im Bildungsbereich und in der Gesundheitsversorgung berührt zudem normative Grundlagen unseres Zusammenlebens. Die relative Geschlossenheit dieser Versorgungssysteme, ihre vielfach hoch selektive Funktion und die unzureichende Berücksichtigung der Bedarfe von einem hohen Prozentsatz der Bevölkerung verschärfen die ohnehin bestehende Verletzung sozialer Gerechtigkeit und die unzureichende Verwirklichung von Chancengleichheit. Darauf hinzuweisen in der Diskussion um die interkulturelle Öffnung der deutschen Regelversorgung ist uns immer wieder ein besonderes Anliegen.

Nachdem wir seit vielen Jahren in diesem Feld tätig sind und immer wieder auch unsere Erfahrungen und Einsichten publiziert haben, handelt es sich bei diesem Handbuch um eine Art Fazit, zum Teil mit Bezug auf schon veröffentlichte Texte. Wir wünschen Ihnen Lust auf Veränderung und viel Erfolg bei der Umsetzung der interkulturellen Orientierung und Öffnung in Ihrem Verantwortungsbereich.

Teil 1: Interkulturelle Orientierung und Öffnung als sozialpolitischer Ansatz und als Organisationsentwicklungsstrategie

Die Kernfrage ist, wessen Schule ist das hier? Ist es Eure Schule oder ist es unsere Schule? Ist es eine deutsche Schule oder ist es eine Schule in Deutschland? Ist das Euer Land oder auch mein Land?
Türkischer Sozialpädagoge (Sachverständigenkommission 2000: 199)

Einführung

Vom Umgang mit Vielfalt

Vielfalt und der Umgang mit Differenz und Diversität sind zu einer zentralen Herausforderung moderner Gesellschaften geworden. Vielfalt leben und gestalten zu können wird zur neuen Schlüsselkompetenz in Wirtschaft und Politik, ebenso auch in Sozialer und pädagogischer Arbeit. Die Frage nach der Fähigkeit unserer Gesellschaft, den sozialen Zusammenhalt zu gewährleisten, muss in den verschiedenen gesellschaftlichen Feldern ständig neu beantwortet werden.

Die Antworten auf die Anforderungen durch Vielfalt waren im sozial- wie im schulpädagogischen Mainstream bis in die 1990er-Jahre eher Vereinheitlichung und Homogenisierung. Die Unterschiedlichkeit der sozialen Lebenswelt, die verschiedenartigen Voraussetzungen in pädagogischen Handlungsfeldern, ebenso die Diversität von Mitarbeiterschaft wie Nutzererwartungen wurden als individuelle, auf den Einzelfall bezogene Herausforderungen begriffen und beantwortet. Abweichendes Verhalten sollte durch Soziale Arbeit verhindert, Anpassung an gesellschaftliche Normalitätsvorstellungen erreicht werden. Pädagogische Institutionen wie Schule zielten darauf, Kinder und Jugendliche unabhängig von Geschlecht, Herkunft und sonstigen Unterschieden durch eine gleichförmige Lernorganisation in ein nivellierendes System einzupassen.

Natürlich gab es vielfältiges bürgerschaftliches Engagement durch Initiativgruppen oder Selbsthilfeorganisationen und durch Projektansätze, denen es um die Berücksichtigung ethnischer Herkunft ging. Vielfalt erfuhr aber keine prinzipielle Anerkennung und Wertschätzung. Schon gar nicht wurden die Konstruktionsmechanismen der sozialen Herstellung von Differenz in der Praxis einer kritischen Reflexion unterzogen. Angleichung, Einebnung, Assimilation waren die Zielhorizonte, die im sozialen und pädagogischen Bereich die Strategien im Umgang mit Vielfalt bestimmt haben. Eine zielgruppenfixierte und defizitorientierte Sicht insbesondere auf Minderheiten prägte das Handeln.

Die gesellschaftlichen Entwicklungen und Veränderungen der jüngsten Vergangenheit fordern eine neue Sicht auf Vielfalt und Verschiedenheit. Nur einige Stichworte sollen schlagwortartig den historischen, gesellschaftlichen und kulturellen Wandel beleuchten: Die Befreiungsbewegungen der Dritten Welt, die Krise des Eurozentrismus, also der Verlust der europäischen Vormachtstellung und deren theoretische Aufarbeitung z.B. im Postkolonialismus, haben Herkunft als Folge früherer Kolonialisierung bewusst gemacht. Emanzipationsbewegungen von der Frauen- bis zur Studentenbewegung mit ihrer Patriarchats- und Autoritätskritik haben zur Krise der Männlichkeitsvorstellungen beigetragen und das Verhältnis der Geschlechter neu bestimmt. Durch Individualisierung und Pluralisierung sind traditionelle homogene Milieus zerfallen, ist der Druck auf konformes Verhalten verringert. Der damit verbundene Wertewandel, wie er sich etwa in einem veränderten Bild von Kind und Kindheit niederschlägt, setzt Selbständigkeit und Selbstverwirklichung gegen Gehorsam und Anpassung. Der demografische Wandel droht zu Konflikten zwischen den Generationen im Kampf um knapper werdende Ressourcen zu führen. Zuwanderung, ethnische Auseinandersetzungen und religiös aufgeladene Konflikte stellen moderne Gesellschaften vor neue Herausforderungen. Die Wissenschaften haben das Thema Diversität in Differenztheorien und konstruktivistischen bzw. dekonstruktivistischen Ansätzen aufgegriffen. Diskriminierung wurde zum gesellschaftlichen und politischen Thema. Im Recht wurden mit EU-Richtlinien und dem Allgemeinen Gleichstellungsgesetz in Deutschland Antidiskriminierungsmaßnahmen kodifiziert.

Vor diesem Hintergrund müssen Perspektiven für einen neuen Umgang mit Vielfalt gefunden werden. Anpassung und Assimilation an vermeintliche Normalitätsvorstellungen sind überholt. Vielfalt prägt unseren Alltag und ist Quelle unterschiedlichster Ressourcen. Vielfalt – durch Geschlecht, ethnische Zugehörigkeit, religiöses Bekenntnis, unterschiedliche Handicaps, Generation oder sexuelle Orientierung – verlangt, Verschiedenheiten wahrzunehmen, anzuerkennen und kompetent damit umzugehen. Aus dem Vielfalt-Paradigma ergeben sich neue Kompetenz-Anforderungen an Organisationen und an Menschen mit – im weitesten Sinn – gesellschaftlicher Verantwortung, was gerade für die Soziale Arbeit gilt. Diese neue Kompetenz kann als Vielfaltskompetenz bezeichnet werden.

Noch weiter gehen in ihren Überlegungen und Prognosen Ökonomen, die über die weitere Entwicklung der kapitalistischen Gesellschaft nachdenken, berichtet die Süddeutsche Zeitung in einer Serie über das weitere Wirtschaftswachstum (vgl. Zydra 2009: 26). Eine Wachstumstheorie geht davon aus, dass das Auf und Ab der Weltwirtschaft auf langfristige Entwicklungen und nicht auf kurzfristige Konjunkturzyklen zurückzuführen sei und dass große Erfindungen und Innovationen zu massiven Wachstumsschüben führten und langfristige ökonomische und gesellschaftliche Auswirkungen hätten. Ausgelöst werden die jeweiligen Erfindungen von gesellschaftlichen Mangel- oder Knappheitssituationen, wenn also etwas Entscheidendes gefehlt hat (ebd.). Auf die Frage, wo aktuell bahnbrechende Innovationen zu erwarten seinen, gibt es eine verblüffende Antwort: „Gesundheit und Sozialverhalten sind die nächste Knappheitsgrenze in der Gesellschaft", prognostiziert Erik Händeler (2007). „Der Wohlstand der Zukunft hängt nun von der Kultur unseres Zusammenlebens ab. Entscheidend ist, wie wir miteinander umgehen", resümiert Zydra.

Was führt zu dieser Prognose? Sie beruht auf der Analyse der vielfältigen Herausforderungen im alltäglichen Zusammenleben und -arbeiten. Es mehren sich Konflikte, Mobbing, Burnout, Depressionen, Be- und Entfremdung. In gleichem Maße wachsen Lösungsversuche wie Mediation, Coaching, Supervision oder Kompetenz-Trainings vielfältiger Art. Das gilt für Unternehmen wie für sozialpädagogische, psychosoziale und pädagogische Institutionen. Wir brauchen für die Lösung dieser Aufgaben und Probleme neue Kompetenzen, die das reichhaltige Wissen von Menschen unterschiedlichen Geschlechts, unterschiedlicher Herkunft oder unterschiedlicher körperlicher Ausstattung in der jeweiligen Organisation fruchtbar machen. Das meint Vielfaltskompetenz: die Fähigkeit, alle Ressourcen zur organisatorischen Bewältigung von sich ständig wandelnden Anforderungen und Aufgaben produktiv zu nutzen. Wenn diese Prognosen in die richtige Richtung weisen, wie wir glauben, dann sind Antworten auf die Fragen des Umgangs mit dem demografischen Wandel, der weltweiten Wanderung und der Notwendigkeit interkultureller Verständigung entscheidend für eine gedeihliche Zukunft.

Die Forderung nach der interkulturellen Öffnung von Einrichtungen und Diensten, von Organisationen und Institutionen hat auf der Folie dieser Überlegungen und Prognosen in den letzten Jahren eine bemerkenswerte Entwicklung genommen. War es zunächst nur ein kleiner Kreis migrations- und integrationspolitisch Engagierter, der die Zugangshindernisse für Migrantinnen und Migranten zu den Regeldiensten deutscher Versorgungssysteme kritisch analysierte und Verbesserungen diskutierte, so besteht heute ein breiter politischer Konsens, dass sich alle gesellschaftlich relevanten Institutionen neuen Herausforderungen und neuen Zielgruppen öffnen müssen.

Paradigmenwechsel

Für diesen Paradigmenwechsel von der Sonderversorgung zur Regelversorgung dürften im Wesentlichen zwei Entwicklungslinien verantwortlich sein: ein kritischer fachpolitischer Diskurs der Sozialen und pädagogischen Arbeit sowie ein bundesweiter integrationspolitischer Kurswechsel. Das wird im folgenden Kapitel in seiner historischen Entwicklung differenziert dargestellt. Im Ergebnis hat das Thema Integration erstmals in der Geschichte der bundesdeutschen Zuwanderung einen politisch bedeutsamen Stellenwert. Die Ressortierung der Bundesbeauftragten für Migration, Flüchtlinge und Integration im Kanzleramt, die Einladung zu vier nationalen Integrationsgipfeln durch die Kanzlerin, die breit angelegte Erarbeitung eines Nationalen Integrationsplans, aber auch die Islamkonferenzen des Bundesinnenministers machen deutlich, dass wichtige Teile der deutschen Politik anerkennen: Deutschland ist ein Einwanderungsland geworden, die Folgen der Globalisierung sind zu bearbeiten, gesellschaftliche Vielfalt hat einen positiven Wert, Integration muss gestaltet werden. So widersprüchlich viele Ansätze noch bleiben, der Eklat um die Verschärfung des Zuwanderungsrechts auf dem zweiten Integrationsgipfel ist dafür nur ein Beispiel, so unumkehrbar ist diese Entwicklung.

Das Thema interkulturelle Öffnung ist dafür ein exemplarischer Beleg. Die Forderungen nach und die Selbstverpflichtungen zu einer Öffnungspolitik nehmen beständig zu. Kein kommunales Integrationskonzept, kein großer Wohlfahrtsverband, keine Länderkonzeption und ebenso wenig der Nationale Integrationsplan verzichtet auf eine Positionierung. „Durch interkulturelle Öffnung der Verwaltung und der Institutionen – durch Einstellung von Migrantinnen und Migranten und interkulturelle Fortbildungen für alle – sowie den Abbau von Zugangsbarrieren sollen alle Bevölkerungsgruppen angemessen vertreten sein und bei der Durchsetzung ihrer Belange kompetent gestützt werden“. So formulierte der Nationale Integrationsplan (Die Bundesregierung 2007: 111) im Themenfeld 5: „Integration vor Ort unterstützen“ eine der wesentlichen Zukunftsaufgaben kommunaler Integrationsarbeit. Als Querschnittthema wird interkulturelle Öffnung an vielen Stellen im Nationalen Integrationsplan aufgegriffen, so als wesentliches Förderkriterium des Bundes für Infrastrukturprojekte (ebd.: 21), als Forderung an die Öffnung des Gesundheitswesens (ebd.: 29, 100), des Sports (ebd.: 145) und des Bürgerschaftlichen Engagements, also insgesamt der „traditionellen Vereine, Verbände, Kirchen, Religionsgemeinschaften und Migrantenorganisationen“ (ebd.: 174). Was ursprünglich als (selbst-)kritische Befragung der Effektivität und Effizienz der sozialen Dienste begonnen hat, hat sich inzwischen zu einer Forderung an die Gesellschaft insgesamt entwickelt.

So weit scheint Einigkeit zu bestehen. Sehr viel weniger Klarheit besteht darüber, was interkulturelle Öffnung denn eigentlich bedeutet, und vor allem, wie sie zu erreichen ist. Freimütig räumt das fachlich zuständige Bundesamt für Migration und Flüchtlinge (2011) auf seinem „Integrationsportal" ein, dass es bislang kein Konzept für die gezielte, interkulturelle Öffnung der Gesellschaft und ihrer Institutionen gebe. „Für die interkulturelle Öffnung der Aufnahmegesellschaft existiert gegenwärtig kein umfassender strategischer Ansatz. Sie ist vor allem für die Bereiche Verwaltung und Bildung sowie für die soziale Regelversorgung wichtig" (Bundesamt für Migration und Flüchtlinge 2011).

Die Einschätzung der gesellschaftlichen Wichtigkeit teilen wir. Nicht einstimmen können wir in das Bedauern, dass es dafür keine Konzepte gebe. Deren Ansätze, Herkünfte und Verständnis wollen wir im Weiteren vorstellen.

Wir legen unsere Überlegungen und Erfahrungen in zwei Teilen vor. Im ersten Teil werden wir die gegenwärtige Aktualität kurz skizzieren und sie in die Geschichte der letzten 60 Jahre einordnen. So wird eine fortschreitende Entwicklung deutlich, die mit dem erreichten Stand sicher nicht abgeschlossen ist. Wichtig erscheint uns bei der Diskussion und Umsetzung von interkultureller Orientierung und Öffnung, sich Klarheit über die zugrunde liegenden Begriffe und theoretischen Ansätze zu verschaffen. Unser Verständnis werden wir darlegen und als Angebot zur Verständigung unterbreiten. Ebenso wichtig sind uns eine Abgrenzung der vielfältigen strategischen Ansätze, die sich vor allem aus der derzeit aktuellen Diskussion um Diversity Management ergeben, und eine Begründung dafür, warum wir weiterhin bei interkultureller Orientierung und Öffnung bleiben. Einen Schwerpunkt bilden die Überlegungen, wie denn ein solcher Veränderungsprozess zu gestalten ist. Wir werden von der klassischen Managementberatung über Organisationsentwicklung, Change Management und lernende Organisation bis zur systemischen Organisationsberatung die wichtigsten Ansätze referieren und Anregungen für das Vorgehen geben. Abschließend soll noch über aktuelle Entwicklungen und interessante Praxisbeispiele informiert werden.

Wir legen keine systemtheoretische Arbeit vor, aber die Überlegungen zum Verständnis von Organisation und zu deren Veränderung sind davon inspiriert. Im Buch wie in der Realität plädieren wir für ein pragmatisches Vorgehen. Das Nebeneinander verschiedener Ansätze und Methoden bestimmt die Praxis und so auch unsere Anregungen.

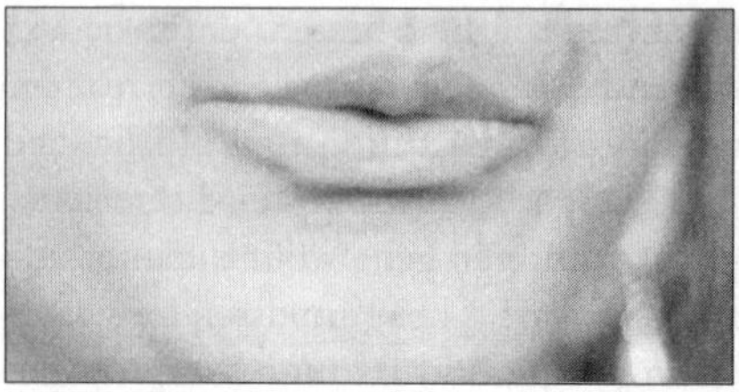

Jeder Veränderungsprozess braucht Aktivitäten zu seiner Umsetzung. Hier stellen wir im zweiten Teil aus unseren Praxiserfahrungen eine Fülle von Aktivitäten vor, wie man in einen Prozess der Organisationsveränderung einsteigen, sich die Arbeitsbegriffe erarbeiten, wie eine Bestandsaufnahme erfolgen, wie eine breite Meinungsbildung und Beteiligung, wie Vernetzung sichergestellt werden und wie man vom Leitbild über die Zielentwicklung bis zur Öffentlichkeitsarbeit vorgehen kann.

Beide Teile können unabhängig voneinander gelesen werden, auch wenn sich die umsetzungsorientierten Aktivitäten auf die Systematik des ersten Teils beziehen und daran anknüpfen. Deshalb gibt es gewisse Redundanzen, weil wichtige Themen und Stichworte für den eher abstrakten Teil genauso wichtig sind wie für die Begründung der vorgeschlagenen Aktivitäten. Auch der Praxisteil enthält jeweils kurze theoretische Einleitungen, die zum Teil neue Aspekte aufgreifen.

Die Arbeitskräftewanderung ist ein Teil und eine Folge der weltweiten Globalisierung, ja ein Symbol für Globalisierung schlechthin.
Karl-Heinz Meier-Braun (2002: 171)

1. HISTORISCHE ENTWICKLUNG

Uns erscheint es wichtig, an die historischen Ursachen zu erinnern, die zu einem bedeutenden Anteil zugewanderter Menschen an der deutschen Wohnbevölkerung geführt haben. Historisches Wissen sehen wir als Grundlage für eine Auseinandersetzung mit rechtlichen und politischen Benachteiligungen, mit sozialen Diskriminierungen, mit Alltagsrassismen und generell mit der Dominanzkultur der Mehrheitsgesellschaft. Wissen um die Migrationsgeschichte ist aber ebenso entscheidend für die Anamnese und Diagnose der jeweiligen Fallgestaltung in der Sozialen oder pädagogischen Arbeit. Im Folgenden wollen wir die Geschichte der Migration nach Deutschland jeweils mit gesellschaftspolitischen Ereignissen und Erfahrungen verbinden, um das damalige gesellschaftliche Klima und zugleich Veränderungsprozesse deutlich werden zu lassen. Ergänzend werden sozial- und bildungspolitische Aspekte aufgegriffen, um die Reaktionen der Sozialen Arbeit im Wandel der Herausforderungen transparent zu machen. So wird nachvollziehbar, warum die interkulturelle Arbeit, so wie wir sie verstehen, als gegenwärtiger Punkt auf einer sich entwickelnden Linie zu interpretieren ist, einer Entwicklungslinie, die damit nicht abgeschlossen ist.

„Der Aufstieg dieses Paradigmas (der interkulturellen Öffnung) ist im Kern als ein Ergebnis der Anfang der 80er-Jahre einsetzenden kritischen Reflexion der Ausländerpädagogik und Ausländersozialarbeit sowie ihrer Institutionalisierung zu deuten. Während die Kritik der Ausländerpädagogik und Ausländersozialarbeit im Wesentlichen an der Deutung der zugewanderten bzw. in der Bundesrepublik Deutschland aufgewachsenen (jungen) Migrationsbevölkerung als defizitäre und hilfsbedürftige Personen ansetzte, zielte die Kritik der Institutionalisierung auf den potentiell ausgrenzen Charakter spezieller Einrichtungen und Angebote für die in Rede stehende Bevölkerungsgruppe“ (Filsinger 2002: 5).

Dieses Resümee verweist auf eine besondere deutsche Tradition der Ausländerpolitik, die wir knapp skizzieren wollen. Die deutsche Migrationspolitik lässt sich in historische Phasen einteilen (vgl. Hamburger 1999; Meier-Braun 2002; Handschuck 2008a; Schröer 2008; ähnlich, allerdings umstritten, für die Entwicklung von Erziehung und Bildung Nieke 2000), auf die Soziale und pädagogische Arbeit mit unterschiedlichen Konzepten reagiert haben. Eine solche Einteilung ist, wie es Hamburger (1999: 33) einmal formuliert hat, „pragmatisch-strukturierend und heuristisch", erfolgt also erst im Nachhinein, ist praktisch orientiert, um durch eine solche Systematisierung gewisse Erkenntnisse zu gewinnen. Die institutionellen Strukturen insbesondere der Sozialen Arbeit, die dabei entstanden sind, folgten keiner systematischen Konzeptionierung, sondern waren Ergebnis situativer Antworten auf historisch jeweils auftretende Problemlagen. In Anlehnung an diese Vorschläge sollen hier fünf Phasen unterschieden werden.

Phase 1: Anwerbepolitik – Gastarbeiter

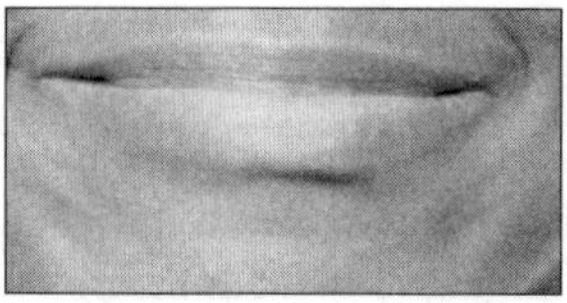

Die erste Phase deutscher Migrationspolitik, über Jahre Ausländerpolitik genannt, kann von 1955 bis 1973 datiert werden. Sie war gekennzeichnet von Anwerbevereinbarungen mit Ländern rund um das Mittelmeer, wodurch systematisch Arbeitskräfte in das Wirtschaftswunderland Bundesrepublik Deutschland geholt wurden. 1964 wurde der millionste Gastarbeiter gezählt, erst 1965 ein Ausländergesetz verabschiedet. Eine größere ökonomische Krise, die sich 1973 andeutete, machte dem ein Ende. Bei 2,6 Millionen ausländischen Beschäftigten und 4,1 Millionen Wohnbevölkerung wurde 1973 ein Anwerbestopp erlassen. Die gezielte Anwerbung wurde abrupt beendet und bis heute nicht wieder aufgenommen.

Gesellschaftspolitisch bestand Konsens darüber, dass der Arbeitsaufenthalt der Angeworbenen nur vorübergehend sein werde. Darin war man sich mit ihnen und ihren Herkunftsländern einig. Die Arbeitgeber meldeten ihren Bedarf an und bekamen Arbeitskräfte geliefert. Die Gewerkschaften stimmten zu, nachdem sichergestellt war, dass die tariflichen Vereinbarungen und sozialen Rechte für alle Arbeitnehmer in gleicher Weise gelten sollten. Die sozialstrukturelle „Unterschichtung" der Arbeitsgesellschaft zu Gunsten von Aufstiegschancen deutscher Arbeitnehmer war dabei ein angenehmes Nebenprodukt.

Sozialpolitische ging es um „Eingliederung im Hinblick auf den Sozialrechtsstatus" (Hamburger 1999: 34) und um die soziale Betreuung der angeworbenen Arbeitskräfte im Sinne von Beratung, Betreuung, Bewältigung von Alltagsfragen. Dazu diente die Ausländersozialberatung, die den Wohlfahrtsverbänden, nach Religionszugehörigkeit bzw. nach nationaler Herkunft aufgeteilt, überantwortet wurde. Diese „Zuständigkeit" hatte eine „staatlich anerkannte und lizenzierte Monopolstellung der Betreuungsverbände" (Puskeppeleit/Thränhardt 1990: 45) zur Folge, entlastete die Kommunen mit ihrer sozialen Regelversorgung und verhinderte die Konzeptionierung einer eigenständigen kommunalen Migrationssozialarbeit. Durch den nationalitätenspezifischen Ansatz wurden generations-, geschlechts- oder fachspezifische Bedarfe gar nicht erst thematisiert. Die Betroffenen waren Objekte von Betreuung und Fürsorge. Das galt als durchaus ausreichend, verhalfen die Sozialberater doch den überwiegend ledig lebenden männlichen „Gastarbeitern" zur Realisierung ihrer sozialen Rechte und zur Bewältigung des Alltags. Familienhilfen oder die Arbeit mit jungen Migrantinnen und Migranten spielten zu dieser Zeit noch kaum eine Rolle. Für das soziokulturelle Überleben waren die eigenen Communities wichtig. Es bildeten sich Selbstorganisationen der Migrantinnen und Migranten, die vielfach politisch an das Herkunftsland gebunden waren, die die religiöse Herkunft widerspiegelten und die kulturelle wie sportliche Initiativen entwickelten.

Phase 2: Konsolidierungspolitik – Wohnbevölkerung

Die zweite Phase der Migrationspolitik zählt von 1973 bis 1981. Die politischen Aktivitäten waren eine Reaktion auf die sich verschlechternden ökonomischen Rahmenbedingungen. Verfolgt wurde das Ziel, die Ausländerzahlen zu konsolidieren und weiteren Zuzug unattraktiv zu machen. Das Gegenteil wurde erreicht: Wegen fehlender Rückkehrmöglichkeiten versiegte die Fluktuation. Die „Gastarbeiter" holten ihre Familien nach, eine bislang abgesonderte Gruppe wurde Bestandteil der normalen Wohnbevölkerung. 1960 zählte die ausländische Wohnbevölkerung 4,4 Millionen. Anfang der 1980er-Jahre stellte sich deshalb drängend die Frage der Integration. Der erste Ausländerbeauftragte der Bundesregierung, Heinz Kühn, legte 1979 dazu ein bemerkenswertes Memorandum vor. Das Bundeskabinett verabschiedete Ende 1981 erstmals eine Art Konzept mit dem Grundsätzen „Zuzugsbegrenzung – Rückkehrförderung – Integration".

Gesellschaftspolitisch endete der Konsens der „Gastarbeiterära", Konflikte wurden deutlich. Sozialwissenschaftliche Erkenntnisse, darauf basierende Forderungen etwa der Verbände oder des Kühn-Memorandums und die Möglichkeiten praktischer Politik gerieten in Widerspruch. Die Beschlüsse der Bundesregierung bedeuteten eine politische Blockade, „die die Widersprüchlichkeit zur politischen Weisheit umdefinierten" (Hamburger 1999: 36). Festgeschrieben wurde für Jahrzehnte der Nichteinwanderungscharakter der Bundesrepublik. Diese Nichtanerkennung blockierte auch die dringend notwendige Konzeptionierung einer als Folge von Einwanderung notwendigen Integrationspolitik und zementierte damit die Randständigkeit der ausländischen Wohnbevölkerung. Integration stand zwar auf der politischen Agenda, wurde auch partiell als Eingliederung in Teilbereichen realisiert, folgte aber keinem gesamtgesellschaftlichen Konzept.

Sozial- und bildungspolitisch wurde die veränderte Struktur der ausländischen Wohnbevölkerung aufgegriffen und vor allem mit defizitorientierten und kompensatorischen Konzepten beantwortet. Die Kultusministerkonferenz hat mit bedeutsamen Beschlüssen schon 1971 und 1976 die schulische Betreuung der Migrantenkinder behandelt, hat aber darin nicht strukturelle Fragen des Systems, sondern die Kinder der Angeworbenen zum Problem gemacht. Analog zur politischen Diskussion sollte eine pädagogische „Doppelstrategie" verfolgt werden, „nämlich (schulische) Integration plus Erhaltung der kulturellen Identität, sprich: die Rückkehrfähigkeit" (Auernheimer 2003: 38). Parallel dazu und zunächst die Schule unterstützend haben sich in den Orten der Ausländerbeschäftigung deutsche Initiativgruppen gebildet, die sich der außerschulischen Förderung von ausländischen Kindern und Jugendlichen gewidmet haben. Auch sie waren zunächst eher kompensatorisch orientiert, haben allerdings in der praktischen Arbeit die Grenzen ihrer Möglichkeiten erfahren und sind vielfach zu fundierten Kritikern des Systems der deutschen Schule geworden. Es wurde überdeutlich, dass es kommunaler Konzepte für eine Kinder-, Jugend- und Familienarbeit auch für die ausländische Wohnbevölkerung bedurfte. Neben der Ausländerpädagogik entwickelte sich die Ausländersozialarbeit, die überwiegend zielgruppenorientiert, separierend und defizitorientiert konzeptioniert wurde.

Phase 3: Verdrängungspolitik – Abwehr

In der dritten Phase von 1981 bis 1990 wird „aus einem kurzen Wettlauf um Integrationskonzepte (...) plötzlich ein Rennen um eine Begrenzungspolitik" (Meier-Braun 2002: 49). Mit zahlreichen Gesetzen und Erlassen wurde der Versuch unternommen, Ausländer zur Rückkehr zu bewegen und die Mobilität im Lande durch Zuzugsbegrenzungen zu erschweren. Der öffentliche Diskurs war durch negative Umfragen, pseudowissenschaftliche Manifeste und rechtsextreme Aktionen beeinflusst und wandte sich gegen „die Unterwanderung des deutschen Volkes durch Ausländer, gegen die Überfremdung unserer Sprache, unserer Kultur und unseres Volkstums" (Heidelberger Manifest, zitiert nach Meier-Braun 2002: 53). Entwürfe der jeweiligen Innenminister für ein neues Ausländerrecht mit zum Teil nationalistischen Begründungen trugen erheblich zur Verunsicherung der Ausländer und der in der Ausländerarbeit aktiven Initiativen und Personen bei. Integrationspolitik geriet immer mehr in den Hintergrund mit der Folge, dass die damalige Ausländerbeauftragte der Bundesregierung 1991 demonstrativ von ihrem Amt zurücktrat.

Gesellschaftspolitisch war eine deutliche Schwerpunktverlagerung zu verzeichnen. War bis dahin Ausländerpolitik immer Arbeitsmarktpolitik gewesen und hatte folgerichtig im Bundesarbeitsministerium ressortiert, fand nun eine Kompetenzverlagerung zum Bundesinnenministerium statt (vgl. ebd.: 68). Ausländerpolitik wurde zunehmend zur Ordnungs- und später sogar zur Sicherheitspolitik. Der wachsenden Abwehr und den zunehmenden tätlichen Übergriffen aus Teilen der deutschen Bevölkerung gegenüber den Zugewanderten wurde von politischer Seite nicht offensiv begegnet. Integration wurde nicht nur nicht aktiv verfolgt. Vielmehr wurde einerseits Re-Migration durch Rückkehrförderung betrieben und andererseits ein „Unsichtbar-Werden“ durch Assimilation erwartet.

Sozialpolitisch geriet die Ausländersozialarbeit in die Krise. Die ambivalente Ausländerpolitik eröffnete keine pädagogischen Perspektiven auf Dauer. Sozialarbeit und Pädagogik müssen Verbleib und Rückkehr gleichzeitig als mögliche Perspektiven berücksichtigen. Es etablierten sich Ausländersozialarbeit und Ausländerpädagogik als adressatenspezifische Professionen und differenzierten sich zielgruppenorientiert weiter aus. „In dieser „Zielgruppenfindung“ kommt praktisch die Doppelgesichtigkeit der Sozialen Arbeit, die sich helfend und unterstützen einer konkreten Notsituation annähert und gleichzeitig einer systematisierenden öffentlichen Problemdefinition zum Durchbruch verhilft, zum Ausdruck“ (Hamburger 1999: 36). Ausländerarbeit wurde zunehmend kritisiert als „Pädagogisierung der Ausländerfrage“. Vorgeworfen wurde ihr die Illusion, mit pädagogischen und sozialen Aktivitäten politische und strukturelle Probleme lösen zu wollen. Vertieft wurde die Krise noch durch zunehmende Legitimationsprobleme, weil Ausländerarbeit von Deutschen gemacht wurde und „Ausländer“ das zunehmend nicht mehr akzeptieren wollten. Es war aber auch die große Zeit von Modellprojekten unter Beteiligung von Betroffenen selbst: Es waren Stiftungen, Initiativen und Verbände, die die politische Selbstblockade aufzubrechen suchten, modellhaft neue Wege ausprobierten und den Paradigmenwechsel zur interkulturellen Pädagogik und Arbeit vorbereiten halfen.

Phase 4: Asyl- und Aussiedlerpolitik – Gewalt und Rassismus

In der vierten Phase von 1990 bis 1998 steht die Asyl- und Aussiedlerpolitik im Mittelpunkt des politischen Geschehens. Nach dem Zusammenbruch des Ostblocks wuchsen die Aussiedlerzahlen drastisch an mit einem Höhepunkt 1990 von 400.000 (Meier-Braun 2002: 79). Parallel gingen die Asylbewerberzahlen rapide in die Höhe, 1992 kamen allein rund 440.000 (ebd.: 76). Integrationspolitik für die angeworbenen Arbeitnehmer und ihre Familien hatte kaum noch einen Stellenwert, es ging um die Eindämmung der „Asylantenflut“. So wurde ab 1990 die Aussiedleraufnahme kontinuierlich erschwert. Parallel wurde eine Kampagne zur Einschränkung des Asylgrundrechts inszeniert, die im Vorfeld der Wahlen auch bei der SPD schließlich Erfolg hatte. Im so genannten Asylkompromiss von 1992 wurde der Schutzbereich des Grundgesetzes drastisch eingeschränkt. Mit Beginn der 1990er-Jahre und als Begleitmusik zur politischen Auseinandersetzung um Aussiedler und Asylbewerber „breitete sich sogar so etwas wie eine Pogromstimmung mit gewalttätigen Ausschreitungen aus" (ebd.: 84). Die Ortsnamen Rostock, Hoyerswerda, Mölln oder Solingen sind zum Synonym für Gewalt, Verfolgung und Mord geworden. Allein 1991 wurden 2351 ausländerfeindlich motivierte Gewalttaten begangen (ebd.: 85).

Gesellschaftspolitisch stand im Zentrum der Ausländerpolitik die Abwehr der alten und neuen Zuwanderergruppen, der Arbeitsmigranten aus Mittel- und Osteuropa sowie der Aussiedler nach der großen Wende, aber insbesondere der Flüchtlinge. Die politische Abwehr und Ausgrenzung begünstigten ein gesellschaftspolitisches Klima, das von Rassismus, Verfolgung und Gewalt gekennzeichnet war. Aber in einer dialektischen Gegenbewegung, auch aus der Auseinandersetzung mit (jugendlichem) Rechtsextremismus und aus der Erkenntnis heraus, dass ohne Veränderungen in der Mehrheitsgesellschaft Minderheiten marginalisiert bleiben, wurden verstärkt Forderungen nach Konsequenzen aus der Einwanderungssituation, nach einer entsprechenden Gesetzgebung und Einbürgerungspolitik, nach der Einräumung politischer Rechte laut. Gegen eine homogen gedachte Gesellschaft, die im politischen Kampfbegriff der „Leitkultur" ihren programmatischen Ausdruck fand, setzten soziale Bewegungen und Teile der politischen Parteien die Idee des „Multikulturalismus".

Sozial- und bildungspolitisch gab es einen deutlichen Bruch zur überkommenen Ausländerarbeit und Ausländerpädagogik. Der alten Sozialberatung der Verbände wurde in einem Gutachten schon 1988 attestiert, dass sie nicht mehr auf der Höhe der Zeit sei (vgl. Nestmann/Tiedt 1988). Der aufkommende Rassismus und die sichtbare Gewalt führten dazu, dass Rassismustheorien rezipiert und antirassistische Arbeit in Schule und Sozialer Arbeit konzipiert wurden (vgl. Auernheimer 2003: 41). Viele Initiativen wendeten sich der Flüchtlingsarbeit zu, weil die Gettoisierung der Flüchtlinge in staatlichen Unterkünften, ihre soziale Versorgung und das Elend perspektivloser Eltern und entwurzelter Kinder dringenden Handlungsbedarf alltäglicher Unterstützung forderten. Seit Mitte der 1990er-Jahre wurde mit der Forderung nach interkultureller Kompetenz in Sozialer Arbeit und Pädagogik ein neues Paradigma begründet. „Der Fortschritt des Interkulturalismus besteht zweifellos darin, dass er die Aufmerksamkeit nicht nur auf die Migranten richtet, sondern auch die Einheimischen in eine Veränderungspädagogik insoweit einbezieht, dass diese ihren Anspruch, der Staat in Deutschland sei nur ein Staat der Deutschen, aufgeben" (Hamburger 1999: 37).

Phase 5: Integrationspolitik – Einwanderungsland

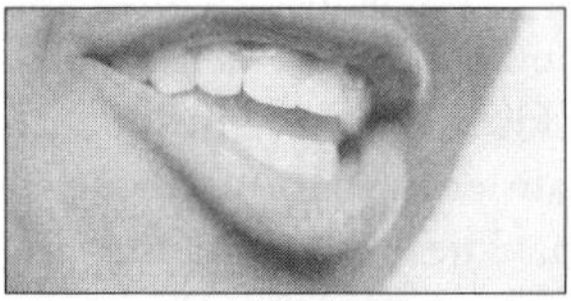

Die gegenwärtige Phase seit 1998 begann mit der ersten rot-grünen Bundesregierung, die sich wohl auch der gesellschaftlichen Auseinandersetzung um eine multikulturelle Gesellschaft verdankt. Der Koalitionsvertrag ging von einem „unumkehrbaren Zuwanderungsprozess“ aus (Meier-Braun 2002: 93) und enthielt viele Absichtserklärungen für eine ernsthafte Integrationspolitik. „Der Begriff „Einwanderungsland“ wurde jedoch wieder einmal tunlichst vermieden“ (ebd.). Begleitet von einer Unterschriftenkampagne im hessischen Wahlkampf kam die doppelte Staatsangehörigkeit nicht zu Stande, die erleichterten Einbürgerungsbestimmungen vor allem für Kinder ab 2000 waren aber ein Fortschritt. Das Abstammungsprinzip wurde durch das Geburtsrecht abgelöst – allerdings mit einer Entscheidungspflicht für die eine oder andere Staatsangehörigkeit bis zum 23. Lebensjahr. Erstmals bekannte sich die Bundesrepublik dazu, ein Einwanderungsland zu sein. Mit dem „Bericht der Unabhängigen Kommission Zuwanderung“ (2001) unter Leitung von Rita Süssmuth kam die Bundesregierung wieder in die Offensive. Ein „Bündnis für Demokratie und Toleranz – gegen Extremismus und Gewalt“ schuf eine breite gesellschaftliche Plattform für einen antirassistischen Diskurs. Die „Green-Card-Regelung“ war zwar arbeitsmarktpolitisch ein Flop, brachte aber einwanderungspolitisch Bewegung in die festgefahrenen Fronten. Besonders heftig bewegte die politische und gesellschaftliche Diskussion ein neues Zuwanderungsrecht, das nach ersten positiven Ansätzen und dem Scheitern vor dem Bundesverfassungsgericht schließlich in einen Kompromiss von Regierung und Opposition 2004 mündete. Seit 2005 gibt es das „Gesetz zur Steuerung und Begrenzung der Zuwanderung und zur Regelung des Aufenthalts und der Integration von Unionsbürgern und Ausländern“, dessen Titel schon die politische Ambivalenz widerspiegelt. Dem verbalen Bekenntnis zum Einwanderungsland Deutschland ist das Recht bis heute nicht gefolgt, aber Integration wurde erstmals rechtlich kodifiziert. Nach dem Scheitern der rot-grünen Koalition hat die große Koalition kontinuierlich die integrationspolitischen Ziele weiterverfolgt. Die Etablierung der Integrationsbeauftragten im Kanzleramt, die Einberufung von Integrationsgipfeln, der Nationale Integrationsplan und die Islamkonferenz mit ihren Arbeitsgruppen im Innenministerium machen Hoffnung auf eine konsequentere Integrationspolitik.

Gesellschaftspolitisch war „die Zuwanderungspolitik so stark in den Brennpunkt der deutschen Innenpolitik gerückt wie nie zuvor in der Nachkriegsgeschichte" (ebd.: 140). Zugleich wurde die Spaltung entlang der Frage, ob Deutschland ein Einwanderungsland und wie darauf richtig zu reagieren sei, erneut offensichtlich. Diese Spaltung bleibt auch ein Kontinuum deutscher Politik, wie die erneute Instrumentalisierung der Ausländerfrage zuletzt im hessischen Landtagswahlkampf 2008 gezeigt hat. Die Auseinandersetzung hat aber auch zu Annäherungen geführt, die sich schon unter der rot-grünen Regierung abgezeichnet haben und die mehr Gemeinsamkeiten in Fragen Einwanderungsland und der Notwendigkeit einer Integrationspolitik unter Abwehr von Rassismus und Gewalt andeuten. Trennungslinien bleiben im Detail aber auch in grundsätzlichen Fragen wie deutscher Leitkultur, Umgang mit dem Islam und mit Menschen aus der Türkei oder arabischen Ländern und auch in der gezielten und gesteuerten Einwanderung von Arbeitskräften. Vor dem Hintergrund weltweiter Arbeitskräftewanderung als Folge der zunehmenden Globalisierung und angesichts des „Kampfes um die besten Köpfe" werden die ökonomischen Zwänge wohl weitere ideologische Positionen schleifen. Vielfalt wird zu einem neuen Wert, wie beispielsweise die Initiative von Bundesregierung und Unternehmen in Deutschland „Diversity als Chance. Die Charta der Vielfalt" von 2006 zeigt.

Sozial- und bildungspolitisch etabliert sich die interkulturelle Orientierung von Sozialer und pädagogischer Arbeit, erfährt aber auch eine deutliche Kritik, dass sie Gefahr laufe, ökonomische, politische, rechtliche oder soziale Ursachen auszublenden, Machtungleichheiten zu ignorieren und soziale Probleme zu ethnisieren bzw. zu kulturalisieren. Auch deshalb gerät die Struktur von Sozialer Arbeit und Pädagogik, also kommunale Ämter, soziale Dienste, Wohlfahrtsverbände, Schulen und Ausbildung stärker in den Fokus. Zu einem wichtigen Thema wird die interkulturelle Orientierung und Öffnung der Regeldienste, um Zugangsbarrieren für Menschen mit Migrationshintergrund abzubauen. Für den interkulturellen Ansatz insgesamt wird „Reflexivität" gefordert, um die „Folgen und Wirkungen einer interkulturell orientierten Sozialen Arbeit zu untersuchen und dabei der These nachzugehen, dass die Institutionalisierung der interkulturellen Perspektive eine analytische Verengung vornimmt und so kulturelle Identifikationen in einem Maße verstärkt, dass neue Probleme entstehen und Konflikte verschärft werden" können (Hamburger 1999: 38). Mit Diversity Management erfolgt in jüngster Zeit eine Ausweitung des querschnittspolitischen Themas interkultureller Öffnung auf weitere Querschnittfragen wie Gender Mainstreaming oder die Inklusion Behinderter. Verbunden wird damit der Vorschlag, insoweit von entwickelten Unternehmen lernend, eine Gesamtstrategie zur gemeinsamen Durchsetzung dieser gesellschaftspolitischen Themen zu etablieren (vgl. Schröer 2007a und 2009).

Es zeichnet sich seit etwa 2006 mit Verabschiedung des Allgemeinen Gleichbehandlungsgesetzes und in Folge der Aktivitäten um die Charta der Vielfalt eine neue, 6. Phase deutscher Migrationspolitik ab, die als „Anerkennung – Wertschätzung von Vielfalt" bezeichnet werden könnte. Gesellschaftspolitisch wird das Thema Integration in großer Übereinstimmung als wichtige Zukunftsaufgabe gesehen, was sich beispielsweise in neuen Integrationsministerien manifestiert. Sozial- und bildungspolitisch werden die verschiedenen Vielfaltsdimensionen aufgegriffen. Es wird nach geeigneten Strategien gesucht, Vielfaltskompetenz erscheint als neue Schlüsselqualifikation. Es ist noch zu früh für eine abschließende Entscheidung, ob damit tatsächlich eine neue, qualitativ weiter entwickelte Phase deutscher Politik begonnen hat.

Interkulturelle Öffnung als organisationspolitische Konsequenz

Wenn man die historische Entwicklung Revue passieren lässt, wird deutlich, wie sehr gesellschaftliche und rechtliche Rahmenbedingungen sowie ideologische Zeitgeistströmungen mit fachpolitischen und institutionellen Reaktionen zusammenhängen. Die Soziale Arbeit wurde als eine der ersten gesellschaftlichen Institutionen von der Zuwanderung ausländischer Arbeitskräfte getroffen. Soziale Arbeit ist kommunale Aufgabe. Die Kommunen waren darauf nicht vorbereitet. Sie sollten Konsequenzen ziehen aus einer staatlichen Politik, die den Einwanderungsprozess leugnete und dessen Folgen politisch nicht bearbeitete. So waren es zunächst eher naturwüchsige Reaktionen auf die neuen, tagtäglichen Herausforderungen. Es erfolgten fachpolitische Suchbewegungen, vorwiegend reaktiv auf bundespolitische Rahmensetzungen, die noch dazu sehr stark parteipolitisch motiviert und ideologisch besetzt waren. Schon früh lässt sich aber „ein Disput zwischen zwei unterschiedlichen Theorielinien festmachen" (Hinz-Rommel 1994: 17): auf der einen Seite geht es um die Entfaltung und Unterstützung von Stärken, die Einwanderer mitbringen, auf der anderen Seite bleibt die Soziale und pädagogische Arbeit defizitorientiert und kompensatorischen Ansätzen verhaftet.

Die Ende der 1980er-Jahre formulierte Kritik an der bis dahin praktizierten Sozialberatung und die Anfang der 1990er-Jahre erhobene Forderung nach interkultureller Kompetenz der sozialen und pädagogischen Fachkräfte sind vor diesem Hintergrund zu verstehen. Sie waren zugleich eine Kritik an der zunehmend deutlich werdenden fehlenden Effektivität und Effizienz der sozialen Dienste. (Vgl. für das Folgende Schröer 2007 a: 6 ff.)

In den 1980er-Jahren wuchs die Kritik an den Sonderdiensten für Ausländer. „Kernpunkte der Kritik waren einerseits das paternalistische Betreuungsverhältnis von Arbeiterwohlfahrt, Diakonie und Caritas, der ambivalente Charakter von Betreuung und Entmündigung von Migrantinnen und Migranten. Außerdem nutzten die Wohlfahrtsverbände (...) lange Zeit ihre monopolistische Kompetenz, um den alleinigen Anspruch auf adäquate Versorgung von Minderheiten zu untermauern und explizit sich einer Pluralität des Versorgungsangebotes zu widersetzen" (Jungk 2001: 101). Die (kommunale) Regelversorgung wusste mit dieser Situation gut zu leben, weil sie sich damit schwieriger Herausforderungen entledigen konnte. Fragen der interkulturellen Öffnung haben sich deshalb zu dieser Zeit noch gar nicht gestellt. Die kritische Auseinandersetzung von Puskeppeleit und Thränhardt mit der überkommenen Sozialberatung mündete deshalb auch noch nicht in der Forderung nach einer interkulturellen Öffnung, regte aber „eigene Konzepte kommunaler Ausländerarbeit", die Qualifizierung „kommunaler Fachkräfte für dieses Aufgabengebiet" und die „Beschäftigung von Fachkräften ausländischer Herkunft" an (vgl. Puskeppeleit/Thränhardt 1990: 210 f.).

Ein weiterer Anstoß für diese Entwicklung war ein Gutachten zum Leistungsprofil sozialer Dienste für Ausländer, das vom Bundesministerium für Arbeit und Sozialordnung und den Ministern und Senatoren für Arbeit und Soziales der Länder in Auftrag gegeben worden war (Nestmann/Tiedt 1988). Darin wurde die Zukunftsfähigkeit der Sonderdienste der Wohlfahrtsverbände für Migrantinnen und Migranten kritisch analysiert und die Frage nach der Verantwortung der deutschen Regelversorgung gestellt. Das Gutachten stellte fest: Die „Sozialberatung als bundesweites Beratungsangebot ist von der Erfüllung des Gleichheitsgrundsatzes weit entfernt. Dieses Defizit hat quantitative und qualitative Dimensionen (...)" (ebd.: 89). Deshalb wird gefordert: „Einbeziehung der Versorgung der zweiten Generation von Familien (zweite und dritte Generation der Ausländer) in die vorhandene Regelversorgung u.a. auf dem Hintergrund, dass Sonderversorgung immer auch soziale, gesellschaftliche Ausgrenzung bedeutet, Regelversorgung eine Voraussetzung für Integration und gesellschaftliche Akzeptanz ist" (ebd.: 135).

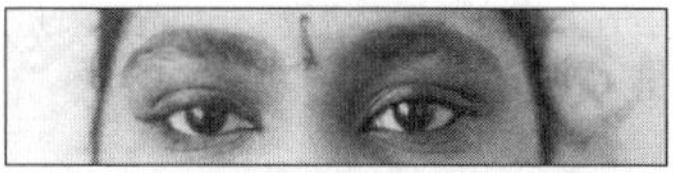

Auch im pädagogischen Arbeitsfeld waren vergleichbare Entwicklungen zu beobachten (vgl. Handschuck 2008 a: 106). Neben der – kontroversen – Auseinandersetzung um die interkulturelle Pädagogik war ein wichtiger Schritt bei der Hinwendung zu institutionellen Defiziten der Entwurf des Schwerpunktprogramms „Folgen der Arbeitsmigration für Bildung und Erziehung" (FABER). Er war von dem Gedanken geleitet, die wissenschaftliche Aufmerksamkeit von den Immigranten weg auf die pädagogischen Institutionen und ihre Defizite zu lenken. Als „bemerkenswert" bezeichnete Auernheimer (2003: 43) auch die Empfehlungen der Kultusministerkonferenz von 1996 zur „Interkulturellen Bildung und Erziehung in der Schule", weil sie die interkulturelle Programmatik dezidiert aufgreifen, auch die institutionellen Rahmenbedingungen berücksichtigen und beispielsweise die „Beschäftigung nicht-deutscher Lehrkräfte in allen Unterrichtsfächern" erleichtern wollen.

Nach unseren Recherchen taucht eine der heutigen Terminologie vergleichbare Begrifflichkeit erstmals in einem Aufsatz von Stefan Gaitanides 1993 auf, der mit dem Titel „Multikulturelle Soziale Dienste. Auf dem Weg zu einer multikulturellen Öffnung der Systeme der sozialen und psychosozialen Versorgung“ die neue Orientierung beschreibt. Darin heißt es, dass „kein Weg vorbei an der Öffnung der Regeldienste“ (ebd.: 16) führe, und es werden die Notwendigkeiten für eine „Multikulturalisierung der Regeldienste“ (ebd.: 24) beschrieben. Die interkulturelle Semantik und Programmatik bekamen einen weiteren und besonderen Anstoß durch die Forderung nach „Interkultureller Kompetenz“ als einem neuen Anforderungsprofil für Mitarbeiterinnen und Mitarbeiter sozialer Dienstleistungseinrichtungen, wie sie Wolfgang Hinz-Rommel (1994) formuliert hat. Schon bei diesen Überlegungen, die sich schwerpunktmäßig auf die individuelle Handlungskompetenz der Mitarbeiterinnen und Mitarbeiter konzentrierten, macht der Autor deutlich, dass es ihm auch um „deren Handlungsfeld, deren strukturelle Bedingungen“ (ebd.: 97) gehe. Die interkulturelle Öffnung muss auf der Organisationsebene gewollt und als interkulturelle Orientierung der Organisation in klaren Zielvorgaben und Beschlüssen festgelegt sein. Das ist Verantwortung der Entscheidungsträger (ebd.).

Einen ebenso wesentlichen Beitrag zur fachpolitischen Diskussion um die Öffnung sozialer Dienste hat die Förderpolitik der Robert Bosch Stiftung geleistet. Sie hat seit 1978 fünfzehn Jahre lang einen Förderschwerpunkt „Zusammenleben von Deutschen und Ausländern“ durchgeführt, immer wieder evaluiert und aus den Entwicklungen und Erfahrungen Konsequenzen gezogen. Aus dieser Entwicklung ergab sich für die Stiftung die Frage: „Wie müssen die sozialen Dienste und Einrichtungen arbeiten, organisiert und ausgestattet sein, damit sie einer Bevölkerung gerecht werden, die in ihrer sprachlich-ethnischen, sozialen und kulturellen Zusammensetzung nicht nur nicht einheitlich, sondern immer wieder auch Veränderungen unterworfen ist?“ (Lüking 1994: 14). In den abschließenden Empfehlungen heißt es, dass eine Differenzierung nach nationalen oder kulturellen Ursprüngen der Klientel nicht mehr möglich sei. „Die Öffnung sozialer Dienste für alle Bevölkerungskreise ist die einzig legitime Antwort in einem sozialstaatlich begründeten sozialen Versorgungssystem“ (ebd.: 251).

In Konsequenz dieser Einsicht hat die Robert Bosch Stiftung im Rahmen eines Kooperationsprojektes eine umfangreiche Befragung ihrer ehemaligen Projekte, weiterer Einrichtungen und eine Analyse der Fachliteratur vorgenommen und unter Projektleitung von Wolfgang Hinz-Rommel „Empfehlungen zur interkulturellen Öffnung sozialer Dienste“ vorgelegt, die von Barwig und Hinz-Rommel (1995) in einem Sammelband zusammengefasst und veröffentlicht worden sind. „Interkulturelle Öffnung und interkulturelle Kompetenz werden meist isoliert diskutiert und erreichen nur sporadisch die Bereiche sozialer Arbeit, die nicht ohnehin schwerpunktmäßig mit Ausländern konfrontiert sind. Diese einseitige Perspektive muss überwunden werden“, kritisierte Hinz-Rommel und stellte fest: „Die Debatte um interkulturelle Öffnung birgt die Chance in sich, aus einer Befassung ausschließlich durch „Ausländerfachleute" herauszutreten und so die bestehende fachliche Ausgrenzung der Migrantenarbeit zu überwinden" (ebd.: 14). Interkulturelle Öffnung muss zu den Standards einer jeden Unternehmenskultur gehören. Hinz-Rommel wies schon damals daraufhin, dass es dabei um Maßnahmen der Organisationsentwicklung und Qualitätsentwicklung gehe (ebd.: 15).

Diese Ergebnisse hat sich die damalige Beauftragte der Bundesregierung für die Belange der Ausländer, Cornelia Schmalz-Jacobsen, zueigen gemacht. Seit diesem Zeitpunkt ging die Fachdiskussion von der „faktischen Einwanderungssituation" der Bundesrepublik Deutschland aus (Beauftragte 1994: 13), kritisierte die bestehende Angebotstruktur als ergänzungsbedürftig (ebd.: 15) und forderte die Integration von Zuwanderern in die allgemeinen Angebote: „Die sozialen Dienste müssen sich stärker als bisher sowohl strukturell als auch konzeptionell und personell an der Anwesenheit nicht-deutscher Ratsuchender und Hilfebedürftiger orientieren" (ebd.: 15). Die Institutionalisierung der interkulturellen Öffnung als Aufgabe aller Beteiligten sollte durch eine Überprüfung der bestehenden organisatorischen Strukturen und Rahmenbedingungen, durch die Qualifizierung der Mitarbeiterschaft und durch die Einstellung ausländischer Mitarbeiterinnen und Mitarbeiter sowie durch eine interkulturelle Qualifizierung der Ausbildungseinrichtungen erfolgen (ebd.: 17). Und die Beauftragte betonte auch: „Die interkulturelle Öffnung ist keine Aufgabe allein für die sozialen Dienste, sondern eine Herausforderung für die gesamte Gesellschaft" (ebd.: 9).

Das Paradigma der interkulturellen Orientierung und Öffnung ist damit zu einem Gesellschaft verändernden Konzept geworden.

„Aber „Glocke" heißt doch gar nicht ein „einmalig schlagender Beweis", wandte Alice ein. „Wenn ich ein Wort gebrauche", sagte Goggelmoggel in recht hochmütigem Ton, „dann heißt es genau, was ich für richtig halte – nicht mehr und nicht weniger." „Es fragt sich nur", sagte Alice, „ob man Wörter einfach etwas anderes heißen lassen kann." „Es fragt sich nur", sagte Goggelmoggel, „wer der Stärkere ist, weiter nichts." *(Alice hinter den Spiegeln)*
Lewis Carroll, britischer Schriftsteller (1832 – 1898)

2. SCHLÜSSELBEGRIFFE DER INTERKULTURELLEN ARBEIT

Die Formel von der interkulturellen Öffnung als gesellschaftspolitisches Ziel für Institutionen und Organisationen findet inzwischen selbstverständlichen Gebrauch. Zugleich besteht eine hohe Begriffsvielfalt, die auch verwirrend wirken kann. Es erscheint uns wichtig, jeweils zu klären, was mit „interkulturell" gemeint ist, welches Verständnis von Kultur damit verbunden ist und wie die weiteren Schlüsselbegriffe zu verstehen sind. Das soll im Folgenden geschehen. (Eine Kurzfassung findet sich auch in Schröer: 2011 b: 44 ff.)

Interkulturalität

Weitgehender Konsens in der Theorie und Praxis Sozialer Arbeit besteht in der Auffassung, dass dem Begriff der „Interkulturalität" ein weit gefasster Kulturbegriff zu Grunde liegen muss. Dieses weite Verständnis bezieht sich auf das Verhältnis zwischen unterschiedlichen Lebensformen und Unterschieden des Geschlechts, der Generationszugehörigkeit, der Religion, der sexuellen Orientierung, der sozioökonomischen Faktoren, aber auch auf Unterschiede zwischen verschiedenen Betriebs- und Verwaltungskulturen (Lange/Pagels 2000: 243; Handschuck/Schröer 2002: 511). Im Rahmen interkultureller Öffnungsprozesse von sozialen Einrichtungen stehen Menschen mit Migrationsgeschichte im Vordergrund. Vor diesem Hintergrund ist Interkulturalität zu verstehen als Prozess zwischen Deutschen und Zugewanderten, zwischen Mehrheitskultur und den Kulturen von Minderheiten und bezieht sich auf einen „Bewusstseins- oder Erkenntnisprozess, der aus der selbstreflexiven Wahrnehmung und Erfahrung kultureller Pluralität erwächst" (Albrecht 1997: 119, zitiert nach Gemende u.a. 1999: 12). „Die Wahrnehmung kultureller Vielfalt führe zu einer Bereicherung, zu einer multiperspektivischen Sichtweise und zu einer „interkulturellen Identität" als neuem übergeordneten Orientierungshorizont" (ebd.).

Kultur

Kultur ist Gegenstand verschiedener Disziplinen, die Definitionen von Kultur sind unzählbar. Auernheimer arbeitet als fachübergreifende Gemeinsamkeiten namhafter Theoretiker den Symbolcharakter und die Orientierungsfunktion von Kultur heraus (Auernheimer 1999: 30). Ohne auf die Geschichte des Begriffs Kultur und auf unterschiedliche Definitionen einzugehen, beschränken wir uns darauf zu begründen, warum wir der Definition von Georg Auernheimer folgen. Kultur hat eine grundlegende Bedeutung für die Selbstdefinition von Individuen, Gruppen und Gesellschaften. Das Verständnis von Kultur als Orientierungssystem beinhaltet, dass es sich mit der Veränderung von Lebensverhältnissen verändern muss, um weiterhin der Orientierung dienen zu können (ebd.). Gesellschaftliche Veränderungen beispielsweise durch Erschließung neuer Technologien, durch ökonomische Krisen, politische Umbrüche oder durch Migration gehen mit einer Veränderung von Alltagsnormen und Lebensentwürfen der Individuen und der Wertesysteme einher. Am Beispiel der Transformation von Sprache, bei der neue Wortschöpfungen kreiert werden oder sich Bedeutungen von Begriffen verändern, veranschaulicht Auernheimer (ebd.: 33), wie sich „das Repertoire an Kommunikations- und Repräsentationsmitteln" verändert, weil „die neuen Geräte, Institutionen, Sozialverhältnisse oder Selbstdefinitionen mit den bisherigen symbolischen Mitteln nicht dargestellt werden können." Kulturelle Transformationen gehen mit einem Ringen um Bedeutungsmacht einher, da der symbolische Charakter von Kultur mehrdeutig ist und immer verschiedene, „oft konträre Auslegungen und Neudeutungen" (ebd.) ermöglicht.

Die Definition von Kultur als „Orientierungssystem, das unser Wahrnehmen, Bewerten und Handeln steuert, das Repertoire an Kommunikations- und Repräsentationsmitteln, mit denen wir uns verständigen, uns darstellen, Vorstellungen bilden" (ebd.: 28) stellt das Subjekt in den Vordergrund. Kultur wird von Auernheimer als veränderbares offenes System beschrieben, der kulturelle Wandel als „gesellschaftlicher Produktionsprozess" (ebd.: 36), an dem jeder mitwirken kann, wobei kulturelle Transformationsprozesse immer umkämpft sind.

Der Prozess der Migration bedeutet eine besonders radikale Veränderung der Lebensweise für die von ihm Betroffenen. Sie leben als ethnische, kulturelle und unter Umständen religiöse Minderheit in einer Diasporasituation. Sie sind überwiegend sozial, ökonomisch und politisch marginalisiert. Zu Beginn der Anwerbung ausländischer Arbeitskräfte wurde die „Bewahrung der kulturellen Identität" vor allem in Bildungspolitik und Pädagogik neben der „Integration" als schulpolitisches Ziel definiert und findet sich noch heute in vielen kommunalen Definitionsversuchen. Das damit verbundene statische Verständnis einer Herkunftskultur ist sehr schnell in die Kritik geraten. Schon in den ersten Jahren der Migrationsforschung in Deutschland wurde herausgearbeitet, dass die zugewanderten Arbeitsmigranten und ihre Familien weder Teil ihrer Herkunfts- oder Heimatkultur noch integrierter Teil der deutschen Aufnahmekultur sind, sondern dass sie – bezogen auf die Familienforschung – einen eigenständigen neuen Typ der „Gastarbeiterfamilie" herausbilden (vgl. Akpinar/López-Blasco/Vink 1977: 22). In der Diasporasituation wird die Transformation kultureller Bedeutungen besonders notwendig. Ihr Gelingen bzw. Misslingen entscheidet über eine neue Orientierung oder individuelle Desorientierung, über lebensweltliche Integration oder Desintegration.

Kultur bedeutet demnach ein dynamisches Diskursfeld, einen ständigen Aushandlungsprozess. „Das einzelne Subjekt nimmt an den Aushandlungsprozessen seiner Kultur teil und befindet sich schon innerhalb dieses Rahmens in vielfältiger Weise zwischen verschiedenen kulturellen Orientierungen" (Gemende/Schröer/Sting 1999: 13). Die persönliche Kultur ist insoweit einmalig und interindividuelle Beziehungen sind jeweils auch interkulturelle. Interkulturalität wird daher lediglich gesteigert, nicht aber neu konstituiert, wenn sich Individuen begegnen, die in zwei verschiedenen Kulturen sozialisiert worden sind (vgl. Hamburger 2009: 132).

Multikulturalität – Interkulturalität – Transkulturalität

Wir begegnen in der aktuellen gesellschaftlichen Diskussion und den wissenschaftlichen Diskursen diesen drei Begriffen, die oft nicht trennscharf voneinander unterschieden, zum Teil sogar synonym gebraucht werden. „Multikulturell" hat derzeit politisch eher abgewirtschaftet, die multikulturelle Gesellschaft wird von rechts als konfliktfreie Illusion von Gutmenschen denunziert und für gescheitert erklärt, von links als unpolitische Ausdrucksform einer Spaßgesellschaft kritisiert. Beide Kritiken berücksichtigen nach unserer Ansicht zu wenig den normativen Gehalt und die perspektivischen, ziel- und zukunftsorientierten Visionselemente dieses Begriffes (vgl. Taylor 1997) und negieren damit ein mögliches politisches Mobilisierungspotenzial. Einigkeit in der sozialwissenschaftlichen Auseinandersetzung besteht soweit, dass das Attribut „multikulturell" weniger eine analytische Funktion hat sondern vorwiegend eine deskriptive Bedeutung. Es wird der Zustand eines vielkulturellen Zusammenlebens unterschiedlicher Individuen, Gruppen, Lebensweisen und so weiter beschrieben.

Insoweit ist „Interkulturalität" anerkannt, stößt aber auf Bedenken, die gleich noch diskutiert werden. Im Interkulturellen enthalten ist die Vorstellung von Begegnung, Austausch und Verständigung. Das Präfix „inter" (lat. zwischen) betont die Beziehungen zwischen verschiedenen Personen und Gruppen, nicht nur zwischen Mehrheit und Minderheit, Einheimischen und Zugewanderten. Es hebt Interdependenz und Interaktion sowie Veränderungsprozesse hervor und bezeichnet insoweit die in interkulturellen Prozessen enthaltene Dynamik. Das „inter" lässt sich sogar im Sinne eines Dritten, einer kulturellen Neuschöpfung, interpretieren, wie es etwa in den Cultural Studies mit Begriffen wie Hybridität, Kreolisierung oder Übersetzung geschieht (vgl. Hall 1994: 218).

„Transkulturalismus" schließlich findet sich als Kennzeichnung sehr stark im Gesundheitsbereich und geht auf den Kulturphilosophen Wolfgang Welsch (1995) zurück. Dieser Begriff grenzt sich ab vom Interkulturellen und Multikulturellen, weil er deren Ansätzen ein statisches Kulturverständnis unterstellt, das von unveränderbaren, klar unterschiedenen, in sich homogenen Kulturen ausgehe. Der Transkulturalismus analysiert veränderte, in sich differenzierte Kulturen und stellt eine Verflechtung, eine stetige Vermischung dieser Kulturen fest. Trans-Kulturalität bedeutet die Aufhebung von bestehenden Differenzen in etwas Neuem jenseits des Gegensatzes von Eigenkultur und Fremdkultur. Das Präfix „trans" (von lat. über, hinüber) verweist auf die behaupteten Grenzüberschreitungen.

Einen entstehungsgeschichtlichen Zugang zu einer Begrifferklärung, und insoweit über die aktuellen, manchmal recht vordergründigen und polemisierenden Diskurse hinausgehend, unternehmen der französische Philosoph und Sozialpsychologe Jacques Demorgon und der deutsche Erziehungswissenschaftler Hagen Kordes (2006: 27 ff.). Sie terminieren das Aufkommen der Schlüsselworte auf die Mitte des vergangenen Jahrhunderts zu Zeiten der Gründung der Vereinten Nationen und auf das Ende der Entkolonialisierung. Der Begriff „multikulturell" ist 1924 von dem deutsch-jüdischen Einwanderer Horace Kallan aufgebracht worden, um deutlich zu machen, dass es nicht mehr um Verschmelzung (zu Amerikanern) geht, sondern auch um die Anerkennung kultureller Vielfalt, „um die Bedingungen der Möglichkeit dafür, dass Menschen verschiedener Kulturen auf demselben Territorium koexistieren können" (ebd.: 29). Der Ansatz ist theoretisch vom kanadischen Philosophen Charles Taylor (1997) ausgearbeitet und politisch und pädagogisch als Programmatik einer Kompensationspolitik umgesetzt worden. Als gesellschaftspolitisches Modell ist der Multikulturalismus in erfolgreichen Einwanderungsländern wie Australien, Kanada, aber auch Großbritannien und Schweden realisiert. Kritisch halten die Autoren fest: Der Ansatz befördert in seiner Politik „auch Tendenzen der Zementierung kollektiver Identitäten und Differenzen (Kultur als ein stabiler und isolierter Container von Sitten und Bräuchen) und provoziert damit unter der Hand, was er bekämpfen wollte: Diskriminierung und Nationalismus" (ebd.: 30).

Die transkulturelle (oder kulturtranszendierende) Perspektive führen Demorgan und Kordes auf den Traum des charismatischen Bürgerrechtlers Martin Luther King (1929–1968) von „transzendierenden Interventionen der amerikanischen Bürgerrechtsbewegungen" sowie auf Anführer der antikolonialen Unabhängigkeitsbewegungen wie Leopold Senghor (1906–2001) und Aimé Césaire (1913–2008) zurück, die für eine rassisch-kulturelle Mischung plädierten (ebd.: 31). In Europa nahmen Autonomiebewegung wie Katalanen, Flamen und Wallonen diesen Begriff auf. Theoretische Begründungen finden sich beim französischen Philosophen Alain Finkielkraut (1989: 107): „Von Kultur nur im Plural zu sprechen bedeutet, den Menschen verschiedener Epochen oder entfernter Zivilisationen die Möglichkeit zu verweigern, über denkbare Bedeutungen und Werte, die über ihren Entstehungsbereich hinausgehen, miteinander in Verbindung zu treten". Es geht ferner um institutionalisierte Regeln der Moral und um Diskursformen in Zivilgesellschaften, wie unter anderen Habermas (1974: 83, zitiert ebd.: 32) argumentiert. „Nur in einer solchen um Allgemeinheit bemühten Transkultur können sich Menschen verschiedener Kulturen, Ethnien und Rassen als Freie und als Gleiche anerkennen" (ebd.). In der Praxis hat der transkulturelle Ansatz Niederschlag gefunden vor allem in Medizin, Psychiatrie, Ethnopsychoanalyse, Therapie und Psychologie, alles Wissenschaften und Praxen, die auf einem biologischen Fundament basieren. Gesellschaftspolitisch lässt sich die transkulturelle Perspektive vor allem in der Staatsdoktrin Frankreichs mit seinem Laizitätsprinzip (strenge Trennung von Staat und Kirche) auffinden. Abschließend stellen die Autoren aber aufgrund der Globalisierungs- und Polarisierungstendenzen und der damit verbundenen weltweiten Aufspaltung in Inklusions- und Exklusionszonen auch für die transkulturelle Perspektive fest: „So landet schließlich die transkulturelle Perspektive da, wo schon der Multikulturalismus endete: im Vorwurf eines globalen Rassismus ohne Rasse und ohne Raum" (ebd.: 33).

Von Deutschland ausgehend, in Großbritannien und in Frankreich aufgenommen, plädieren Professionelle aus Pädagogik, Sozialarbeit, Politik und Ökonomie dafür, „der unumgehbaren, aber bedrohlichen multikulturellen Wirklichkeiten durch *interkulturellen Diskurs, interkulturelle Kommunikation* oder *interkulturellen Dialog* zu begegnen" (ebd.). Das Schlüsselwort „interkulturell" lässt sich auf das nationale Bureau of Intercultural Education in den USA zurückführen, wo von 1924 bis 1945 die alte Verschmelzungspolitik durch neue Konzepte abgelöst werden sollte, und das etwa vom Europarat (1997) aufgegriffen wurde (ebd.: 34). In den vielfältigen theoretischen Ansätzen wird Interkulturalität in Abgrenzung zur Betonung der Differenz im Multikulturalismus und zur Betonung der Gemeinsamkeit im Transkulturalismus als ein Denken und Handeln „dazwischen", als Überlagerung und wechselseitige Abhängigkeit verstanden. Betont wird auch, dass Interkulturalität Zusammenstoß, Auseinandersetzung und die Bearbeitung von Zwischenräumen bedeutet (ebd.). Die interkulturelle Option wird als eine Möglichkeit der Transformation gesehen, beispielsweise in Streitfällen wie der Kopftuchfrage Lösungen zu erarbeiten, „die differenzierter und sensibler sind als Verbot (Transkulturalismus) oder Toleranz (Multikulturalismus), weil sie die konkrete geschichtliche Situation, den Widerstreit der Menschengruppen und ihre geschichtlichen Aussichten in Rechnung stellen. Solche interkulturellen Problemlösungen achten im Gegensatz zu Multikulturalismus darauf, dass Menschen zur Autonomie ihres Selbst und damit zur Lockerung ihrer Abhängigkeit von Familie und Herkunft ermutigt werden – mit der Freiheit allerdings, auch zur Religion und Kultur ihrer Eltern zurückzukehren. Und im Gegensatz zum Transkulturalismus sorgen sie dafür, dass Menschen und Menschengruppen Gebote und Zumutungen durch Staat und Schule nicht nur erleiden, sondern einsehen und interpretieren – und selbstverständlich auch anfechten und bestreiten können“ (ebd.: 35).

Wir verbleiben deshalb beim Begriff der Interkulturalität, nicht nur weil er sich in Sozialwissenschaften und Gesellschaftspolitik durchgesetzt hat, sondern auch weil die vom transkulturellen Ansatz unterstellten Beschränkungen und Grenzziehungen so nicht existieren. Wie dargestellt, basiert das Paradigma der Interkulturalität auf einem weiten, dynamischen Kulturverständnis und geht gerade von kulturellen Transformationsprozessen aus, was die angesprochenen entstehungsgeschichtlichen und theoretischen Zusammenhänge noch einmal unterstreichen.

Kulturalisierung und Ethnisierung

Interkulturalität bezogen auf das Verhältnis von Deutschen zu Zugewanderten läuft Gefahr, die kulturelle Perspektive nicht auf einer gestaltenden Ebene von Alltagshandeln zu belassen, sondern nationale, ethnische oder religiöse Zugehörigkeiten zu konstruieren und damit soziale Probleme oder ökonomische Benachteiligung zu ethnisieren und sie auf Dauer zu institutionalisieren. Im Verhältnis zwischen Mehrheitsbevölkerung und zugewanderten Minderheiten und damit auch im sozialpädagogischen Alltag droht Kultur zu einer Konstruktion zu werden, die sich polarisierend auf die ethnische und religiöse Dimension bezieht. Konstruiert werden „die“ integrationsunfähigen Türken oder „die“ gefährlichen Muslime in Abgrenzung zu „uns“ Deutschen und Christen, als würden nationale Zugehörigkeit oder religiöse Orientierung alleinige Grundlage für Konzepte der Alltagsbewältigung bildeten (vgl. Handschuck/Schröer 2002: 512). Diese Form von Ethnisierung bedeutet Ab- und Ausgrenzung und bereitet Rassismus den Weg. Sie ist zugleich aber auch Interessenartikulation und deren Durchsetzung. Sie dient dazu, die Privilegien der Einheimischen gegen die Gleichbehandlung von Zugewanderten zu verteidigen (vgl. Hamburger 2009: 114). Kulturalisierung bezeichnet die Gefahr, komplexe Problemlagen, soziale und ökonomische Benachteiligungen oder rechtliche Ausgrenzungen auf kulturelle Unterschiede zu reduzieren und damit zu entpolitisieren. Vor diesem Hintergrund ist in der interkulturellen Arbeit immer zu reflektieren, ob es sich überhaupt um eine interkulturelle Frage handelt oder ob es nicht einfach um eine sozialpolitische und sozialpädagogische Gleichbehandlung geht.

Diskriminierung

Ganz ähnlich funktionieren Konstruktionsprozesse, die Fremdheit und Anderssein sozial herstellen. Das beginnt im Alltag, wenn Menschen permanent mit der Frage konfrontiert werden, woher sie denn kommen. Die Antwort „aus Gelsenkirchen" wird nicht akzeptiert, weil selbstverständlich eine griechische oder türkische Herkunft unterstellt wird. Das setzt sich fort in einem falschen Namengebrauch in Wort und Schrift, weil der unbekannte Name angeblich zu kompliziert sei (vgl. Handschuck/Schröer 2010). Wenn eine solche Praxis den Umgang von Institutionen mit Bewerberinnen und Bewerbern oder mit ihren Nutzerinnen und Nutzern bestimmt, beginnen Mechanismen zu wirken, die als strukturelle Diskriminierung oder gar institutioneller Rassismus bezeichnet werden können. Im Februar 2010 hat eine Studie des Bonner Instituts zur Zukunft der Arbeit belegt, dass Bewerber mit einem türkisch klingenden Namen trotz gleicher Qualifikation um 14 % weniger positive Rückmeldungen erhielten als Menschen mit deutsch klingendem Namen. Bei kleinen Unternehmen war die Ungleichbehandlung sogar noch ausgeprägter (vgl. Pilgram 2010). Mark Terkessidis (2010: 77 ff.) beschreibt an vielen Beispielen, wie in Kindergarten und Schule, auf dem Spielplatz oder im Gesundheitswesen schon Kinder durch die ständige Thematisierung ihrer angeblich fremden Heimat, durch Abfragen von gar nicht vorhandenem Herkunftswissen oder durch ihre Entindividualisierung, indem sie auf Repräsentanten einer Gruppe reduziert werden, tagtäglich zu Anderen gemacht werden. Ein solches „Initialerlebnis" (ebd.: 81) der Entfremdung macht fast jedes Kind, wiederholte Ausgrenzungserlebnisse gehören zum Alltag vieler Menschen mit Migrationshintergrund. Die öffentlichen Diskurse markieren Menschen anderer Herkunft noch immer häufig als Problem, oft sogar als Gefahr. „Routinen der Ungleichbehandlung von Minderheiten" (ebd.: 91) lassen sich in vielen Institutionen aufdecken, womit Rassismus als strukturelles Problem erscheint. Wir selbst haben beispielsweise bei einem Workshop mit einem Landesinstitut für Lehrerausbildung und Schulentwicklung erfahren, dass von den drei anwesenden Lehrern mit Migrationsgeschichte kein einziger ein Übertrittszeugnis für das Gymnasium erhalten hatte. Das verweist auf die Notwendigkeit, auf die Organisation bezogene Ansätze der Veränderung und entsprechende „Standards der Inklusion" (ebd.: 94) zu entwickeln.

Alltagsrassismus

Der Begriff wurde in den Niederlanden von der Rassismusforscherin Philomena Essed (1984: 43, zitiert nach Leiprecht 2001: 2) eingeführt, die Wahrnehmungen und Erfahrungen von Minderheiten im alltäglichen Umgang mit Angehörigen der Mehrheitsgesellschaft untersuchte. Rudolf Leiprecht übernahm den Begriff als Titel für seine Forschungsarbeit im Rahmen von Jugendbildung mit dem Ziel, Anknüpfungspunkte für eine Bildungsarbeit zu finden, die alltägliche Rassismen der Mehrheitsgesellschaft thematisiert und sie in der Praxis verändern will. Für ihn kennzeichnet Alltagsrassismus „die alltäglichen und vorherrschenden Formen von Rassismen der Mehrheitsgesellschaft, die keineswegs nur in extremer oder offener Weise auftreten, sondern auch subtil, unauffällig, verdeckt und latent sein können" und bei denen es oft um „ein Verhalten innerhalb bestimmter Strukturen" geht, die „rassistische Effekte" zur Folge haben (ebd.). Diese Effekte sind in der Regel nicht beabsichtigt und werden von den Angehörigen der Mehrheitsgesellschaft häufig nicht als Rassismen wahrgenommen und sind Teil von unhinterfragten Alltagsroutinen.

Interkulturelle Öffnung setzt interkulturelle Verständigung voraus. Verständigung ist auch davon abhängig, ob es gelingt, unbeabsichtigte rassistische Effekte zu identifizieren, gesellschaftliche Prozesse der Bedeutungsbildung zu analysieren und die aus ihnen resultierenden Behinderungen und Ausgrenzungen auf einer gesellschaftlich strukturellen Ebene kritisch zu reflektieren, um strukturelle Veränderungsprozesse zu ermöglichen. Für Leiprecht ist es unabdingbar darauf zu achten, „welche spezifischen Bewertungen und Zuschreibungen in den gesellschaftlichen Denkangeboten für die verschiedenen Gruppen enthalten sind (…) und welche Sichtweisen damit nahe gelegt werden" (ebd.: 11). Damit geht einher, Diskurse, die sich innerhalb von Organisationen als „institutionell verfestigte Redeweisen" (Link 1983: 60) etabliert haben und damit auch das Handeln in den Organisationen bestimmen, als Machtaspekte wahrzunehmen.

Der Begriff der Orientierung beinhaltet in handlungstheoretischen Konzepten, etwas Zukünftiges anzustreben, ein Ziel also, das zwar noch nicht erreicht ist, über das aber klare Vorstellungen bestehen. Diese Vorstellungen oder Visionen von Zukunft wirken als Impulse, Alltagsroutinen und damit Handlungen zu verändern. Interkulturelle Orientierung beinhaltet, strukturelle Ausgrenzungs- und Abwertungsmechanismen abbauen zu wollen, was nur möglich ist, wenn man sich mit (ungewollten) Praktiken der Diskriminierung und mit Alltagsrassismus in der eigenen Organisation auseinandersetzt. Das ist schwierig. Der Begriff Rassismus ist in einer Weise aufgeladen, dass Mitarbeiterinnen und Mitarbeiter allein bei der Nennung häufig schon in eine Abwehr- oder Verteidigungshaltung gehen. Es ist schwer, die eigene soziale Rolle, die vertrauten Alltagroutinen, den etablierten Sprachgebrauch in der Organisation daraufhin zu untersuchen, ob mit ihnen und in welcher Weise rassistische Effekte zum Tragen kommen. So wundert es wenig, dass antirassistische Bildungsarbeit und interkulturelle Bildungsarbeit oft unverbunden nebeneinander stehen. Die Auseinandersetzung mit Alltagsrassismus wird häufig abgewehrt und als Zumutung empfunden, nur in wenigen Ausnahmefällen werden Antirassismusvereinbarungen und Antidiskriminierungsvereinbarungen in Organisationen als Indikatoren für eine interkulturelle Öffnung benannt.

Reflexive Interkulturalität

Die Forderung nach interkultureller Arbeit als Negation der bis dahin herrschenden Ausländersozialarbeit beziehungsweise Ausländerpädagogik hat schon früh Kontroversen zur Folge gehabt. Die Position etwa des Pädagogen und Kulturtheoretikers Georg Auernheimer (vgl. 2003: 40), es sei eine wesentliche Aufgabe von Sozialer Arbeit und Pädagogik, zu einer interkulturellen Verständigung zu erziehen und dadurch auch zum Abbau von Diskriminierungen beizutragen, fand ihren Widerpart in einer Haltung, die die sozialen und rechtlichen Benachteiligungen von Migrantinnen und Migranten und deren Diskriminierung als wesentliche Probleme definierte und Lösungen vorwiegend in deren struktureller und sozialer Integration sah. Vor allem der Erziehungswissenschaftler und Systemtheoretiker Frank-Olaf Radtke (1995) hat heftig gegen die Pädagogisierung sozialer und politischer Probleme polemisiert und auf die Funktion ethnischer Differenzierungen bei den Selektionsentscheidungen des Systems Schule hingewiesen. So richtig und wichtig dieser Hinweis auf die entscheidende Rolle der Institutionen und Strukturen für Benachteiligungen ist, so wenig erscheint es angemessen, kulturelle Einbettungen, deren Relevanz für Selbst- und Fremdbeschreibungen und für die Bewertung kultureller Transformationsprozesse völlig außer Acht zu lassen.

Vor einer ethnisierenden oder kulturalisierenden Reduktion warnt auch der Sozialpädagoge Franz Hamburger. Er ist zwar generell skeptisch gegenüber den interkulturellen Ansätzen und plädiert aktuell für den „Abschied von der interkulturellen Pädagogik" (2009), sieht aber „die Bedeutung von Kulturen für Selbstdefinitionen von Menschen und Gesellschaften" und hält deshalb „situativ interkulturelles Lernen" für erforderlich, ohne es „dauerhaft zu institutionalisieren" (ebd.: 108). Hamburger geht davon aus, dass sich Interkulturalität zu einer anerkannten und alltäglichen Kategorie entwickelt hat. Er will sie aber mit sich selbst konfrontieren, „mit deren nicht-intendierten negativen Nebenfolgen" (ebd.: 128). „Reflexion heißt im Zusammenhang mit Interkulturalität also Nachdenken über das Rationalitätsmodell, das die Forderung nach Interkulturalität in Gang gebracht hat. Reflexivität wendet sich nicht nur den Intentionen, sondern auch den Folgen der Realisierung von Intentionen zu und kann zu einer „bescheideneren Formatierung" des ursprünglichen Programms führen, indem die stereotype Forderung nach Inter-Kulturalisierung begrenzt und Alternativen wie Ent-Kulturalisierung oder die Nicht-Thematisierung von kulturellen Differenzen begründet und rehabilitiert werden" (ebd.: 129).

Reflexivität bedeutet in diesem Zusammenhang auch, Differenz zu beachten und sich mit Diskriminierung auseinander zu setzen. Der reflexive Umgang mit Unterschieden erfordert, Unterschiede wahrzunehmen und zugleich andere Menschen nicht auf diese Unterschiede zu reduzieren. Paul Mecheril (2004: 94ff) unterscheidet zwei Ausrichtungen der interkulturellen Arbeit und Pädagogik, die beide das Ziel verfolgen, Chancen-

gleichheit zu realisieren, und zwar „differenzempfindliche" und „differenzunempfindliche" Konzepte. Knapp zusammengefasst unterscheiden sich die Konzepte wie folgt: Differenzunempfindlichkeit wird mit der Idee der Gleichheit und der daraus folgenden Gleichbehandlung begründet. Kulturelle und ethnische Kategorien werden in diesem Ansatz als Kulturalisierung abgelehnt, da sie Fremdheit bestätigen. Die Kritik zielt darauf, dass häufig erst Ethnisierungs- und Selbstethnisierungsprozesse durch das pädagogische Handeln erzeugt werden. Es wird vor der Kulturalisierung sozialer Probleme gewarnt. Es ist immer zu prüfen, ob kulturelle Identifikationen durch die pädagogische oder sozialpädagogische Arbeit erst konstruiert oder verstärkt werden, die für das Alltaghandeln belanglos sind.
Ein sehr einfaches Beispiel: Eine Erzieherin wollte durch ein gemeinsames „interkulturelles Frühstück" mit den Kindern unterschiedliche kulturelle Essgewohnheiten thematisieren. Sie reagierte überrascht darauf, dass sich die Mütter zwar bemüht hatten, ihren Erwartungen zu entsprechen, sie gaben ihren Kindern so genannte „typische" Landesspeisen mit, aber die Kinder selbst erzählten, dass sie die mitgebrachten Speisen nie zu Hause zum Frühstück äßen. Nutella war bei fast allen Kindern Favorit. Gegessen wurden Müsli, Obst und Frühstücksflocken. Die Landesspezialitäten blieben übrig. Sie wurden später von den Erzieherinnen verzehrt, bei einer gemeinsamen Reflexion darüber, wie schnell man in die Falle der Kulturalisierung tappen kann.

Die Perspektive differenzunempfindlicher Gleichheitsmodelle ist darauf ausgerichtet, Diskriminierungen wahrzunehmen und zu beseitigen, die durch die Betonung von kultureller Differenz entstehen.

Differenzempfindliche Ansätze beruhen auf der Einsicht, dass es keine kulturfreien Standpunkte gibt. Kultur ist somit als Dimension handlungsrelevanter Selbst- und Fremdidentifikation von Bedeutung. Deshalb haben Bildungsprozesse an die gegebenen kulturellen Identitäten anzuschließen. Wenn kulturelle Differenz nicht wahrgenommen wird, sind Menschen, die nicht die dominanten Lebensformen praktizieren, in der konkreten Ausgestaltung des pädagogischen Alltags benachteiligt. Ihre jeweiligen kulturellen Ressourcen werden unzureichend erkannt, anerkannt und berücksichtigt.

Auch dafür ein Beispiel. Eine Erzieherin sprach einen Jungen namens Alixan in ihrer Kindergruppe mit Ali an. Obwohl die Erzieherin diese Umbenennung rückgängig zu machen suchte, war dies nicht möglich, da der Kose- oder Spitzname sofort von den anderen Kindern aufgegriffen worden war. Es kam zum Konflikt mit der Mutter, die bewusst einen kurdischen Namen für ihr Kind gewählt hatte, der in der Türkei verboten war, der in Deutschland aber anerkannt ist. Die „Türkisierung" ihres Sohnes wurde von der Mutter als Nichtakzeptanz der familiären Identität erlebt, was das Verhältnis zwischen Mutter, Kind und Erzieherin erheblich belastete.

Die Perspektive differenzempfindlicher Gleichheitsmodelle ist darauf ausgerichtet, Diskriminierungen wahrzunehmen und zu beseitigen, die durch die Nichtwahrnehmung von kultureller Differenz entstehen.

Lassen sich die beiden Konzepte in der Theorie noch voneinander unterscheiden, ist dies in der praktischen Arbeit kaum möglich. Wir halten es für wichtig, sich mit beiden Denkmodellen auseinanderzusetzen und jeweils bei der Konzeption von Angeboten, Maßnahmen und Projekten zu überdenken, welche Wirkungen aus der Perspektive jeweils beider Denkansätze zu erwarten sind. Nur so lassen sich Wirkungen evaluieren. Und nur so kann sich eine reflektierte, der jeweiligen Situation entsprechende Handlungskompetenz entwickeln.

Interkulturelle Orientierung

Interkulturelle Orientierung geht Öffnungsprozessen voraus und reicht über diese hinaus. (Vgl. zum Folgenden Handschuck 2008 a: 27.) Interkulturelle Orientierung ist als eine Implementationsstrategie zu verstehen, die Fragen der Gleichstellung, der Inklusion und der wechselseitigen Integration von Mehrheit und Minderheit in politischen Entscheidungsprozessen aller Entscheidungsfelder, insbesondere auf kommunaler Ebene im Rahmen von Verwaltungspolitik aber auch bei sozialen und pädagogischen Institutionen, thematisiert und auf der Zielebene verankern will. Interkulturelle Orientierung setzt eine sozialpolitische Haltung von Institutionen und Personen voraus, die anerkennt, dass in jeder Gesellschaft unterschiedliche Gruppen mit unterschiedlichen Interessen leben und dass sich diese Gruppen in ihren Kommunikations- und Repräsentationsmitteln unterscheiden. Interkulturelle Orientierung zielt auf Anerkennung. Sie ist die Grundlage dafür, dass Gruppen und Individuen ihre jeweiligen Interessen artikulieren und vertreten können, dass alle gesellschaftlichen Gruppen eine selbstreflexive Haltung gegenüber ihrer eigenen Kultur einnehmen und dass das Verhältnis zwischen Mehrheit und Minderheit und die mit ihm verbundenen Machtasymmetrien sowie die Ungleichverteilung von Ressourcen so thematisiert werden können, dass deren Abbau zu einem generellen Ziel wird (vgl. Handschuck/Schröer 2002: 512). Interkulturelle Orientierung ist also eine Strategie zur Initiierung demokratischer Prozesse, die das Verhältnis zwischen Minderheiten und Mehrheit verändern und „dem Prinzip der Gleichheit und dem Prinzip der Anerkennung“ (Auernheimer 2003: 20) Geltung verschaffen will. Interkulturelle Orientierung in ihrer strategischen Funktion drückt sich in organisationspolitischen Leitlinien aus und konkretisiert sich in Zielen, die die Organisation auf die Querschnittsaufgabe der interkulturellen Öffnung verbindlich verpflichten.

Interkulturelle Öffnung

Der Begriff „Öffnung“ als zweiter Bestandteil des Begriffspaares ist scheinbar selbst erklärend. „Der Begriff Öffnung wird dabei als bekannt vorausgesetzt, und es wird aufgezeigt, was denn nun für wen geöffnet werden soll: Dies waren und sind unter anderem bestimmte Einrichtungen, Aufgabenfelder, Maßnahmen, Angebote, Leistungen, die gesamte Regelversorgung, die Kommunen, die gesamte Gesellschaft“ (Simon-Hohm 2004: 33).

Ein Nachdenken über „Öffnung“ führt aber zu weiteren Konnotationen (vgl. Handschuck 2008 a: 28 ff.): Öffnung setzt Geschlossenheit voraus. Geschlossenheit geht auf bewusste oder unbewusste Ausgrenzungsmechanismen zurück. Damit sind Interessen verbunden und somit Machtfragen. Konflikte sind vorprogrammiert, es kann Gewinner und Verlierer geben. Öffnung beinhaltet einen aktiven Prozess und eine bewusste Strategie, die diese Phänomene berücksichtigen muss. In diesem Begriff liegt das paradigmatisch Neue. War, wie unser kleiner historischer Abriss noch einmal hat deutlich werden lassen, der Fokus in den vergangenen Jahrzehnten auf die Zugewanderten und ihre Anstrengungen zur Integration, auf ihre Defizite und Differenzen und allenfalls auf kompensatorische Maßnahmen gerichtet, so folgte jetzt eine selbstkritische Analyse der herrschenden Strukturen in den Systemen der Sozialen Arbeit, der Bildung, der Gesundheit und in anderen Bereichen. Das Konzept der interkulturellen Öffnung war so ein Gegenentwurf zum traditionellen Verständnis von Integration, das Anstrengungen im Wesentlichen von den Migrantinnen und Migranten erwartete, das in der Regel Assimilation meinte, das die deutsche Mehrheitsbevölkerung weitgehend ausblendete und die Strukturen deutscher Institutionen unangetastet ließ. Öffnung in diesem Verständnis zielt auf einen tief greifenden Kulturwandel, ist also Organisationsveränderung. In einer Vielfaltsperspektive geht es darum, alle Strukturen, Angebote, Maßnahmen und Dienstleistungen an die Bedürfnisse einer ethnisch, sozial und kulturell vielfältigen (Stadt-) Gesellschaft anzupassen (vgl. Magistrat der Stadt Wien 2010: 7).

Schon in den Forderungen der Ausländerbeauftragten des Bundes von 1994 (vgl. oben Kapitel 1) waren die Elemente benannt, die seitdem den Fachdiskurs bestimmen. Eine kritische Analyse der bestehenden Organisationsstruktur ergibt vielfältige Barrieren für die Zugänglichkeit zu sozialen und anderen öffentlichen Dienstleistungen, die Migrantinnen und Migranten von der Nutzung der Angebote abhalten. Es geht also darum, diese Strukturen zu verändern. Dazu gehört die interkulturelle Qualifizierung des Personals, womit Fragen der Aus-, Fort- und Weiterbildung angesprochen sind. Ergänzend bedarf es einer Personalpolitik, die die Einstellung von Menschen mit Migrationshintergrund bewusst forciert. Interkulturelle Öffnung ist demnach als Organisations-, Personal- und Qualitätsentwicklung zu konzipieren. Sie ist die handelnde Umsetzung der strategischen Ausrichtung einer interkulturellen Orientierung. „Sie hat Auswirkungen auf die Strukturen, Prozesse und Ergebnisse sozialen Handelns. Interkulturelle Öffnung führt zur Veränderung von Aufbau- und Ablauforganisation, um beispielsweise Zugangsbarrieren für Minderheiten abzubauen" (Handschuck/Schröer 2002: 518).

„Interkulturelle Öffnung kann zusammenfassend verstanden werden als ein bewusst gestalteter Prozess, der (selbst-)reflexive Lern- und Veränderungsprozesse von und zwischen unterschiedlichen Menschen, Lebensweisen und Organisationsformen ermöglicht, wodurch Zugangsbarrieren und Abgrenzungsmechanismen in den zu öffnenden Organisationen abgebaut werden und Anerkennung ermöglicht wird" (Schröer 2007 a: 9 f.).

Abschließend soll noch einmal betont werden, dass die kritischen Anmerkungen zur Interkulturalität mit ihrer immanenten Gefahr der Kulturalisierung wichtige Hinweise auf reflexive Konsequenzen aus dieser Kritik geben. „Kritik an der kulturellen Tendenz ist konstruktiv, wenn diese Kritik Instrumente der Analyse und Reflexion interkultureller Selbstverständlichkeiten zur Verfügung stellt, die pädagogische Handlungsfähigkeit nicht aufheben, sondern verfeinern" (Mecheril 2004: 108). Auch Skeptiker wie Mecheril betonen aber, dass es ein Missverständnis wäre, wenn mit dieser Kritik „solche Überlegungen und Ansätze als irrelevant zurückgewiesen würden, die sich etwa im Kontext der Sozialen Arbeit für eine „interkulturelle Öffnung" der pädagogischen und sozialen Einrichtungen einsetzen" (ebd.: 124). Die Überwindung national verengter Strukturen und die Öffnung von Einrichtungen sei eine der zentralen Aufgaben, vor die Institutionen in einer Migrationsgesellschaft gestellt sind. „Dass diese Umorientierung im Ausdruck „interkulturelle Öffnung" unmissverständlich bezeichnet ist, muss jedoch bezweifelt werden" (ebd.: 125). Ob dafür andere Begriffe oder Strategien wie zum Beispiel Diversity Management besser geeignet sein könnten, soll im nächsten Kapitel diskutiert werden.

Interkulturelle Kompetenz

Der eher schillernden Begriff „interkulturelle Kompetenz" geht in der deutschen Fachdiskussion auf Wolfgang Hinz-Rommel zurück. Seine 1994 erschiene Veröffentlichung: „Interkulturelle Kompetenz. Ein neues Anforderungsprofil für die soziale Arbeit" hat programmatisch formuliert, was seitdem allgemein gefordert, aber noch nicht recht zufrieden stellend operationalisiert ist. Bis heute gibt es keine einheitliche Definition des Begriffes interkulturelle Kompetenz.

Veronika Fischer (2005: 36) formuliert: „Interkulturelle Kompetenz als Schlüsselqualifikation umfasst: Kenntnisse, Fähigkeiten, Fertigkeiten und Haltungen, die auf kognitiver, emotionaler und psychomotorischer Ebene den Umgang mit kultureller Vielfalt ermöglichen." In einer neueren Veröffentlichung vermeidet Fischer (2011: 34 ff.) eine abschließende Definition von interkultureller Kompetenz. Sie kritisiert, dass in der bisherigen Debatte der Kompetenzbegriff selbst kaum zur Diskussion stand und zeichnet dessen Veränderung bis hin zu einem aktuellen Verständnis nach, das von ökonomischen Zwecken geprägt sei (ebd.: 336). Sie plädiert für ein „kompetentes Handeln in der Sozialen Arbeit, das sich einer kritischen Tradition verpflichtet sieht" (ebd.: 337), also für die Befähigung zu kritischer Analyse und entsprechendem Handeln. Vor diesem Hintergrund stellt sie die unterschiedlichen disziplinären Sichtweisen zur interkulturellen Kompetenz dar, entfaltet kritische Aspekte zum Kulturbegriff, hält aber weiterhin die Beschäftigung mit Kultur als einer Facette interkultureller Kompetenz für unverzichtbar (ebd.: 343). Dafür beschreibt sie eine Reihe von Fähigkeiten wie die selbstreflexive Auseinandersetzung, eine differenzsensible und dominanzkritische Haltung, eine wertebezogene Positionierung, das Ernstnehmen kultureller Selbst- und Fremdzuschreibungen und das Wissen um kulturell geprägte Zugangsbarrieren, die für den Aufbau interkultureller Kompetenz unabdingbar sind (ebd.: 343 ff.). Abschließend schlägt sie vor, „interkulturelle Kompetenz im Sinne eines reflektierten Umgangs mit kulturellen Einbettungen individuellen Handelns als *Teilbereich* einer *Sozialen Arbeit im Migrationskontext* zu behandeln" (ebd.: 347). Damit werden Schlüsselthemen wie globales Denken, Exklusion und Inklusion, Empowerment und Netzwerkarbeit, interkulturelle Öffnung als Organisationsveränderung sowie individuelle Haltungen der Offenheit und Wertschätzung behandelt. So erweitert sich der Blick von den mikrosozialen Settings Sozialer Arbeit auf die globale, gesellschaftliche und institutionelle Ebene als Anforderungsprofil einer Sozialen Arbeit im Migrationskontext (ebd.: 355).

Die Befürworter des Begriffs der interkulturellen Kompetenz sind sich dahingehend einig, dass interkulturelle Kompetenz keine Technik oder ein instrumentelles Wissen ist, sondern dass es immer auch um Haltungen und Einstellungen geht, dass interkulturelle Kompetenz nicht in einem Fortbildungsseminar vermittelt werden kann, sondern ihr Erwerb eine Aufgabe ist, die letztlich nie abgeschlossen sein wird. Dabei wird zusätzlich noch zwischen der interkulturellen Kompetenz von Organisationen und der interkulturellen Kompetenz von Personen unterschieden.

Darla K. Deardorff (2006), deren Interkulturelles Kompetenzmodell in Fachkreisen seit einiger Zeit von sich Reden macht, auch hier ist die Diskussion durchaus kontrovers, hält fest, dass sich interkulturelle Kompetenz auf die „Interaktion von Individuen" bezieht. Sie führte eine Delphistudie durch mit 23 amerikanischen interkulturellen Expertinnen und Experten. Überwiegend waren es männliche, weiße Professoren. Bei einer Delphi-Befragung werden einer Gruppe von Experten Thesen vorgelegt und deren Feedback eingeholt, um der Dominanz von Einzelmeinungen bekannter Personen entgegen zu wirken.

Auf die Frage, was interkulturelle Kompetenz ausmache, wurden 22 Elemente ermittelt, die unter den Experten eine 80- bis 100-prozentige Zustimmung fanden. Ein Element erhielt die Zustimmung aller Experten: „Verstehen anderer Weltanschauungen". Zu den spezifischen Fähigkeiten, auf die sich die Experten verständigten, gehörten „Analysieren,

Deuten, Zuordnen, Zuhören, Beobachten, Kultur vergleichendes Denken und Flexibilität". Hier gilt es kritisch zu analysieren, inwieweit beispielsweise den Elementen „Zuordnen" und „Kultur vergleichendes Denken" ein essentialistischer, verengter und kein reflexiver, erweiterter Kulturbegriff zugrunde liegt.

Die größte Zustimmung der Definition interkultureller Kompetenz fand die Formulierung, „Die Fähigkeit, effektiv und angemessen in interkulturellen Situationen zu kommunizieren, auf Grundlage eigenen interkulturellen Wissens, eigener Fähigkeiten und Einstellungen." Hier stellt sich die Frage, ob diese Definition den Begriff der interkulturellen Kompetenz präziser fasst als es bisher in der Fachdebatte in Deutschland gelungen ist.

Bedeutsam erscheint uns, dass bei dieser Definition die interkulturelle Verständigung in den Vordergrund gestellt wird. Aber auch das ist nicht neu. Georg Auernheimer (1995) formulierte bereits vor einem viertel Jahrhundert, dass interkulturelles Verstehen interkulturelle kommunikative Kompetenz voraussetzt. Für Auernheimer ist ein ganz wesentliches Element gelingender Kommunikation die Fähigkeit, Machtasymmetrien in der interkulturellen Kommunikation wahrzunehmen. Ein Aspekt, der von Deardorff eher vernachlässigt wird.

An dem Modell interkultureller Kompetenz von Deardorff ist positiv hervorzuheben, dass es sich um ein Prozessmodell handelt und dass es wirkungsanalytisch aufgebaut ist. Auch dieser Ansatz ist nicht neu, wie von der Bertelsmann Stiftung behauptet, aber unseres Erachtens sinnvoll. Das Prozessmodell setzt an Haltungen und Einstellungen an, hier werden u.a. Respekt, Ambiguitätstoleranz und Unvoreingenommenheit als Haltungen benannt, die es zu entwickeln oder weiter zu entwickeln gilt. Darauf bauen Wissen und Verständnis auf, die mit der Fähigkeit der kulturellen Selbstreflexion und einem dynamischen Kulturverständnis einhergehen. Daraus resultieren als interne Wirkungen eine Relativierung ethnozentrischer Sichtweisen, Flexibilität und Empathie. Als externe Wirkungen sind eine effektive und angemessene Kommunikation und ein entsprechendes Verhalten in interkulturellen Situationen feststellbar. Diese Wirkungen entfalten eine Dynamik, indem sie wiederum die Haltungen und Einstellungen verändern, das Wissen und Verständnis erweitern, und in einen zirkulären Prozess der Erweiterung interkultureller Kompetenz münden.

Ich werde mich selbst mit mehr als einer Gruppe identifizieren; ich werde Amerikaner, Jude, Ostküstenbewohner, Intellektueller und Professor sein. Man stelle sich eine ähnliche Vervielfältigung überall auf der Welt vor, und die Erde beginnt, wie ein weniger gefährlicher Ort auszusehen.
Michael Walzer, amerikanischer Sozial- und Moralphilosoph

3. VON CULTURAL MAINSTREAMING BIS DIVERSITY MANAGEMENT

Die gesellschaftliche Vielfalt und der Umgang mit ihr werden in Literatur und Praxis mit einer zunehmenden Vielfalt an Begriffen belegt. Obwohl sich interkulturelle Öffnung in Politik, Verwaltung und Wohlfahrtspflege als strategische Orientierung weitgehend etabliert hat, werden immer wieder Versuche unternommen, mit neuen Formulierungen vermeintlich mehr Erfolg für das gemeinsame Anliegen zu erzielen.

Cultural Mainstreaming und Intercultural Mainstreaming

Mit diesen Begriffen werden angeblich neue Strategien für den Umgang mit Vielfalt vorwiegend in die Diskussion um politische und soziale Praxis eingeführt. Die Terminologie versucht in bewusster Anlehnung an Gender Mainstreaming davon zu profitieren, dass es sich dabei um einen inzwischen etablierten, ausgearbeiteten und politisch vielfältig abgesicherten Ansatz handelt. „Mit Sicherheit lassen sich (…) Bausteine für eine erfolgreiche Umsetzung von Gender Mainstreaming auch für Strategien, die auf mehr Chancengleichheit von MigrantInnen zielen, übernehmen, welche (…) unter dem Begriff des Cultural Mainstreaming gefasst werden" (Döge 2002: 3f.). Wenn man sich aber die meist recht allgemein formulierten Beschreibungen dessen anschaut, was unter Intercultural Mainstreaming verstanden wird, wird eine neue Strategie nicht erkennbar. So trägt Ahlemeyer (2006: 5) als Elemente zusammen: „Zusammenfassend soll Intercultural Mainstreaming also ein Instrument sein, um Ethnizität, die ethnischkulturelle Herkunft bzw. den ethnischkulturellen Hintergrund als selbstverständlich mitgedachte Kategorien – als eine Art mentalen Automatismus – in Politik und Verwaltung einzubringen. Intercultural Mainstreaming ist eine Strategie, die die Anliegen und Erfahrungen sowohl der deutschen Mehrheitsgesellschaft als auch der nichtdeutschen Minderheitsgesellschaften in die

Planung, Durchführung, Überwachung und Auswertung politischer Maßnahmen selbstverständlich einbezieht." Und auf der Seite „Good Practice Center" des Bundesinstituts für Berufsbildung (BIBB 2009) findet sich als Definition für Cultural Mainstreaming: „Beim Cultural Mainstreaming werden die Belange von Menschen unterschiedlicher kultureller Zugehörigkeit oder Herkunft bei allen Entscheidungen und Handlungen berücksichtigt. Ebenso werden ihre eventuell spezifischen Voraussetzungen, Lebensbedingungen und Orientierungen einbezogen. Ziel ist die Sicherung gleicher Teilhabechancen. Cultural Mainstreaming ist analog zum Prinzip des Gender Mainstreaming als Teil eines umfassenden Diversity Managements zu verstehen, also als Teil einer Strategie, die Vielfalt nicht als Problem, sondern als Ressource betrachtet. Der Begriff umfasst damit sowohl pädagogische Aspekte (z.B. herkunftssensible Kompetenzfeststellungsverfahren) wie politisches Handeln (z.B. Ansätze zur kulturellen Öffnung von Verwaltung). Aufgabe des Cultural Mainstreaming ist zu sichern, dass die Zielgruppen der Migrantinnen und Migranten erreicht werden und dass sie in die Durchführung von Vorhaben gleichberechtigt einbezogen werden. Dahin zielende Ansätze fordern nicht allein die Anpassung der Zugewanderten, sondern auch Veränderungen der Mehrheitsgesellschaft."

Cultural Mainstreaming wird mit Intercultural Mainstreaming von vielen Autoren gleichgesetzt, bekommt in anderen Definitionen aber auch den Charakter von Diversity Management. So beschreibt das Land Brandenburg (2005) in seinem Integrationskonzept „Cultural Mainstreaming als Leitlinie für integrationsunterstützendes politisches und Verwaltungshandeln" und definiert: „So wie das Prinzip des „gender mainstreaming" die Berücksichtigung der unterschiedlichen Belange von Männern und Frauen in ihren sozialen Geschlechterrollen bei allen politischen und administrativen Entscheidungen und Handlungen mit dem Ziel der Sicherung gleicher Teilhabechancen verlangt, so verlangt cultural mainstreaming weit darüber hinaus gehend die Berücksichtigung der Belange von Menschen unterschiedlicher kultureller Zugehörigkeit. Dabei ist Kultur nicht allein im Sinne ethnischer Kultur zu verstehen." In einer Antwort auf eine Kleine Anfrage zum Landesintegrationskonzept geht das Land weiter: Es geht „um die Sensibilisierung für und die Akzeptanz von unterschiedlichen Lebensweisen gesellschaftlicher Gruppen und Personen als wesentliche Voraussetzungen für den gesellschaftlichen Zusammenhalt (...). Daher können mit den Leitlinien des Cultural Mainstreaming letztlich nicht nur Vorbehalte gegenüber unterschiedlicher Nationalität und Hautfarbe, sondern auch gegen andere Unterschiede, sei es durch Behinderung, Alter, Geschlecht, sexuelle Orientierung, sonstigen Verhaltens- und Lebensweisen, im Sinne einer umfassenden Gleichstellungs- und Antidiskriminierungpolitik abgebaut werden" (Land Brandenburg, zitiert nach Ahlemeyer 2006: 2).

Im Ergebnis kann man feststellen, dass Intercultural Mainstreaming oder Cultural Mainstreaming nichts anderes meinen als mit interkultureller Orientierung und Öffnung und der damit verbunden interkulturellen Kompetenz schon sehr viel differenzierter konzeptualisiert erscheint. Fast alle Beschreibungen von (Inter-)Cultural Mainstreaming verweisen deshalb auch in ihren Ausführungen auf interkulturelle Öffnung als Umsetzungsstrategie.

Cultural Diversity und Diversity Management oder Managing Diversity

Vereinzelt taucht der Begriff Cultural Diversity auf, diesmal in bewusster Anlehnung an Diversity Management. Von Ahlemeyer (2006: 6) werden beide Ansätze deshalb auch gleichgesetzt. Etwas überraschend versteht er Cultural Diversity als „Leitbild" und Intercultural Mainstreaming als „Strategie" beziehungsweise „Handlungsgrundlage für Politik und Verwaltung" (ebd.: 7).

In einer Untersuchung „Cultural Diversity Management in Deutschland hinkt hinterher" (Köppel u.a.: 2007) wird Cultural Diversity als eine Dimension von Diversity Management verstanden und speziell die Relevanz von kultureller Diversität für deutsche Unternehmen untersucht. Auch hier wird Cultural Diversity nicht als eigenständige Strategie, sondern als ein Element von Diversity Management gesehen.

Diversity Management ist ein Konzept der Unternehmensführung, der Steuerung von Organisationen insgesamt, das Vielfalt als produktiven Faktor für den Unternehmens- beziehungsweise Organisationserfolg ansieht. Es hat zwei Wurzeln: Zum einen waren Anfang der 1950er-Jahre ökonomische Krisen Anlass, über den Produktionsfaktor Mensch nachzudenken, im Human-Resources-Management den Menschen als maßgeblichen Erfolgsfaktor für Unternehmen zu benennen und damit Personalmanagement zu einem integralen Bestandteil des allgemeinen strategischen Managements zu machen. Die Gewinnung, Pflege, Entwicklung, Qualität und Einsatzfähigkeit des Personals bekamen einen neuen Stellenwert. War diese strategisch-ökonomische Orientierung noch ausschließlich an den Gewinninteressen des Unternehmens orientiert, so wurde diese Sichtweise zum anderen durch die erfolgreiche Politik der sozialen Bewegungen erweitert. Angestoßen durch Bürgerrechtsbewegung, Schwarzenbewegung, Frauenbewegung und andere soziale Strömungen wurde der Blick auf die Ressourcen der Mitarbeiterinnen und Mitarbeiter erweitert um die Berücksichtigung der Vielfalt eben dieser Mitarbeiterschaft. Diversity, also Vielfalt ernst zu nehmen, erfordert, diese Vielfalt auch zu organisieren. Diversity Managements will als Organisationsstrategie Heterogenität anerkennen und ernst nehmen und zum Vorteil aller Beteiligten nutzen (vgl. Schröer 2007 a: 23).

Neben der ökonomischen Herkunft gibt es also auch eine gerechtigkeitsorientierte Wurzel von Diversity Management, was die Anschlussfähigkeit an den sozialen Bereich erleichtern könnte. Auf Organisationen bezogen beschreibt Diversity Managements „die bewusste Anerkennung, Berücksichtigung und konsistente Wertschätzung von Unterschiedlichkeit sowie die aktive Nutzung und Förderung von Vielfalt zur Steigerung des Erfolges" (Stuber 2004: 15). Verschiedenheit wird nicht nur hingenommen, sondern besonders wertgeschätzt. Es geht nicht nur um ethnische Minderheiten, sondern um die gesamte Mitarbeiterschaft mit ihren Unterschieden. Vielfalt umfasst alle Unterschiede, die Menschen in Organisationen kennzeichnen, insbesondere die sechs Kerndimensionen: Alter, Befähigung beziehungsweise Behinderung, ethnisch-kulturelle Prägung, biologisches beziehungsweise soziales Geschlecht, sexuelle Orientierung und religiöse Glaubensprägung. Diversity Management beschreibt als Instrument der Unternehmensführung „die Gesamtheit der Maßnahmen, die dazu führen, dass Unterschiedlichkeiten in und von einer Organisation anerkannt, wertgeschätzt und als positive Beiträge zum Erfolg genutzt werden" (ebd.: 17). Als innovatives Konzept der Organisations- und Personalentwicklung zielt es darauf, auf allen Ebenen und in allen Entscheidungsprozessen darauf zu achten, Vielfalt und die Kompetenzen aller Beschäftigten optimal in den Leistungsprozess zu integrieren.

Die Stärke des Konzeptes liegt darin, dass es die gesamte Vielfalt einer pluralistischen Gesellschaft umfassend beschreibt und dafür einen ganzheitlichen Ansatz mit einer festen Verankerung in allen Bereichen der Organisation festlegt. Die langjährige Entwicklung und strategische Umsetzung, die Erprobung vielfältiger Instrumente und die Einbindung in die Zweck- und Funktionsbestimmung der jeweiligen Organisation kennzeichnen das eigentliche Potenzial von Diversity Management (vgl. Schröer 2009). Ein Vergleich der Ansätze von interkultureller Öffnung und Diversity Managements (siehe Schaubild 1) macht Unterschiede und Gemeinsamkeiten deutlich. Wesentliche Faktoren der Unterscheidung sind die jeweiligen Zweckbestimmungen und die sich daraus ergebenden Zielsetzungen. Zudem werden Machtaspekte bei Diversity Management weitgehend tabuisiert. Große Gemeinsamkeiten gibt es bei den Vielfaltsdimensionen, bei der Analyse der gesellschaftlichen Ursachen, bei den Zielgruppen und vor allem bei Methoden und Instrumenten. Die hohe Übereinstimmung lassen Diversity Management als eine Gesamtstrategie für komplexe Organisationen und deren Umgang mit Vielfalt als sinnvoll erscheinen, um Synergieeffekte bei der Konzeptionierung, Implementierung und Durchsetzung von Querschnittpolitiken zu nutzen. Die Unterschiede verweisen darauf, bei der Differenzierung innerhalb der Dimensionen Ethnie, Geschlecht, Behinderung usw. jeweils die spezifischen Funktionsbestimmungen, Zielvorstellungen und Machtasymmetrien zu berücksichtigen (vgl. Schröer 2007 a: 32).

	Interkulturelle Öffnung	Diversity Management
Herkunft	Soziale Arbeit	Human Resources Management Soziale Bewegungen
Funktion/Zweck	Soziale Gerechtigkeit Gleichbehandlung von Minderheiten Gleichberechtigte Teilhabe Inklusionsvermittlung Erhalt des sozialen Friedens Gestaltung von Vielfalt als Zweck	Wertschöpfung, Erfolg des Unternehmens Gewinnerzielung Erreichung von Wettbewerbsvorteilen Gesellschaftliche Verantwortung Erhalt des betrieblichen Friedens Gestaltung von Vielfalt als Mittel zum Zweck
Dimensionen	Alter, Geschlecht, Ethnie, Behinderung, sexuelle Orientierung, religiöses Bekenntnis Unterschiedliche Lebenslagen, subkulturelle Differenzierungen, urbanes bzw. ländliches Milieu	Alter, Geschlecht, Ethnie, Behinderung, sexuelle Orientierung, religiöses Bekenntnis Einkommen, beruflicher Werdegang, geografischer Standort, Familienstand, Ausbildung
Ziele	Veränderung von Gesellschaft Anerkennung von Gleichheit und Verschiedenheit nach innen und außen Verhinderung von Diskriminierung am Arbeitsplatz Etablierung als Querschnittsaufgabe zur Veränderung von Entscheidungsprozessen Ressourcenansatz statt Defizitorientierung Abbau von Zugangsbarrieren und Hemmschwellen Vermittlung interkultureller Kompetenz Gewinnung von Mitarbeiterinnen/Mitarbeitern mit Migrationshintergrund Initiierung reflexiver Lern- und Veränderungsprozesse	Positionierung am Markt Anerkennung und optimale Nutzung vorhandener Diversität Verhinderung von Diskriminierung am Arbeitsplatz Etablierung als Personalentwicklungskonzept Ressourcenansatz statt Defizitorientierung Erschließung der Kaufkraftpotenziale neuer Kunden Erhöhung der Problemlösungskompetenz Gezielte Rekrutierung von Minderheiten Ausschöpfung der jeweiligen Leistungspotenziale

Ziel-gruppen	Mitarbeiterinnen und Mitarbeiter Nutzerinnen und Nutzer	Mitarbeiterinnen und Mitarbeiter Kundinnen und Kunden
Methoden/Instrumente	Leitbildentwicklung Zielentwicklung Bestandsaufnahme Führungsverantwortung (top down) Interkulturelle Kompetenzvermittlung Prozessmanagement Mainstreaming Controlling	Leitbildentwicklung Zielentwicklung Bestandsaufnahme Führungsverantwortung (top down) Vermittlung instrumenteller Kompetenzen Prozessmanagement Mainstreaming Controlling
Machtaspekte	Analyse von Machtverhältnissen und gesellschaftlichen Ausgrenzungsmechanismen Analyse der Konstruktionsprozesse von Diversität (doing ethnicity) Analyse von Macht- und Interessensstrukturen in der Organisation Analyse von Machtasymmetrien im Kontakt mit Nutzerinnen und Nutzern	Analyse von Macht- und Interessensstrukturen im Unternehmen
Quelle: Schröer 2009: 208		

Abb. 1: Vergleich der Strategien

Bei der Adaption für die Soziale Arbeit, für pädagogische und gesundheitsbezogene Arbeitsfelder muss aber darauf geachtet werden, dass es trotz einer institutionellen Gesamtstrategie der Ergänzung durch differenzierte und profilierte Einzelstrategien bedarf. Das bedeutet: interkulturelle Orientierung und Öffnung – ebenso wie Gender Mainstreaming oder die Inklusion Behinderter – bleibt auf der Agenda (vgl. Schröer 2009).

Fazit

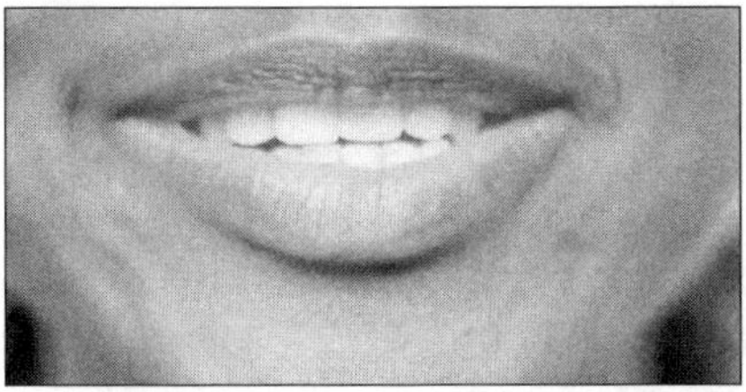

Nach dem aktuellen Stand der Diskussion sind Intercultural Mainstreaming und Cultural Mainstreaming gleichzusetzen. Sie benennen für ein Element von Verschiedenheit, nämlich für Ethnizität (angelehnt an soziales Geschlecht und Gender Mainstreaming), die gleichen Strategien, wie sie das Konzept der interkulturellen Orientierung und Öffnung in den letzten 15 Jahren entwickelt hat.

Ebenso werden Cultural Diversity und Diversity Management beziehungsweise Managing Diversity als synonym verstanden. Diversity Management ist ein umfassender Gestaltungs- und Veränderungsansatz, der aber Einzelstrategien bezogen auf die einzelnen Dimensionen von Vielfalt nicht überflüssig macht.

Interkulturelle Orientierung und Öffnung ist deshalb als strategischer Ansatz nicht infrage gestellt. Aus politisch-pragmatischen Gründen plädieren wir dafür, diese Begrifflichkeit beizubehalten, um die ohnehin schon schwierige Implementation in Politik und Verwaltung nicht noch mehr zu erschweren.

Kultur ist das Vergnügen, die Welt zu verändern.
Bertolt Brecht, deutscher Dramatiker und Lyriker (1898 – 1956)

4. ZIELE DER INTERKULTURELLEN ÖFFNUNG

Interkulturelle Öffnung ist also zu einem anerkannten Paradigma in Politik, Verwaltung und Teilen der Wissenschaft geworden. Die ursprünglich aus der Praxis der Sozialen Arbeit resultierende Forderung hat sich inzwischen zu einem Gesellschaft verändernden Konzept entwickelt, weil längst nicht mehr nur soziale Dienste und die kommunale Versorgungsstruktur geöffnet werden sollen, sondern weil mit interkultureller Öffnung programmatische Ziele in allen Bereichen und auf allen Ebenen verfolgt werden. Nach der Literaturlage (vgl. weitere Hinweise bei Schröer 2007 a: 11; Handschuck 2008 a: 33) lassen sich die Ziele wie folgt zusammenfassen:

- die Einlösung des Gleichbehandlungs- und Gerechtigkeitspostulats des Grundgesetzes und die Anerkennung von Gleichheit und Verschiedenheit in der multikulturellen (Stadt-) Gesellschaft,
- die Beteiligung der Betroffenen und ihrer Organisationen bei der Konzipierung und Durchführung von Integrations- und interkulturellen Öffnungsprozessen,
- die kritische Reflexion des Machtgefälles zwischen Organisations- bzw. Verwaltungskulturen und den unterschiedlichen kulturellen Lebenswelten der Nutzerinnen und Nutzer, Abbau beziehungsweise Ausgleich dieser Asymmetrien,
- die Analyse von Mechanismen struktureller Diskriminierung und von institutionellem Rassismus und deren Bekämpfung durch Umgestaltung der Institutionen,
- die Etablierung einer interkulturellen Orientierung als Querschnittsaufgabe aller Bereiche von öffentlichen und freien Trägern der Daseinsvorsorge sowohl als Steuerungsaufgabe als auch in der operativen Arbeit,

- die Abkehr vom Defizitansatz, wonach Menschen mit Migrationshintergrund vorwiegend als problematisch gesehen werden, und die Hinwendung zum Ressourcen- bzw. Empowerment-Ansatz, wonach kulturelle Vielfalt als Chance zu verstehen ist,
- der Abbau bestehender Hemmschwellen für den Zugang zu den Einrichtungen und Diensten, die Verhinderung benachteiligender Ethnisierungsprozesse, die Einstellung von Personal mit Migrationshintergrund in allen Beschäftigungsbereichen, Funktionen und auf allen Hierarchieebenen,
- die Vermittlung interkultureller Kompetenz durch Wissen über Migrationsprozesse, Integrationsfragen und die Einsicht in die Notwendigkeit der produktiven Gestaltung kultureller Pluralität,
- die Initiierung (selbst-)reflexiver Lern- und Veränderungsprozesse bei Individuen, Gruppen und Organisationen.

Zusammenfassend und anschließend an die Überlegungen zum Begriffverständnis lässt sich festhalten:

- Interkulturelle Öffnung ist ein aktiver Prozess, der bisher mehr oder weniger auf die Mehrheitsbevölkerung ausgerichtete und damit für Minderheiten geschlossene Organisationen mit deren Beteiligung aufschließen will.
- Interkulturelle Öffnung stellt eine bewusste Strategie dar, die sich für einen erfolgreichen Prozess insbesondere der Instrumente bedienen muss, die Organisations-, Personal- und Qualitätsentwicklung zur Verfügung stellen.
- Interkulturelle Öffnung als (selbst-)reflexiver Prozess initiiert Lernprozesse, vermittelt neue Kenntnisse sowie die Fertigkeiten, Instrumente für Veränderungsprozesse erfolgreich einzusetzen.
- Interkulturelle Öffnung berührt Interessen innerhalb der Mitarbeiterschaft (z.B. zwischen Mitarbeitern und Mitarbeiterinnen mit unterschiedlichen Vielfaltsinteressen), innerhalb der Organisation (z.B. zwischen geöffneten und noch eher geschlossenen Einheiten) oder zwischen Organisationen unterschiedlicher Ebenen (z.B. zwischen freien und öffentlichen Trägern).

Man muss bei Veränderungen auf zwei Dinge
achten: das Notwendige und das Unmögliche.
Iranisches Sprichwort

5. INTERKULTURELLE ÖFFNUNG ALS PROZESS DER ORGANISATIONSVERÄNDERUNG

Die interkulturelle Öffnung von Organisationen verändert diese, ist also ein Organisationsentwicklungsprozess. Die geplante Implementierung von interkultureller Orientierung und Öffnung wirft damit die Frage auf, wie dieser Prozess umgesetzt werden kann. Klassische Ansätze für die Entwicklung und Veränderung von Organisationen haben in den letzten Jahren Kritik erfahren, das Feld hat eine hohe Dynamik entwickelt. Ein verändertes Verständnis von Organisation selbst, Begriffe wie Organisationsentwicklung, Change Management oder Lernende Organisation, aber auch unterschiedliche Methoden von der Gruppendynamik bis zu großen Organisationskonferenzen kennzeichnen diese Veränderungen. Wir wollen dazu auf den folgenden Seiten einige Erläuterungen geben, um für Sie nachvollziehbar zu machen, vor welchem Hintergrund wir uns für bestimmte Empfehlungen zum methodischen Vorgehen entschieden haben. Für Ihren Entscheidungsprozess kann es hilfreich sein, aus der systematischen Darstellung (siehe Abbildung 2), der historischen Entwicklung, der Kenntnis der jeweiligen Wurzeln die für Ihre Organisation passenden Konsequenzen ziehen zu können. Diesem Thema wollen wir relativ breiten Raum widmen, weil wir die Entscheidung des methodischen Vorgehens, die Strukturierung geeigneter Settings und damit die Wahl der zu Grunde liegenden Veränderungsphilosophie für die entscheidenden Erfolgsfaktoren organisationeller Veränderung halten.

	Klassische Management-Beratung	**Organisationsentwicklungs-Beratung**	**Systemische Beratung**
Verständnis von Organisation	Organisation als Maschine	Organisation als Kollektivität von Personen und Gruppen	Organisation als komplexes soziales System
Wurzeln	Scientific Management/Bürokratisch-administrativer Ansatz (Taylor, Weber)	Gruppendynamik/ Aktionsforschung/ Sozio-technischer Systemansatz (Kurt Lewin)	Systemtheorie/Systemische Familientherapie (Luhman, Simon u.a.)
Methoden	Analyse, Konzept, Umsetzung/Arbeitsteilung/Funktionale Spezialisierung	Gruppendynamik, Selbsterfahrung/ Feedback, Reflexion/ Gruppenmethoden	Selbstorganisation/ Ganzes System in einen Raum bringen/ Großgruppenmethoden
Steuerung	Top down	Bottom up	Ko-Evolution
Fokus	Topmanagement	Mitarbeitende (Personen/Gruppen)	Stakeholder
Quellen: Wimmer (2004); Boos/Heitger/Hummer (2005), Glatz/Graf-Götz (2007); Seliger (2008)			

Abb. 2: Vergleich der Beratungsansätze

Klassische Managementberatung

Das Verständnis von Organisationen und deren Steuerung hat sich in den vergangenen 100 Jahren grundlegend verändert. Um die Jahrhundertwende vom 19. zum 20. Jahrhundert wurden Organisationen wie technisch-rationale Maschinen gesehen, die durch lineare Abläufe geprägt und eben solche Managementregeln gesteuert wurden. Eine mit dem Namen Frederick W. Taylor (1856–1915) verbundene klassische Managementberatung zielte darauf, Produktionsabläufe zu messen, sie arbeitsteilig zu zerlegen und zu standardisieren, sie dadurch zu optimieren und dafür angemessene Entlohnungs-, aber auch Bestrafungssysteme zu entwickeln. Die Veränderungsberatung erfolgte von außen, der Veränderungsberater verstand sich wie ein Ingenieur, der einen technischen Prozess gut strukturiert steuert (vgl. Boos/Heitger/Hummer 2005: 7). Diese Grundsätze wurden perfekt in der Produktion von Ford umgesetzt.

Von ähnlichem Geist geprägt ist das bürokratisch administrative Modell des Soziologen Max Weber (1864–1920), das für ihn „die reinste Form legaler Herrschaft" (Weber 1972: 120) in Staat und Gesellschaft darstellt. Die Strukturmerkmale einer Bürokratie sind nach Weber (ebd.) eine Arbeitsteilung mit festgelegten amtlichen Pflichten und Zuständigkeiten und der zur Erfüllung dieser Pflichten notwendigen Befehlsgewalt. Die Arbeit orientiert sich an Regeln, die personenunabhängig und generell festgelegt sind. Sie wird von Personen ausgeübt, die aufgrund ihrer Ausbildung dazu geeignet sind. Es gibt ein fest geordnetes System von Über- und Unterordnung. Mit einer höheren Hierarchie geht eine höhere Kompetenz und Entscheidungsbefugnis einher; Kompetenzen sind vertikal voneinander abgegrenzt. Konflikte zwischen Aufgabenbereichen werden durch die nächst höheren Instanzen gelöst. Befehls- und Beschwerdewege sind vom Ablauf hierarchisch festgeschrieben. Insgesamt erfolgt die Amtsführung nach erlernbaren Regeln und nach Normen, die die zu erzielenden Erfolge, die Aufteilung von Kompetenzen und die Kommunikationswege festlegen. Beförderung und Auslese des Personals beruhen auf fachlicher Kompetenz. Die Entlohnung ist nach Positionen abgestuft. Die Aufgabenerfüllung und die Kommunikation sind aktenmäßig und beruhen auf Schriftstücken, die aus Kontrollgründen aufzubewahren sind und einen Wechsel der Amtsinhaber ermöglichen. Das Organisationskonzept ist rational. Entscheidungs- und Kontrollbefugnisse sind an der Organisationsspitze zusammengefasst (vgl. Schwarz 1994: 36 ff.; Handschuck 2008 a: 84). Elemente von Fordismus, Taylorismus und bürokratischem Denken und Handeln prägen bis heute große Organisationen.

Organisationsentwicklung

Demgegenüber waren die Annahmen der Organisationsentwicklung geradezu „revolutionär", wonach „Organisationen sich verändern, wenn es gelingt, die Menschen zu verändern. Die Menschen, ihre Haltungen, ihr Verhalten und ihre Beziehungen waren der Angelpunkt der Veränderungen des ganzen Systems" (Seliger 2008: 19). Die Organisationsentwicklung entstand in den 1940er-Jahren und ist vor allem mit dem Namen Kurt Lewin (1890–1947) verbunden. Vor dem Hintergrund der Erfahrungen mit der Naziherrschaft und der Beobachtung von Massenphänomenen und autoritärer Führung wurden Theorien und Instrumente zur Steuerung von Veränderungsprozessen in Organisationen entwickelt, die Wimmer (2004: 29) als „reedukativen Ansatz" der Organisationsentwicklung bezeichnet. Tragende Elemente waren „ein auf Autonomie und Entwicklung ausgelegtes Menschenbild, ein auf Partizipation ausgerichtetes Führungsideal und ein Veränderungsverständnis, das auf evolutionären Lernprozessen beruht" (Seliger 2008: 30; vgl. Wimmer 2004: 29). Die Gruppendynamik war Instrument und Methode der Organisationsentwicklung. Die Gruppe macht sich selbst gezielt zum Gegenstand des Erforschens, die gruppendynamische Trainingsgruppe war die spezifische Lernform, die Prozessberatung wurde zu einem eigenständigen Beratungsansatz. „Die auf die Möglichkeit von Bewusstsein und Verhalten verändernden Lernprozessen ausgerichteten Intentionen der ursprünglichen Gruppendynamik waren von Anfang an auf die Veränderung von Organisationen ausgerichtet" (Wimmer 2004: 28). Kommunikation beziehungsweise deren Blockaden in der Organisation sind dabei zentrale Ansatzpunkte der Organisationsentwicklung. Verbunden war diese Orientierung mit einer prinzipiell kritischen Haltung gegenüber den klassischen Ausprägungen von Hierarchie und Bürokratie, richtete sich also dezidiert gegen Max Weber und sein instrumentelles Verständnis von Organisationsmitgliedern.

Eine weitere Grundlage der Organisationsentwicklung bildete die „Aktionsforschung", die wiederum auf Kurt Lewin und sein Konzept der Feldforschung zurückgeht. Ihr Anliegen war es, die klassische Trennung von Forschern und Beforschten aufzuheben und in einer Neukonzeptualisierung des Forschungsprozesses den Untersuchungsgegenstand – zum Beispiel die Organisation – in einen gezielt gesteuerten Prozess der Selbsterforschung einzubeziehen und so die Problemlösungskapazität des Systems zu erhöhen (ebd.: 30). Methodisch werden diese Selbsterforschungsprozesse durch Datensammlung, Interviews, Beobachtungen und Rückkoppelung der Ergebnisse unterstützt. Der Aktionsforschung geht es um Selbstbeobachtung und Selbstreflexion von Organisationen, um die Analyse der selektiven Kommunikationsmuster, um darüber zu neuen Kommunikationsformen zu kommen. Mit „Action Learning" wird in Nachfolge dieses Forschungskonzeptes eine Lernform in Organisationen bezeichnet, „die auf konkreten Erfahrungen und der Lösung von unmittelbaren und relevanten Aufgaben beruht" (Seliger 2008: 25). Organisationen beziehungsweise ihre Mitglieder bauen Wissen über sich selbst auf, lernen praxisorientiert anhand konkreter Aufgaben und machen ihre Lernprozesse selbst zum Thema der Reflexionen. Das wird nicht mehr mit einem klassischen Lernen durch Anpassung, sondern durch ein Lernen in Sinne von Hinterfragen erreicht und kann im Ergebnis als „Lernende Organisation" bezeichnet werden (vgl. Senge 2003).

Eine dritte Wurzel der Organisationsentwicklung bezieht sich auf die Theorien und Forschungsergebnisse des „sozio-technischen Systemansatzes". Das Tavistock Institute of Human Relations in London untersuchte in seiner Feldforschung den Zusammenhang von Arbeitsorganisation und menschlichen Beziehungen. Entgegen der Annahme, dass die Technologie (Maschinen, Verfahrensweisen, Methoden) die sozialen Verhältnisse (Arbeitsorganisation) bestimme, ergaben die Forschungsergebnisse, „dass die in Organisationen anzutreffenden Strukturen ebenso wie die Arbeitsprozesse auf Entscheidungen des Gesamtsystems beruhen und nicht als bloßer Sachzwang aus der vorhandenen Technologie zwingend herzuleiten sind" (Wimmer 2004: 31f.). Die Arbeitsorganisation muss also technologischen und ebenso menschlichen Bedürfnissen entsprechen. Funktionsfähige Teams mit hoher Selbststeuerungskompetenz erscheinen für eine funktionale Aufgabenerledigung als besonders geeignet. Aus seiner theoretische Fundierung heraus wird für den sozio-technischen Systemansatz die Differenz von System und Umwelt zur Leitdifferenz dieser Denkrichtung. Das Augenmerk richtet sich auf die wechselseitige Durchdringung von Organisation und Umwelt. Irritationen des Systems erfolgen durch Umweltveränderungen auf der Input- wie auf der Outputseite. „Die Differenzierung von sozio-kulturellen und technologischen Komponenten im Innern einer Organisation sowie die starke Betonung der Austauschbeziehung zu verschiedenen Umwelten ermöglicht zweifelsohne das Erfassen eines höheren Grades an Komplexität" (ebd.: 33). Als Ansatz für Organisationsanalyse und Organisationsveränderung ging es den Tavistockforschern darum, die Kompetenz zur Selbstregulation von Subeinheiten innerhalb einer Gesamtorganisation zu stärken, um konstruktiv-lernende Verarbeitungsmöglichkeiten für nicht vorhersehbare Abweichungen zu schaffen (vgl. ebd.).

Systemische Beratung

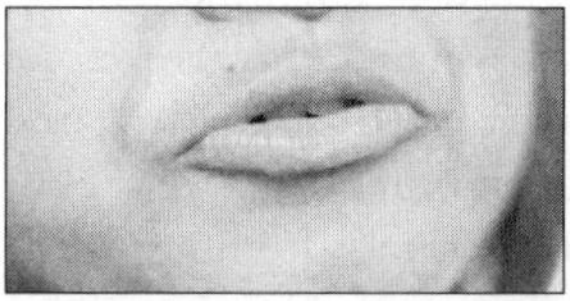

Dieser anglo-amerikanische Systemansatz unterscheidet sich vom mitteleuropäischen Verständnis systemischen Denkens. Er ist aber neben Organisationsentwicklung und Aktionsforschung eine Wurzel der vor allem in den USA entwickelten Großgruppenarbeit. Er bietet Anknüpfungspunkte für ein systemtheoretisches Verständnis von Organisationen und für systemisch orientierte Beratungsansätze. Darauf soll in diesem Zusammenhang nur vereinfachend und soweit eingegangen werden, wie es für das weitere Verständnis notwendig erscheint. Organisation ist – ganz allgemein formuliert – ein Typus komplexer sozialer Systeme. (Vgl. zum Folgenden Boos/Heitger/Hummer 2005: 9 ff., Glatz/Graf-Götz 2007: 27 ff., Seliger 2008: 29 ff.) Für die Systemtheorie sind Organisationen Kommunikationssysteme, deren konstitutive Elemente nicht etwa die mitarbeitenden Menschen oder die nachfragenden Nutzerinnen und Nutzer sind, sondern deren Kommunikationsleistungen, die für die Aufgabenerfüllung (z.B. ein Produkt oder eine Dienstleistung) notwendig sind. Daraus lässt sich ableiten: „Wenn sich die Kommunikation der Organisation verändert, verändert sich die Organisation als Ganzes" (Seliger 2008: 29).

Aus systemtheoretischer Sicht sind Menschen also nicht Teil der Organisation, sondern deren relevanter Umwelten. Beide folgen unterschiedlichen Steuerungslogiken, Menschen z.B. ihren Bedürfnissen, Organisationen ihren Aufgaben. Personen nehmen eine Rolle ein, die die zu erwartenden Kommunikationsleistungen definiert: führen, entscheiden, verhandeln, Wissen zur Verfügung stellen. Menschen erwarten Gegenleistungen wie Anerkennung, Lebensstandard, Entwicklungsmöglichkeiten. Wegen dieser Rollenbeziehungen sind Menschen zwar wichtig, aber prinzipiell austauschbar. Jede andere geeignete Person kann die erwarteten Kommunikationsleistungen erbringen. Die spezifische Rolle des Organisationsmitglieds prägt auch dessen Perspektive auf die Gesamtorganisation. Basis, mittleres oder oberes Management, Finanzverantwortliche,

Konzeptentwicklerinnen oder Sachbearbeitende sehen ihre jeweils spezifischen Aspekte. Jede Person konstruiert die soziale Wirklichkeit aus ihrer Beobachtungsperspektive. Erst die Kommunikation darüber ergibt ein Bild des gesamten Systems. (Eine Zusammenfassung kritischer Einwände gegenüber den radikalen Ansätzen von Konstruktivismus und Systemtheorie lassen sich bei Graf (2007) und Schwarz (2007) nachlesen.)

Organisationen sind also das Ergebnis kollektiver Konstruktionen. Ihre Kultur, ihre Spielregeln, ihre Strukturen, ihre Identität, ihre Muster sind Konstrukte, die durch Kommunikation der Organisation zum gemeinsamen Bild und damit zur gemeinsam geteilten Wirklichkeit werden. „Veränderungen von Organisationen werden daher durch Veränderungen von Konstrukten angeregt: Neue Konstruktionen schaffen neue Organisationen" (Seliger: 32). Das kann nicht einfach durchgesetzt oder angeordnet werden, sondern entsteht aus einem Prozess der Selbstorganisation. Weil lebende Systeme autonom und von außen nur bedingt beeinflussbar sind, werden die Akteure durch geeignete Methoden angeregt, sich in eigener Verantwortung am Veränderungsprozess zu beteiligen. Dafür müssen und können Menschen ins Gespräch gebracht werden, und zwar so, dass die Kommunikationssettings neue Konstruktionen durch neue Perspektiven ermöglichen. Die Systemtheorie nennt das „Beobachtung zweiter Ordnung". Eine solche Form der Selbstbeobachtung ermöglichen Settings, in denen sich Organisationen „selbst thematisieren, selbst beobachten und beim Beobachten beobachten" (ebd.: 35). Das bedeutet, dass Organisationen darüber reflektieren, wie sie sich selbst sehen und wie sie sich als Zuschauer ihrer selbst wahrnehmen. Auf dieser Grundlage werden sie sich der Perspektiven ihrer Wahrnehmung bewusst und können sie verändern. Durch Kommunikation entstehen neue Wahrnehmungs- und Interpretationsmuster. Ziel ist es, zu einer „Veränderung zweiter Ordnung" zu kommen, „wenn sich nicht nur die Organisation als System verändert, sondern dabei zugleich auch ihre Muster, vor allem die der Veränderung, verändern. Erst dann sprechen wir von einem tief greifenden Wandel oder einer Transformation. Veränderung zweiter Ordnung bezeichnet die Veränderung der bisherigen Art und Weise der Veränderung" (ebd.).

Um das einem Beispiel zu verdeutlichen: Große, insbesondere öffentliche Verwaltungen haben sich in der Vergangenheit, zuletzt nach der Philosophie der „Neuen Steuerung", immer wieder neuen gesellschaftlichen Herausforderungen angepasst. Gleichwohl wird beklagt, dass sich Verwaltung niemals grundlegend verändert habe. Das dürfte darauf zurückzuführen sein, dass die Akteure im Rahmen von Verwaltungsreformen zwar die Chance bekamen, sich selbst zu beobachten (Beobachtung erster Ordnung) (z.B. durch die Analyse von Strukturen und Abläufen oder durch Hospitationen). Es bestanden aber keine Möglichkeiten, sich dabei selbst zu beobachten (Beobachtung zweiter Ordnung), weil dafür weder das Bewusstsein noch geeignete Methoden zur Verfügung standen. Die Muster der Veränderung blieben deswegen weitgehend gleich: Es wurden neue Dienstvorschriften erlassen, veränderte Aufbau- und Ablaufstrukturen konstruiert und vor allem mehr Ressourcen finanzieller, personaler und technologischer Art gefordert und oft auch gewährt. Das Veränderungsmuster lautete pointiert: „Mehr desselben!" Eine Selbstbeobachtung könnte diese Mechanismen offen legen und böte die Chance, zu einer Veränderung zweiter Ordnung zu kommen, zu einer wirklichen Transformation. Stichworte dafür könnten sein: Vertrauen und Selbstständigkeit, Selbstbefähigung und Beteiligung, Kreativität und Phantasie.

Hier genau setzen Großgruppen-Methoden oder präziser, wie Seliger (ebd.: 15) betont, Organisationskonferenzen an. Sie sind vor dem Hintergrund einer systemtheoretischen Orientierung ein Setting, das Organisationskommunikation ermöglicht und darüber das ganze System in einen Dialog bringt. Ein systematisches systemisches Vorgehen bedeutet, interkulturelle Orientierung und Öffnung „strategisch, kulturell und strukturell parallel anzugehen" (Keil 2009). Die Teilnehmenden werden nicht als Personen, sondern in ihrer Funktion und Rolle einbezogen. Als Stakeholder, also als repräsentative Vertreterinnen und Vertretern aller Interessengruppen spiegeln sie das ganze System wider. Alle Organisationskonferenzen, gleich welchen Typs, sind darauf gerichtet, Kommunikation neu und anders zu ermöglichen (z.B. Appreciative Inquiry als Erinnerung der eigenen Geschichte), darüber zu neuen Geschichten zu kommen (z.B. in Real-Time-Strategic-Change-Konferenzen), damit Voraussetzungen für Prozesse der Selbstorganisation zu schaffen (etwa in Form von Open Space) sowie eine Bühne zu gestalten für die Selbstbeobachtung und damit für tief greifende Veränderungen (durch alle methodischen Ansätze) (Vgl. dazu genauer Teil II Kapitel 1).

Resümee

Ruth Seliger (2008: 20) zieht folgende kritische Bilanz: „Die Organisationsentwicklung verstand sich als parteiisch für den autonomen Menschen und kritisch gegenüber Macht, Autorität und Hierarchie. Das machte sie zu einer ideologisch-moralischen Emanzipationsbewegung, zur Antithese gegenüber Faschismus und anderen totalitären Systemen. Damit maßte sich die Organisationsentwicklung aber einen pädagogisch-emanzipatorischen Auftrag an, der aus heutiger Sicht eine bitteren Geschmack des Bevormundens hat."

Diese Bewertung teilen wir so nicht. Zum einen sehen wir im Fokus der Organisationsentwicklung, der auf Partizipation, Kommunikation und Selbstentwicklung gerichtet ist, ausreichend die Gewähr, dass die Selbstverantwortung der Organisationsmitglieder, ihre Autonomie und Souveränität nicht bevormundend manipuliert werden. Zum anderen bleiben ethisch fundierte, hierarchie- und bürokratiekritische Positionen relevant und für Veränderungsprozesse zielführend.

Kritisch wird festgestellt, dass mit der starken Orientierung an den Interessen der Mitarbeiterschaft, an Person und Gruppe, häufig die Interessen von Hierarchie und Management zu wenig berücksichtigt werden. Das entspricht nicht den realen Bedingungen in Organisationen, die einen Ausgleich zwischen den Bedürfnissen der Menschen und den Anforderungen des Auftrags erreichen müssen (vgl. Seliger 2008: 20; Wimmer 2004: 29).

Diese Kritik ist gerade vor dem Hintergrund systemtheoretischer Einsichten nachvollziehbar, weil die Veränderung subjektiver Einstellungen und der Kommunikation in und zwischen Gruppen ausschließlich innenorientiert ist und nicht die jeweiligen Umwelten berücksichtigt. Das System selbst kommt nicht in einen Organisationsdialog.

Konzeptionell ist Organisationsentwicklung als langfristiger Lern- und Veränderungsprozess angelegt und damit kaum noch anschlussfähig in einer veränderten Welt, in der Organisationen immer weniger mit stabilen inneren und äußeren Verhältnissen rechnen können. Organisationsentwicklung ist ein Konzept des Wandels, das von eher stabilen Verhältnissen ausgeht und für das Umweltanforderungen eine weniger wichtige Rolle spielen. Das ist aber nach Jahren radikaler Organisationstransformation nicht mehr angemessen (Wimmer 2004: 35). Der Versuch, durch neue Begrifflichkeiten wie „Change Management" das Dilemma lösen zu wollen und einen „tatsächlichen Paradigmenwechsel" (so etwa Kulmer/Trebesch 2004: 80) zu behaupten, geht ins Leere, weil dem Ansatz gleichfalls ein Verständnis von Organisation und Umwelt zu Grunde liegt, das hohe strukturelle Stabilität voraussetzt und lange Anpassungsprozesse zulässt. Change Management, so Wimmer (2004: 38), hat keine angemessene Konzeptualisierung für die stark veränderte Organisationslandschaft wie für heutige Anforderungen an einschneidende Umgestaltungen in kurzer Zeit entwickelt. Change Management reicht über Organisationsentwicklung nicht deutlich hinaus.

Dieses radikale Verdikt gegenüber der Organisationsentwicklung, räumt Wimmer selbst ein, gilt (noch) nicht für alle Organisationen. Es hat sicher in großen Wirtschaftsunternehmen Relevanz. In der öffentlichen Verwaltung und in Organisationen des Sozial- oder Gesundheitsbereichs finden sich Strukturen im Übergang. Aber auch hier wirken eine zunehmende Dynamik und der Druck, rasch zu Lösungen zu kommen. Die Organisationsentwicklung als sequenzielle Aneinanderreihung von Workshops braucht dafür zu viel Zeit, die oft nicht mehr vorhanden ist.

Großgruppenansätze entstanden folgerichtig in einer Zeit hoher Dynamik und der Erwartung, schnell zu neuen Lösungen zu kommen. Aus systemischer Sicht sind sie besonders geeignet, eine Balance zwischen den Interessen der Menschen in der Organisation und der Organisation anzustreben. Die tragenden Prinzipien für Großgruppenmethoden oder Organisationskonferenzen sollen im nächsten Absatz vorgestellt werden.

Wir vertreten abschließend die Meinung, dass die Organisationsentwicklung mit ihrer Orientierung auf Menschen und Gruppen und ihrer gruppendynamischen Methodik nicht nur eine wesentliche Wurzel der Großgruppenarbeit ist. Sie bleibt auch weiterhin je nach Organisation, Zielen und Zeitressourcen für Veränderungsprozesse ein relevanter Beratungsansatz für Organisationsveränderung. Das gilt gerade für die Felder der öffentlichen Verwaltung, der sozialen und gesundheitsbezogenen Dienste oder für den Bildungsbereich. Dabei aber das ganze System im Blick zu behalten und in Veränderung zu bringen, dafür bieten die Gruppen-Methoden eine gute Grundlage. Ein situationsbezogener Mix der verschiedenen Ansätze, orientiert am Entwicklungsstand der Organisation und den jeweiligen Zielen, dürfte die richtige Entscheidung sein. Wie generell gilt: differenzierte sozialwissenschaftliche Auseinandersetzungen haben für theoretische Grundlegungen ihren Sinn. Die Praxis aber nutzt für ihre Bedürfnisse deren Ergebnisse so, wie es pragmatisch erforderlich erscheint. Das wird in Teil II an vielen Praxisbeispielen vorgeführt.

Grundlegende Prinzipien

Wenn Sie sich für einen Veränderungsprozess ihrer Organisation zur interkulturellen Öffnung entschieden haben, sollten Sie sich der Prinzipien und Orientierungen vergewissern, die nach allen Erfahrungen mit Change-Prozessen für den Erfolg grundlegend sind. Einige dieser Prinzipien sind stärker für Ansätze der klassischen Organisationsentwicklung, andere eher für Großgruppenmethoden relevant. Es überwiegen aber die Gemeinsamkeiten, die die unterschiedlichen Ansätze und Methoden verbinden.

Führungsverantwortung

Veränderungsmanagement ist Führungsaufgabe, und die interkulturelle Orientierung und Öffnung von Organisationen ist eine tief greifende Veränderungsstrategie, die top down durch einen ausdrücklichen Auftrag eingeleitet werden muss. Es ist deshalb für den Erfolg interkultureller Öffnung unabdingbar, dass die Leitung einen solchen Prozess will, ihn initiiert und dauerhaft unterstützt. Eine einmalige Willensbekundung reicht dafür nicht aus, um dann den Prozess sich selbst oder nachgeordneten Verantwortlichen zu überlassen. Es hat sich als sehr hilfreich erwiesen, zu Beginn der interkulturellen Öffnung die gesamte Führungsebene durch eine fachliche Einführung zu informieren und wenn möglich zu begeistern und in regelmäßigen Abständen solche Veranstaltungen zu wiederholen.

Querschnittsaufgabe

Es ist gleichfalls Aufgabe der Führung, deutlich zu machen, dass interkulturelle Öffnung eine querschnittspolitische Strategie ist, die sich nicht nur auf bestimmte Felder, bestimmte Mitarbeitergruppen oder bestimmte Zielgruppen bezieht. Querschnittsaufgabe bedeutet, das Thema gilt für alle Bereiche, für alle Ebenen, für alle Hierarchien, für die gesamte Mitarbeiterschaft also.

Das ganze System

„Das ganze System in einen Raum bringen" (Seliger 2008: 37) ist der tragende und allen gemeinsame Grundsatz von Organisationskonferenzen, der zugleich der Anforderung als Querschnittsaufgabe gerecht wird. Das kann bei kleinen Organisationen tatsächlich das ganze System sein. Es wird aber in der Regel jenes System sein, das von den Beobachtern als ganzes System definiert wird. Das „ganze" System wird abgebildet durch die Berücksichtigung der relevanten Interessengruppen, den so genannten Stakeholder. Das sind Vertreterinnen und Vertreter der unterschiedlichen Arbeitsbereiche und Hierarchieebenen, der verschiedenen Funktionssysteme, aber auch diverser Strömungen der Organisation. Dazu können Kunden- beziehungsweise Nutzergruppen gehören, aber auch politische, gesellschaftliche oder wissenschaftliche Interessenvertretungen. Wichtig ist es deshalb, bei der Vorbereitung einer Veranstaltung genau zu analysieren, wer aus welchem Grund das System „als Ganzes" repräsentiert. Auch dafür gibt es geeignete Methoden (z.B. die Stakeholderanalyse, vgl. Teil II Kapitel 11.5). Wenn es gelingt, ein Abbild des gesamten Systems herzustellen, besteht die Chance, einen wirklichen Dialog zu initiieren, neue Gesprächspartner miteinander ins Gespräch zu bringen, die Kommunikation zu verändern und das ganze System gemeinsam an der Veränderung zu beteiligen.

Selbstorganisation und Partizipation

Beteiligung ist in jedem Prozess der Organisationsveränderung das tragende Element. Ob die auf Autonomie des Einzelnen angelegte Organisationsentwicklung oder die Aufhebung der Objektstellung der Erforschten durch Übernahme der Rolle der Beforschenden in der lernenden Organisation oder die im Prinzip des ganzen Systems angelegte breite Partizipation, allen Ansätzen ist gemeinsam, die Teilnehmenden methodisch zu einer eigenverantwortlichen Beteiligung zu befähigen. In Organisationskonferenzen wird der Kreis der zu Beteiligenden aber im Gegensatz zur Organisationsentwicklung deutlich erweitert. Nicht mehr nur die einzelnen Mitarbeiterinnen und Mitarbeiter oder Gruppen, sondern Interessenvertreter weit darüber hinaus werden als Teil des ganzen Systems einbezogen. Das bietet die Chance, über die Mitarbeitenden der zu öffnenden Organisation hinaus auch Menschen mit Migrationshintergrund und ihre Organisationen als Stakeholder in den Prozess einzubinden. Auch sind Gruppenmethoden noch stärker als Organisationsentwicklung darauf gerichtet, Eigenverantwortung zu stimulieren, Verantwortung zu übernehmen und Selbstorganisation als Prinzip lebender Systeme einzuüben.

Ziel- und Zukunftsorientierung

Ein wesentlicher Erfolg der Reformbestrebungen in Verwaltung und Verbänden war die neue Orientierung an Zielen mit Instrumenten wie Mitarbeitergespräch und Zielvereinbarungen, die der überkommenen Aufgabenorientierung und dem reinen Gesetzesvollzug in der Bürokratie eine neue, funktionale Arbeitsperspektive vermittelt hat. Auch Veränderungsprozesse müssen von klar formulierten Zielen geleitet sein. Ziele formulieren die gedankliche Vorwegnahme zukünftiger Endzustände. In Prozessen der Organisationsveränderung, insbesondere bei Konferenzformen geht es deshalb nicht so sehr um die Analyse der Vergangenheit und die Beschäftigung mit Problemen. Der Fokus liegt auf der Zukunft. Die Besinnung auf die eigenen Stärken steht im Vordergrund. Die gemeinsame Formulierung von Visionen und Zukunftsbildern entwickelt die Organisation (z.B. bei Zukunftskonferenzen durch die „Wunderfrage“, vgl. Teil II Kapitel 6.1).

Lösungs- und Ressourcenorientierung

Soziale oder gesundheitsbezogene Arbeitsansätze haben sich schon vor längerer Zeit von der überkommenen Defizitorientierung und Problemanalyse ihrer Klientel verabschiedet und setzen an den Fähigkeiten und Ressourcen der Menschen an, mit denen sie arbeiten. Was für einzelne Menschen, Familien oder Gruppen gilt, kann auch auf Organisationen als lebende Systeme übertragen werden. Es geht im Veränderungsprozess darum, nicht defizit- und problemorientiert in einen resignativen Kreislauf zu geraten, sondern positiv darauf zu setzen, dass jedes System über wertvolle Erfahrungen, Qualitäten, Fähigkeiten und Ressourcen verfügt. Daran anzusetzen und diese Potenziale zu nutzen, dafür sind viele Ansätze der Gruppenarbeit hilfreich. Am deutlichsten drückt diese Haltung Appreciative Inquiry Summit aus, dessen Grundannahme lautet: „In jedem System steckt etwas, das gut funktioniert – sonst würde es nicht leben“ (ebd.: 42).

Prozessorientierung

Veränderung von Organisation geht nicht von heute auf morgen und kann nicht von oben angeordnet werden. Sie ist als Prozess zu denken, der Entwicklungen in Gang setzt, mit Ungewissheiten konfrontiert und Zeit braucht. Im Prozess kann Vorgeplantes sich verändern. Darauf sensibel und flexibel zu reagieren, ist Teil von Prozesskompetenz und Handlung leitendes Prinzip von Großgruppenverfahren. Wie viel Zeit Sie sich vornehmen, hängt nicht zuletzt von der Wahl der Methoden ab. Die klassische Organisationsentwicklung ist ein sehr langfristiges Unterfangen. Auch alle Konferenzformen der Großgruppenarbeit setzen einen langen Prozess voraus (ebd.: 46). Die Nachhaltigkeit hängt davon ab, ob es gelingt, Kulturveränderung der Organisation auf Dauer anzulegen.

Werteorientierung

Im Gegensatz zu Unternehmensphilosophien und zu Diversity Management basieren Soziale Arbeit und interkulturelle Öffnung auf normativen Werten, die bei der Zielformulierung von Veränderungsprozessen die Grundlage bilden. Ausgehend vom Gleichheitspostulat und Sozialstaatsgrundsatz des Grundgesetzes trägt Soziale Arbeit dazu bei, soziale Gerechtigkeit und Chancengleichheit zu gewährleisten. Die für die interkulturelle Arbeit maßgebenden Werte der Anerkennung und Gleichheit sind Richtschnur für eine interkulturelle Öffnung.

Strategische Steuerung

Menschen haben eine – zumindest vage – Vorstellung ihrer Zukunft. Sie haben Wünsche und Träume, die ihr Handeln bestimmen. Das ist so etwas wie eine Vision. Jeder Mensch versucht, seine Träume Wirklichkeit werden zu lassen. Er macht Pläne, trifft Vorsorge gegen Gefahren, investiert in Bildung oder materielle Dinge. Kurz: Er plant, er agiert und reagiert. Das ist strategische Steuerung. Sie gibt Orientierung, richtet den Fokus des Handelns auf vereinbarte Ziele, ermöglicht ein gemeinsames Vorgehen und ist Basis für wirksames Handeln. In Managementtheorien und Qualitätsmanagement sind diese Überlegungen systematisiert und in einem Kreislauf dargestellt worden, der die wesentlichen Elemente für einen erfolgreichen Prozess des organisatorischen Wandels benennt. Nach unseren Erfahrungen (vgl. auch Schröer 2011 a: 317 ff.) sind das vor allem folgende Elemente:

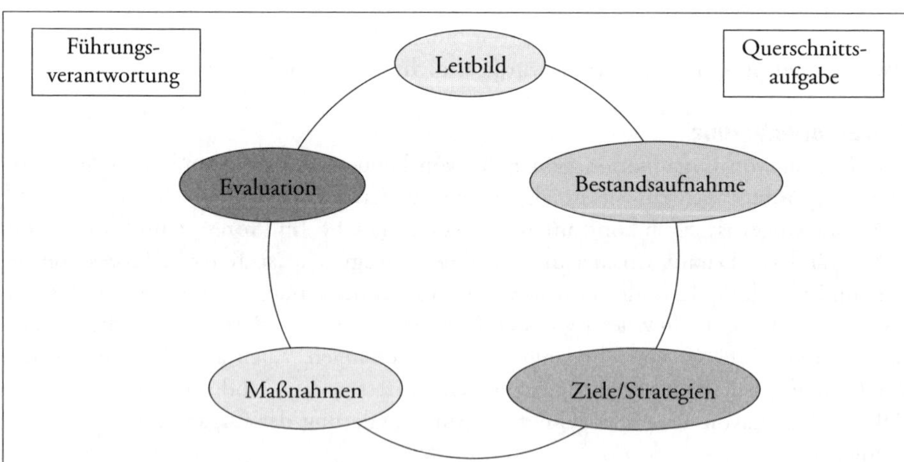

Abb. 3: Strategischer Steuerungskreis

Kraft durch Visionen

Besonderer Anstrengungen bedarf der Einstieg in den organisatorischen Wandel. Die Mitglieder einer Organisation sollen dazu veranlasst werden, in den Dialog zu kommen, ihre Konstruktionen von Wirklichkeit infrage zu stellen und neue Vorstellungen zu entwickeln. Dafür kann es hilfreich sein, erst einmal allgemeine Vorstellungen von der Zukunft zu entwickeln, in verschiedenen Szenarien alternative Möglichkeiten durchzuspielen. Geeignet dafür sind „Scenario Building Workshops“ (Keil 2009) als Basis für die Entwicklung einer Vision. „Besonders effektive Mittel der Kommunikation zur Initiierung der Reorganisation sind Leitbilder, „Visionen“, Metaphern und Geschichten. Leitbilder, die in anschaulicher Weise zentrale Grundannahmen und Ziele für umfassende Reorganisationsprogramme enthalten, eignen sich in besonderer Weise, um Individuen zur Modifikation ihrer subjektiven Theorien über das Organisieren zu bewegen“ (Kieser 2002: 307). Leitbilder schienen ihre Zeit hinter sich zu haben. Die Erfahrungen, dass Leitbilder von oben veranlasst, manchmal in Projektgruppen erarbeitet, dann aber ohne große Beteiligung verabschiedet wurden und in der Schublade verschwunden sind, haben ihrem Ruf geschadet. Zu Unrecht, wie Erfahrungen mit lernender Organisation (vgl. Senge 2003: 252) und mit der Erarbeitung durch geeignete Methoden belegen. Die Entwicklung einer Vision für die Organisation, das gemeinsame Ringen um ein Leitbild, der Prozess der gemeinsamen Erarbeitung und damit der partizipativen Vergewisserung über Zukunftsvorstellungen, strategische Ziele und die kollektiv zu erbringenden Aufgaben sind die entscheidenden Elemente des Einstieges in einen Veränderungsprozess. (Vgl. Teil II Kapitel 5.)

Wichtig ist es, dafür die richtige Sprache zu finden. Neue Leitbilder sind häufig von prägnante Metaphern bestimmt: die lernende Organisation, die atmende Fabrik, die neue Organisations-Architektur. Das gilt auch für die Metapher der interkulturellen Öffnung. Die gleiche Funktion erfüllen Slogans, die eine Vision auf den Punkt bringen und eine Kampagne inszenieren. Beispiele aus der Wirtschaft sind etwa „Gut ist und nicht gut genug.“ oder aus dem Sozialbereich die geniale Formulierung des Caritasverbandes der Erzdiözese München und Freising e.V.: „Caritas. Nah. Am Nächsten.“ Metaphern, Slogans, Bilder schaffen (neue) Sprache, ermöglichen Kommunikation und dadurch neue Konstruktionen der Wirklichkeit (vgl. Kieser 2002: 209). Für unser Thema bedeutet das, dass sich eine Kommune, ein Verband, eine Einrichtung Klarheit verschafft über ihren Umgang mit Vielfalt und dass in der Stadtentwicklungsplanung und dem darauf basierenden kommunalen Integrationskonzept, im Leitbild eines Verbandes, in den Grundsätzen einer Institution interkulturelle Orientierung als Haltung und interkulturelle Öffnung der eigenen Struktur als Ziel eindeutig formuliert sind. Das kann sehr erfolgreich mit Großgruppen-Methoden erfolgen, was eigene Erfahrungen mit Zukunftswerkstätten und World Café belegen. (Vgl. dazu Teil II Kapitel 1 und 5.)

Orientierende Einstiegsfragen können sein: Haben wir in unserer Organisation jemals eine Vision kommuniziert? Gibt es in unserer Kommune, in unserer Organisation bereits ein Leitbild? Macht das Leitbild Aussagen zur interkulturellen Öffnung? Wie steigen wir in den Prozess der (Weiter-)Entwicklung des Leitbildes ein? Was könnten zündende Metaphern und Slogans sein?

Kenntnisse durch Situationsanalyse

Als zweiten Schritt gilt es, sich die Situation in der Organisation genau anzuschauen und zu prüfen, was unter dem Aspekt der interkulturellen Öffnung schon passiert ist. Aus der Erfahrung in der Arbeit mit Kommunen, Verbänden, mit Gruppen und Teams hat sich als konstruktiv und zielorientiert herausgestellt, bei der Analyse der Ist-Situation sich zunächst die Stärken und Ressourcen bewusst zu machen, über die die Institution verfügt. Eine Defizit-Analyse, die reine Kritikphase zieht erst einmal herunter, demotiviert. Die Überraschung ist immer wieder groß und der Stolz darauf, schon viel erreicht zu haben und nicht bei Null anfangen zu müssen. Dann erst sollte die kritische Analyse folgen. Das kann nach innen durch Interviews mit den Mitarbeiterinnen und Mitarbeitern und nach außen durch Nutzerinnen- und Nutzerbefragungen erfolgen. Auch dafür sind aber besonders Großgruppenkonferenzen wie Appreciative Inquiry geeignet, in denen die eigene(n) Geschichte(n) reflektiert, gemeinsame Bilder der Organisation deutlich und Möglichkeiten neuer Konstruktionen geschaffen werden.

Eine solche Analyse der Einrichtungsstruktur, und das gilt leider für viele Angebote der sozialen und gesundheitlichen Hilfen, ergibt Barrieren für die Zugänglichkeit zu deren Dienstleistungen für Menschen mit Migrationshintergrund, die diese von der Nutzung der Angebote abhalten (vgl. Gaitanides 2003: 45). Als Zugangshindernisse für Migranten lassen sich identifizieren: Sprachbarrieren und das Fehlen muttersprachlicher Fachkräfte; fehlende Informationen über die vorhandenen Angebote; kulturell geprägte Vorurteile und Einstellungen wie Stolz, Scham, Zurückhaltung, Skepsis und Leidensbereitschaft; Vorbehalte gegenüber deutschen Ämtern und Angst vor ausländerrechtlichen Konsequenzen; die bürokratische, spezialisierte und unüberschaubare Komm-Struktur deutscher Behörden. Auch für die deutschen Fachkräfte der Dienste gibt es Zugangsbarrieren wie ethnozentristische Beratungssituationen mit Missverständnissen und Vorurteilen, Stereotypisierungen und Ethnisierungen; Fremdheitsängste und Verunsicherungen; fehlende interkulturelle Kommunikationskompetenz; Überforderungsgefühle, Kompetenzverlustängste; Beharren auf eingespielten Wissens- und Handlungsroutinen.

Vor dem Hintergrund unseres Organisationsverständnisses ist es dabei wichtig zu erinnern, dass die Organisationsstruktur eine soziale Konstruktion darstellt und nicht ohne weiteres objektiv fassbar ist. Die Gefahr besteht, Probleme, die eine Organisationsveränderung rechtfertigen sollen, ebenfalls sozial zu konstruieren, um angeblich geeignete Maßnahmen begründen zu können (Kieser 2002: 312). Auch die Analysephase sollte deshalb darauf gerichtet sein, methodisch viele Ansatzpunkte und Ideen zu ermöglichen, „um einen Prozess der Kommunikation in Gang zu setzen mit dem Ziel, Konsens über die Bewertung dieser Ideen zu erzielen“ (ebd.: 313) und um zu Vereinbarungen zu kommen. (Vgl. Teil II Kapitel 6.)

Stellen Sie sich für den Einstieg die Fragen: Wo bin ich persönlich als Führungskraft, als Mitarbeiterin und Mitarbeiter in meinem Verantwortungsbereich gut? Welche Erfahrungen und Kenntnisse bringen wir als Team, als Organisation schon mit? Haben wir bereits Mitarbeitende mit Migrationserfahrung, welcher Art auch immer? Gibt es Urlaubs-, Praktika-, Berufs- oder andere Erfahrungen, die zu Befremdungen und Lernprozessen geführt haben? Haben wir in unseren Netzwerken Kontakte zu Organisationen der Migrationsarbeit, vielleicht sogar zu Migrantenorganisationen und Selbsthilfeinitiativen?

Klarheit durch Ziele

Eine ganz wesentliche Erfolgvoraussetzung ist die genaue Darstellung der Wirkungen und Ergebnisse, die im Rahmen einer strategischen Orientierung der interkulturellen Öffnung erreicht werden sollen. Das bedeutet zunächst die gedankliche Vorwegnahme der künftig zu erreichenden Zustände und deren messbare Formulierung (Ziele), aber auch die Angabe der Kriterien, die aussagen, ob der Prozess auf einem guten Weg ist und ob die Ziele erreicht sind (Indikatoren und Kennzahlen). Es ist erstaunlich, wie schwer sich Einrichtungen der Sozialen Arbeit oder im Bildungs- und Gesundheitsbereich mit der Erarbeitung von Zielen tun. Wie man Ziele formuliert, dafür hat z.B. Maja Heiner (1996) mit der SMART-Formel sehr hilfreiche Kriterien vorgeschlagen. Danach sollen Ziele spezifisch, das heißt konkret, messbar, attraktiv und anspruchsvoll, das heißt positiv und motivierend, realistisch, das heißt auch realisierbar, und terminiert sein. Erinnern Sie sich an die eingangs skizzierte „Vision“. Daraus ergeben sich für die eigene Praxis schon einige Anregungen für die Konkretisierung in Zielen. (Vgl. Teil II Kapitel 7.)

Es ist dazu hilfreich, als Fragen zu formulieren, was in Zielen umgesetzt werden soll. Also: Wie sichern wir einen wertschätzenden Umgang mit Menschen mit Migrationshintergrund in unserer Einrichtung? Wie erhöhen wir deren Anteil an unseren Nutzerinnen und Nutzern? Wie fördern wir die Sensibilität der Mitarbeiterschaft, wie deren kulturelle und interkulturelle Kompetenz? Wie gelingt es, Ambiguitätstoleranz, also die Fähigkeit mit Mehrdeutigkeiten umzugehen, zu verankern? Welche Instrumente der Evaluation und der Nutzerbefragung sind für unsere Einrichtung geeignet?

Qualität durch geeignete Maßnahmen

Anknüpfend an die Ressourcen und Fähigkeiten der Organisation geht es nach der Analyse der Zugangsbarrieren um die Frage, was denn wichtige Arbeitsfelder und relevante Arbeitsprozesse für eine erfolgreiche interkulturelle Orientierung und Öffnung sein können und ob es weiterer, besonderer Maßnahmen bedarf, um das Ziel der interkulturellen Öffnung zu erreichen. Ein relevanter Arbeitsprozess lässt sich definieren als mehrere, aufeinander folgende und sich wiederholende Aktivitäten, die für die Zielerreichung unabdingbar sind, wobei verschiedene Menschen, Ressourcen und Methoden systematisch zusammen wirken. Diese Prozesse zu identifizieren und zum Hebel für den Öffnungsprozess zu machen, ist ein wesentlicher Erfolgsfaktor für gelingende Veränderungen. Relevante Arbeitsprozesse für den Erfolg der interkulturellen Öffnung sind etwa die interkulturelle Qualifizierung der Mitarbeiterschaft, Überlegungen zum (Personal-)Marketing oder die Gestaltung interner Kommunikationsprozesse. Klassische Prozesse dieser Art sind ferner der Erstkontakt in einer Beratungsstelle, die Anmeldung eines Kindes in einer Bildungsinstitution, die Diagnose von gesundheitlichen Beschwerden usw. Gelingt der Kontakt, entsteht Kommunikation, wird Vertrauen hergestellt, ist die Beratungsarbeit schon halb gelungen. Ähnlich wichtige Schlüsselsituationen und dafür geeignete Maßnahmen können sein: eine sprach- und migrationssensible Öffentlichkeitsarbeit; kultursensible Beratungssettings, die auf unterschiedliche Zeit- und Kommunikationsstrukturen Rücksicht nehmen; ein Kommunikationsverhalten, das um Unterschiede der direkten und indirekten Kommunikation weiß; die behutsame Beteiligung bei der Vorbereitung von Familienfreizeiten; eine Programmplanung der Einrichtung, die von den Interessen, Bedürfnissen und Gewohnheiten nicht deutscher Nutzer ausgeht; die Festlegung der Feste und ihrer jeweiligen Ausgestaltung in der Einrichtung; eine neue Form beteiligungsorientierter, auf Verständigung angelegter Hilfeplanung der jeweiligen Hilfen.

Nach der Festlegung der wichtigsten Arbeitsprozesse geht es um die Formulierung von Standards, die nicht nur die zu erwartende Fachlichkeit spiegeln, sondern die darauf gerichtet sind, die Nutzererwartungen von Menschen mit Migrationshintergrund aufzugreifen. Standards beschreiben und gewährleisten die Beschaffenheit einer Leistung. Bei Dienstleistungen sind dies Merkmale, Regeln oder Verhaltensnormen. Standards garantieren die Qualität einer Leistung in Bezug auf die Struktur-, Prozess- und Ergebnisqualität. In unserem Zusammenhang geht es vor allem darum, interkulturelle Aspekte zu berücksichtigen. Für die gemeinsame und damit verbindliche Erarbeitung bieten sich Großgruppen-Methoden an. Solche Standards können sein: Es gibt mehrsprachiges Informationsmaterial; der Eingangsbereich der Beratungsstelle ist für Familien unterschiedlicher Herkunft attraktiv gestaltet; die Mitarbeiterinnen und Mitarbeiter sind erkennbar, Namensschilder erleichtern den Kontakt; die korrekte Aussprache und Schreibweise der Namen der Klientel ist sichergestellt (vgl. zur Bedeutung von Namen

Handschuck/Schröer 2011); das Beratungspersonal verfügt über ausreichend Zeit für eine gelingende interkulturelle Kommunikation; die Programmplanung der Einrichtung wird gemeinsam mit Familien bzw. deren Repräsentanten wie ausländischen Elternvereinen vorgenommen; für eine auf Verständigung angelegte Kommunikation stehen Sprach- und Kulturmittler zur Verfügung. (Vgl. Teil II Kapitel 8–11.)

Hilfreiche Fragen für die Auswahl eines geeigneten Prozesses können sein: Welche Ressourcen bringen wir mit? (Wo sind wir gut?) Welche Hindernisse sehen wir? (Wo wollen wir uns verbessern?) Welche relevanten Arbeitsprozesse wollen wir bearbeiten? Fragen bei der Analyse des Prozesses sind beispielsweise: Welche Bedürfnisse haben Nutzerinnen und Auftraggeber? Unterstützt der Prozess wirklich das Ziel? Kann der Prozess verbessert werden? Wie ist der Prozess derzeit geregelt? Wie soll der Prozess künftig gestaltet sein (z.B.: Entscheidungskompetenzen, Schnittstellen, Ablauf, Querschnittsfragen)?

Wirksamkeit durch Evaluation

Es ist wichtig, Prozesse der Organisationsveränderung erkennbar abzuschließen. „Die Evaluation der Reorganisation ist ein wichtiger Bestandteil dieser abschließenden Kommunikation“, die auch wieder sehr stark „qualitativ-argumentativ“ ausgerichtet sein sollte (Kieser 2002: 314). Nach der Durchführung von Maßnahmen stellt sich die Frage: Haben wir unsere Ziele erreicht? Es geht also darum, die Ergebnisse zu überprüfen, sie zu evaluieren, um nachsteuern zu können, Ziele und Aktivitäten gegebenenfalls zu modifizieren und den Öffnungsprozess fortzusetzen. (Vgl. Teil II Kapitel 12)

Erfolg durch Projektmanagement

Der Prozess der Veränderung sollte von Anfang an als Projekt konzipiert sein und von einem Projektteam als Steuerungsgruppe begeleitet, unterstützt und gesteuert werden. Für derart tief greifende Veränderungen ist es besonders wichtig, die Steuerungsgruppe heterogen, also alle relevanten Gruppen übergreifend (Hierarchien, Abteilungen, Geschlecht, Alter, Herkunft usw.) zusammenzusetzen (vgl. Keil 2009). Je nach Change-Architektur hat die Steuerungsgruppe mehr initiierenden, bündelnden und vorwärts treibenden Charakter (klassische Projektstruktur) oder mehr unterstützende und flankierende Funktion (beteiligungsorientierter, systemischer Ansatz). Sie bedarf in jedem Fall der Unterstützung und der engen Abstimmung mit der obersten Führungsebene. In der Umsetzungsphase ist sie es, die den Prozess verantwortet und reflektiert und durch geeignete Aktivitäten interkulturelle Öffnung implementiert. Das können neben der Begleitung bei der Umsetzung der Ziele und der Qualifizierung der Arbeitsprozesse besondere Aktivitäten sein wie Führungsentwicklungsprogramme für das Management, Großgruppenveranstaltungen zur regelmäßigen Kommunikation des Change Prozesses, Schnittstellenworkshops für unterschiedlich entwickelte Bereiche (vgl. ebd., Beispiele in Teil II).

Fazit

Es soll noch einmal hervorgehoben werden, dass es bei Prozessen interkultureller Öffnung immer darum geht, Erfahrungen und Instrumente der Personal-, Organisations- und Qualitätsentwicklung miteinander zu verbinden. Organisationen sollen sich interkulturell öffnen. Das ist – systemtheoretisch argumentiert – eine Veränderung zweiter Ordnung. Wir halten konstruktivistische und systemtheoretische Ansätze als besonders anregend für Strategien der Organisationsveränderung. Wir sind aber soweit pragmatisch orientiert, als wir um die Praxis von Organisationsentwicklung in Sozialer, pädagogischer oder gesundheitsbezogener Arbeit wissen. Diese braucht – allerdings vor dem Hintergrund theoretischer Grundsätze – handlungsrelevante Anregungen.

Interkulturelle Öffnung ist Organisationsveränderung. In der Praxis wird dieser Prozess häufig reduziert auf die Förderung der interkulturellen Kompetenz der Mitarbeiterschaft und dieser damit die Verantwortung für Offenheit aufgehalst. Es geht auch und gezielt um die interkulturelle Sensibilisierung der handelnden Personen. Es geht aber ebenso um die interkulturelle Kompetenz der Organisation. Alles andere würde die Mitarbeiterinnen und Mitarbeiter strukturell überfordern. Diese unterschiedlichen Dimensionen jeweils zu berücksichtigen, soll abschließend die vereinfachende und zusammenfassende Abbildung 4 erleichtern helfen.

In gleicher Weise werden in Teil II die Aktivitäten und Methoden, die hilfreich sind für Einstieg, Implementation und Evaluation von interkulturellen Öffnungsprozessen, aus allen Ansätzen und Erfahrungen von Organisationsveränderung schöpfen und sich je nach Anlass auf Personen, Teams, Organisationen und das gesamte System beziehen.

	Institutionelle Ebene	**Personale Ebene**
Veränderungs-perspektiven	Interkulturelle Orientierung und Öffnung von Institutionen **Führungskräfte, Fachkräfte, Stakeholder**	Erwerb „interkulturelle Kompetenz" **Fachkräfte**
Normative Grundlagen	Soziale Gerechtigkeit, Akzeptanz von Vielfalt Unantastbarkeit der Menschenwürde, Gleichheit **Anerkannte Gleichheit:** gleiche Rechte, gleiche Zugangsmöglichkeiten	Unantastbarkeit der Menschenwürde, Gleichheit, Soziale Gerechtigkeit, Akzeptanz von Vielfalt **Anerkannte Vielfalt:** Berücksichtigung der jeweils besonderen Bedürfnisse und Fähigkeiten
Methodische Ansätze	Organisationsentwicklung Qualitätsentwicklung	Personalqualifizierung
Instrumente	Monitoring, Berichtswesen, Controlling, Evaluation	Fortbildungen, Supervision, Coaching, kollegiale Beratung
Anknüpfungs-punkte	**Strukturen** Funktion, Wesen und Auftrag der Organisation Unternehmenskultur	**Individuen** Rolle, Interpersonale Begegnung, Arbeitsauftrag Identität, Identifikation
Widerstände	Beharrungsvermögen von Organisationen, Abwehr von Veränderungen, Machtgefälle zwischen Mehrheit und Minderheit, „Dominanzkultur"	Angst vor Fremdheit, Abwehr oder Idealisierung von Vielfalt, Machtgefälle zwischen Fachkraft und Nutzerin/Nutzer der sozialen Dienstleistung
Strategien	**„Dramatisierung" von strukturellen Benachteiligungen** Inklusion in Strukturen	**„Entdramatisierung" von individuellen Merkmalen** lebensweltliche Integration

Abb. 4: Interkulturelle Qualitätsentwicklung

Wer etwas will, findet Wege. Wer etwas nicht will, findet Gründe.
Chinesisches Sprichwort

6. STAND DER ENTWICKLUNG

Die Themen Integration und interkulturelle Öffnung bestimmen die politische Agenda. Alle gesellschaftlichen und politischen Institutionen haben sich im Nationalen Integrationsplan neben einer Vielzahl konkreter integrationspolitischer Maßnahmen dezidiert zur interkulturellen Öffnung ihrer jeweiligen Einrichtungen, Dienste und Organisationen verpflichtet. Die Umsetzung in den verschiedenen Bereichen stellt sich allerdings noch sehr unterschiedlich dar. Im Folgenden soll ein Blitzlicht auf den Stand Mitte 2011 geworfen werden. Das Feld ist in Bewegung, Veränderungen erfolgen schnell. Es gibt deutliche Unterschiede zwischen den einzelnen staatlichen Ebenen und ebenso zwischen Non-Profit- und Profit-Bereich.

Bund

Die Bundespolitik ist über Jahrzehnte ihrer Verantwortung für eine zukunftsorientierte Einwanderungs- und Integrationspolitik nicht gerecht geworden. Dies hatte zur Folge, dass auch das Ziel einer interkulturellen Orientierung oder gar Öffnung der Bundesverwaltung und der nachgeordneten Behörden nicht verfolgt wurde. Zwar wurde das Thema in den Berichten der jeweiligen Integrationsbeauftragten der Bundesregierung aufgegriffen, Ausführungen und Vorstellungen dazu richteten sich aber im Wesentlichen an die kommunale Ebene und an gesellschaftliche Organisationen zum Beispiel der gesundheitlichen oder Sozialen Arbeit (vgl. den 6. Bericht, Beauftragte 2005: 138 ff. und den 7. Bericht, Beauftragte 2007: 149 ff.). Erst mit dem Nationalen Integrationsplan (NIP) (Die Bundesregierung 2007) wurde auch die interkulturelle Öffnung zu einem nationalen Thema. Im Gegensatz zu den Ländern und insbesondere den Kommunen hat der Bund zwar keine bürgerorientierten Dienste, er ist aber als Arbeitgeber gefordert und hat sich in der Erklärung des Bundes zum Nationalen Integrationsplan (vgl. ebd.: 12ff.) zu dieser Verantwortung bekannt. Im Bereich der „Integration in Ausbildung und Erwerbsleben" will der Bund „sich in seinem eigenen Zuständigkeitsbereich der öffentlichen Verwaltungen und Betriebe für eine Erhöhung der Zahl von Auszubildenden mit Migrationshintergrund einsetzen" (ebd.: 17). Darüber hinaus wird festgehalten: „Der Bund ist sich seiner Rolle als Arbeitgeber bewusst. Er wird im Rahmen seiner Möglichkeiten auch den Anteil des Personals mit Migrationshintergrund nach Eignung, Leistung und Befähigung erhöhen. Er strebt an, dass dabei sprachliche und interkulturelle Kompetenz angemessen berücksichtigt werden" (ebd.). Schließlich will der Bund auch seine Einflussmöglichkeiten als Förderer von Maßnahmen und Projekten nutzen. „Er wird die stärkere interkulturelle Öffnung und Vernetzung zu einem Förderkriterium für Infrastrukturprojekte gestalten bzw. in Fördervereinbarungen verankern. Institutionell geförderte Einrichtungen sollen angehalten werden, ihre Personalentwicklungskonzepte und Projektmaßnahmen für die gleichberechtigte Beteiligung von Migrantinnen und Migranten zu öffnen" (ebd.: 21).

In einem Ersten Fortschrittbericht (Die Bundesregierung 2008) greift der Bund seine Selbstverpflichtung auf und teilt mit: „Der Bund hat mit großem Engagement seine Zusage zur Erhöhung des Anteils von Mitarbeiterinnen und Mitarbeiter mit Migrationshintergrund im Bundesdienst in Angriff genommen und seine Bemühungen verstärkt, junge Migrantinnen und Migranten für eine Ausbildung zu gewinnen. Maßnahmen zur Erweiterung des Bewerberkreises mit Migrationshintergrund werden von allen Bundesbehörden fortgeführt bzw. eingeleitet" (ebd.: 31). Genaue Zahlen enthält der Bericht leider nicht.

In einem weiten Verständnis zielt auf eine interkulturelle Öffnung der Gesellschaft, insbesondere auf die Offenheit von Unternehmen und Institutionen für die vielfältigen Kompetenzen von Migrantinnen und Migranten, auch die „Charta der Vielfalt" (Beauftragte 2010b) und die damit verbundene Kampagne „Vielfalt als Chance". Ende 2006 haben vier große Unternehmen gemeinsam mit der Integrationsbeauftragten der Bundesregierung die „Charta der Vielfalt" ins Leben gerufen mit dem Ziel, Vielfalt wertzuschätzen und zu fördern. Mit der Kampagne „Vielfalt als Chance" warb die Integrationsbeauftragte bis 2008 durch eine Vielzahl von Aktivitäten dafür, das ökonomische und gesellschaftliche Potenzial von Zugewanderten zu nutzen. Über 1000 Unternehmen, Städte und öffentliche Einrichtungen haben inzwischen die Charta unterzeichnet und sich dazu verpflichtet, Fairness und Wertschätzung walten zu lassen und eine vielfältige Belegschaft zu fördern zum Wohle des Unternehmens wie der Kundinnen und Kunden.

Vor diesem Hintergrund enthält der aktuelle 8. Bericht der Integrationsbeauftragten erstmals ein umfangreiches Kapitel zur interkulturellen Öffnung, in dem auch der Bund angesprochen wird (Beauftragte 2010a: 300ff.). Der Bericht betont, dass es zur notwendigen Modernisierung der öffentlichen Verwaltung in Deutschland auch gehöre, die Internationalisierung und Europäisierung vieler Lebens- und Rechtsbereiche zu reflektieren, wobei die Zuwanderungsgeschichte und die gegenwärtige Zuwanderung zu berücksichtigen seien. „Interkulturelle Öffnung der Verwaltung bedeutet vor diesem Hintergrund auch, dass der öffentliche Dienst auf allen Ebenen die kulturelle und ethnische Vielfalt der Bevölkerung angemessen berücksichtigt. Interkulturelle Öffnung ist damit ein wichtiger Bestandteil der Integrationspolitik, ob auf Bundesebene, Landesebene oder in den Kommunen“ (ebd.: 300). Weiter wird die Vorreiter- und Vorbildfunktion des öffentlichen Dienstes betont. Die Beauftragte begrüßt in ihrem Bericht, dass sich Bund, Länder und Kommunen in einer „politischen Richtungsentscheidung“ zu dieser Funktion bekannt haben. Sie beklagt aber auch, dass es hier noch deutlichen Nachholbedarf gebe. Es fehle insbesondere an aussagekräftigen Daten, die eine entsprechende erfolgreiche Personalplanung erlauben. Ebenso fehle ein ganzheitliches Konzept, das neben den Personalbedarfen auch die demografischen Aspekte und Diversity-Gesichtspunkte einbezieht.

Der Mikrozensus 2008 weist die Erwerbstätigenzahlen im öffentlichen Dienst nur für den Bund, die Länder und die Kommunen gemeinsam aus. Danach haben von insgesamt 4.876.000 Vollzeitbeschäftigten des öffentlichen Dienstes insgesamt 411.000, also rund 8,4 % einem Migrationshintergrund. Bei dem Teilzeitbeschäftigten war das Zahlenverhältnis 1.747.000 zu 208.000 (11,9 %).

Diese Zahlen verdeutlichen, dass Migrantinnen und Migranten im öffentlichen Dienst unterrepräsentiert sind. Die Beauftragte regt deshalb an, einen Schwerpunkt auf den Bereich der interkulturellen Öffnung und auf das Themenfeld „Migrantinnen und Migranten im öffentlichen Dienst“ zu setzen (ebd.). Sie nimmt damit Vorschläge auf, die auch schon für den Ersten Fortschrittbericht zum Nationalen Integrationsplan von mehreren Akteuren wie der Bundesarbeitsgemeinschaft der Freien Wohlfahrtspflege, den Migrantenorganisationen, aber auch von den Ländern und vom Bund selbst unterbreitet worden sind (vgl. ebd.: 29).

Die Beauftragte verweist in ihrem Bericht auf erste positive Beispiele aus dem Verantwortungsbereich des Bundes. So hat das Bundesamt für Migration und Flüchtlinge einen Leitfaden entwickelt, der auf die Notwendigkeit interkultureller Schulungen und auf Instrumente wie verstärkte Öffentlichkeits- und Netzwerkarbeit sowie die Erhöhung der Präsenz an Schulen und Universitäten verweist und inzwischen allen Geschäftsbereichen zur Verfügung steht. Stellenausschreibungen werden mit dem Zusatz „Bewerbungen aller Nationalitäten werden begrüßt.“ ergänzt. In einem Pilotprojekt der Bundespolizei werden in der Direktion Flughafen Frankfurt am Main Jugendliche mit Migrationshintergrund schwerpunktmäßig als Nachwuchs geworben (vgl. ebd.: 302).

Die Forderungen nach einer interkulturellen Öffnung von Kommunen, Institutionen und Organisationen nimmt auch das jüngste Dokument, ein „Bundesweites Integrationsprogramm" (vgl. Bundesamt 2010) auf, das vom Bundesamt für Migration und Flüchtlinge erarbeitet wurde. Es bleibt aber weiterhin zu unkonkret und verweist eher auf Dritte als den Bund selbst. Zugleich dokumentieren die verschiedenen Papiere, dass es ein konkurrierendes Nebeneinander von Bundesamt und Integrationsbeauftragter gibt.

Resümierend kann festgehalten werden, dass zwar mit dem Nationalen Integrationsplan die Integrationsarbeit allgemein und auch die interkulturelle Öffnung zu nationalen politischen Themen geworden und dass ausweislich des Ersten Fortschrittsberichtes auch viele Aktivitäten entwickelt worden sind. Was aber weiterhin fehlt, ist ein konsistentes Gesamtkonzept mit klaren Zielen, Indikatoren, Handlungsmaßnahmen und deren Evaluation. Das sieht die Beauftragte ähnlich und will zukünftig einen konkreten Ziel- und Maßnahmenkatalog entwickeln (vgl. Beauftragte 2010 a: 30). Diese Vorstellungen hat der vierte Integrationsgipfel am 03.11.2010 aufgegriffen und festgelegt, dass bis Ende 2011 ein Aktionsplan mit konkreten, evaluierbaren Zielen für die bundesdeutsche Integrationspolitik vorgelegt werden soll. Der Nationale Aktionsplan Integration (NAP) soll im Laufe des Jahres 2011 durch elf so genannte Dialogforen zu den zentralen Aufgabenstellungen des Nationalen Integrationsplans entwickelt werden.

Länder

Auch die Bundesländer haben in unterschiedlicher Intensität das Thema interkulturelle Öffnung aufgegriffen und es in ihrem Beitrag zum Ersten Fortschrittsbericht zu einem weiteren Schwerpunkt gemacht (vgl. Die Bundesregierung 2008: 190). Sie hatten sich gleichlautend mit dem Bund im Nationalen Integrationsplan zu ihrer Verantwortung bekannt. „Die Länder sind sich ihrer Rolle als Arbeitgeber bewusst. Sie wirken im Rahmen ihrer Möglichkeiten darauf hin, den Anteil des Personals mit Migrationshintergrund unter Berücksichtigung von Eignung, Befähigung und Leistung zu erhöhen. „Sie streben an, dass dabei sprach- und interkulturelle Kompetenzen angemessen berücksichtigt werden" (Die Bundesregierung 2007: 28).

Die Länder tragen im Gegensatz zum Bund auch personelle Verantwortung für Bereiche, die unmittelbar für die Bürgerinnen und Bürger Leistungen erbringen. Von besonderer Bedeutung sind die Felder Bildung, Polizei, Justiz, Vollzugsdienst und Gesundheit. Eine Vorreiterrolle spielt zum Teil schon seit langem die Polizei. Einige Länder haben ausdrücklich die interkulturelle Öffnung ihrer Verwaltung zum strategischen Ziel erklärt, so Niedersachsen anlässlich der Unterzeichnung der „Charta der Vielfalt" im Jahr 2008. Das Land will durch eine entsprechende Einstellungspolitik mehr Menschen mit Migrationshintergrund gewinnen und das vorhandene Personal interkulturell qualifizieren.

Bei der Polizei ist die Vermittlung interkultureller Kompetenz ein fester Bestandteil der Aus- und Fortbildung. Das Land hat beispielhafte Leitfäden zur interkulturellen Öffnung der Landesverwaltung herausgegeben (Niedersächsisches Ministerium für Inneres, Sport und Integration 2009). Das Land wird im nächsten Kapitel als gute Praxis noch näher vorgestellt.

Nordrhein-Westfalen verfügt seit 2000 über ein Integrationskozept. Als erstes Bundesland hat es 2005 ein Ministerium für Integration geschaffen. Der Minister hat sich die interkulturelle Öffnung von Institutionen zum Ziel gesetzt: „Ziel der „interkulturellen Öffnung" von Regeleinrichtungen, wie z.B. Sozial- und Gesundheitsdiensten, Verwaltungen und Bildungseinrichtungen, ist eine neue Organisationskultur, die Verschiedenheit akzeptiert und Strategien für den Umgang mit ethnisch-kultureller Differenz innerhalb und außerhalb der eigenen Institution entwickelt. Der Prozess, den die gesamte Organisation durchläuft, um sich für die Einwanderungsgesellschaft fit zu machen, heißt „interkulturelle Öffnung". Die Fähigkeit von Institutionen und ihren Mitarbeiterinnen und Mitarbeitern, erfolgreich mit Menschen zu kommunizieren, deren Lebenswelt durch Migrationserfahrung geprägt ist, wird dabei als „interkulturelle Kompetenz" bezeichnet. „Interkulturelle Öffnung" umfasst Schritte wie z.B. die Überprüfung der eigenen Angebote und des Personalprofils, eine Personalentwicklung, die Migrantinnen und Migranten gezielt berücksichtigt, und Fortbildung in „interkultureller Kompetenz". Der Integrationsbeauftragte hat (...) eine Initiative gestartet, die öffentliche Verwaltung für interkulturelle Öffnung zu sensibilisieren" (Ministerium für Generationen, Familie, Frauen und Integration des Landes Nordrhein-Westfalen 2006a, zitiert nach Schröer 2007a: 19). Das ist aber weitgehende Absichtserklärung geblieben. Ein Schwerpunkt ist allerdings auf Lehrerinnen und Lehrer mit Zuwanderungsgeschichte gelegt und dafür ein Netzwerk geschaffen worden (vgl. Die Bundesregierung 2008: 194). Die neue rot-grüne Koalitionsregierung hat das Thema wieder aufgegriffen und im Koalitionsvertrag festgelegt, ein Landesintegrationsgesetz zu verabschieden, in dem das Ziel der interkulturellen Öffnung der Landesverwaltung festgeschrieben werden soll (Koalitionsvertrag 2010: 59).

Rheinland-Pfalz hat 2007 ein Integrationskonzept für das Land beschlossen, in dem Vorstellungen zur interkulturellen Öffnung schon im ersten Kapitel beschrieben werden. Dabei nimmt sich die Landesregierung auch selbst in die Pflicht und will modellhafte Fortbildungsreihen zum Erwerb interkulturelle Kompetenz für Führungskräfte sowie Mitarbeiterinnen und Mitarbeiter unterstützen. Sie will insbesondere interkulturelle Kompetenz in den Curricula für die Ausbildung in den Bereichen Altenpflege, Lehrerschaft, Polizei, Erzieherinnen und Verwaltung verankern (vgl. Ministerium für Arbeit, Soziales, Gesundheit, Familien, Frauen Rheinland-Pfalz 2007: 10). Eine erste Umsetzung ist im Polizeidienst erfolgt.

Hessen hat 2009 nach der letzten Regierungsbildung das Ministerium der Justiz auch für Integration und Europa verantwortlich gemacht. Das Land ist 2011 der Charta der Vielfalt beigetreten und betreibt eine aktive Integrationspolitik. In einem groß angelegten Projekt fördert das Ministerium sechs Städte und Landkreise modellhaft, um die kommunale Integrationspolitik zu stärken. Es ist ein besonderes Anliegen des Landesprogramms, zu strukturellen und damit nachhaltigen Veränderungen beizutragen. Die interkulturelle Öffnung (zunächst) der beteiligten Kommunen ist dabei ein wichtiger Schwerpunkt (vgl. www.hmdj.de).

Die Stadtstaaten Berlin, Hamburg und Bremen haben in ihren Integrationskonzepten der interkulturellen Öffnung einen hohen Stellenwert eingeräumt. Sie werben aktiv um Zuwanderrinnen und Zuwanderer als Mitarbeiterinnen und Mitarbeiter, insbesondere um jugendliche Migrantinnen und Migranten als Auszubildende. Über Erfolge dieser Kampagnen bereichtet die Integrationsbeauftragte des Bundes in ihrem letzten Bericht. So hatte 2008 fast jede bzw. jeder sechste neu eingestellte Auszubildende im öffentlichen Dienst in Berlin einen Migrationshintergrund. Im Jahr 2006 war es nur jede bzw. jeder zwölfte gewesen. Ähnliches gilt für die Berliner Polizei, wo knapp 10 % der Auszubildenden einen Migrationshintergrund hatten (Beauftragte 2010 a: 305). In Bremen wurden 2007 bei der Neueinstellung von Auszubildenden für den mittleren Dienst 25 % Personen mit Migrationshintergrund erreicht. Hamburg hat sich das Ziel 20 % Auszubildende mit Migrationshintergrund gesetzt, ihr Anteil konnte von 2006 auf 2007 von 5,2 % auf 10,9 % gesteigert werden (Die Bundesregierung 2008: 191).

Die Umsetzung der interkulturellen Öffnung in den einzelnen Ländern ist sehr unterschiedlich. In fast allen Ländern waren die wesentlichen Anstrengungen in der Vergangenheit auf den Polizeidienst gerichtet worden. Erst in jüngster Zeit wird auch für den Verwaltungsdienst und für andere Bereiche aktiv geworben. Nicht alle Länder haben interkulturelle Öffnung überhaupt zu einem landespolitischen Schwerpunkt gemacht. Niedersachsen und die Stadtstaaten sind hier führend, insgesamt bleibt aber noch sehr viel zu tun.

Kommunen

Integration findet vor Ort statt. Die Kommunen sind die Orte unmittelbarer Erfahrung von Politik. Sie sind es, die für die wesentlichen Angebote der Daseinsvorsorge Verantwortung tragen. Deshalb waren und sind es die Kommunen, die über zum Teil langjährige Erfahrungen mit interkulturellen Öffnungsprozessen verfügen. Auf sie verweisen auch immer wieder Bund und Länder, bevor sie sich selbst in die Pflicht nehmen. Trotz dieser Traditionen und Erfahrungen war aber auch für die deutschen Kommunen, vertreten durch die Bundesvereinigung ihrer Spitzenverbände (Deutscher Städtetag, Deutsche

Städte und Gemeindebund, Deutscher Landkreistag) der Nationale Integrationsplan ein erneuter Anlass, programmatische und praktische Konsequenzen aus den Herausforderungen durch Zuwanderung zu ziehen. Sie haben sich in zentralen Handlungsfeldern zu einer aktiven Integrationsarbeit verpflichtet. Ein hervorgehobenes Ziel ist die interkulturelle Öffnung der kommunalen Verwaltungen. Diese waren immer wieder Thema in Veranstaltungen der Bundes- und Landesverbände (vgl. Die Bundesregierung 2008: 206).

Schon 2008 hat die Kommunale Gemeinschaftsstelle für Verwaltungsmanagement Empfehlungen zur interkulturellen Öffnung vorgelegt (KGSt 2008). Darin schlägt sie sieben pragmatische Schritte für den interkulturellen Öffnungsprozess vor. Sie sind eine gute Handlungsanleitung für kommunale Verwaltungen. Die Erfahrungen zeigen, dass jene Kommunen, die ein kommunales Gesamtkonzept zur Integration erarbeitet haben, in der Regel auch konsequent die interkulturelle Öffnung ihrer Verwaltung betreiben, weil sie darin zurecht die Grundlage für eine erfolgreiche Integrationspolitik sehen. Es ist hier nicht möglich, einen Überblick über den Stand kommunaler Öffnungsprozess zu geben. Als Beispiele guter Praxis gelten unter den großen Großstädten Essen, München und Stuttgart, unter den mittelgroßen Großstädten Duisburg, Osnabrück oder Solingen, kleinere Kommunen sind etwa Belm oder Hersfeld-Rotenburg. Darauf wird gleich noch einmal im Kapitel „Gute Praxis" eingegangen werden.

Es lässt sich resümieren, dass viele deutschen Kommunen auf einem guten Weg sind, sich interkulturell zu öffnen. Deutlich wird der Zusammenhang von einer konsistenten Gesamtkonzeption für eine kommunale Integrationspolitik mit systematischen Öffnungsprozessen der Verwaltung. Eine solche systematische Öffnung als Organisationsentwicklungs-, Personalentwicklungs- und Qualitätsentwicklungsprozess ist aber eher noch die Ausnahme.

Wohlfahrtsverbände

Die Verbände der freien Wohlfahrtspflege sind – neben den Kommunen – die Träger einer Vielzahl von Angeboten der Daseinsvorsorge und seit Jahren in der Migrations- und Integrationsarbeit und in der interkulturellen Arbeit engagiert. Sie haben sehr früh erkannt, dass sie ihre Strukturen, Angebote sowie Personalrekrutierung und -qualifizierung überprüfen und interkulturell öffnen müssen, wollen sie weiterhin erfolgreich und bedarfsorientiert Menschen mit Migrationshintergrund erreichen. Die meisten Verbände sind entsprechend den föderalen Strukturen der Bundesrepublik in Bundes-, Landes- und Kreis- beziehungsweise Stadtverbänden organisiert. Es kann hier nur ein Blick auf die Bundesebene geworfen werden. Das heißt, dass es große Unterschiede in Theorie und Praxis der interkulturellen Öffnung der Verbände geben kann: Ein gutes Bundeskonzept muss nicht in jedem Land, in jeder Stadt positive Auswirkungen haben. In einzelnen

Ländern oder Kreisen kann ein Verband hervorragende Arbeit leisten, auch wenn auf Bundesebene das Engagement nicht so groß sein sollte. Der folgende kurze Überblick geht die Verbände alphabetisch durch (vgl. dazu Schröer 2007: 12 ff.).

Arbeiterwohlfahrt

Die Arbeiterwohlfahrt hat schon 2000 auf ihrer Bundeskonferenz beschlossen, alle ihre bestehenden und neuen Dienste und Einrichtungen interkulturell zu öffnen und ihre Dienstleistungsangebote so zu gestalten, dass die Migrantinnen und Migranten entsprechend ihrem Bevölkerungsanteil in den Einrichtungen der AWO repräsentiert sind und dass konzeptionell, organisatorisch und personell den Bedürfnissen von Migrantinnen und Migranten in den Einrichtungen und Maßnahmen entsprochen wird. In ihrem Sozialbericht 2002 „Die Einwanderungsgesellschaft. Forderungen an das Jahrzehnt der Integration" hat sie den Grundsatzbeschluss aufgegriffen und zum thematischen Schwerpunkt für den Verband gemacht: „Interkulturelle Öffnung als Mainstreaming-Prozess" (ebd.: 79). Die AWO setzt auf eine systematische Umsetzung durch Praxisdokumente für einzelne Handlungsfelder: Für Altenhilfe (2002), Kindertagesstätten (2004), Altenpflegeausbildung (2005), Suchthilfe (2006a), Ambulante und stationäre Angebote für alte Menschen (2008) sowie Hilfen zur Erziehung (2010) liegen Arbeitshilfen vor, für Behindertenhilfe und Jugendberufshilfe sind sie in Vorbereitung. Ziel ist es, alle Handlungsfelder durchzugehen und damit eine Mainstreaming-Strategie zu verfolgen. Ferner hat die AWO eine Broschüre als Arbeitshilfe für die Praxis herausgegeben, in der die Umsetzung der Strategie beschrieben und mit vielen Beispielen aus den Gliederungen und Einrichtungen der AWO belegt wird, was gute Praxis ist (Arbeiterwohlfahrt 2006b). Insgesamt hat sich im Gesamtverband in den letzten Jahren viel verändert in Richtung interkultureller Orientierung und Öffnung. Die eigene Bundesgeschäftsstelle verfolgt darüber hinaus ein eigenständiges Konzept zur Realisierung von Diversity (vgl. Brückers/Boss/Kuleßa 2007).

Deutscher Caritasverband

Einen sehr umfassenden Versuch, die eigenen Dienste und Einrichtungen interkulturell zu öffnen, unternimmt die Caritas. Sie hat seit 2001, als sie zum ersten Mal die interkulturelle Öffnung ihrer Dienste und Einrichtungen beschrieben hat, zwei große Projekte aufgelegt. Zum einen hat sie das Projekt „Blick nach innen" beschlossen mit dem Ziel festzustellen, wie der Verband mit Menschen mit Migrationshintergrund als Mitarbeiterinnen und Mitarbeitern sowie als Nutzerinnen und Nutzern umgeht. Erste (eher ernüchternde) Ergebnisse über den Stand der Umsetzung interkultureller Öffnung in einzelnen sozialen Handlungsfeldern wurden auf einer Fachtagung 2003 präsentiert. (Vgl. Deutscher Caritasverband 2004.) Zum anderen hat sie seit 2001 einen innerverbandlichen Diskurs geführt und eine Handreichung „Vielfalt bewegt Menschen – Interkulturelle Öffnung der Dienste und Einrichtungen der verbandlichen Caritas" vorgelegt

(Deutscher Caritasverband 2006). Darin sind die Zugangsbarrieren bei der Inanspruchnahme sozialer Angebote dargestellt. Es werden die für die Implementierung interkultureller Öffnungsprozesse wesentlichen Grundlagen und Bedingungen beschrieben und die Prinzipien, Rahmenbedingungen sowie Bausteine interkultureller Öffnungsprozesse vorgestellt. Dafür werden jeweils praxisnahe Arbeitshilfen und ergänzende Checklisten zur Verfügung gestellt, so dass insgesamt eine differenzierte, umfassende, verständliche und praxisorientierte Handreichung für die praktische Umsetzung vorliegt.

Deutsches Rotes Kreuz

In einen Präsidiumsbeschluss vom Mai 2004 hat der Verband erstmals das Thema aufgegriffen. Darin heißt es: „Ziel der „Interkulturellen Öffnung" im DRK ist es, die Einrichtungen und Dienste des DRK so zu gestalten, dass sie Migranten und Einheimischen in gleicher Weise offen stehen: als Klienten und Kunden, aber auch als ehren- und hauptamtliche Mitarbeiter." Festgestellt wird zugleich, dass Migrantinnen und Migranten in allen Bereichen „deutlich unterrepräsentiert" sind. Das Deutsche Rote Kreuz hat 2004 eine Konferenz zur interkulturellen Öffnung im DRK veranstaltet und dort als richtungweisende Orientierung Leitlinien zur interkulturellen Öffnung im DRK verabschiedet (Deutsches Rotes Kreuz 2004). Ein Gesamtkonzept oder praxisorientierte Arbeitshilfen liegen nicht vor.

Diakonisches Werk der Evangelischen Kirche in Deutschland

Das Diakonische Werk hat 2008 eine Arbeitshilfe „Interkulturelle Öffnung in den Arbeitsfeldern der Diakonie" vorgelegt. Es stellt ein Positionspapier des Verbandes dar, das sich eindeutig zur gesellschaftspolitischen Notwendigkeit interkultureller Öffnungsprozesse bekennt, das Anregungen und Prüfsteine für Einstieg und Durchführung enthält und das mit Praxisbeispielen die Vielzahl möglicher Ansätze und Arbeitsschwerpunkte illustriert. In den Mittelpunkt stellt das Papier die Themen interkulturelle Öffnung, interkulturelle Kompetenz und interkulturelle Bildung. Prüfsteine in Frageform erleichtern den strategischen Einstieg in die Organisations-, Qualitäts- und Personalentwicklung sowie in die Öffentlichkeitsarbeit. Es gibt eine gute Orientierung und erleichtert den Einstieg in die interkulturelle Öffnung (Diakonisches Werk 2008).

Paritätischer Wohlfahrtsverband

Der Paritätische Wohlfahrtsverband hat 2001 in einem Papier „Perspektivenwechsel – Agenda für eine rationale Zuwanderungs- und Integrationspolitik" eine stärkere Öffnung der Regeldienste gefordert. „Diese betrifft alle Ebenen der sozialen Arbeit und alle in sie eingebundenen Akteure gleichermaßen. (...) Dabei steht sowohl die Veränderung des Einzelnen, als auch die Einrichtung im Mittelpunkt" (Paritätischer 2001: 12 f.). Dies wird erneut in einem Eckpunktepapier von 2006 wiederholt, wonach eine neue „Grundhaltung" gefordert wird, die sich niederschlägt „in der interkulturellen Ausrichtung der Organisationen und Institutionen der Gesellschaft" (Paritätischer 2006). Die Umsetzung der interkulturellen Öffnung wird als Aufgabe der jeweiligen Fachbereiche wie Altenhilfe, Behindertenhilfe, Jugendhilfe usw. gesehen. Ein Projekt zur interkulturellen Öffnung der Jugendhilfe ist 2002 abgeschlossen worden und hat umfangreiche Materialien und Empfehlungen vorgelegt (vgl. Kriechhammer-Yağmur 2002). Von 2008 datiert eine weitere Handreichung des Gesamtverbandes. Diese nimmt die Verpflichtung der Migrationserstberatung zur Unterstützung interkultureller Öffnungsprozesse auf und sieht die „Migrationsarbeit als Motor interkultureller Öffnungsprozesse" (Kriechhammer-Yağmur 2008). „Diese Broschüre hat das Ziel, den Stand der Debatte um interkulturelle Öffnung und Kompetenz wiederzugeben und mit den Anforderungen der Einwanderungsgesellschaft zu verknüpfen" (ebd.: 4). Die Veröffentlichung bietet den Mitgliederorganisationen und der Mitarbeiterschaft Informationen und Materialien zur Reflexion sowie Methoden und Anregungen für die Fortbildung.

Wirtschaft

Für den Profit-Bereich ist der Ansatz der interkulturellen Orientierung und Öffnung, zumindest unter dieser Überschrift, noch kaum ein Gegenstand der Auseinandersetzung. Allerdings verfügt die Wirtschaft mit „Diversity Management" über ein langjähriges Konzept, das alle Vielfaltsdimensionen, also auch ethnische Heterogenität, umfasst. In vielen großen, insbesondere international tätigen Unternehmen ist Diversity Management eine bewusste Unternehmensstrategie. Mit der „Charta der Vielfalt" (Beauftragte 2010b) sind die Wertschätzung von Vielfalt und deren produktive Nutzung zu einem bundesweiten, über die Wirtschaft hinausreichenden Thema geworden. Von diesem ausgearbeiteten Managementansatz können Soziale Arbeit und andere Felder kommunaler Dienstleistungen durchaus lernen (vgl. Schröer 2006 und 2009). Kritisch muss aber auch festgehalten werden, dass sich in der Praxis häufig hinter wohlklingenden Etiketten nur kleine Insellösungen (vgl. Schwarz-Wölzl/Maad 2003/4: 21) oder Einzeldimensionen wie Frauenförderung (vgl. Stuber 2004: 23) und sich vor allem in Deutschland noch kaum Öffnungsprozesse gegenüber Menschen mit Migrationshintergrund (vgl. Köppel/Yan/Lüdicke 2007) finden lassen.

„Deutschland hinkt hinterher", resümieren die Herausgeber der letzten Studie und kritisieren, dass die Potenziale einer vielfältigen Belegschaft noch viel zu wenig genutzt werden (ebd.: 18). Das gilt vor allem für kleine und mittelständische Unternehmen, die aber gerade den Ausbildungs- und Beschäftigungsmarkt prägen. Das Ziel der Integration von Menschen mit Migrationshintergrund in Ausbildung und Arbeit muss deshalb stärker als bisher mit dem strategischen Ansatz der interkulturellen Öffnung dieser Betriebe verbunden werden. Das war beispielsweise das Ziel des bundesweiten Netzwerkes „Integration durch Qualifizierung" (IQ) (www.zwh.de), gefördert vom Bundesarbeitsministerium und der Bundesagentur für Arbeit, das von 2005 bis 2007 in sechs Entwicklungspartnerschaften neben Beratung, Kompetenzfeststellung und Qualifizierung ausdrücklich auch die interkulturelle Öffnung von Betrieben verfolgt hat. In einer zweiten Förderphase werden einige Schwerpunkte bis 2010 weiter verfolgt, darunter auch die Unterstützung interkultureller Öffnungsprozesse.

Wenn es um die interkulturelle Öffnung von Unternehmen zur Beschäftigung und Ausbildung von Menschen mit Migrationshintergrund geht, stehen nicht normative Überlegungen im Vordergrund. Der Nutzen für das Unternehmen muss deutlich werden. Die folgenden Überlegungen verbreiten sich allmählich in kleineren und mittleren Unternehmen, erste positive Beispiele für Öffnungsprozesse gibt es. (Vgl. für das Folgende und weitere Belege Schröer 2007 a: 64 ff.)

Demografischer Wandel

Auch für kleine und mittlere Unternehmen ist es wichtig, gesellschaftspolitische Entwicklungsprozesse zu antizipieren und sich auf Veränderungen frühzeitig einzustellen. Gerade für mittelständische Unternehmen ist es von strategischer Relevanz, dass sie mit einer schrumpfenden und alternden Gesellschaft rechnen. Der Mangel an Fachkräften und Nachwuchs ist bereits deutlich. Der Wettbewerb um neue, junge, gut ausgebildete Mitarbeiterinnen und Mitarbeiter wird härter und mindestens europaweit ausgetragen. Das Reservoir weiblicher Arbeitskräfte, von Menschen mit Migrationshintergrund und von behinderten Menschen bietet hier noch Chancen, die genutzt werden müssen, die aber auch Investitionen erfordern. Junge Menschen mit Migrationshintergrund sind oft hoch motiviert.

Neue Kunden- und Zielgruppen

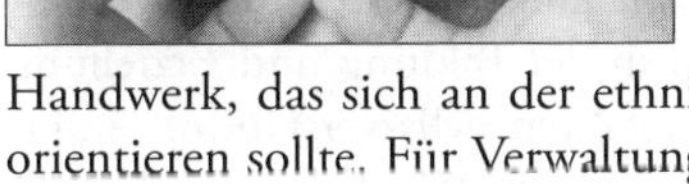

Menschen mit Migrationshintergrund bilden für Unternehmen Kundengruppen, deren Potenzial längst noch nicht ausgeschöpft ist. Das gilt auch für das Handwerk, das sich an der ethnischen Zusammensetzung seines räumlichen Umfeldes orientieren sollte. Für Verwaltungen und soziale Dienste stellen sie eine Zielgruppe dar, die nicht effektiv erreicht wird und mit der der Umgang im Alltag schwierig und belastend sein kann. Mitarbeiterinnen und Mitarbeiter mit Migrationshintergrund sind in der Lage, als vertraute Kontaktpersonen neue Kunden zu werben und zu betreuen (Ethno-Marketing) beziehungsweise in sozialen Diensten eine interkulturelle Kompetenz zu verstärken, die Hilfeleistungen effektiver und effizienter werden lässt.

Neue Märkte

Die soziale Vielfalt in einem Unternehmen hat direkte Auswirkungen auf die Entwicklung neuer Produkte und damit die Erschließung neuer Marktsegmente und Kundengruppen. Das gilt insbesondere für die Vielfalt des für Forschung und Entwicklung zuständigen Personals, was zu vielfältigem Denken und somit zu einer breiteren und kreativeren Palette neuer Produkte führt.

Innerbetriebliches Klima

Interkulturelle Vielfalt im Unternehmen oder in einer Institution kann eine produktive Ressource sein, die es zu nutzen, zu fördern und auszubilden gilt. Sie birgt aber auch Konflikte, die bearbeitet und minimiert werden müssen. Zumindest in Großbetrieben ist die interkulturelle Zusammensetzung des Personals heute schon Realität. Die Förderung einer positiven Zusammenarbeit durch Verstärkung interkultureller Kompetenz sollte deshalb schon in der Ausbildung beginnen.

Fazit

In Kapitel 1 haben wir resümiert, dass das Paradigma der interkulturellen Orientierung und Öffnung zu einem Gesellschaft verändernden Konzept geworden ist. Wir haben deshalb nach der Auseinandersetzung mit verschiedenen Begrifflichkeiten am Ende von Kapitel 2 dafür plädiert, die bewährte Programmatik auch sprachlich nicht aufzugeben. Daran möchten wir noch einmal anknüpfen: Mit dem Attribut „interkulturell“ verknüpfen sich nach langen fachlichen und politischen Kämpfen mittlerweile positive Perspektiven für die gesellschaftliche Inklusion von Menschen mit Migrationshintergrund. Mit interkultureller Orientierung verbindet sich eine Haltung der Anerkennung und Wertschätzung, mit interkultureller Öffnung eine Strategie für mehr soziale Gerechtigkeit und Gleichstellung, mit interkultureller Kompetenz eine Perspektive zugleich Differenz kritischer wie sensibler Handlungskompetenzen und mit interkultureller Pädagogik schließlich ein Ethos, das alle diese Haltungen in der Bildung und Erziehung junger Menschen zu realisieren sucht. Wir haben die Gefahren, Missverständnisse und Kulturalisierungsfallen angesprochen und Reflexivität gefordert. Wir halten es deshalb für wenig zielführend, in dieser historischen Phase beispielsweise für den „Abschied von der Interkulturellen Pädagogik“ (Hamburger 2009) zu plädieren. Das umso weniger, als der Inhalt auch dieses Buches gar nicht die Konsequenz vertritt, die der Titel suggeriert. Mit Hamburger (ebd.: 127 ff.) halten wir seine Anregung für weiterführend, den „nichtintendierten negativen Nebenfolgen“ der Kategorie Interkulturalität mit einer Haltung der „reflexiven Interkulturalität“ zu begegnen.

Praktisch gesehen können wir uns viele Theorien schenken.
Wolfgang Eschker (deutscher Aphoristiker)

7. BEISPIELE GUTER INTERKULTURELLER PRAXIS

Abschließend wollen wir an guten Beispielen zeigen, dass in vielen Bereichen und in ganz unterschiedlichen Organisationen schon erfolgreiche Schritte zur interkulturellen Öffnung gegangen werden. Wir werden dafür das ganze Spektrum der öffentlichen Verwaltungen aller föderalen Ebenen ansprechen. Es sollen aber auch beispielhaft Verbände und Migrantenorganisationen sowie Stiftungen dargestellt werden, die einen bemerkenswerten Beitrag zu einer erfolgreichen Integrationspolitik und der interkulturellen Öffnung deutscher Institutionen geleistet haben. Zum Schluss werden dann noch einige Trainingsansätze zur Vermittlung interkultureller Kompetenz vorgestellt.

Bund: Bundesagentur für Arbeit

Die Bundesagentur für Arbeit (BA) hat im Nationalen Integrationsplan (Die Bundesregierung 2007: 81) Maßnahmen angekündigt und Selbstverpflichtungen abgegeben, die sie selbst zur interkulturellen Öffnung verpflichten. So wollte sie eine bundesweite Informationsplattform schaffen, in der erfolgreiche Praxisbeispiele modellhaft allen Dienststellen der BA zur Verfügung gestellt werden sollten. Ferner versprach die BA, das Prinzip der Chancengleichheit bei der Rekrutierung und Qualifizierung des Personals umzusetzen. Die vielfältigen Kompetenzen der Mitarbeiterschaft wie Fremdsprachenkenntnisse oder interkulturelle Fähigkeiten sollten systematisch identifiziert, gefördert und gezielt umgesetzt werden. Zur Bekräftigung dieser Absichten ist die Bundesagentur 2007 auch der Charta der Vielfalt beigetreten.

Die BA ist auf dem Weg, ihre Vergangenheit als Bundesbehörde hinter sich zu lassen und sich zu einem Unternehmen am Markt zu entwickeln. So legt sie einen jährlichen Geschäftsbericht vor, der auch in der üblichen Unternehmensterminologie abgefasst ist. Sie spricht deshalb nicht von interkultureller Öffnung, sondern folgt der Unternehmensstrategie des Diversity Managements. Allerdings wird aus den Berichten deutlich, dass doch ethnische Vielfalt zumindest derzeit im Vordergrund steht. Im Geschäftsbericht 2009 (Bundesagentur 2010: 25) hält sie fest, dass die personalpolitischen Konzepte zur Bewältigung des demografischen Wandels in allen Handlungsfeldern vorangebracht wurden. So wurden insbesondere die Förderung der Beschäftigten mit Migrationshintergrund sowie die Sensibilisierung von Führungskräften und Mitarbeiterinnen und Mitarbeitern gegenüber Vielfalt, interkultureller Kompetenz sowie der Wertschätzung der Potenziale einer älter werdenden Belegschaft umgesetzt. Außerdem wurde die Intranet-Plattform „Diversity in der Praxis" für Vernetzung und Austausch guter Praxis eingerichtet. Ferner verweist die BA darauf, dass ab September 2010 die Regionaldirektion Nordrhein-Westfalen modellhaft das anonymisierte Bewerbungsverfahren für den eigenen Führungskräftenachwuchs einführt. Schon im Geschäftsbericht 2008 (Bundesagentur 2009: 26) hatte sich die BA eine „demografiesensible Personalpolitik" und konsequente Umsetzung des Diversity-Konzeptes attestiert und darauf verwiesen, dass sie für ihre an Chancengleichheit und Lebenszyklen orientierte Personalpolitik zum dritten Mal mit dem TOTAL E-QUALITY Prädikat ausgezeichnet worden sei.

Die Bundesregierung bestätigt in ihrem Ersten Fortschrittsbericht (Die Bundesregierung 2008: 49), dass die Bundesagentur den Ansatz der interkulturellen Öffnung entsprechend ihrer Selbstverpflichtung umsetzt und im Rahmen ihres Diversity Managements die Fach-, Lehr- und Führungskräfte interkulturell qualifiziert. Dafür wurde die Entwicklung von Schulungsmodulen zum Thema interkulturelle Kompetenz in Auftrag gegeben. Die Schulungen werden umgesetzt und evaluiert. Weiterhin wurden Beschäftigte der Bundesagentur mit Migrationshintergrund eingeladen, gemeinsam mit den Fachleuten an einem praxisorientierten Konzept zur Förderung der Einstellung und Mitarbeiterbindung von neuen Fachkräften mit Migrationshintergrund mitzuwirken. Die Bundesagentur für Arbeit ist demnach auf einem guten Weg.

Länder: Niedersachsen

Unter den deutschen Bundesländern kann Niedersachsen als ein besonders gutes Beispiel für die systematische Umsetzung interkultureller Öffnungsprozesse angesehen werden (vgl. Niedersächsisches Ministerium für Inneres, Sport und Integration 2008). Initialzündung war die Unterzeichnung der „Charta der Vielfalt" im Mai 2008. Die damit eingegangenen Verpflichtungen wurden ernst genommen. Bemerkenswert sind schon die politischen Weichenstellungen bei den Personalentscheidungen: Mit Aygul Özgan wurde im April 2010 erstmals eine türkischstämmige Frau als Sozial- und Integrationsministerin in einem deutschen Bundesland berufen, mit Honey Deihimi konnte im Mai 2007 als Integrationsbeauftragte eine in Wien geborene, europäisch sozialisierte Frau iranischer Abstammung gewonnen werden und mit 18 Mitarbeiterinnen und Mitarbeitern ist die Integrationsabteilung vergleichsweise gut ausgestattet. Integration ist politisch gewollt. Das Thema war mehrfach Gegenstand von Kabinettsentscheidungen. Zuletzt wurde mit Kabinettsbeschluss vom 14.07.2009 die interkulturelle Öffnung der Landesverwaltung als Auftrag bestätigt, vertieft und verstetigt. Eine Evaluation der Wirkungen ist bis 2012 vorgesehen.

Grundlage auch der interkulturellen Öffnung der Landesverwaltung ist das „Handlungsprogramm Integration" von 2008 (Niedersächsisches Ministerium für Inneres, Sport und Integration 2008), in dem interkulturelle Orientierung, Öffnung und Kompetenzvermittlung als Leitlinien landesweit vorgegeben sind. Der Gesamtprozess ist strukturell abgesichert durch ein differenziertes Netz von Koordinations- und Kooperationsstrukturen bestehend aus dem Ministerium selbst, der Landesintegrationsbeauftragten, einem Interministeriellen Arbeitskreis, fünfzehn vom Land personell besetzten Kommunalen Leitstellen für Integration sowie dem Netzwerk Kooperative Migrationsarbeit Niedersachsen.

Zur Umsetzung gibt es eine 50-seitige Broschüre „Vielfalt als Chance. Leitfaden zur interkulturellen Öffnung der Landesverwaltung" (Niedersächsisches Ministerium für Inneres, Sport und Integration 2009) als Handreichung, in der die einzelnen Schritte zur interkulturellen Öffnung nach Art des strategischen Managements beschrieben sind. Öffnungsprozesse werden von der Integrationsabteilung begleitet. Die Einstellungsverfahren sind kritisch analysiert und kulturneutral formuliert worden. Schwerpunkte der Gewinnung von Personal mit Migrationshintergrund sind derzeit wegen der beschränkten Mittel die Polizei, die Lehrerschaft und die Justiz. Interkulturelle Kompetenz ist zu einem Schwerpunkt in den Ausbildungsgängen geworden, so im Bachelor-Lehrgang für den Polizeidienst, in der Master-Verordnung für die Lehrberufe und in den Curricula für den mittleren und gehobenen Dienst. In gleicher Weise werden in den Fortbildungen der Polizeiakademie, des Studieninstituts für den gehobenen Dienst und im Institut für Lehrerfortbildung interkulturelle Lehrinhalte angeboten. In den Schulen gibt es 30 interkulturelle Fachberaterinnen und Fachberater zur Unterstützung der Kollegenschaft.

Priorisiert bei der Umsetzung werden zunächst jene Bereiche, die häufig Kommunikationskontakte mit Migrantinnen und Migranten haben. Nicht zuletzt wegen der Kosten und vor dem Hintergrund der Haushaltslage werden in Niedersachsen neue Formen interkultureller Kompetenzvermittlung gesucht. E-Learning, Internet und Intranet sowie niederschwellige Einstiegsveranstaltungen sind entsprechende Ansätze. Das Land baut dafür einen Pool von Trainerinnen und Trainern auf.

Die Datenlage und damit die Möglichkeit der Überprüfung der Erfolge sind unbefriedigend. Eine Erhebung des Migrationshintergrundes scheitert bisher an datenschutzrechtlichen Bedenken. Nur die Polizei verfügt über valide Daten, wonach beispielsweise der Anteil an den Neuausbildungen von 8,3 % in 2009 auf etwa 10 % in 2010 gestiegen ist.

Stadtstaaten: Berlin

Das Land Berlin gehört zu den besonders finanzschwachen Bundesländern und hat deshalb seit vielen Jahren einen generellen Einstellungsstopp. Gleichwohl fährt Berlin eine bemerkenswerte Werbekampagne „Berlin braucht dich!" zur Rekrutierung von Auszubildenden mit Migrationshintergrund (vgl. Land Berlin 2010). Seit 2006 führt das Berufliche Qualifizierungsnetzwerk BQN Berlin im Auftrag des Berliner Senats die Kampagne mit dem Ziel durch, den noch deutlich zu geringen Anteil junger Menschen mit Migrationshintergrund unter den Auszubildenden auf 25 % zu erhöhen (vgl. BQN Berlin 2010). Die Kampagne spricht Jugendliche, Eltern, Lehrerinnen und Lehrer an. Sie informiert über Ausbildungsmöglichkeiten und knüpft ein Netz aus unterstützenden Institutionen. Sie motiviert junge Menschen, sich beim Land Berlin zu bewerben.

Es werden zwölf Ausbildungsberufe für mehr als 100 Berufe im öffentlichen Dienst des Landes Berlin und des Bundes und bei den Landesbetrieben angeboten. Jährlich können etwa 2.000 Ausbildungsplätze im öffentlichen Dienst und weitere 2.600 Ausbildungsplätze bei den Unternehmen besetzt werden, an denen das Land beteiligt ist. In einem attraktiven und gut verständlichen Internet-Auftritt stellt Berlin die Kampagne vor, gibt einen Überblick über die Ausbildungsberufe und die notwendigen Voraussetzungen und führt bis zur konkreten Bewerbung. Immer wieder gestellte Fragen finden auf einer speziellen Seite ihre Antworten.

Hervorzuheben ist eine Art Mentoring-Angebot. Für Bewerbung, Vorstellung oder auch den Ausbildungsbeginn werden für einzelne Ausbildungsberufe konkrete Personen zur Kontaktaufnahme benannt. Schon erfolgreiche Azubis werden mit Bild, Namen und ihrem Hintergrund vorgestellt, bieten sich so als Identifikationsfiguren und mit ihrer Mail-Adresse als Anlaufpersonen an. Aktuell wird besonders um Interessentinnen und Interessenten für den Lehrerberuf geworben.

Die Kampagne zeigt Erfolge, auch wenn sie vom 25 %-Ziel noch deutlich entfernt ist. Von 8,2 % (2006) über 13,5 % (2007) und 14,3 % (2008) hat sich der Anteil der Auszubildenden mit Migrationshintergrund im öffentlichen Dienst bei den Neuabschlüssen auf 19,5 % im Jahr 2009 mehr als verdoppelt und von 58 Azubis auf 125 vergrößert. Den höchsten Anteil weist das Polizeipräsidium mit 55 Azubis (knapp 20 %) aus.

Kommunen: München

Im kommunalen Bereich gilt München als besonders gutes Vorbild erfolgreicher Öffnungsprozesse. Die Entwicklung kann als beispielhaft betrachtet werden. Das Stadtjugendamt war Mitte der 1990er-Jahre Ausgangspunkt erster interkultureller Qualifizierungsmaßnahmen. Interkulturelle Trainingsansätze aus der Wirtschaft wurden aufgegriffen, für die kommunale und Soziale Arbeit adaptiert und mit den Betroffenen weiter entwickelt und ausprobiert. Das Fortbildungsprogramm „Interkulturelle Verständigung" (Handschuck/Klawe 2010) ist inzwischen Grundlage für den Qualifizierungsansatz der gesamten Stadt. „Leitlinien für eine interkulturell orientierte Kinder- und Jugendhilfe" (Landeshauptstadt München Sozialreferat/Stadtjugendamt 1999), vom Stadtrat verabschiedet, waren ein verbindlicher Rahmen für die gesamte Kinder- und Jugendhilfe der Stadt. Strukturell wurde der interkulturelle Öffnungsprozess abgesichert durch eine Stabstelle bei der Amtsleitung, durch Ansprechpersonen in den Steuerungsbereichen und durch einen regelmäßigen Austausch der Beteiligten. Um den gesamten Soziabereich mit allen seinen Ämtern für die Notwendigkeit interkultureller Qualifizierung zu sensibilisieren, wurden die Referatsleitung (Dezernat), alle Amtsleitungen und Stabsstellen in einem Kurztraining als „Schnupperkurs" für das Thema interessiert. Im Ergebnis konnten die Fortbildungsangebote für alle Mitarbeiterinnen und Mitarbeiter geöffnet werden und es wurden seit Ende der 1990er-Jahre gemeinsame interkulturelle Zielsetzungen für alle Ämter der Sozialverwaltung verfolgt. Die interkulturelle Orientierung und Öffnung galt für alle Arbeitsbereiche und Ebenen von den Kinderkrippen über die sozialen Dienste bis zur Altenhilfe sowie für Beschäftigte an der Basis wie für die Führungsebenen. Das Fortbildungsprogramm ist inzwischen für alle Mitarbeiterinnen und Mitarbeiter verbindlich und wird bis etwa 2012 alle rund 1.900 Beschäftigten in den dezentralisierten, regionalisierten Sozialbürgerhäusern erreicht haben, einschließlich der Mitarbeiterinnen und Mitarbeiter der Arbeitsgemeinschaft für Beschäftigung. Der eher nach innen auf die eigene Organisation gerichtet Fokus wurde ab 2001 erweitert um die sozialräumliche Dimension. Zunächst in einem Modellprojekt (vgl. Handschuck 2008a und b), mittlerweile flächendeckend für die ganze Stadt werden die sozialen, gesundheitsbezogenen und sonstigen Einrichtungen und Dienste in den dreizehn Münchner Sozialregionen mit dem Projektansatz „Interkulturelle Qualitätsentwicklung im Soziaraum" auf freiwilliger Basis geöffnet. Dieser Prozess wird 2013 abgeschlossen sein.

Im Sozialreferat ist auch die stadtweit verantwortliche „Stelle für interkulturelle Arbeit" angesiedelt. Damit ist das Referat federführend für Integrationspolitik und interkulturelle Öffnungsprozesse. Nach einem gemeinsamen Prozess mit allen beteiligten Fachreferaten und einer intensiven Öffentlichkeitsphase ist 2008 das „Interkulturelle Integrationskonzept der Landeshauptstadt München" vom Stadtrat einstimmig verabschiedet worden (Landeshauptstadt München, Sozialreferat/Stelle für interkulturelle Arbeit 2008).

Damit liegt ein verbindlicher Rahmen mit einer klaren Zielsetzung, mit gemeinsamen Visionen und Grundsätzen, einer einheitlichen Definition von Integration, mit Beteiligungs- und Koordinationsstrukturen sowie mit eindeutigen Umsetzungsaufträgen vor (vgl. Sorg/Szoldatits 2009). Die Ressourcen für die Umsetzung wurden auf sechs zentrale Handlungsfelder gebündelt. Exemplarisch zeigen „Leitprojekte", wie das Integrationskonzept umgesetzt werden kann. Zentrales Leitprojekt ist die „Interkulturelle Orientierung und Öffnung der Stadtverwaltung und der städtischen Einrichtungen". (Vgl. für das Folgende ausführlich Schröer/Szoldatits 2010.)

Die Umsetzung des Interkulturellen Integrationskonzeptes wurde als Top-down-Prozess angelegt, da ohne die Unterstützung der Referatsleitungen keine nachhaltige Veränderung möglich ist. Hierfür wurde den Referaten ein einheitliches Vorgehen vorgeschlagen, individuell an die Voraussetzungen in jedem Referat angepasst. An die Präsentation des Integrationskonzeptes in den Führungsgremien der Referate schloss sich ein Strategieworkshop an, der von der Stelle für interkulturelle Arbeit moderiert wurde und an dem alle Abteilungsleitungen teilgenommen haben. In diesen Workshops wurde zunächst eine Bestandsaufnahme durchgeführt. Anschließend wurden die wichtigsten Handlungsbereiche identifiziert und ein Umsetzungsfahrplan mit Zielen und Maßnahmen erstellt. Die Stelle für interkulturelle Arbeit berät, unterstützt und kooperiert bei den vereinbarten Maßnahmen und gibt – soweit möglich – finanzielle Unterstützung. Sie ist für die Steuerung des Gesamtprozesses verantwortlich. Die Verantwortung für die Umsetzung des Integrationskonzepts liegt bei den Referaten. Bewährt hat sich eine eintägige interkulturelle Fortbildung für alle Führungspersonen. Neben den Strategieworkshops gibt es Jahresgespräche zwischen der jeweiligen Referatsspitze und der Stelle für interkulturelle Arbeit, in denen Ziele und Maßnahmen besprochen werden. Es ist vorgesehen, diese Umsetzungsbausteine künftig in allen Referaten einzuführen, was mit der Vorlage des ersten Integrationsberichtes (Landeshauptstadt München, Sozialreferat/Stelle für interkulturelle Arbeit 2011) vom Stadtrat für alle verbindlich beschlossen worden ist.

Das Personalmanagement hat Auswirkungen auf die gesamte Stadtverwaltung, daher wird auf die interkulturelle Öffnung dieses Bereichs in München besonderer Wert gelegt. Die Stadt München nutzt alle Möglichkeiten modernen Marketings, um sich als attraktive, von Vielfalt geprägte Arbeitgeberin darzustellen. Es soll vermittelt werden, dass Vielfalt als Bereicherung verstanden wird und Bewerberinnen und Bewerber aus allen gesellschaftlichen Gruppen erwünscht sind. Dafür ist 2009 eine neue „Arbeitgebermarke" als Marketinginstrument eingeführt worden. Fünf zentrale Aspekte, darunter „Vielfalt", sollen diese Marke präsentieren. Es wird eine von Vielfalt, Offenheit, Respekt und Anerkennung geprägte Unternehmenskultur der Stadt präsentiert und Chancengleichheit von Frauen und Männern, unabhängig von ihrer sexuellen Identität, von Alter, Behinderung, Hautfarbe, Religion sowie kultureller und sozialer Herkunft als besonderes Anliegen dargestellt.

Vor diesem Hintergrund wird das Leitprojekt „Ausbildung bei der Landeshauptstadt München – Interkulturelle Kompetenz erwünscht“ verfolgt, das ein neues Ausbildungsmarketing, ein verändertes Auswahlverfahren mit neuen Kompetenzen sowie eine spezielle Fortbildungsreihe zum Thema Vielfalt umfasst. Es gibt neue Studiengänge für Nicht-EU-Angehörige, um ihnen den Zugang zum gehobenen Dienst zu ermöglichen. Die beschriebenen Maßnahmen zeigen Wirkung. Bei allen Nachwuchskräften wird zu Beginn der Ausbildung anonym und freiwillig der Migrationshintergrund erhoben. Der Anteil der Nachwuchskräfte mit Migrationshintergrund konnte seit 2006 von 11,6 % auf 16,2 % in 2009 gesteigert werden, schwankt aber immer wieder angesichts der relativ kleinen absoluten Zahlen. In einzelnen Ausbildungsberufen liegt er weit höher: bei den Auszubildenden zur/zum Verwaltungsfachangestellten in 2009 bei 25 %, bei den Kaufleuten für Bürokommunikation sogar bei 34,5 %. Bis 2005 wurden die Zahlen nur nach ausländischer Staatsangehörigkeit erhoben. Damals lag der Anteil der ausländischen Jugendlichen bei 1,9 % bzw. bei 6,4 % ohne Beamtenlaufbahnen.

Die positiven Erfahrungen bei den Nachwuchskräften sollen in den nächsten Jahren auf alle Beschäftigten übertragen werden. 2009 arbeiteten in der Münchner Stadtverwaltung insgesamt 9,9 % Mitarbeiterinnen und Mitarbeiter mit ausländischer Staatsangehörigkeit. Eine Differenzierung nach Beamtinnen/Beamten und Tarifbeschäftigten verändert die Situation erheblich. Bei den Tarifbeschäftigten liegt der Anteil bei 17,2 % Mitarbeitenden mit ausländischer Staatsangehörigkeit. Im Bereich der Beamtinnen und Beamten ist ihr Anteil mit 0,4 % verschwindend gering. Um mehr Beschäftigte mit Migrationshintergrund zu gewinnen und die interkulturelle Kompetenz aller Beschäftigten insbesondere bei Führungskräften zu erhöhen, hat der Münchner Stadtrat 2009 verschiedene Maßnahmen beschlossen, die das Personal- und Organisationsreferat und die Stelle für interkulturelle Arbeit u.a. mit dem Projekt „Interkulturelle Kompetenz“ umsetzen werden. Interkulturelle Kompetenz und Mehrsprachigkeit werden in Stellenausschreibungen zukünftig verstärkt gefordert werden. Voraussetzung hierfür ist die Möglichkeit, diese Kompetenz bei der Personalauswahl einschätzen bzw. erfassen zu können. Hierfür hat die Stelle für interkulturelle Arbeit eine Ausschreibung vorgenommen, um geeignete Instrumente und Verfahren für die Erfassung interkultureller Kompetenz in den Bereichen Personalauswahl, Dienstliche Beurteilung und Assessment Center (Potenzialförderseminare) zu entwickeln.

Interkulturelle Fortbildungen stellen eine wesentliche Maßnahme im Rahmen der Umsetzung des Münchner Integrationskonzepts dar. Sie werden vom Pädagogischen Institut, vom Personal- und Organisationsreferat und von der Stelle für interkulturelle Arbeit durchgeführt. Hierbei ist es wichtig, stadtweit nach demselben Konzept mit einheitlichen Standards vorzugehen. Um dies zu erreichen, sind von der Stelle für interkulturelle Arbeit gemeinsam mit dem Personal- und Organisationsreferat „Qualitätsstandards für interkulturelle Fortbildungen" erarbeitet und verabschiedet worden. Die Stelle für interkulturelle Arbeit hat einen Pool an geeigneten interkulturellen Trainerinnen und Trainern zusammen gestellt, der Ende 2010 in einem gemeinsamen Markterkundungsverfahren mit dem Personal- und Organisationsreferat aufgebaut worden ist. Im Trainerpool sind auch vier städtische Beschäftigte des Sozialreferats. Ihnen wurde eine eineinhalbjährige, berufsbegleitende Weiterbildung zur/zum interkulturellen Trainer/in finanziert. Die Vorteile liegen auf der Hand: Interne Fortbildner kennen die Arbeitsbereiche ihrer Teilnehmenden besser als externe und sind zudem kostengünstiger, auch wenn zunächst in deren Ausbildung investiert werden muss. Diese Überlegungen haben dazu geführt, vier weitere Mitarbeiterinnen und Mitarbeiter ausbilden zu lassen. Auch bei den interkulturellen Fortbildungen werden Fortschritte anhand von Zahlen gemessen. Von 2005 bis 2009 sind 3104 Personen meist in zweitägigen Fortbildungen fortgebildet worden, davon 267 Führungskräfte, was in etwa ihrem Anteil an allen Beschäftigten entspricht.

Die zahlreichen Maßnahmen des interkulturellen Personalmanagements der Stadt München wurden bei den von der Bundesregierung deutschlandweit ausgelobten Wettbewerben „Vielfalt in der Ausbildung" und „Vielfalt am Arbeitsplatz" im Rahmen der Kampagne Vielfalt als Chance von Staatsministerin Prof. Böhmer mit Platz 1 und Platz 2 in der Kategorie öffentliche Verwaltung prämiert.

Verbände: Arbeiterwohlfahrt Kreisverband Nürnberg e.V.

Schon oben (Kapitel 5) ist bei der Darstellung der Wohlfahrtsverbände deutlich geworden, dass die Arbeiterwohlfahrt (AWO) zu den Verbänden mit hohem und langjährigem Engagement in der Integrationsarbeit generell und speziell beim Prozess der interkulturellen Öffnung gehört. Als besonders gutes Praxisbeispiel kann der Kreisverband der AWO in Nürnberg gelten. Anlass für den Öffnungsprozesse war vor mehr als zehn Jahren der Beschluss der Bundeskonferenz, den Verband interkulturell zu öffnen: „Die Arbeiterwohlfahrt versteht die Gestaltung der Einwanderungsgesellschaft als eine der wichtigsten gesellschaftspolitischen Zukunftsaufgaben und ist davon überzeugt, dass Interkulturalität unserer sozialen Dienstleistungen ein zentrales Qualitätsmerkmal unserer Angebote, Maßnahmen und Projekte ist. Die Arbeiterwohlfahrt versteht diesen Prozess der interkulturellen Öffnung als wichtige Managementaufgabe der verschiedenen Gliederungsebenen" (Arbeiterwohlfahrt Nürnberg 2010). Die AWO Nürnberg hat ihre interkulturelle Ausrichtung 2006 begonnen und aktuell in ihrem Leitbild um Diversity Management erweitert.

Der Prozess der interkulturellen Öffnung wurde als Projekt durchgeführt. Eine Projektgruppe, bestehend aus hauptamtlichen Mitarbeiterinnen und Mitarbeitern und zwei Vorstandsmitgliedern, war vom Vorstand beauftragt worden, bis Ende 2007 ein konkretes Arbeitskonzept für den hauptamtlichen Bereich zu entwickeln. Die Federführung hatte das zuständige Fachreferat „Migration und Integration" beziehungsweise dessen Leiterin. Der Einstieg war die Entwicklung eines Leitbildes für die interkulturelle Arbeit. Dieses ist beteiligungsorientiert erarbeitet worden. Ein Aktivenforum aus haupt- und ehrenamtlichen Mitarbeiterinnen und Mitarbeitern hat dafür einen Entwurf vorgelegt, der in mehreren Feedback-Schleifen von Vorstand sowie haupt- und ehrenamtlichen Mitarbeiterinnen und Mitarbeiter diskutiert wurde und im Februar 2008 vom Vorstand verabschiedet werden konnte. Darin heißt es u.a.: „Mit dem Leitbild für interkulturelle Öffnung will der Kreisverband Nürnberg der AWO seiner jahrelangen Arbeit im Feld Migration einen Rahmen geben und sich auf Grundlinien und Grundsätze zur interkulturellen Öffnung in allen Arbeitsbereichen des Verbandes für die Zukunft verpflichten. (...) Die Zusammenarbeit von Personen unterschiedlicher Herkunft bei der AWO Nürnberg auf ehren- wie hauptamtlicher Ebene erfordert eine bewusste Auseinandersetzung mit kultureller Vielfalt im Verband. Das sehen wir als große Lernchance. Als bereichernder Prozess muss er unseren Kunden, Mitgliedern und Mitarbeitern in der AWO Nürnberg zugute kommen. Er ist als Begegnung zwischen Menschen mit und ohne Migrationsgeschichte auf gleicher Augenhöhe zu gestalten. Wir verstehen IKÖ als Haltung und durchgängiges Arbeitsprinzip. (...) Erst interkulturelle Öffnung ist Voraussetzung für die gleichberechtigte gesellschaftliche Teilhabe von Menschen mit Migrationsgeschichte. Daher verstehen wir die interkulturelle Öffnung der AWO Nürnberg als Arbeitsprinzip und verfolgen dieses als Mitgliederverband bewusst auf allen Ebenen. Wir arbeiteten darauf hin, dass die kulturelle Vielfalt der Gesellschaft sich in unseren eigenen Strukturen, Arbeitsweisen und Arbeitsinhalten widerspiegelt. (...) Wir hinterfragen unserer Angebote und Strukturen danach, ob sie den Zugang oder die Teilhabe für Migrantinnen und Migranten fördern. Wir beteiligen sie an der Entwicklung, Umsetzung und Qualitätskontrolle von Angeboten und Dienstleistungen entsprechend ihrer Lebensbezüge. Ein wesentliches Qualitätsmerkmal unserer Dienstleistungen ist die interkulturelle Kompetenz aller Beteiligten innerhalb der Organisation. Die Teilnahme an erforderlichen Fortbildungen ist die Grundlage dazu. Die AWO Nürnberg versteht sich als lernende Organisation. (...) Interkulturelle Öffnung ist für uns ein kontinuierlicher Prozess der Organisations- und Personalentwicklung und Teil der Führungsverantwortung. (...) Im Rahmen der Personalentwicklung werden Mitarbeiterinnen und Mitarbeiter mit Migrationsgeschichte gefordert und gefördert, Führungsverantwortung zu übernehmen (...)."

Zur Realisierung des Leitbildes hat die Projektgruppe ein „Konzept zur Umsetzung" vorgelegt. Entsprechend wurde eine Gruppe aus Vertreterinnen und Vertretern aller Fachreferate, des Vorstandes und des Qualitätsverantwortlichen damit beauftragt, das Leitbild zu operationalisieren sowie Checklisten und Leitfragen für deren Umsetzung zu erstellen. Diese Ergebnisse gingen in die Referate zurück, wo dann für deren spezifische interkulturelle Qualifizierung ein Plan mit Zielen, Ressourcen, Bedarfen, Kosten und Zeitschiene erstellt wurde. Die Ergebnisse werden an die Lenkungsgruppe beziehungsweise Geschäftsführung zurückgemeldet, die eine Priorisierung vornehmen und konkrete Zielvereinbarungen mit den Referaten abschließen. Über die Wirkungen wird jährlich berichtet.

Der Arbeitskreis „Interkulturelle Öffnung der Organisation" hat seit 2006 konkrete Schritte und Maßnahmen zur Umsetzung der interkulturellen Öffnung der Arbeiterwohlfahrt Nürnberg erarbeitet. Der Arbeitskreis setzt sich aus engagierten Mitarbeiterinnen und Mitarbeitern zusammen und hat beispielsweise den zentralen Flyer über die Angebote der AWO überarbeitet und auf Türkisch und Russisch übersetzt. Plakate für die „AWOthek" (ein Informations-, Kommunikations- und Veranstaltungszentrum) wurden speziell für die gezielte Ansprache von Migrantinnen und Migranten entwickelt. Im verbandlichen Informationsorgan „AWO-Post" werden Artikel auch in Türkisch und Russisch verfasst. Veranstaltungen und Angebote der AWOthek werden stärker auf Migrantinnen und Migranten und ihre Organisationen ausgerichtet, Unternehmer mit Migrationshintergrund werden gezielt angesprochen. Ein besonderer Schwerpunkt der interkulturellen Angebotsentwicklung war die interkulturelle Sensibilisierung der Altenhilfe, wofür die Mitarbeiterschaft besonders geschult wurde. Ein weiteres Thema ist die interkulturelle Mediation geworden. Interkulturelle Kompetenz wurde aber generell entsprechend dem Leitbild zu einer verpflichtenden Qualifizierung für die Mitarbeiterschaft. Dafür hat die AWO mit „InkuTra" ein AWO-internes Fortbildungsangebot, das nicht nur nach innen interkulturelle Handlungskompetenz vermittelt, sondern auch auf dem Markt ein nachgefragter Anbieter interkultureller Trainings geworden ist.

Im Prozess der Rückkoppelung und der Operationalisierung des Leitbildes wurde immer wieder deutlich, wie schwer der Schritt vom Allgemeinen ins Konkrete ist, welche Vorbehalte und Ängste die Mitarbeiterschaft prägen und wie schwierig interkulturelle Situationen im Arbeitsalltag zu bewältigen sind. Zur nachhaltigen Verankerung der Ziele und zur Reflexion des Prozesses hat die AWO deshalb im April 2009 mit allen Führungskräften einen Vertiefungsworkshop veranstaltet und weitere Strategien erarbeitet. Die Ergebnisse werden wiederum mit dem QM-Beauftragten in konkrete Handlungsschritte umgesetzt.

Ein ganz besonderes Ergebnis des interkulturellen Öffnungsprozesses der AWO Nürnberg ist 2009 die Gründung des Ortsvereins „Nürnberg International" gewesen. Die Arbeiterwohlfahrt als Mitgliederverein und als ehrenamtlich geprägte und getragene Organisation hat sich so demonstrativ Menschen mit Migrationshintergrund geöffnet und ihnen den Zugang zur AWO-Mitgliedschaft mit allen Rechten und Pflichten und der Möglichkeit des sozialen Engagements geebnet. Es ist ein Meilenstein in der Verbandsgeschichte, eine derartige Konstruktion gibt es bundesweit sonst nicht.

Als „Dienstleister“ tritt nicht nur InkuTra auf. Das Referat „Migration und Integration“ ist aufgrund seiner Erfahrungen, Vorbildfunktion und Qualifikation auch Partner in einem Projekt der Stadt Nürnberg zur interkulturellen Öffnung der Regeldienste, hier des Sozialamtes, des Jugendamtes und der Arbeitsgemeinschaft für Arbeitsmarktintegration.

Zusammenfassend wird an diesem Beispiel erneut deutlich, wie sehr es auf das Engagement der Führung, hier des Vorstandes und der Geschäftsführung, und auf ein systematisches Vorgehen ankommt, das top down Prozesse in Bewegung bringt und bottom up die Mitarbeiterschaft immer wieder einbezieht. Ebenso zeigt sich, dass es sich bei der interkulturellen Öffnung um einen längerfristig angelegten Prozess handelt, der als Projekt organisiert und mit Instrumenten der Organisationsentwicklung erfolgreich betrieben werden kann.

Migrantenorganisationen: Bund der Alevitischen Jugend in Deutschland e.V.

Die interkulturelle Öffnung der Jugendverbandsarbeit ist ein breit diskutiertes Thema. Sie ist Gegenstand des Nationalen Integrationsplans und aktueller Forschungsprojekte (vgl. etwa Deutsches Jugendinstitut 2010). Seltener wird die interkulturelle Arbeit von Migranten-Selbsthilfeorganisationen zum Thema gemacht. Ein positives Beispiel für Integrationsarbeit und interkulturelle Öffnung stellt der Bund der Alevitischen Jugend in Deutschland (AAGB) dar. Er ist die Jugendorganisation der Alevitischen Gemeinden in Deutschland und wurde 1993 gegründet. Der Gemeinde gehören nach ihrer Selbstdarstellung etwa 20.000 Familien an (vgl. Bund der Alevitischen Jugend 2011). Die Jugendorganisation ist föderal strukturiert und umfasst fünf Regionalverbände und 85 Ortsjugendverbände. Als Schwerpunkte der Arbeit sind u.a. formuliert: Erhalt und Erforschung der alevitischen Lehre, der Einsatz für Frieden und Menschenrechte, Integration und Gleichstellung, Unterstützung, Beratung, Förderung von Jugendlichen, demokratische Mitgestaltung und Interessenvertretung. Der Verband veranstaltet Bildungsseminare, Konferenzen, Kultur- und Freizeitveranstaltungen und sucht intensiv die Zusammenarbeit mit anderen Verbänden wie beispielsweise der Arbeitsgemeinschaft der evangelischen Jugend in der Bundesrepublik Deutschland (aej) oder den Jusos (vgl. für das Folgende Informations- und Dokumentationszentrum für Antirassismusarbeit 2010).

So läuft zur eigenen Professionalisierung, der Implementierung von hauptamtlichen Strukturen und zur Qualifizierung für die Aufnahme etwa in Landesjugendringe in einer Tandem-Partnerschaft mit der aej das Projekt „Integration durch Qualifikation von Selbstorganisation“ von 2009 bis 2012. Der AAGB führt im Rahmen dieses Projektes hauptberufliche Strukturen auf Bundesebene ein. Als erfahrener Jugendverband nimmt die aej hierbei Begleitungs- und Beratungsfunktionen wahr: Die aej tritt als Anstellungsträgerin für die hauptberufliche Fachkraft auf, die beim AAGB eingesetzt wird und übernimmt die Gesamtverantwortung für die finanzielle und fachliche Abwicklung des Projektes. Die hauptberufliche Fachkraft wird beim Mutterverband des AAGB in Köln ein Büro haben und vorwiegend von dort aus tätig sein. Auf Seiten der aej hat die hauptberufliche Kraft eine Referentin aus der aej-Geschäftsstelle als Mentorin an der Seite. Unterstützt durch diese Beratungsstrukturen entwickelt die hauptberufliche Fachkraft modulare Qualifikationsschulungen und Schulungen zur Jugendleiterkarte für Multiplikatoren und Multiplikatorinnen und Ehrenamtliche des AAGB. Außerdem berät sie Gruppen im AAGB bezüglich der Aufnahme in Jugendringe oder der Gründung von Landesverbänden. Das Projekt wird gefördert durch das Bundesamt für Migration und Flüchtlinge.

Der Verband hat in einem weiteren Projekt „Nachspielzeit – deutsch-österreichische Jugendbegegnung" den interkulturellen Dialog gesucht gemeinsam mit den Jusos aus Deutschland und Österreich. Die Themen der einwöchigen Begegnung bezogen sich auf Integration und Migration, auf das Thema „Festung Europa", auf die Vorstellungen des Alevitentums und damit verbundene interkulturellen Dialoge. In Arbeitsgruppen diskutierten die Teilnehmenden z.B. über die Bekämpfung von Diskriminierung und Möglichkeiten politischer Partizipation.

Die alevitische Jugend äußert sich ferner zur interkulturellen Ausrichtung der Jugendarbeit in Deutschland und zu den politischen Organisationsformen unter Jugendlichen mit Migrationshintergrund. Dabei stellt der AAGB ein generelles Interesse von Jugendlichen mit Migrationshintergrund an Partizipation in der Jugendarbeit und in politischen Organisationen fest. Er wählt dafür auch Publikationsorgane anderer Jugendorganisationen, etwa der Jusos. In gleicher Weise bemühen sich die Orts- und Landesorganisationen um eine Öffnung gegenüber deutschen Partnern, suchen Austausch und Zusammenarbeit und fordern so die interkulturelle Öffnung auf beiden Seiten erfolgreich ein.

Stiftungen

Die wichtige Rolle von Stiftungen für die Unterstützung und Fortentwicklung der deutschen Integrationspolitik ist nach unserer Ansicht bis heute nicht ausreichend gewürdigt und aufgearbeitet worden. Das kann an dieser Stelle auch nicht geschehen. Es soll aber wenigstens unter dem Aspekt der Beförderung von interkulturellen Öffnungsprozessen darauf hingewiesen werden. Dabei stehen zwei Stiftungen im Vordergrund: die Robert Bosch Stiftung und die Bertelsmann Stiftung.

Robert Bosch Stiftung

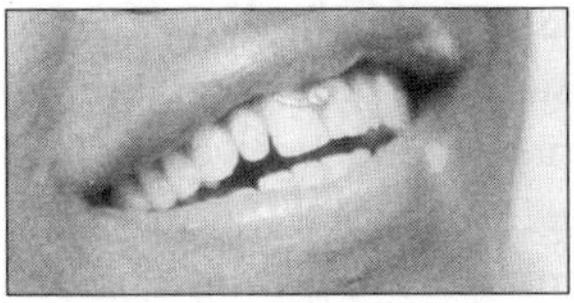

Die Robert Bosch Stiftung ist schon seit Jahrzehnten integrationspolitisch engagiert und hat erstmals 1976 einen Förderschwerpunkt „Kinder ausländischer Arbeitnehmer in der Bundesrepublik Deutschland" eingerichtet. Der historischen Situation entsprechend waren die Zielgruppen ausländische Kinder und Jugendliche der zweiten und dritten Ausländergeneration. Die Projekte waren präventiv orientiert, es ging um Sprachförderung, Hilfen in der Schule und beim Übergang von der Schule in den Beruf sowie um Kulturarbeit. Ziel war die Verbesserung der künftigen sozialen Partizipationschancen der jungen, hier schon geborenen oder im Zuge der Familienzusammenführung nachgezogenen Ausländer (vgl. Lüking 1994: 23). Selbstkritisch wurde 1978 ein Resümee gezogen und festgestellt, dass die Projekte zu sehr an einzelnen Problemsituationen und Zielgruppen orientiert gewesen seien, dass zu wenig Kooperationsbeziehungen zu den Regeleinrichtungen der Kinder und Jugendhilfe sowie der Schule und dass insgesamt zu wenig eine Professionalisierung und Stabilisierung der Ausländerarbeit erfolgt seien. Die Konsequenz war ein neuer Programmrahmen „Deutsche und Ausländer im Stadtteil – Integration durch den Kindergarten", der nach intensiven Verhandlungen und Kooperationsabsprachen ab 1980 in drei deutschen Großstädten umgesetzt wurde.

Interessant im Rückblick ist die organische Entwicklung der drei folgenden Projektgenerationen. Ihre Bezeichnungen dokumentieren die Entwicklung: von der Thematik „Deutsche und Ausländer im Stadtteil – Integration durch den Kindergarten" (1980 bis 1985) über „Entwicklung und Öffnung von Einrichtungen im Sozial- und Bildungswesen für die Ausländerarbeit" (1985 bis 1988) zu der Programmatik „Integration von Ausländern in die Regelversorgung" (1989 bis 1993). Die erste Förderphase nahm die Institution Kindergarten als Ausgangspunkt für eine gemeinsame Erziehung von deutschen und ausländischen Kindern. Die dort mögliche interkulturelle Elternarbeit sollte den Zugang zum Stadtteil erschließen. Darauf aufbauend konnte dann eine Gemeinwesenarbeit die Selbsthilfe- und Integrationskräfte der Bevölkerung aktivieren, die soziale und kulturelle Infrastruktur qualifizieren und die unterschiedlichen Träger vernetzen. Der Ansatz war also schon sehr viel stärker strukturorientiert als in den zuvor geförderten Projekten, es ging um eine Veränderung der am Projekt beteiligten Institutionen und Organisationen.

Das griff die zweite Projektgeneration auf, indem sie die Öffnung von Einrichtungen für die Ausländerarbeit anzielte. Aber die Terminologie macht auch deutlich, dass es noch immer um auf bestimmte Zielgruppen bezogene Sonderdienste ging, die sich allerdings qualifizieren, regionalisieren und in den traditionellen Institutionen der Regelversorgung etablieren sollten. Zugleich sollten neue Kommunikationsorte im Stadtteil für Deutsche und Ausländer aufgebaut und neue Formen der Koordination und Kooperation im sozialen Raum erprobt werden. Damit entsprachen Ziele und Inhalte einer gesamtgesellschaftlichen Entwicklung, die zunehmend Kritik an den Sonderdiensten für Ausländer übte, die Regelversorgung mehr in die Pflicht nehmen und zur Vernetzung stark parzellierter Strukturen beitragen wollte.

Daran hat dann die dritte Generation der Bosch-Projekte angeknüpft und die Integration von Ausländern in die Regeldienste befördern wollen. Als Ausgangsfragen wurde beispielsweise formuliert, ob die Integration von Ausländern in die Regelversorgung eines Wohlfahrtsverbandes eine Führungsaufgabe sei oder ob der Allgemeine Soziale Dienst im Rahmen seiner behördlichen Sozialarbeit eine öffentliche Verantwortung für die Sicherung von sozialen Dienstleistungen auch für Ausländer im Stadtteil zu übernehmen und wahrzunehmen habe. Parallel wurde auch schon der Frage nachgegangen, welchen Einfluss dabei ausländische Gruppen selbst ausüben könnten (ebd.: 193). Erstmals wurde über Öffnungsprozesse der Regelversorgung praktisch und theoretisch reflektiert, wenn auch noch in der überkommenen Terminologie, dass „Ausländerarbeit von Anfang an prägendes Moment der Planung" sein müsse (ebd.: 212).

Es ist schon oben im historischen Überblick (Kapitel 1) angesprochen worden, dass die Robert Bosch Stiftung nach der Auswertung ihrer Projektergebnisse, der Analyse des gesamten Programmverlaufs, der Reflexion der Ergebnisse und einer Sichtung der Fachliteratur erstmals „Empfehlungen zur interkulturellen Öffnung der sozialen Dienste" vorgelegt hat. Sie war es damit, die durch Erfahrungen in der Praxis und deren theoretische Aufarbeitung entscheidend zur Entwicklung der hier behandelten Programmatik beigetragen hat. Die Stiftung ist weiterhin integrationspolitisch engagiert und schreibt regelmäßig Fördermaßnahmen aus.

Bertelsmann Stiftung

Ähnlich wie die Robert Bosch Stiftung in den 1980er- und 1990er-Jahren hat die Bertelsmann Stiftung seit etwa 2000 das Thema aufgegriffen, befördert und bundesweit Einfluss genommen. Schon früh hat sie im Rahmen des internationalen Städtenetzwerkes „Cities of Tomorrow" Strategien der Integration herausgegeben und der interkulturellen Öffnung von Verwaltungen einen besonderen Stellenwert beigemessen (vgl. etwa Pröhl/Hartmann 2001). Gemeinsam mit dem Bundesministerium des Innern hat sie 2004 einen Wettbewerb „Erfolgreiche Integration ist kein Zufall" ausgelobt, an dem sich

107 Kommunen beteiligt haben. Die Preisträger und weitere gute Praxisbeispiele, auch zur interkulturellen Öffnung, finden sich in einer Veröffentlichung gleichen Namens (vgl. Bertelsmann Stiftung 2005; vgl. auch 2011). In ihren zehn Handlungsempfehlungen (ebd.: 12) und den von ihr identifizierten Erfolgsfaktoren für kommunale Integrationspolitik (ebd.: 15) spielt die interkulturelle Öffnung von Politik und Verwaltung eine entscheidende Rolle. Die Stiftung mischt sich mit vielen Veranstaltungen und Veröffentlichungen in die Integrationsdebatte und in interkulturelle Öffnungsprozesse ein. Die neuesten Entwicklungen finden sich jeweils auf der Homepage.

Schader Stiftung

Auch die Schader Stiftung hat sich in den letzten Jahren am Integrationsdiskurs durch Projekte und Veröffentlichungen beteiligt. In einem Verbundprojekt „Zuwanderer in der Stadt“ sind es insbesondere stadtentwicklungspolitische Perspektiven, die die Arbeit und Empfehlungen bestimmen. So hat der Verbund „Empfehlungen zur stadträumlichen Integrationspolitik“ herausgegeben (Schader Stiftung 2005) und „Gute-Praxis-Beispiele stadträumlicher Integrationspolitik“ veröffentlicht (Schader Stiftung 2006) und dabei auch Konzepte interkultureller Arbeit vorgestellt.

Sachverständigenrat deutscher Stiftungen

2008 haben sich acht deutsche Stiftungen zusammengeschlossen und im „Sachverständigenrat deutscher Stiftungen für Integration und Migration“ ein Forum geschaffen, das durch Gutachten, Stellungnahmen und ein Integrationsbarometer Einfluss nimmt auf die deutsche Integrationspolitik (vgl. Sachverständigenrat 2010). Viele weitere Stiftungen sind integrationspolitisch engagiert durch vielfältige Initiativen, Forschungsvorhaben, Ausbildungs- und Führungskräfteförderung, Stipendien und weitere individuelle Fördermaßnahmen (vgl. Brömmling 2010).

Vermittlung interkultureller Kompetenz

Im Vordergrund vieler Anstrengungen zur interkulturellen Öffnung von Institutionen stehen Maßnahmen der Personalentwicklung, die auf die Qualifizierung der vorhandenen Mitarbeiterinnen und Mitarbeiter und die Gewinnung von neuem Personal mit Migrationshintergrund zielen. Für die Personalqualifizierung hat sich eine Vielzahl von Beratungsangeboten am Markt etabliert. In der Aus- und Weiterbildung von Hochschulen, Fachhochschulen und privaten Instituten werden Ausbildungen zur interkulturellen Trainerin und zum interkulturellen Trainer zunehmend angeboten. Abschließend sollen einige gute Beispiele für einschlägige Fortbildungen benannt werden. (Vgl. für das Folgende Schröer 2007a.)

Der Bedarf nach interkulturellen Fortbildungen wächst. Es setzt sich allmählich der Trainingsbegriff durch, orientiert an professionellen amerikanischen Vorbildern und betrieblichen Weiterbildungsformaten. In einer Typologie von Lernformaten unterscheidet Leenen idealtypisch „zwischen einem interkulturellen Lernen in *themen- und sachorientierten Bildungsformaten* (…) und in einem *an Personen orientierten Begegnungs- und Austauschformat.*“ Bei erstem überwiegt die *Erarbeitung von Wissen*, Begegnungsarrangements zielen dagegen auf die *unmittelbare Erfahrung durch direkten sozialen Kontakt* mit Menschen aus anderen Kulturen ab. Auf einem Kontinuum zwischen fremd gesteuertem und selbst gesteuertem Lernen ordnet er Trainingsformate in der Mitte ein: Sie „machen den nicht ganz unehrgeizigen Versuch, die Vorteile der beiden Extreme miteinander zu verbinden“ (Leenen 2001: 10). Das interkulturelle Training ist inzwischen ein Typus, der versucht, Erfahrung orientierte und kognitiv orientierte Ansätze zu integrieren.

Im Folgenden werden die bekanntesten und publizierten Programme in der Reihenfolge ihres Erscheinungsdatums benannt und – soweit vorhanden – deren Evaluationsergebnisse kurz vorgestellt. (Nicht berücksichtigt werden hier interkulturelle Anpassungsschulungen für Manager für deren erfolgreichen Einsatz bei Auslandsaufenthalten bzw. Geschäftsabschlüssen.)

„Miteinander – Erfahrungen mit Betzavta“

Hierbei handelt es sich um ein Konzept zur Demokratieerziehung, das wie die nächsten beiden Programme im Rahmen des Projektes „Erziehung zur Demokratie und Toleranz“ der Bertelsmann Stiftung und des Centrums für angewandte Politikforschung seit 1995 entstanden ist. Das Programm ist für die politische Bildung und die Toleranzerziehung konzipiert. Es enthält zwar interkulturelle Elemente, ist aber eher ein Programm für die Auseinandersetzung mit Rassismus, Fremdenfeindlichkeit und Gewalt und insoweit als Vorbereitungsqualifizierung für interkulturelle Bildung zu sehen (Ulrich u.a. 1997).

Mit der Evaluation waren Bommes u.a. (2004) beauftragt mit der Aufgabe, „zu untersuchen, ob der je individuelle Kompetenzaufbau zu individuellen Handlungsveränderungen und in der Summierung der individuellen Veränderungsleistungen zu Effekten auf die Gesellschaft führt“ (ebd.: 99). Resümierend stellen die Autoren fest: „Die Untersuchung ergab (…) insgesamt, dass für die meisten der Befragten sowohl die Übertragung eigener positiver Erfahrungen auf die Teilnehmer als auch ein grundsätzliches Vertrauen in die Wirksamkeit des Programms bei diesen Einschätzungen zum Tragen kommt“ (ebd.: 113).

„Eine Welt der Vielfalt"

Das Programm adaptiert das amerikanische Trainingsprogramm „A world of difference" der Anti-Defamation-League, einer der ältesten Menschenrechtsorganisationen. Es setzt seinen Schwerpunkt auf die Sensibilisierung im Umgang mit Minderheiten. Selbstreflexion und Perspektivenwechsel als Methoden der interkulturellen Erziehung stehen im Mittelpunkt. Es ist ein Schulprogramm, das aber auch sonst in der Jugendarbeit erfolgreich eingesetzt wird (Bertelsmann Stiftung 1998/2001). Außerdem gibt es das Programm auch als Methodenhandbuch für die Ausbildung von Trainerinnen und Trainern, Moderatorinnen und Moderatoren sowie Lehrerinnen und Lehrern (Bertelsmann Stiftung 2002).

Die Evaluation durch Kehr (2004) stellt als zentrale Ziele des Programms fest, „bei Schülern veränderte Einstellungen und neues oder verändertes Handeln im Verhalten untereinander und insbesondere gegenüber Mitgliedern anderer Kulturen hervorzubringen, Stabilisierungen erwünschter Verhaltensweisen zu erreichen und einen Wissenszuwachs zu Themen interkulturellen Lernens zu fördern" (ebd.: 83). „Als Ergebnis der durchgeführten Erhebungen zeigte sich, dass mit dem Programm eine Basis für den Prozess der Toleranzerziehung bei Kindern und Jugendlichen gelegt wird. Eine intensive Auseinandersetzung mit sich selbst als Person wird durch das Programm sehr stark angeregt. Die Jugendlichen lernen, sich selbst als Individuen zu verstehen und verbessern somit ihre Voraussetzungen, auch die Anliegen des Gegenübers wahrzunehmen und zu respektieren" (ebd.: 90).

„Achtung (+) Toleranz"

In ähnlicher Weise wie Betzavta bietet dieses Programm Wege demokratischer Konfliktregelung an. Es ist gleichfalls ein Konzept politischer Bildung, das Lernerfahrungen vermitteln will für die Ausbildung von Kompetenzen zum friedlichen Umgang miteinander (Ulrich 2000).

Im Evaluationsbericht heißt es zu den Zielen: „‚Achtung (+) Toleranz' ist ein Angebot zur individuellen Demokratie- und Toleranzerziehung, das sich an ältere Jugendliche und Erwachsenen richtet. Es zielt darauf ab, über eine kurzfristige Symptombekämpfung hinaus, präventiv zu wirken, indem einerseits soziale Interaktionskompetenzen gefördert und ausgebaut, andererseits zu einer selbstreflektierten Orientierung in Konfliktsituationen beigetragen werden soll" (Hirseland u.a. 2004: 58). Die Evaluation „zeigt generell, dass das Programm in der Gesamtschau gemäß seinen konzeptionellen Intentionen wirkt. Es erzielte nicht nur insgesamt hohe Zustimmungswerte bei den Respondenten der schriftlichen Befragung, sondern darüber hinaus erinnern sämtliche Seminarteilnehmer des Evaluationsseminars programmbezogene Wissen nachhaltig". Dem Programm werden eine hohe Akzeptanz und deutliche Lernerfolge bescheinigt (ebd.: 78).

„Ohne Angst verschieden sein"

Dieses Praxishandbuch für die interkulturelle Arbeit ist aus dem Bestreben nach einem toleranten und fruchtbaren Zusammenleben verschiedener Kulturen in Deutschland heraus entwickelt worden. Es ist gleichfalls aus Toleranzerziehungsprogrammen entstanden und konzentriert sich auf den Konflikt als gemeinsame Erfahrung. Es handelt sich um ein durchgängiges Seminar, dessen Besonderheit es ist, an einem fremden Ort stattzufinden. Es geht um „die Begegnung mit sich selbst in der Fremde" (Khanide/Giebeler 2003).

Die Evaluation über Fragebögen hat durchwegs positive Reaktionen erbracht (nach Selbsteinschätzung ebd.: 26).

„Interkulturelle Verständigung in der Sozialen Arbeit"

Dieses Erfahrungs-, Lern- und Übungsprogramm zum Erwerb interkultureller Kompetenz stellt ein Fortbildungsprogramm auf der Grundlage breit ausgearbeiteter theoretischer und konzeptioneller Überlegungen dar. Es ist aus der Praxis einer großstädtischen Sozialverwaltung heraus entwickelt worden und zielt auf Stärkung der interkulturellen Kompetenz durch die reflexive Auseinandersetzung mit (eigenen) personalen und kollektiven Orientierungssystemen. Neben der theoretischen Rahmung bietet es in 13 Bausteinen eine Fülle von Aktivitäten und Übungen zu allen Themen interkultureller Verständigung (Handschuck/Klawe 2004/2010).

Das Programm findet überwiegend in der Sozialen Arbeit Anwendung. Es ist auch erfolgreich in Verwaltungen aller Art, beim Zusammenschluss unterschiedlicher Organisationskulturen und bei der Qualifizierung im gewerblichen Bereich angewendet worden. Die Evaluation durch Fragebogen hat regelmäßig Zustimmungswerte zwischen sehr gut und gut erbracht (vgl. Sorg 2002).

„Interkulturelle Kompetenz für BeraterInnen und PädagogInnen im Bereich Berufsorientierung"

In Nordrhein-Westfalen konnten die Regionalen Arbeitsstellen zur Förderung von Kindern und Jugendlichen (RAA) im Rahmen eines Xenos-Projektes gemeinsam mit dem Diakonischen Werk der Evangelischen Kirche im Rheinland und der Fachhochschule Düsseldorf einen Zertifikatskurs „Interkulturelle Kompetenz für BeraterInnen und PädagogInnen im Bereich Berufsorientierung" entwickeln und durchführen. In zwölf Bausteinen soll die notwendige Kompetenz zum Schutz vor Diskriminierung und zur Befähigung des Übergangs in den Beruf aufgebaut werden. Der Ablauf des Kurses ohne die durchgeführten Übungen ist dokumentiert, konnte aber wohl nur einmal durchgeführt werden (Springer/Zacharaki 2005: 48 ff.).

In der Evaluation (Fischer/Krumpholz/Eichener 2005: 82 ff.) wurde festgestellt, dass die Teilnehmenden einen Wissenszuwachs erfahren hätten, dass es Anstöße zu selbstreflexiven Prozessen gegeben habe, dass die sozialen Kompetenzen sich verstärkt hätten und der Transfer der interkulturellen Kompetenz in die Praxis vielfach gelungen sei. Der Evaluationsbericht unterbreitet viele Anregungen für die Verbesserung eines solchen Kurses (ebd.: 128 ff.).

„Implementierung interkultureller Kompetenz im Arbeitsalltag von Verwaltungen und Organisationen"

Aus einer EQUAL-Entwicklungspartnerschaft im Rhein-Main-Gebiet ist ein Leitfaden zur Implementierung interkulturelle Kompetenz in Verwaltungen und sonstigen Organisationen entstanden. Das Trainingshandbuch „Implementierung interkultureller Kompetenz im Arbeitsalltag von Verwaltungen und Organisationen" ist gemeinsam mit dem Amt für multikulturelle Angelegenheiten der Stadt Frankfurt am Main entwickelt worden. Es handelt sich dabei um ein gutes Qualifizierungsangebot, das auf einer theoriegeleiteten Basis ein differenziertes modulares System von Fortbildungsbausteinen enthält und über eine vordergründige Personalqualifizierung hinausgreift. Es umfasst auch Themen wie Gender Mainstreaming und Antidiskriminierung und zielt insbesondere auch auf die interkulturelle Öffnung von Organisationen und Gemeinwesen (vgl. M.A.R.E. 2005).

„Pädagogik der Vielfalt"

Gleichfalls über den interkulturellen Ansatz hinausreichend sind Trainingsformate, die die gesamte Vielfalt des pädagogischen Alltags einbeziehen. An Annedore Prengel (1995/2006) anschließend wird in der Abteilung Sozialpädagogik der Christian-Albrecht-Universität zu Kiel seit 2001 ein Kompetenztraining „Pädagogik der Vielfalt" durchgeführt (vgl. Sielert/Jaeneke/Lamp/Selle 2009). Es dient der Qualifizierung von Lehramtsstudierenden und künftigen Pädagoginnen und Pädagogen des außerschulischen Bereichs im Umgang mit Heterogenität. „Es enthält neben der Vermittlung von didaktisch aufbereiteten theoretischen Grundlagen und exemplarischen Seminarverläufen eine Vielzahl an Praxismaterialien" (ebd.: 15). Vielfalt-Schwerpunkte sind physische und psychische Einschränkungen, sexuelle Identität und kulturelle Identität.

„Teamentwicklung mit Diversity Management"

In eine ähnliche Richtung, allerdings eher auf Unternehmen gerichtet, zielen die Methoden-Übungen und Tools „Teamentwicklung mit Diversity Management" (Lüthi/Oberpriller 2009).Das Buch enthält eine kurze Hinführung zu den Themen Diversity und Diversity Management mit geschichtlichen Hinweisen und Anmerkungen zu den Begrifflichkeiten.

Ausgehend von einem eigenen Teamentwicklungsmodell werden im Praxisteil eine Vielzahl von Methoden und Übungen für unterschiedliche Ausgangssituationen eines diversen Teams und zur Entwicklung von Diversity-Kompetenzen vorgestellt. Das Buch ist gerade wegen seines etwas anderen Blickwinkels auch für soziale und pädagogische Handlungsfelder interessant.

Die hier skizzierten Veröffentlichungen stellen Handbücher für die Ausbildung von und die Nutzung durch Multiplikatorinnen und Multiplikatoren dar. Bei „Eine Welt der Vielfalt" und „Betzavta" handelt es sich um zertifizierte Programme, die intensiv extern evaluiert worden sind und deren Qualität durch festgelegte Standards gewährleistet wird. Alle Programme sind geeignet, die verfolgten Ziele zu erreichen, diese sind jedoch durchaus unterschiedlich. Es ist deshalb von großer Bedeutung für deren sinnvollen Einsatz festzulegen, welche Ziele – Demokratieerziehung, Toleranzförderung, Teamentwicklung oder interkulturelle Verständigung – mit der Qualifizierungsmaßnahme verfolgt werden sollen. Das geschieht in der Praxis häufig nicht, weil viele Programme und Trainings unter dem derzeit Verkauf fördernden Label „interkulturelle Kompetenzvermittlung" laufen, obwohl sie für andere Ziele konzipiert sind. Alle Trainings – mit Ausnahme von „Interkultureller Verständigung" und dem M.A.R.E.-Trainigshandbuch – sind reine Lernprogramme, die strukturelle Implikationen nicht berücksichtigen. Das Handbuch zur interkulturellen Verständigung geht ausführlich auf die gesellschaftspolitischen Rahmenbedingungen und auf interkulturelle Öffnungsprozesse als notwendige Einbettung von Qualifizierungsmaßnahmen ein.

Interkulturelle Orientierung und Öffnung:
Theoretische Grundlagen und 50 Aktivitäten zur Umsetzung

Teil 2: Aktivitäten zur Umsetzung von interkultureller Orientierung und Öffnung

Organisationen werden durch Menschen realisiert.
Sie bauen sie auf, sie repräsentieren, sie verändern sie.
Armin Wöhrle (2002: 28)

Einführung

Was sich abstrakt relativ leicht formulieren und fordern lässt – die interkulturelle Öffnung von Organisationen – bedarf vieler konkreter Schritte und Maßnahmen, um praktisch realisiert zu werden. Dafür muss das Rad nicht neu erfunden werden. Es gibt eine Fülle von Erfahrungen und in der Praxis bewährten Aktivitäten, die für diesen Weg hilfreich sind. Diese sollen im Folgenden vorgestellt werden, dazu einleitend noch einige Überlegungen.

Die Entwicklung und Veränderung von Organisationen, gleich welcher Größenordnung, verläuft als Prozess. Interkulturelle Öffnung als Prozess der Organisationsentwicklung wird in der Regel als Projekt organisiert sein. Projekte und Projektmanagement sind immer dann angebracht, wenn es sich um eine einmalige Aufgabe handelt, die zeitlich befristet durch ein interdisziplinär zusammengesetztes Team ein vorgegebenes Ziel erreichen soll (vgl. Glatz/Graf-Götz 2007: 229). Projektorganisation und Projektmanagement hängen ab von der Größe der Organisation und der Komplexität des Projektes. Empfehlenswert hinsichtlich des tief greifenden Change-Anspruches eines interkulturellen Öffnungsprozesses ist es, ein Steuerungsgremium einzurichten, das mit ausgewählten Fach- und Führungskräften zu besetzen ist. Der querschnittspolitische Ansatz interkulturelle Öffnung erfordert die Beteiligung von Schlüsselfunktionen wie: „Entscheider", also eine Vertretung etwa der Auftrag gebenden Stelle; „Gestalter", also eine Vertretung der oder des Integrationsbeauftragten bzw. der interkulturellen Stelle, die auch die Moderation der Steuerungsgruppe übernimmt; wichtige „Beteiligte", die den Veränderungsprozess maßgeblich umsetzen, also Vertreterinnen zum Beispiel des Personalmanagement oder

der Personalentwicklung und weitere wichtige Funktionsbereiche (z.B. Kommunikation/Öffentlichkeitsarbeit; Fachbereiche wie Bildung oder Gesundheit); gegebenenfalls „externe Begleiter" (vgl. Hofmann/Strikker 2009: 62). Für die Funktionsfähigkeit einer solchen Steuerungsgruppe ist es wichtig, dass sie nicht mehr als sechs bis acht Personen umfasst. Deren Aufgabe ist es, den gesamten Prozess zu steuern, die Teilprojekte und Aktivitäten zu koordinieren, den Kommunikationsprozess zu gestalten, den Verlauf des Prozesses zu überprüfen und das Projekt zu beenden und auszuwerten.

Zu berücksichtigen sind dabei die Besonderheiten der jeweiligen Organisationen: Handelt es sich um Profit- oder Non-Proft-Organisationen (NPOs)? Haben wir es mit staatlichen (öffentlichen) oder nicht staatlichen Organisationen (NGOs) zu tun? Geht es um große, funktional differenzierte und mit entsprechenden Ressourcen ausgestattete Organisationen oder um kleine und weniger professionell organisierte Einrichtungen? Zunächst stellen sich die Herausforderungen durch Vielfalt und deren organisatorische Bewältigung für alle Organisationen in gleicher Weise. Die Antworten fallen aber, abhängig von der jeweiligen Steuerungslogik, unterschiedlich aus. Die Wirtschaft folgt der Logik der Marktsteuerung und öffnet sich für Vielfalt im Blick auf Belegschaft und Kundenkreis, wenn sie sich davon Gewinn verspricht (Diversity Management). Der Staat steuert über Macht und kann die Öffnung gegenüber Vielfalt von oben nach unten anordnen. Nicht profitorientierte, nicht staatliche Organisationen mit zivilgesellschaftlichen Wurzeln folgen eher solidarischen Vorstellungen. Veränderungsprozesse ergeben sich weder macht- noch hierarchievermittelt, sondern durch Verhandlung und Einsicht (vgl. Glatz/Graf-Götz 2007: 55f.) Allerdings sind NPOs derzeit stark unter Veränderungsdruck. Knapper werdende öffentliche Mittel, Erwartungen an ein zielorientiertes Arbeiten, die Veränderung der sozialen Milieus und die Unzulänglichkeit tradierter Organisationsformen erfordern mehr Professionalität, Marktorientierung und neue Strukturen.

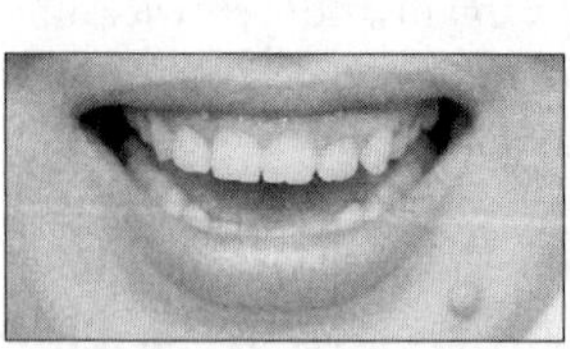

Im Prinzip sind alle der in Kapitel II vorgestellten Aktivitäten für jede Form von Organisation praktikabel. Dennoch wird es sinnvoll sein, das richtige Design für die jeweilige Organisation auszuwählen. Großgruppeverfahren (Kapitel 1) eignen sich eindeutig besser für große Organisationen. Bei kleineren könnte allerdings tatsächlich das gesamte System, d.h. alle Mitarbeiterinnen und Mitarbeiter in einen Raum gebracht werden. Profit-Organisationen stehen solchen Aktivitäten häufig aufgeschlossener gegenüber als Non-Proft-Organisationen wie kommunale oder staatliche Verwaltungen. Beteiligungsorientierte Verfahren kommen der Kultur von NGOs stärker entgegen als Aktivitäten, die einen strengen Rahmen vorgeben. Für bestimmte Aktivitäten wie die Auseinandersetzung mit den Arbeitsbegriffen oder die Durchführung von Workshops bietet es sich an, dass mehrere kleinere NPOs sich zusammentun und gemeinsam eine solche Veranstaltung organisieren. Wir haben gute Erfahrungen mit Workshops und Einrichtung übergreifenden Qualitätszirkeln gemacht, die im Rahmen sozialräumlicher interkulturelle Öffnungsprozesse von den beteiligten Einrichtungen eines Stadtteils gemeinsam verantwortet werden. Auch hier gilt: Über die Ziele muss Klarheit bestehen. Die gewählten Tools müssen als Werkzeuge dafür geeignet sein. Sie dienen der angestrebten interkulturellen Öffnung nur mit weiteren Aktivitäten im Rahmen eines stimmigen Settings. Die Workshops sind in der Regel als Tagesseminare konzipiert, bedeuten einen arbeits- und zeitintensiven Prozess, erbringen aber auch konkrete, umsetzbare Ergebnisse. Es geht immer darum, Mut zum Experiment zu haben, die Aktivitäten einfach auszuprobieren und Erfahrungen zu sammeln.

Der in Teil I vorgestellte strategische Steuerungskreis erscheint uns als ein – idealtypisches – Modell für eine erfolgreiche Implementation von Veränderungsprozessen. Das bedarf einer phantasievollen, individuellen und kontextbezogen Umsetzung in der jeweiligen Organisation. Die folgenden Aktivitäten orientieren sich an den wichtigsten Stationen des Steuerungskreises und erweitern das Spektrum um Tools und Workshops, die insbesondere den Einstiegprozess (Auftakt, Aufwärmen, Meinungsbildung), Beteiligungsmöglichkeiten und Fragen der Kommunikation und Vernetzung berücksichtigen. Als Auftakt für große Organisationen mit einer systemischen Orientierung sind die Veranstaltungen in Kapitel 1 gedacht. Für kleinere Organisationen sind es eher die Vorschläge in Kapitel 6, die den Einstieg erleichtern. Die Aktivitäten der Kapitel 1 bis 4 dienen der Vorbereitung, der Meinungsbildung und dem Einstieg in den Prozess der interkulturellen Orientierung und Öffnung. Sie sind besonders dafür geeignet, Aufbruchstimmung und Motivation zu befördern. Die Kapitel 5 bis 7 nehmen auf den Steuerungskreis Bezug und greifen die Stationen Vision, Bestandsaufnahme und Ziele auf. Vorschläge für Maßnahmen zur Umsetzung finden sich in den Kapiteln 8 bis 11, wo die Themen interne Kommunikation, Personalqualifizierung, Öffentlichkeitsarbeit und Vernetzung als relevante Arbeitsprozesse dargestellt werden. Im abschließenden Kapitel 12 wird die Evaluation als Abschluss und Bewertung des Prozesses behandelt.

Wir hoffen, dass für (fast) jede Situation im Prozess der interkulturellen Öffnung einer Organisation ein geeigneter Veranstaltungstyp gefunden werden kann und wünschen Kreativität und Freude bei der Umsetzung.

Auch der längste Weg beginnt mit dem ersten Schritt.
Chinesisches Sprichwort.

1. AUFTAKTVERANSTALTUNGEN

Veränderungen kosten Kraft. Ob Energien für Veränderungsprozesse in einer Organisation frei gesetzt werden, hängt vor allem von einer gelingenden Kommunikation ab. Innerhalb kurzer Zeit sollten alle Mitglieder der Organisation umfassend über das geplante Vorhaben informiert sein. Dafür müssen, wenn nicht bereits vorhanden, Strukturen etabliert werden, die einen Austausch der Organisationsmitglieder ermöglichen und fördern, die zum Dialog und damit zur Meinungsbildung einladen und die zu einem gemeinsamen Schaffensprozess motivieren. Wünschenswert ist, dass sich die Mitglieder der Organisation nicht nur auf den geplanten Veränderungsprozess einlassen, sondern diesen aktiv mit gestalten. Beteiligung ist erwünscht und wird anerkannt, das muss durch die Organisationsleitung glaubhaft vermitteln werden. Ein gelungener Auftakt ist dafür entscheidend.

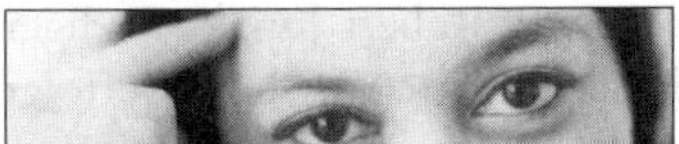

Geeignet, den Prozess der interkulturellen Orientierung und Öffnung von Organisation einzuleiten, sind große Auftaktveranstaltungen, die dem Thema Gewicht verleihen und ein deutliches Signal zum Aufbruch setzen. In den Auftaktveranstaltungen werden notwendige Informationen weitergegeben, Bezüge zur alltäglichen Praxis der Mitglieder der Organisation verdeutlicht, theoretische Inhalte vermittelt und Strategien zur Erreichung der angestrebten Ziele vorgestellt.

Besonders geeignet sind Auftaktveranstaltungen, die sich der Großgruppenmethoden bedienen. Großgruppenmethoden sind Verfahren, die mehr oder weniger standardisiert der partizipativen Erarbeitung von Zukunftsbildern und Veränderungszielen sowie deren Umsetzungsplanung dienen und einen systemischen Ansatz verfolgen. Sie alle sind erfahrungsorientiert, folgen den Prinzipien der Prozessorientierung und der Transparenz und zielen auf Synergie. Durch den Einsatz von Großgruppenmethoden werden die Alltagsroutinen in einer Organisation durchbrochen. Großgruppenmethoden verändern die Kommunikation in der Organisation und bringen sie in Schwung. Sie sind animierender als traditionelle Tagungsformate wie beispielsweise Fachtage oder Symposien, da sie gemeinsame Erfahrungsprozesse initiieren und damit zu Gesprächen anregen, die nicht nur Meinungsbildung ermöglichen, sondern auch gemeinsames Wissen aufbauen und Handlungsperspektiven erschließen. Sie motivieren zur eigenverantwortlichen Arbeit der Organisationsmitglieder in Qualitätszirkeln oder Planungsgruppen.

Die meisten Großgruppenmethoden oder Großgruppenkonferenzen wurden in den Vereinigten Staaten entwickelt. Viele von ihnen in den 1960er-Jahren. Fünf der in Deutschland bekanntesten Großgruppenkonferenzen sind die „Zukunftskonferenz", die „Real-Time-Strategic-Change-Konferenz", die „AI-Konferenz", „Open Space" und das „World Café". Sie sind alle in unterschiedlicher Weise als Auftakt zur interkulturellen Orientierung und Öffnung von Organisationen geeignet. Da zahlreiche Literatur über diese Methoden vorliegt (vgl. dazu mit Literaturhinweisen Seliger 2008: 49 ff.), werden sie im Folgenden nur kurz vorgestellt:

Zukunftskonferenz

Die von Marvin Weisbord entwickelte „Zukunftskonferenz" hat zum Ziel, eine gemeinsame Zukunftsvision zu erarbeiten und verfolgt eine Bottom-up-Strategie, die sich vor allem für nicht hierarchisch strukturierte Systeme eignet. Die in diesem Kapitel vorgestellte „Konferenz zur interkulturellen Öffnung" ist eine auf einen Tag verkürzte Variante der Zukunftskonferenz. (Die „Zukunftswerkstatt", wie sie von Robert Jungk, Rüdiger Lutz und Norbert R. Müllert Mitte der 70er-Jahre in Deutschland kreiert wurde, verfolgt einen ähnlichen Ansatz und eignet sich ebenfalls für weniger hierarchisch strukturierte Organisationen. Sie findet sich in Kapitel 6.)

Die Real-Time-Strategic-Change-Konferenz,
die von Robert W. Jakobs in den 1990er-Jahren erarbeitet wurde, ist besonders gut geeignet, Mitglieder einer Organisation in die Umsetzung einer neuen Strategie einzubinden. Sie wird häufig zur Leitbildentwicklung sowie zum gesteuerten Kulturwandel in einer Organisation eingesetzt. Sie berücksichtigt einen Top-down-Ansatz, der die Etablierung von Querschnittspolitiken in einer Organisation zur „Chefsache" erklärt, wobei die Mitarbeiterschaft stets in den Veränderungsprozess einbezogen ist und Gestaltungsspielräume hat.

AI-Konferenz
Einen ähnlichen Ansatz verfolgten David Cooperrier und Diana Whitney, als sie Ende der 1980er-Jahre die Methode „Appreciative Inquiry Summit", kurz „AI-Konferenz" genannt, entwickelten. Auch sie hatten das Ziel, Energien in Organisationen frei zu setzen, um einen ressourcenorientierten Change-Prozess zu realisieren, wählten dafür aber eine andere Methode. Zentral sind wertschätzende Paarinterviews, durch die positive Erfahrungen in der Organisation abgefragt und aus denen Grundlagen für Cultural-Change-Prozesse generiert werden.

Open Space
wurde Mitte der 1980er-Jahre von Harrison erfunden. Diese Methode gilt als die Großgruppenmethode mit der offensten Struktur. Sie eignet sich für Großgruppen bis zu mehreren hundert Teilnehmerinnen und Teilnehmern und hat zum Ziel, in Großgruppen gemeinsam Lösungen zu entwickeln und für diese Verantwortung zu übernehmen. Die Methode ist gut geeignet, bottom up Veränderungsprozesse einzuleiten, stößt aber in stark hierarchisch organisierten Systemen an ihre Grenzen.

Das World Café
wurde 1995 von Juanita Brown und David Isaac kreiert. Die Methode ist gut geeignet, neue Ideen zu erarbeiten, neue Kontakte herzustellen, Wissen zu teilen und dient in entspannter Café-Atmosphäre der Meinungsbildung. Eine von dieser Methode abgeleitete Variante, das „Beteiligungscafé" (Kapitel 3.4), ist gut geeignet, die Nutzerinnen und Nutzer von sozialen Organisationen in den Prozess der Organisationsveränderung einzubeziehen.

Eine ausführliche Darstellung dieser fünf Verfahren und die entsprechenden Literaturhinweise findet sich in der „Einführung in Großgruppenmethoden" von Ruth Seliger (2008) sowie in dem von Dittrich-Brauer, Drittmann, List und Windisch verfassten Handbuch „Großgruppenverfahren", das ebenfalls 2008 erschienen ist.

Wie bereits erwähnt haben alle Großgruppenmethoden gemein, dass sie auf die Gestaltung der Zukunft fokussiert sind, Handlungsfähigkeit und Handlungsdynamik durch partizipativ erarbeitete Zielvorstellungen und Aktionspläne erzeugen, die Übernahme von Verantwortung thematisieren und einen systemischen Ansatz verfolgen. Gegenstand des Lernens ist die Organisation, ihr Wandel steht im Mittelpunkt aller Aktivitäten. Lediglich die theoretischen Ansätze und Verfahren unterscheiden sich.

Auch wenn sich nach unserer Erfahrung Großgruppen-Methoden gut eignen, ein Aufbruchsignal zur interkulturellen Öffnung von Organisationen zu setzen, sind sie nicht in allen Organisationen zu realisieren. Der Grundgedanke, das ganze System in einen Raum zu bringen, beinhaltet, dass eine gezielte Auswahl von Mitarbeiterinnen und Mitarbeiter aller Hierarchiestufen aufgrund ihrer je spezifischen Rollen die Gesamtheit einer Organisation repräsentiert und dass bei allen die Bereitschaft besteht, lösungsorientiert am Prozess der interkulturellen Orientierung und Öffnung mitzuarbeiten. Gelingt dies nicht, fehlen Teilsysteme der Organisation in der Großgruppe, verlieren die Methoden ihre Kraft. Besonders in der Verwaltung ist es nicht immer möglich, alle Hierarchieebenen gleichermaßen einzubinden. Prozesse der interkulturellen Orientierung und Öffnung können sich so über Jahre hinziehen wie beispielsweise auch in der als vorbildlich geltenden Kommune München. Das bedeutet, dass es nicht nur einen, sondern viele Auftakte geben kann oder dass kontinuierlich stattfindende Veranstaltungen, wie beispielsweise Tagungen und Workshops, als zusätzliche Impulsgeber dienen können. Durch sie wird die notwendige Energie mobilisiert, die es braucht, um einen Veränderungsprozess lebendig zu erhalten.

In der Praxis werden häufig Elemente verschiedener Großgruppenverfahren miteinander kombiniert oder eher traditionelle Tagungsformate durch Aktivitäten aus verschiedenen Großgruppenverfahren bereichert. So bei der Aktivität „Bistro Talk“, die sich, allerdings in einem strengeren Format, an die Methode „World Café“ anlehnt. Letztlich ist das Vorgehen, abhängig von den Rahmenbedingungen und den angestrebten Zielen, jeweils individuell und kontextbezogen zu gestalten. Weitere Beispiele für Großgruppenmethoden bzw. deren Adaptionen sind die Aktivitäten „Beteiligungscafé“ in Kapitel 3 und die Variante einer Zukunftswerkstatt „Erste Schritte vereinbaren“ in Kapitel 6. Die in diesem Kapitel vorgestellte Aktivität „Tafelrunde“ ist ein eher ungewöhnliches Beispiel für eine Großgruppenmethode und setzt bei allen Beteiligten eine hohe Experimentierfreude und Kooperationsbereitschaft voraus.

Fachtagungen

Auch Fachtagungen können geeignete Auftaktveranstaltungen zur interkulturellen Orientierung und Öffnung sein. So ist die letzte in diesem Kapitel vorgestellte Aktivität eine Fachtagung im klassischen Format. Im Gegensatz zu den anderen Aktivitäten ist bei diesem Beispiel der Verlauf nur kurz skizziert, stattdessen wird das Programm dargestellt. Das Beispiel ist der Veranstaltungsreihe „Interkulturelle Verständigung" im Sozialreferat der Landeshauptstadt München entnommen, die seit 1995 jährlich mit unterschiedlichen Themenschwerpunkten wie Wohnen, Gesundheit, Geschlechtergerechtigkeit, Bildung oder kommunale Integrationspolitiken an zwei Fachtagen durchgeführt wurde. Die jeweiligen Themen waren entweder durch die Jahresziele zur interkulturellen Orientierung und Öffnung der Sozialverwaltung in München bestimmt oder es wurden aktuelle Fachdiskurse aufbereitet. Die Fachtagung „Ressource Familie" im Jahr 2001 hatte die Verabschiedung des sechsten Familienberichtes der Bundesregierung zum Anlass, in dem erstmals die Ergebnisse einer unabhängigen Sachverständigenkommission veröffentlicht wurden, die sich ausschließlich auf die Lebenssituation ausländischer Familien in Deutschland bezogen. Die Fachtagung „Bildung und Chancengleichheit" im Jahr 2002 stellte, angesichts der Ergebnisse der PISA-Studie, bildungspolitische Fragen in den Mittelpunkt. Durchgängig wurden alle Fachtagungen zur interkulturellen Verständigung gemeinsam von der Sozialverwaltung, den örtlichen Fachhochschulen und von freien Trägern der Jugendhilfe geplant und veranstaltet, was zu einem breiten interdisziplinären Diskurs führte, in zahlreiche Folgeaktivitäten zur interkulturellen Orientierung und Öffnung mündete und den interkulturellen Öffnungsprozess nicht nur der Sozialverwaltung durch jährlich neue Impulse belebte. Die beiden Fachtage waren durchgängig so konzipiert, dass jeweils an den Vormittagen zwei Fachreferate gehalten wurden und an den Nachmittagen drei praxisorientierte Workshops stattfanden. Aufgelockert wurde das strenge Format durch belebende Elemente wie Filmbeiträge, einen Basar der Möglichkeiten, eine Modenschau oder eine Fotoausstellung. Alle Veranstaltungen wurden dokumentiert und als aufwändig gestaltete Broschüren veröffentlicht, die inzwischen zwar größtenteils vergriffen, aber von der Website der Stelle für interkulturelle Arbeit München unter der Rubrik Publikationen als Dateien abrufbar sind. (http://www.muenchen.de/Rathaus/soz/wohnenmigraton/interkulti/119794/publikation.html).

Aktivitäten

1.1 Konferenz zur interkulturellen Öffnung
1.2 Tafelrunde zur interkulturellen Öffnung
1.3 Bistro Talk zur interkulturellen Öffnung
1.4 Parcours zur interkulturellen Öffnung
1.5 Fachtagung Interkulturelle Verständigung

1.1 Konferenz zur interkulturellen Öffnung

Kurzbeschreibung

In der Konferenz positioniert sich das Management einer Organisation zur Querschnittspolitik der interkulturellen Öffnung und definiert diese als Führungsaufgabe. Die damit verbundenen strategischen Ziele werden zur Diskussion gestellt, ihre Umsetzung gemeinsam in Gruppenarbeit geplant. Die Arbeit findet in Gruppen zu acht Personen statt, die je nach Aufgabe in ihrer Zusammensetzung wechseln. Die eintägige Großgruppenaktivität eignet sich als Auftaktveranstaltungen für größere Organisationen.

Ziele:

- Das Management erklärt die interkulturelle Orientierung zum strategischen Ziel der Organisation und definiert die interkulturelle Öffnung als Querschnittspolitik der Organisation.
- Die Teilnehmerinnen und Teilnehmer (TN) sind über die strategischen Ziele der interkulturellen Öffnung informiert und haben Verantwortung für die Umsetzungsplanung der Handlungsziele übernommen.
- Rollen, Funktionen, Aufgaben, Zuständigkeiten und der weitere Verlauf des Prozesses der interkulturellen Öffnung sind transparent.

Zeit: ein Tag

Ausstattung:

Foyer für den Empfang und die Pausen, großer Saal (eingerichtet mit einem Konferenztisch an der Breitseite des Saals für das Management, einem Tisch für die Moderation und Tischen für Gäste mit fünf bis sieben Stuhlkreisen mit je acht Plätzen)

Gruppengröße: 40 – 56 Personen

Vorbereitung:

Die Aktivität erfordert eine intensive Vorbereitung durch ein Vorbereitungsteam, in dem das Management vertreten ist und das sich aus Vertreterinnen und Vertretern aller Organisationseinheiten zusammensetzt. Bewährt haben sich drei Vorbereitungstreffen:

1. Diskussion der Konferenzziele, zeitliche Grobplanung der Vorbereitungsarbeiten, Auswahl der Teilnehmerinnen und Teilnehmer. (Die Teilnahme an der Konferenz ist nicht freiwillig, kann eine ausgewählte Person nicht teilnehmen, wird eine Vertretung benannt). Die Zusammensetzung der Teilnehmerinnen und Teilnehmer folgt dem systemischen Ansatz, das gesamte System in einen Raum zu bringen und alle Funktionsrollen quer durch die Organisation zu beteiligen. Es sind dazu gleich große

Achtergruppen zu bilden. Eine wichtige Aufgabe der Vorbereitung ist, die Zusammensetzung der TN für jeden Arbeitsschritt der Konferenz zu planen.
2. Diskussion, welche Informationen notwendig sind, wie diese ansprechend aufbereitet werden können; Festlegen der Inhalte und Methoden; Klärung, welche Aufgaben an wen zu delegieren sind.
3. Konferenzverlauf festlegen und mit der Moderation abstimmen; ein Logistikteam beauftragen, das die konkreten Vorbereitungen der Konferenz zur Aufgabe hat und während der Konferenz anfallende Arbeiten übernimmt und so der Moderation den Rücken frei hält.

Materialien:
Foyer: Empfangtisch, Pinnwände mit Zitaten und einer Veranstaltungsübersicht, Fragekärtchen in verschiedenen Farben für jeden Stuhlkreis (eine Auswahl von Fragen findet sich im Kapitel 2.2, sie muss entsprechend der TN-Zahl erweitert werden), Namensschilder, Getränketisch, an dem sich die Eintreffenden mit warmen Getränken und Keksen versorgen können, 8 – 12 Stehtische (Für den im Foyer stattfindenden Mittagsimbiss sorgt eine Cateringfirma.)

Saal: Beamer und Großleinwand für kurze Filmbeiträge, Moderationsmaterialien und Pinnwände für jeden Stuhlkreis, vorbereitete Pinnwandbespannungen für alle Arbeitsphasen, je nach Akustik und Gruppengröße Tonanlage mit zwei mobilen Mikrofonen, Körbchen mit Nüssen und Nussknackern für alle Stuhlkreise und für das Management

Besonderheiten:
„Das hohe Commitment zu diesen Aktivitäten bringt im Allgemeinen hohe Verbindlichkeit für alle hervor, die notwendig ist, sollen nachhaltige Maßnahmen bewirkt werden" (Seliger 2008: 71). Diese Einschätzung von Ruth Seliger wird durch unsere Erfahrungen mit Konferenzen zur interkulturellen Öffnung durchgängig bestätigt. Besonders dadurch, dass das Management die Maßnahmenplanung unterstützt und anerkennt, Verantwortung abgibt und offen legt, wie der weitere Prozess unterstützt und gestaltet wird, entsteht eine motivierende Aufbruchstimmung, die häufig auch Skeptikerinnen und Skeptiker mitzieht und ermutigt.

Stichworte: Motivation – Beteiligung – Planung

Verlauf

Eintreffen der Teilnehmerinnen und Teilnehmer *(ca. 20 Min.)*
Alle Eintreffenden erhalten bei ihrem Eintreffen ein Ansteckschild mit ihrem Namen und ihrer Funktion. Sie ziehen ein Fragekärtchen aus einem Korb (die Fragekärtchen haben unterschiedliche Farben entsprechend der Anzahl der Stuhlkreise) und sie werden angeregt, sich eine vergoldete Nuss zu nehmen, sich ein Getränk zu holen und sich über den ausgehängten Konferenzverlauf zu informieren.

Der Korb mit Nüssen steht bei den Pinnwänden, die über den Veranstaltungsverlauf informieren. Er ist überschrieben mit dem Zitat: „Kultur ist mit Sicherheit die härteste aller Nüsse, die es im Change-Management zu knacken gilt" (Seliger 2008: 79).

Standpunkt und Bewegung *(ca. 30 Min.)*
Die TN werden in den Saal gebeten und von der Moderation begrüßt. Die Raumgestaltung wird erläutert und die Aktivität „Standpunkt und Bewegung" (Kapitel 2.2) eingeführt. Innerhalb von zehn Minuten tauschen sich die TN paarweise über ihre Fragen aus und wechseln nach ca. zwei Minuten ihre Gesprächspartnerinnen oder Gesprächspartner. Die Moderation bricht nach Ablauf der Zeit den Austausch ab und bittet einige der TN, ihre Frage vorzulesen und die Ergebnisse der erhaltenen Antworten in einem Statement zusammen zu fassen. Anschließend werden die TN gebeten, sich den Stuhlkreisen entsprechend der Farbe ihres Fragekärtchen zuzuordnen. So kommt es zu einer zufälligen Gruppenzusammensetzung.

Vortrag durch das Management I *(ca. 30 Min.)*
Der Input durch das Management erfolgt in freier Rede durch verschiedene Personen, die knapp unterschiedliche Facetten des Themas abwechslungsreich und pointiert hervorheben. Sie greifen dabei verschiedene Statements aus der vorangegangenen Aktivität der Teilnehmerinnen und Teilnehmer auf und verdeutlichen ihre eigenen Positionen zu ausgewählten Fragestellungen. Das Management legt Daten und Fakten offen, mit denen die Entscheidung, die Organisation interkulturell zu öffnen, begründet wird. Es erläutert seine Entscheidung, gibt einen kurzen Einblick in den vorangegangenen Prozess und wirbt um Unterstützung durch die Anwesenden, die Querschnittspolitik der interkulturellen Orientierung und Öffnung in allen Organisationsbereichen zu verankern. Kurze Einspielungen von Interviewpassagen mit Kundinnen und Kunden bzw. Nutzerinnen und Nutzern ergänzen die Beiträge und vermitteln eine Außensicht auf die Organisation. Sie thematisieren Erwartungen, Erfahrungen und Meinungen der Zielgruppe. Ziel der Präsentation durch das Management ist, Informationen zu geben, eine gemeinsame Problemsicht herzustellen und ein Gefühl der Dringlichkeit zu vermitteln (vgl. ebd.: 69).

Gruppenarbeit I *(ca. 40 Min.)*
Die Moderation führt nun in die Arbeitsprinzipien der Konferenz ein. In jeder der drei Konferenzphasen steuern die Achtergruppen ihre Arbeit selbst und benennen jeweils eine Person, die den Arbeitsprozess moderiert, sowie eine Sprecherin oder einen Sprecher mit der Aufgabe, die Ergebnisse zu präsentieren, und eine dritte Person, die die Ergebnisse stichpunktartig festhält. Die Rollenverteilungen wechseln in jeder neuen Runde.

Die TN erhalten nun die Möglichkeit, sich 30 Minuten über den Vortrag durch das Management auszutauschen und zu diskutieren, welche Gedanken, Gefühle oder Fragen durch die Präsentation ausgelöst wurden. Eventuelle Nachfragen werden formuliert. Dokumentiert werden die Diskussionsergebnisse in einem vorbereiteten Vier-Felder-Diagramm auf der Pinnwand.

Die Moderation ermutigt die Schreiberinnen und Schreiber, sich von der Gruppe unterstützen zu lassen und nicht nur Stichpunkte zu formulieren, sondern Arbeitsergebnisse auch durch Piktogramme, Symbole oder kleine Zeichnungen wie Gedankenblasen, Smileys oder Wetterbilder festzuhalten.

Die vier Auswertungsfelder sind mit Symbolen gekennzeichnet, ein Funkenregen steht für zündende Funken der Inspiration, ein Fragezeichen für offene Fragen, die Lettern NEWS für neue Erkenntnisse, ein Ausrufungszeichen für Positionen, die als wichtig erachtet werden.

Pause *(ca. 30 Min.)*
Die Pause dient nicht nur dazu, sich zu erfrischen, sondern ermöglicht auch, im Raum herumzugehen, sich die Pinnwände der anderen Gruppen anzuschauen und das Gespräch mit den Kolleginnen und Kollegen zu suchen.

Präsentation der Ergebnisse *(ca. 30 Min.)*
Die Sprecherinnen und Sprecher der einzelnen Gruppen erläutern nun anhand der Wandzeitungen die jeweiligen Gruppenergebnisse. Offene Fragen zu Daten und Fakten werden, soweit möglich, direkt anschließend durch das Management beantwortet.

Vortrag durch das Management II *(ca. 30 Min.)*
Das Management stellt die Ziele der strategischen Entscheidungen vor und verdeutlicht, welche Ziele und Strategien „Chefsache“ sind und welche Themen zur Diskussion stehen und auf der Konferenz erarbeitet werden. Durch diesen Input erhalten die TN eine klare Orientierung bezüglich ihrer Rollen und bezüglich der an sie bestehenden Erwartungen und ihrer Mitwirkungsspielräume. Das Management vermittelt dabei auch, dass ein kollektives Zukunftsbild das Ziel ist, und motiviert die TN, dieses gemeinsam zu schaffen.

Gruppenarbeit II *(ca. 30 Min.)*
Die zweite Gruppenarbeit findet in homogenen Gruppen statt. Ihre TN haben gleiche oder ähnliche Funktionen und Aufgaben und befinden sich auf derselben Hierarchieebene. Die vorbereitete Zusammensetzung der Stuhlkreise wird durch die Moderation bekannt gegeben. Zu Beginn der Arbeitsphase wird die Verantwortung für die Moderation, die Dokumentation und die Zeitüberwachung in der Gruppe erneut vereinbart. Aufgabe ist es, anhand der Fragestellung: „Wie würde unsere Organisation in zehn Jahren aussehen, wenn wir die Ziele und Strategien gemeinsam erfolgreich umgesetzt hätten?", eine Mind-Map zu erstellen. Zur Verfügung stehen dafür eine weiß bespannte Pinnwand, die mit der „Wunderfrage" überschrieben ist, und verschiedenfarbige Stifte und Kärtchen.

Die Pinnwände mit den als Mind-Map gestalteten Visionen werden anschließend im Foyer ausgestellt.

Mittagspause mit Imbiss *(ca. 60 Min.)*

Gruppenarbeit III *(ca. 30 Min.)*
Die Gruppenarbeit III findet in der gleichen Gruppenzusammensetzung wie die Gruppenarbeit II statt, die Verantwortung für Moderation, Dokumentation, Zeitüberwachung und Präsentation ist neu zu vereinbaren. Jede Gruppe holt sich ihre Pinnwand wieder und sammelt auf Karten die Ressourcen der Organisation, die die Realisierung der zuvor entwickelten Vision unterstützen. Gemeinsam wird die Kartensammlung auf der freien Rückwand der Pinnwand geclustert.

Präsentation der Arbeitsergebnisse *(ca. 30 Min.)*
Die Sprecherinnen und Sprecher der Arbeitsgruppen stellen die jeweiligen Arbeitsergebnisse vor, die vom Management wertschätzend kommentiert und von der Moderation abschließend zusammengefasst werden.

Gruppenarbeit IV *(ca. 45 Min.)*
Die Zusammensetzung der Arbeitsgruppen ist in dieser Phase durch fachliche Zugehörigkeit bestimmt. Arbeitseinheiten der Organisation wie Teams, Fachgruppen oder Fachbereiche einschließlich der jeweiligen Führungskräfte bilden eine Stuhlkreisbesetzung. Nach der Vereinbarung, wer die Verantwortung für Moderation, Dokumentation, Zeiteinteilung und Präsentation übernimmt, findet eine Diskussionsrunde statt (ca. 20 Min.), in der erste Ziele und Maßnahmen erörtert werden, die sich auf den eigenen Arbeitsbereich beziehen.

Die Arbeitsgruppe wählt ein bis zwei Ziele und Maßnahmen zur interkulturellen Öffnung aus, die sie umsetzen will. Dazu werden in einer tabellarischen Übersicht auf einer neuen Pinnwandzeitung konkrete Vereinbarungen festgehalten: Ziele, Maßnahme, Arbeitsschritte, Verantwortung, Terminierung.

Kurze Pause *(ca. 15 Min.)*
In der Pause werden Körbe mit Nussknackern und Nüssen verteilt.

Präsentation der Arbeitsergebnisse *(ca. 45 Min.)*
Die Präsentation der Arbeitsergebnisse wird vom Management eingeleitet und von der Moderation begleitet. Jeder Beitrag wird durch das Management gewürdigt und kommentiert. Ein Statement des Managements schließt die Veranstaltung ab.

1.2 Tafelrunde zur interkulturellen Öffnung

Kurzbeschreibung

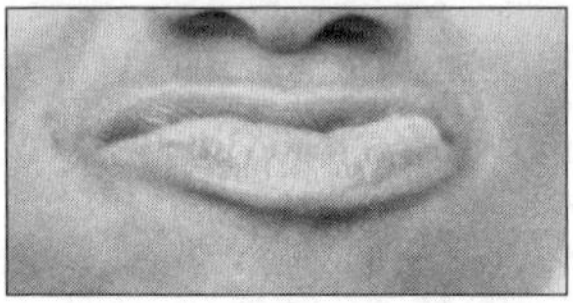

Während einer gemeinsamen Kochaktion mit anschließender Tafelrunde wird der Einstieg in die interkulturelle Öffnung der eigenen Organisation geplant. Die ca. fünfstündige Aktivität hat zum Ziel, Meinungsbildung und Meinungsaustausch zu ermöglichen. Erste Arbeitsschwerpunkte und Prozessschritte werden in Gruppenarbeit festgelegt. Die Aktivität eignet sich für Organisationen mittlerer Größe. Voraussetzung ist, dass alle Hierarchieebenen und alle Organisationseinheiten bei der Veranstaltung vertreten sind und das „Süppchen" gemeinsam gekocht wird.

Ziele:

- Ein Meinungsaustausch und Meinungsbildung der Teilnehmerinnen und Teilnehmer (TN) zum Thema Vielfalt in der eigenen Organisation findet beim Schnippeln von Gemüse statt.
- Für den interkulturellen Öffnungsprozess relevante Handlungsfelder und Themenschwerpunkte sind in Kleingruppenarbeit ermittelt.
- Qualitätszirkel zur weiteren Bearbeitung der ausgewählten Themenschwerpunkte haben sich gebildet.
- Vereinbarungen über die Ziele der jeweiligen Qualitätszirkel sind getroffen. Die Qualitätszirkeltreffen sind für den Zeitraum eines Quartals festgelegt. Ein Termin für den Austausch der jeweiligen Arbeitsergebnisse ist bestimmt.

Zeit: ca. 5,5 Stunden, empfohlene Arbeitzeit: 8.30 – 14.00 Uhr

Ausstattung:
Großer Saal mit Kochmöglichkeit. Sechs Tische mit sechs bis acht Plätzen, ein langer Tisch zur Ablage von Arbeitsmaterialien und zum Abstellen von Wischeimern, Geschirr und sonstigen Utensilien.

Empfohlene Gruppengröße: 36 – 48 Personsen

Vorbereitung:
Auswahl der TN (alle Hierarchiestufen und alle Arbeitsbereiche der Organisation sind vertreten). Einladung zur Kochaktion mit dem Hinweis, eine Küchenschürze mitzubringen. Organisation von Kochplatten und Kochutensilien. Kochecke einrichten, Vorbereitung der Arbeitsutensilien an den Gruppentischen, Gemüse vorputzen, Rezepte für alle TN.

Tortendiagramm und Raster auf Pinnwänden für die Themenwahl und die Qualitätszirkelbildung vorbereiten.

Materialien:
Kochutensilien: Schneidebrettchen, Gemüsemesser, zwei Schüsseln für das ungeschnippelte und das geschnippelte Gemüse, kleiner Wassereimer und Putzlappen zum Reinigen der Tische, Einmalhandschuhe, 2 Suppenrezepte zum Mitnehmen, Heftpflaster

Sonstiges: 6 Suppenschüsseln, 6 Suppenkellen, 6 Brotkörbe, Löffel und tiefe Teller entsprechend der TN-Zahl, Schälchen mit Löffelchen für Kräuter, Kerne usw., Servietten, 6 Salz- und Pfefferstreuer, 2 große Kochtöpfe, 1 mittlerer Kochtopf, Pürierstab, Kochzutaten nach Rezept, mehrere Küchenschürzen, Kaffeemaschine, Kaffeetassen, Kaffee, Tee, Milch und Zucker

Arbeitsmaterialien: Körbe mit Stiften und Karten pro Tisch, Pinnwände (eine pro Tisch, zusätzlich zwei für das Plenum), Klebepunkte, Flipchart, Kamera für die Dokumentation

Besonderheiten:
Bei der Planung der „Tafelrunde" ist die Planung der Folgekonferenz, in der die Arbeit fortgesetzt werden soll, gleich mit zu berücksichtigen. Das Management ist bei der „Tafelrunde" Teil des partizipativen Arbeitsprozesses, was eine flache Hierarchie und einen demokratischen Führungsstil voraussetzt.

Die Aktivität ist gut geeignet, eine lockere Gesprächsatmosphäre herzustellen und die Kooperation aller Beteiligten untereinander zu fördern. Die Gruppenteilnehmerinnen und teilnehmer lernen sich bei einer für den Arbeitsalltag ungewohnten Aktion anders kennen. Einen Vorgesetzten oder eine Vorgesetzte in Küchenschürze wahrzunehmen, verändert schon die Kommunikation. Die TN machen die Erfahrung, dass viele Köchinnen und Köche „den Brei nicht verderben" und dass schwerfällig anmutende Themen auch lustvoll erarbeitet werden können.

Sinnvoll ist, die Aktivität an einem Freitag durchzuführen und den verbleibenden Rest des Nachmittags für ein gemeinsames Unternehmen (Betriebsausflug, Ausstellungsbesuch, Besuch einer Kooperationseinrichtung) zu verwenden, das eng mit dem Thema gesellschaftliche Vielfalt verknüpft ist.

Die Aktivität erfordert eine Köchin oder einen Koch und eine Küchenhilfe, die gerne mit einer Großgruppe arbeiten und eng mit der Großgruppenmoderation kooperieren. Während Koch oder Köchin für die Kochaktivität zuständig sind, begleitet die Moderation die inhaltliche Arbeit.

Als Suppen eigenen sich besonders der intensiv rote Borschtsch, verfeinert mit saurer Sahne und gehackter Petersilie, und eine leuchtend orangegelbe Kürbissuppe aus Hokkaidokürbissen, dekoriert mit gerösteten Kürbiskernen und gehackten Korianderblättern. Diese Suppen schmecken nicht nur köstlich, sie sind auch ein Augenschmaus. Weiter eignen sich alle Gemüsesuppen wie beispielsweise Minestrone, die aus verschiedenen Gemüsesorten bestehen. Soll das Angebot nicht nur vegetarisch sein, können die Suppen mit gesondert gereichten Wurststückchen (natürlich kein Schweinefleisch) aufgepeppt werden. Da nicht jeder oder jedem jede Suppe schmeckt, ist es sinnvoll, zwei geschmacklich und optisch sehr unterschiedliche Suppen zu kochen. Bei Gruppen unter 30 Personen wird nur eine Suppe gekocht.

Stichworte:
Motivation – Meinungsbildung – Beteiligung

Verlauf:

Begrüßung und Einführung *(ca. 30 Min.)*
Die TN finden bei ihrem Eintreffen mit Kochutensilien und mit geputztem Gemüse ausgestattete Gruppentische vor.

Die Organisationsleitung begrüßt, die Moderation führt in den Ablauf der Veranstaltung ein. Alle legen ihre Schürzen an, wer die eigene Schürze vergessen hat, erhält eine Ersatzschürze von der Moderation. Der Gruppe wird ein paar Minuten Zeit gegeben, sich über das neue Outfit amüsieren zu können.

Die Köchin bzw. der Koch und ihre Assistenz werden durch die Moderation vorgestellt. Sie erläutern die Rezepte der zwei zu kochenden Suppen. Dabei gehen sie auf die Herkunft der Rezepte und die der Zutaten (regionales Biogemüse) ein. Rückfragen werden durch das Team beantwortet. Es findet eine kleine Einweisung in die Schnippeltechnik von Gemüse statt, alle TN bekommen ihre Aufgaben zugewiesen. Vom rohen Gemüse darf jederzeit genascht werden. Alle Kochunlustigen werden humorvoll motiviert, sich auf das Experiment einzulassen. Die Moderation verteilt Einweghandschuhe sowie Heftpflaster für kleine Schnittwunden. Anschließend führt sie in die Tischgespräche ein.

Während des Schnippelns werden drei Fragestellungen besprochen, die auf Flipchart festgehalten sind:

- Welche Vorstellungen verbinden Sie mit der interkulturellen Öffnung Ihrer Organisation?
- Welche Vorteile sehen Sie, welche Nachteile befürchten Sie?
- Was bedeutet das Thema für Sie persönlich und was für Ihren Arbeitszusammenhang?

Tischgespräche I *(ca. 35 Min.)*
Die Teilnehmerinnen und Teilnehmer tauschen sich über die Fragestellungen aus und schnippeln dabei das Gemüse. Moderation und die Kochcrew besuchen währenddessen die Tische in lockerer Folge. Sie hören in die Gespräche rein und loben die Schnippelarbeit. Parallel dazu werden Heißgetränke vorbereitet. Nach etwa einer halben Stunde sammelt die Köchin oder der Koch das fertig geschnittene Gemüse ein und erläutert, was nun damit passiert. Die TN werden darauf hingewiesen, dass es zwischendurch auch etwas lauter werden kann, beispielsweise wenn die Suppe püriert wird.

Kurzrückmeldung von den einzelnen Tischen *(ca. 30 Min.)*
Die Moderation geht von Tisch zu Tisch und bittet ein bis zwei Personen pro Tisch um ihre Rückmeldung zum Tischgespräch. Anschließend zieht sie ein Resümee aus den Beiträgen und erläutert die nächsten Arbeitsschritte.

Die TN reinigen die Tische, räumen auf und legen ihre Kochschürzen ab.

Pause *(ca. 20 Min.), in der sich die TN mit heißen Getränken versorgen.*

Tischgespräche II, Brainstorming *(ca. 30 Min.)*
In einem Brainstorming tragen die TN nun zusammen, welche Arbeitsbereiche für die interkulturelle Öffnung der eigenen Organisation relevant sind und entwickeln erste Ideen und Vorstellungen der praktischen Umsetzung. Die Ergebnisse werden auf Karten festgehalten und auf der Pinnwand geordnet. An jedem Tisch einigen sich die TN darauf, wer die Arbeitsergebnisse präsentiert.

Präsentation der Arbeitsergebnisse *(ca. 30 Min.)*
Reihum werden nun die Pinnwände in der Gesamtgruppe vorgestellt. Dabei bewegt sich die gesamte Gruppe von Tisch zu Tisch. Die Moderation fasst die Ergebnisse abschließend grob zusammen und stellt sie der Kochcrew vor. Die Kochcrew kommentiert das Gehörte und trägt eventuell eigene Ideen bei, die auch auf Karten festgehalten werden.

Tortendiagramm *(ca. 30 Min.)*
Die Pinnwände werden nun nebeneinander aufgereiht. In der Mitte werden die Pinnwand mit dem Tortendiagramm (12 Tortenstücke) und eine mit „Fundus“ überschriebene Pinnwand platziert. Unterstützt durch die Moderation sucht die Großgruppe einschließlich Kochcrew zunächst nach Themenkarten, die sich auf mehreren Tischen wiederfinden. Diese werden als erstes übernommen, indem abwechselnd von verschiedenen Pinnwänden die jeweilige Themenkarten abgepflückt und in das Tortendiagramm geheftet werden. Kommt es so zu einer Sammlung, die zwölf Themenkomplexe überschreitet, diskutiert die Gruppe, welche Themen sie auswählen möchte. Alle übrig gebliebene Karten werden auf der Fundus-Pinnwand gesammelt. Sollte die Gruppe weniger als zwölf Themen finden (was bisher in unserer Praxis noch nie vorgekommen ist), bleiben Tortenstücke leer.

Ist die Zuordnung abgeschlossen, erhalten alle TN zwei Punkte, mit denen sie die Inhalte der zu bildenden sechs Qualitätszirkel gewichten. Auswahlkriterium ist, welche Bereiche sich besonders gut für den Einstieg in den interkulturellen Öffnungsprozess der Organisation eignen und welche als besonders wichtig erachtet werden. Lassen sich nach der ersten Punktung keine sechs Themenschwerpunkte ermitteln, diskutiert die Gruppe, bis eine Auswahl getroffen ist.

Aktive Pause *(ca. 20 Min.)*
In der aktiven Pause überträgt die Moderation die ausgewählten Themen in das vorbereitete Raster zur Qualitätszirkelbildung in sechs Felder. Während dieser Zeit decken die TN die Tische für das gemeinsame Essen. Die Kochcrew schließt die Kocharbeiten ab, füllt Schälchen mit Kräutern, saurer Sahne usw. und erhitzt Würstchen als Suppeneinlage.

Qualitätszirkelbildung *(ca. 30 Min.)*
Die Moderation bittet nun die TN, sich Qualitätszirkeln zuzuordnen. Die Qualitätszirkel sollten aus mindestens fünf und höchstens neun Personen bestehen und unterschiedliche Hierarchiestufen umfassen. Es sind drei, höchsten vier Sitzungen für einen vierteljährigen Zeitraum vorgesehen. Jeder Qualitätszirkel hat die Aufgabe, in den folgenden drei Monaten Vorschläge für das Vorgehen im jeweiligen Themenbereich zu erarbeiten und diese so festzuhalten, dass die Arbeitsergebnisse nach Ablauf von ca. drei Monaten in einer Folgekonferenz präsentiert werden können. Ziel der Folgekonferenz ist, mittelfristige Ziele zur interkulturellen Orientierung und Öffnung der Organisation festzulegen. Die Aufgaben der Qualitätszirkel sind auf Flipchart visualisiert.

Haben sich die Qualitätszirkel gefunden, werden die gedeckten Tische jeweils mit einer Tischkarte ausgestattet, die den Namen eines Qualitätszirkels trägt. Die TN ordnen sich ihrem Tisch zu, so dass an manchen Tischen mehr Personen Platz finden müssen als an anderen. Entsprechend werden Stühle und Gedecke umplatziert.

Tafelrunde *(ca. 35 Min.)*
Die Suppentafel wird eröffnet und Schälchen mit Sahne, Kräutern oder Würstchenstücken von Tisch zu Tisch weitergereicht. Ist der erste Hunger gestillt, kommt es zu Terminabsprachen. Zeit und Ort für die erste Qualitätszirkelsitzung werden vereinbart und eine koordinierende Ansprechperson für den Zirkel benannt.

Aufräumaktion und Abschluss *(ca. 30 Min.)*
Zum Abschluss des gemeinsamen Essens gibt die Moderation nochmals den Termin der Folgekonferenz bekannt, an dem die Ergebnisse der Qualitätszirkelarbeit vorgestellt werden. Die im Brainstorming gesammelten Stichpunkte, die sich den einzelnen Qualitätszirkeln zuordnen lassen, werden durch die Moderation an die Ansprechpersonen der Qualitätszirkeln übergeben, die so einen kleinen Kartenstapel mit ersten Anregungen und Ideen erhalten. Karten, die keinem Qualitätszirkel zugeordnet werden können, bleiben auf der Pinnwand „Fundus" und werden später für alle im Veranstaltungsprotokoll dokumentiert.

Abschließend bedankt sich die Moderation beim Küchenteam und bei den Teilnehmerinnen und Teilnehmern. Alle TN erhalten zum Abschluss die beiden Suppenrezepte zum Mitnehmen sowie eine Einladung für die Folgekonferenz.

1.3 Bistro Talk zur interkulturellen Öffnung

Kurzbeschreibung

Mitarbeiterinnen und Mitarbeiter werden über verschiedene Aspekte der interkulturellen Öffnung durch Kurzreferate informiert und zur Diskussion der Themen in zwei Gesprächsrunden anhand von vorformulierten Thesen eingeladen. Eine Präsentation der Diskussionsergebnisse, in Form neuer Thesen zusammengefasst, und ein Ausblick auf das weitere Vorgehen schließen die Veranstaltung ab. Alle Teilnehmerinnen und Teilnehmer erhalten wenige Wochen nach der Veranstaltung eine Dokumentation der Kurzreferate und sämtlicher Thesen.

Die eintägige Großgruppenaktivität eignet sich als Auftaktveranstaltungen für kleinere Organisationen und Organisationen mittlerer Größe.

Ziele:

- Die Teilnehmerinnen und Teilnehmer (TN) sind über die Ziele der interkulturellen Öffnung informiert.
- Anhand von Berichten aus der Praxis haben sie Einblick in verschiedene Vorgehensweisen zur Umsetzung der interkulturellen Öffnung kennen gelernt.
- Eine intensive Meinungsbildung der Teilnehmerinnen und Teilnehmer hat in Diskussionsrunden anhand vorformulierter Thesen stattgefunden.
- Die Diskussionsergebnisse sind als Thesen formuliert.
- Alle Beteiligten sind über den geplanten weiteren Arbeitsprozess informiert.

Zeit: ein Tag

Ausstattung:
Großer Saal, in der Mitte des Saals sind die Stühle in mehreren Reihen habkreisförmig angeordnet. Am Rand der Plenumsrunde stehen Bistrotische und je eine Pinnwand mit einem Thesenplakat entsprechend der Anzahl der Gesprächsrunden.

Empfohlene Gruppengröße: 40 Personen

Vorbereitung: Ausstattung des Saals, Plakate mit Thesen beschriften

Materialien:
Projektor, Bildmaterial und Thesen für die Projektionen, 2 Stehpulte (je nach Raumakustik zwei Handmikrofone), Alarmuhr, 6 Pinnwände, 6 Thesenplakate, 6 Bistrotische, mehrere Sitzbälle und Barhocker, 12 leere Plakate für die zu erarbeitenden Thesen, 6 dicke Filzschreiber, Klemmbretter und Stifte, entsprechend der TN-Zahl je zwei rote, zwei weiße und zwei gelbe Tischtennisbälle, zwei große Bodenvasen aus Glas, drei Körbe für die Bälle

Besonderheiten:
Die Aktivität erfordert viel Vorbereitung und ist personalintensiv. Sechs Referentinnen und Referenten müssen ausgewählt und auf die Diskussionsrunden vorbereitet werden. Die Formulierung zur Diskussion motivierender Thesen benötigt Zeit. Sechs Moderatorinnen und Moderatoren sind in ihre Rolle einzuführen. Eine ansprechende Tagungsdokumentation ist im Anschluss an die Aktivität zu erstellen und zu versenden. Der Aufwand lohnt sich nach unseren Erfahrungen, da die Aktivität einen sehr guten Auftakt zur Bildung von Qualitätszirkeln darstellt.

Stichworte: Motivation – Beteiligung – Meinungsbildung

Verlauf:

Eintreffen der Teilnehmerinnen und Teilnehmer *(ca. 20 Min.)*
Alle Eintreffenden erhalten bei ihrem Eintreffen ein Klemmbrett mit einem Ablaufplan, den Titeln der Kurzreferate einschließlich der dazugehörigen Thesen, einen Stift und ein Namensschild zum Anstecken, das sie selbst beschriften. Sie werden gebeten, sich einen Platz in der Plenumsrunde zu wählen.

Begrüßung und Einführung *(ca. 15 Min.)*
Die erste Moderation begrüßt die TN und informiert sie über den Ablauf und die Ziele der Veranstaltung „Bistro-Talk". Die Referentinnen und Referenten und die zweite Moderation nehmen hinter den Stehpulten Platz. Sie werden kurz namentlich vorgestellt: Die erste Moderation stellt die zweite vor, dann machen beide abwechselnd die Referentinnen und Referenten bekannt, beginnend mit der Person, die als letztes referiert. Ein akustisches Signal (Glöckchen), das die Redezeit der Referentinnen und Referenten auf sechs Minuten begrenzt, wird vorgeführt.

Impulsreferate *(ca. 60 Min.)*
Die zweite Moderation kündigt den ersten Redebeitrag an. Sie führt die erste Referentin mit wenigen Sätzen locker ein und übergibt das Wort. Die zum Referat gehörige These erscheint auf der Großleinwand.

Alle Referate werden frei gehalten.

Moderation eins und zwei wechseln sich bei der Einführung der sechs Rednerinnen und Redner ab und sorgen für kurze Verschnaufpausen zwischen den Beiträgen. Ist ein Redebeitrag beendet, wird die These auf der Großleinwand durch ein Bild, das eine aktive interkulturelle Begegnungssituation zeigt, ersetzt, bis der nächste Beitrag beginnt und die neue These aufscheint.

Pause *(ca. 30 Min.)*
In der Pause orientieren sich Teilnehmerinnen und Teilnehmer im Raum und versorgen sich mit Getränken, die sie mit an ihre Bistrotische nehmen. TN, die sich nicht zutrauen, sich eine halbe Stunde im Stehen zu unterhalten, werden ermutigt, sich selbst einen Barhocker oder einen Sitzball, notfalls einen Stuhl zu organisieren.

Erste Talkrunde *(ca. 40 Min.)*

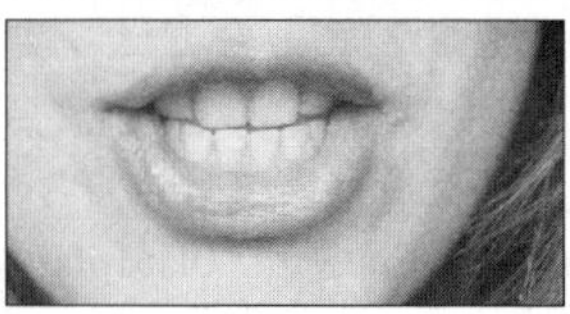

Die Moderatorinnen und Moderatoren laden die TN zur ersten Talkrunde ein, die auf 30 Minuten beschränkt ist und an den umstehenden Bistrotischen stattfindet. Die TN-Zahl pro Tisch ist auf sieben Personen plus Referentin bzw. Referenten und Moderation beschränkt. Haben sich sechs bis sieben Personen eingefunden, schließt die Tischmoderation die Runde. Nach einer kurzen gegenseitigen Vorstellung beginnt die Diskussion. Die Referentinnen und Referenten beantworten offene Fragen, diskutieren ansonsten als die Experten ihres jeweiligen Themas mit, achten dabei aber auf Zurückhaltung. Das Gespräch wird nach 25 Minuten abgebrochen. Gemeinsam formuliert die Runde ihr Diskussionsergebnis zu einer neuen These. Sie wird auf einer Wandzeitung festgehalten.

Mittagspause *(ca. 60 Min.)*
Die am Vormittag erarbeiteten neuen Thesen werden während der Mittagspause für die Abschlusspräsentation auf der Großleinwand vorbereitet.

Zweite Gesprächsrunde *(ca. 40 Min.)*
Zur zweiten Gesprächsrunde finden sich neue Gruppen an den Tischen zusammen. Der Ablauf entspricht dem der ersten Runde.

Kaffeepause *(ca. 30 Min.)*
Die am Nachmittag erarbeiteten neuen Thesen werden während der Kaffeepause für die Abschlusspräsentation auf Großleinwand vorbereitet.

Präsentation der Ergebnisse *(ca. 40 Min.)*
Die Eingangsthese und die Thesen der zwei Talkrunden werden nacheinander von den Tischmoderationen vorgestellt und die jeweiligen Arbeitsprozesse kommentiert. Die Präsentation sollte nicht mehr als fünf Minuten pro Thementisch in Anspruch nehmen, einschließlich eines Schlusswortes durch die jeweilige Referentin oder den jeweiligen Referenten.

Abschluss der Veranstaltung *(ca. 30 Min.)*
Zum Abschluss der Veranstaltung werden die TN darüber informiert, dass sie eine Dokumentation der Kurzreferate und der neu erarbeiteten Thesen in festgelegter Frist erhalten werden. Eine Übersicht über geplante Folgeaktivitäten für den weiteren Prozess der interkulturellen Orientierung und Öffnung in der Organisation, beispielsweise die Bildung von Qualitätszirkeln, schließt sich an. Die entsprechenden Informationen werden mit der Dokumentation verschickt.

Abschließend ruft die Moderation nochmals die mit der Veranstaltung verbundenen Ziele in Erinnerung und lädt die TN zu einer Blitzevaluation ein. Die dafür im Ausgangsbereich aufgestellten zwei Glasvasen sollen je nach Zufriedenheit mit farbigen Bällen gefüllt werden. Die erste Glasvase misst die Zufriedenheit mit dem Arbeitsprozess, die zweite Glasvase misst die Zufriedenheit mit dem Ergebnis des Bistro Talks. Alle Personen sind aufgefordert je einen Ball in die entsprechende Vase zu werfen. Rote Bälle stehen für eine hohe Zufriedenheit, gelbe für eine mittlere Zufriedenheit und weiße Bälle drücken Unzufriedenheit aus.

Die gefüllten Vasen werden später fotografiert, die ausgezählten Ergebnisse und das Foto ergänzen die Dokumentation.

1.4 Parcours zur interkulturellen Öffnung

Kurzbeschreibung

Mitarbeiterinnen und Mitarbeiter informieren sich gegenseitig über Ansätze, Aktivitäten und Maßnahmen zur interkulturellen Öffnung in der eigenen Organisation. Die halbtägige Großgruppenaktivität hat den Charakter einer beteiligungsorientierten Informationsveranstaltung und eignet sich als Auftaktveranstaltungen oder als Zwischenevent für Organisationen kleinerer und mittlerer Größe, um den Informationsstand aller Beteiligten anzugleichen, die gemeinsame Ausgangsbasis für den Prozess der interkulturellen Öffnung zu festigen und Erfolge sichtbar zu machen. Der Parcours ist gerahmt durch eine Kurzeinführung und einen Ausblick auf die weitere Gestaltung des Prozesses zur interkulturellen Öffnung.

Ziele:

- Die Teilnehmerinnen und Teilnehmer (TN) sind über bestehende Ansätze, Maßnahmen und Aktivitäten zur interkulturellen Öffnung der eigenen Organisation informiert.
- Ressourcen verschiedener Teilbereiche der Organisation werden wahrgenommen und gewürdigt.
- Das Management erkennt die Leistungen der Mitarbeiterinnen und Mitarbeiter an.

Zeit:

ca. 4 Stunden mit offenem Ausklang, vorgeschlagene offizielle Veranstaltungszeit: 13.30 – 17.00 Uhr

Ausstattung:

Großer Saal mit Cafébestuhlung (sechs bis acht Plätze pro Tisch). Im Gebäude verteilte Nischen und Räume für die verschiedenen Parcoursstationen.

Empfohlene Gruppengröße: bis 80 Personen

Vorbereitung:

Die Vorbereitung erfolgt durch ein Vorbereitungsteam, das sich aus Personen zusammensetzt, die in verschiedenen Bereichen Schlüsselpositionen für den interkulturellen Öffnungsprozess einnehmen (Personalentwicklung, Öffentlichkeitsarbeit, Projektbeauftragte usw.), ergänzt um zwei Personen, die das Vorbereitungsteam unterstützen und für die Moderation des Parcours verantwortlich sind. Zum Team sollte auch eine Fotografin bzw. ein Fotograf gehören, um den Parcours zu dokumentieren. Die Fotos werden während des offenen Ausklangs mit Musik unterlegt als Diashow präsentiert.

Am Vormittag vor der Veranstaltung sind die Parcoursstationen aufzubauen, was in der Regel bereits Neugierde bei den Mitarbeiterinnen und Mitarbeitern weckt, insbesondere, wenn bereits während der Vorbereitungszeit ein Geheimnis um die zu erwartenden Überraschungen gemacht wurde.

Unter alle Stühle im Café sind Infozettel anzubringen und „Landkarten“ mit phantasievollen Bezeichnungen der Stationen des Parcours auf den Tischen auszulegen.

Materialien:
5–6 nummerierte Regenschirme, Stofftaschen mit dem Logo der Organisation für die Sammlung des Informationsmaterials und kleine Präsente, Beamer, Großleinwand, Laptop

Die sonstigen Materialien ergeben sich aus dem Bedarf der jeweiligen 5 bis 6 Parcoursstationen.

Besonderheiten:
Die Aktivität erfordert eine zeitintensive Vorbereitung und die Fähigkeit der Moderation, kreative Ideen bei der Vorbereitung zu unterstützen. Bereits durch diese Phase entsteht eine intensive Auseinandersetzung mit dem Prozess der interkulturellen Öffnung. Die Kommunikation verändert sich dadurch, dass die Themen und Ideen über das Vorbereitungsteam hinaus in die verschiedenen Arbeitsbereiche „überschwappen“ und das Thema der interkulturellen Öffnung in der Organisation durch Nachfrage und Interesse, aber auch durch Skepsis präsent ist. Oft wird es von den Mitarbeiterinnen und Mitarbeitern als sehr angenehm empfunden, dass der Arbeitsalltag durch einen Event unterbrochen wird. Besonders Ganztagskräfte erleben es als Wertschätzung, dass sie einen halben Arbeitstag „geschenkt“ bekommen, und viele Halbtagskräfte fühlen sich motiviert, auch ohne den Bonus „geschenkte Arbeitszeit“ an der Veranstaltung teilzunehmen.

Stichworte: Information – Beteiligung – Meinungsbildung

Verlauf

Eintreffen der Teilnehmerinnen und Teilnehmer *(ca. 10 Min.)*
Die Startphase ist in der Regel sehr kurz, da die Veranstaltung in der eigenen Organisation direkt nach der Mittagspause beginnt.

Alle Eintreffenden suchen sich einen Platz im Café, außer an den für die Verantwortlichen reservierten Tische.

Begrüßung und Einführung *(ca. 20 Min.)*
Die TN werden durch die Organisationsleitung und die Moderation begrüßt. In einem frei gehaltenen, wertschätzenden Kurzvortrag zieht die Organisationsleitung eine Bilanz der bisherigen Aktivitäten und Maßnahmen zur interkulturellen Öffnung der eigenen Organisation und kündigt den Parcours als sinnliche Wahrnehmung der genannten Leistungen an.

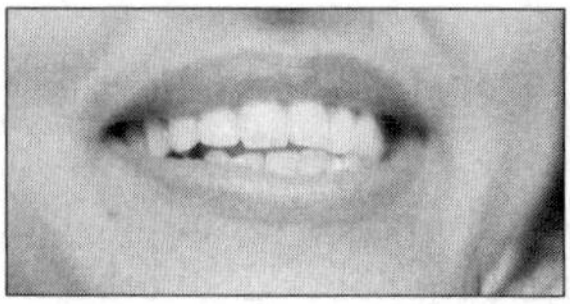

Das Moderatorenteam führt anschließend in den Ablauf des Parcours ein. Entsprechend der Anzahl der Parcoursstationen bilden sich kleine „Reisegruppen". Jede Gruppe beginnt mit einer anderen Station ihren Rundlauf. Die Startnummern finden die Teilnehmerinnen und Teilnehmer unter ihren Stühlen. Jede Tischbesetzung verteilt sich so auf neue Kleingruppen und sammelt sich um ihre am Regenschirm erkennbare „Reiseleitung", der Person, die für die erste Parcoursstation verantwortlich ist. Gemeinsam brechen die Gruppen zu den Stationen auf.

Parcours *(ca. 3 Stunden)*
Jeder Parcoursstation wird für ca. 20 Min. besucht. Spielregel ist, dass erst zu jeder beginnenden neuen halben Stunde die Gruppe bei der nächsten Station eintrifft, um den Stationsverantwortlichen eine kurze Pause zu gönnen. So bleibt auch Zeit, sich beim Weiterschlendern zu unterhalten oder zwischendurch die Toilette aufzusuchen.

An den Parcoursstationen erwartet die Besucher eine kleine Aktivität, in die sie einbezogen sind, oder eine Kurzdarbietung, die in kreativer Form informiert und einen unterhaltsamen Eventcharakter hat.

Zwölf Beispiele für mögliche Aktivitäten in sozialen Organisationen wie einem großstädtischen Sozialdezernat:

- *Minikabarett:* Leitung fällt den Beschluss zur interkulturellen Öffnung der eigenen Organisation. Darbietende: Führungskräfte mit kabarettistischem Potenzial. Infomaterial: Aufbereite Auszüge des Beschlusses zur interkulturellen Öffnung.
- *Perkussionsgruppe:* Improvisierte Klangkollage zu Schlüsselprozessen der interkulturellen Orientierung und Öffnung, Durchführende: Improvisationstheaterbegeisterte oder musikbegeisterte Mitarbeiterinnen und Mitarbeiter. Informationsmaterial bzw. Präsent: Schütteldosen aus Papprollen, die mit den Begriffsdefinitionen beschriftet sind und das Logo der internationalen Kindergruppe zeigen, die die Instrumente gebastelt hat.
- *Minikommunikationskurs der Gehörlosensprache:* Durchführende: Fachbereich für Gehörlosenarbeit. Infomaterial bzw. Präsent: Postkarte mit dem Zeichenalphabet, Informationsfalter.
- *Minifremdsprachenkurs:* Die Besuchergruppe ruft drei bis fünf Begriffen zu (danke, bitte, guten Tag usw.), die auf Plakaten festgehalten und in verschiedene Sprachen von den Besuchern selbst oder von Sprachmittlern übersetzt werden. Durchführende: Besuchergruppe unterstützt durch Sprachmittler. Infomaterial und Präsent: Informationsfalter zum Sprachmittlereinsatz, Postkarte „Herzlich Willkommen" in verschiedenen Sprachen.
- *Quiz zur demografischen Entwicklung:* Durchführende: Mitarbeiterinnen und Mitarbeiter der Planungsabteilung. Infomaterial: Lösungen des Quiz in Form ansprechend aufbereiteter Daten.
- *Interkulturelles Minitraining:* Kurze Mitmachaktivität. Durchführende: Interkulturelle Trainerinnen bzw. Trainer. Infomaterial: Weiterbildungsprogramm.
- *Fünf ausgewählte Fragen aus einem Einbürgerungstest:* Durchführende: Mitarbeiterinnen und Mitarbeiter der Abteilung für Integrationsfragen. Infomaterial: Informationsfalter über die Angebote der Abteilung.
- *Animiertes Statement im Fernsehstudio:* Drei bis vier Personen der Besuchergruppe werden von einem Kamerateam zu ihrer Vision einer interkulturell geöffneten Organisation befragt bzw. zu einem sichtbaren Erfolg des Prozesses der interkulturellen Öffnung. Die Interviews sind gleichzeitig auf mehreren Monitoren sichtbar. Durchführende: Mitarbeiterinnen bzw. Mitarbeiter aus dem Bereich Öffentlichkeitsarbeit. Infomaterial bzw. Präsent: Kleine Pressemappe mit ausgewählten Beispielen, Kugelschreiber mit Organisationslogo.
- *Diashow zu einem ausgewählten interkulturellen Projekt mit Musikunterlegung:* Durchführende: Projektbeauftragte. Infomaterial: Informationsfalter.

- *Lesung:* Ausgewählter Kurztexte aus den Elternbriefen für Eltern türkischer Herkunft. Durchführende: Vortragefreudige Mitarbeitende der Abteilung Elternarbeit. Infomaterial bzw. Präsent: Elternbrief, türkisches Gedicht oder Kinderlied mit deutscher Übersetzung.
- *Ausstellung:* Post aus der neuen Heimat. Bebilderte Informationstafeln mit Postkarten, frankierten Briefumschlägen, Landkarten und Fotografien werden in einer Führung präsentiert. Durchführende: Abteilung für Rückkehrhilfen. Infomaterial bzw. Präsent: Informationsfalter, kleine Häppchen verschiedener Früchte aus den kooperierenden Ländern.
- *Rollenspiel Pressekonferenz:* Die Besucher erhalten Ansteckausweise verschiedener Presseorgane (verschiedene Tageszeitungen, Boulevardpresse, Fachzeitschriften, Frauenzeitschriften, Magazine usw.). Eine fünfminütige Presseerklärung zu den wichtigsten Erfolgen der interkulturellen Öffnung wird im Werbestil präsentiert. Die „Reporterinnen" und „Reporter" rufen anschließend ihre Fragen zu. Bei Wortzuteilung werden der Zuname und das „Blatt", für das recherchiert wird, von den Mitspielenden genannt. Durchführende: Stelle für interkulturelle Arbeit. Infomaterial: Informationsmaterial der Stelle für interkulturelle Arbeit.

Abschluss des offiziellen Programms *(ca. 20 Min.)*
Alle Gruppen versammeln sich nach Durchlauf des Parcours wieder im Saal. Die Organisationsleitung gibt einen Überblick über die wichtigsten Ziele und Planungen zum weiteren Prozess der interkulturellen Orientierung und Öffnung und bedankt sich bei allen aktiven Mitarbeiterinnen und Mitarbeitern der Parcoursstationen und dem Vorbereitungsteam, die sich den Teilnehmerinnen und Teilnehmern gemeinsam zum Abschluss präsentieren.

Ausklang *(ca. 90 Min.)*
Zum Ausklang wird ein kaltes Büfett eröffnet, es besteht ausgiebig Zeit, sich beim Essen auszutauschen, im Hintergrund werden die Bilder des Tages auf Großleinwand gezeigt.

1.5 Fachtagung Interkulturelle Verständigung

Kurzbeschreibung

Die dargestellten zwei Fachtage hatten zum Ziel, ein Forum für die Präsentation und Diskussion integrationspolitischer Schwerpunkte zu bieten und die beteiligungsorientierte Erarbeitung eines kommunalen Integrationskonzeptes vorzubereiten. Das Beispiel ist der Veranstaltungsreihe „Interkulturelle Verständigung" der Sozialverwaltung in München entnommen und hat 2005 stattgefunden.

Ziele:

- Die Teilnehmerinnen und Teilnehmer sind über die Leistungen mit integrationspolitischen Schwerpunkten der Kommunalverwaltung informiert.
- Die interkulturelle Orientierung und Öffnung ist als Querschnittspolitik eingeführt.
- Die Möglichkeit zum Dialog zwischen Verwaltung, freien Trägern und Studierenden ist in Diskussionsgruppen im Anschluss an Workshops gegeben.
- Der Diskurs um ein kommunales Integrationskonzept der Kommune ist angeregt.

Zeit: 2 Tage

Ausstattung:
Großer Saal für die Fachvorträge, 4 Seminarräume für die Workshops

Gruppengröße: ca. 80 – 100 Personen pro Tagungstag

Besonderheiten:
Fachtagungen eigenen sich als Kick Off für Organisationen aller Größenordnungen. Sie haben den Vorteil, großen Gruppen in kurzer Zeit gemeinsame Wissens- und Informationsgrundlagen zu vermitteln, Meinungsbildung zu ermöglichen, und sie regen einen interdisziplinären Austausch an. Dies allerdings in einem sehr begrenzten Umfang. Ein intensiver Austausch kann nur in den thematisch gebundenen Workshops stattfinden. Dort erarbeitete Inhalte, Positionen und Ideen erreichen nicht alle TN und es ist kaum möglich, diese umfassend für Veränderungsprozesse einer Organisation zu nutzen. Dies gelingt erst, wenn innerhalb der Organisation, an die Fachtagung anknüpfend, die dort präsentierten und erarbeiteten Inhalte erneut aufgegriffen und weiter bearbeitet werden, wozu sich wiederum Großgruppenmethoden gut eigenen. Der Austausch auf Fachtagungen kann belebt werden durch sogenannte „Aufmacher", die die Kommunikation der Teilnehmerinnen und Teilnehmer untereinander anregen. Beispiele dazu sind in Kapitel 8.2 dargestellt.

Eine ausführliche Darstellung der Inhalte findet sich in der 2006 erschienen Dokumentation „Interkulturelle Verständigung – Kommunale Integrationspolitik", die bei der Stelle für interkulturelle Arbeit kostenlos angefordert werden kann: interkulturellearbeit.soz@muenchen.de

Stichworte: Motivation – Meinungsbildung – Information

Tagungsinhalte:
Begrüßung und Einführung durch die Stadtspitze
Darstellung kommunaler Integrationsstrategien anhand von Beispielen durch Fachreferentinnen und Fachreferenten. Darstellung integrationspolitischer Schwerpunkte der Kommune durch die jeweiligen Ressortleitungen. Sieben Workshops, in denen integrative und interkulturelle Ansätze in verschiedenen Arbeitsfeldern der Kommune durch Führungskräfte und Fachkräfte der Verwaltung und durch deren Kooperationspartnerinnen und Kooperationspartnern vor und zur Diskussion gestellt wurden.

Programm des 1. Fachtages:
Begrüßung und Einführung durch Bürgermeisterin bzw. Bürgermeister: Das Integrationsverständnis der Kommune.

Fachreferat von einem Vertreter oder einer Vertreterin des Städtetags: Ansätze und Beispiele kommunaler Integrationspolitiken.

Fachreferat von einer Vertreterin einem Vertreter einer anderen Kommune, die bereits über Erfahrungen verfügt: Kommunale Integrationspolitik: Schwerpunkte, Prozesse, Strukturen, überwundene Schwierigkeiten.

Workshop 1:
Personal- und Organisationsreferat: Interkulturelle Aspekte in der Personalarbeit

Workshop 2:
Kulturreferat: Interkulturelle Projekte

Workshop 3:
Ausländerbehörde: Integrationsarbeit im Bereich öffentliche Sicherheit und Ordnung ist kein Widerspruch. Strategische und operative Umsetzung interkultureller Öffnung in der Ausländerbehörde.

2. Fachtag:
In drei halbstündigen Vorträgen wurden die integrationspolitischen Schwerpunkte „Gesundheit“, „Ausbildung und Beschäftigung“ und „Soziales“ durch Führungskräfte der jeweiligen Referate vorgestellt.

Workshop 1:
Die interkulturelle Öffnung des Gesundheitsbereiches

Workshop 2:
Integration von klein auf – Integration in Kindertageseinrichtungen

Workshop 3:
Prävention und Intervention – Projekte zur beruflichen Integration von Jugendlichen mit Migrationshintergrund

Workshop 4:
In Würde alt werden

Die Neigung, das Wort zu ergreifen, steht im direkten Zusammenhang mit dem Gefühl, ein Recht auf Meinungsäußerungen zu besitzen.
Pierre Bourdieu, französischer Soziologe und Philosoph (1930 – 2001)

2. WANDEL GESTALTEN – MEINUNGSBILDUNG

Will sich eine Organisation interkulturell öffnen, setzt das einen Wandel der Organisationskultur voraus. Dabei ist zu berücksichtigen, dass Menschen sich nicht ohne weiteres auf Veränderungen einlassen und aktiv an ihnen mitwirken. Veränderungen stellen Sicherheit gebende Gewohnheiten und Alltagsroutinen in Frage. Besonders dann, wenn sich Mitarbeiterinnen und Mitarbeiter einer Organisation überrollt fühlen, ist mit Widerständen zu rechnen. Doppler und Lauterburg (2008) sprechen von Widerstand, wenn Entscheidungen oder Maßnahmen, die auch bei sorgfältiger Prüfung als sinnvoll oder sogar dringend notwendig erscheinen, aus nicht ersichtlichen Gründen bei einzelnen Individuen, bei einzelnen Gruppen oder bei der ganzen Belegschaft auf diffuse Ablehnung stoßen, nicht unmittelbar nachvollziehbare Bedenken erzeugen oder durch passives Verhalten unterlaufen werden.

Um Widerstände zu vermeiden oder möglichst gering zu halten, muss insbesondere in der Einstiegphase eines Wandlungsprozesses Vertrauen aufgebaut werden. Dazu reicht eine umfassende Information über Anlass, Ziele und Vorgehen oft nicht aus. Wichtig ist, dass das Management Interesse an den Mitarbeiterinnen und Mitarbeitern und an ihren persönlichen Meinungen zeigt. Im Change Management wird diese Phase auch als „Auftauphase" (unfreezing) bezeichnet. In ihr wird berücksichtigt, dass sich Mitarbeiterinnen und Mitarbeiter unterschiedlich intensiv mit der Strategie der interkulturellen Öffnung beschäftigt haben. Manche haben bereits Vorstellungen entwickelt, wie dieser Wandlungsprozess in der Organisation umgesetzt werden könnte, andere fragen sich, ob diese zusätzliche Anstrengung Sinn macht. Sie sind unsicher, inwieweit die Veränderungen ihre eigene Rolle betreffen, oder fragen sich, ob sie sich dem Prozess gewachsen fühlen.

Bewährt hat sich, zu Beginn die Faktoren ausführlich, aber neutral darzustellen, die den angestrebten Organisationswandel auslösen wie beispielsweise die demografische Entwicklung, die politischen und wirtschaftlichen Veränderungen, die Diskurse um Teilhabe, um soziale Gerechtigkeit, um Dienstleistungsorientierung und um Qualität. Die Belegschaft wird gebeten, diese Informationen auf den Arbeitsauftrag der Organisation zu beziehen und sich ohne Zeit- und Leistungsdruck durch intensive Kommunikation untereinander eine eigene Meinung zu bilden und eine eigene Haltung zu entwickeln. Das Ziel dabei ist es, die nach Veränderung strebenden Kräfte zu erkennen, sie zu stärken und zu unterstützen, und ein Bewusstsein für den Veränderungsprozess in der Organisation bei der ganzen Belegschaft zu verankern. Die folgenden Aktivitäten können dies unterstützen. Sie eigenen sich besonders für kleine Organisationen.

Aktivitäten

2.1 Abwägen
2.2 Standpunkt und Bewegung
2.3 Rollenbilder und persönliche Ziele
2.4 Soziometrische Aufstellung
2.5 Moderierte Informationsrunde

2.1 Abwägen

Kurzbeschreibung

Die Teilnehmerinnen und Teilnehmer setzen sich mit ihren eigenen Gefühlen über den interkulturellen Orientierungs- und Öffnungsprozess ihrer Organisation auseinander und erarbeiten Lösungsvorschläge, um eigene Bedenken weitmöglichst auszuräumen.

Ziele:

- Die Teilnehmerinnen und Teilnehmer (TN) stimmen sich auf den Prozess der interkulturellen Öffnung ihrer Organisationseinheit ein.
- Sie haben die Möglichkeit, ihre Bedenken kund zu tun, und erfahren die Bedenken der anderen TN.
- Sie entwickeln konstruktive Strategien und Lösungen.

Zeit: Ca. 150 Minuten (davon 20 Min. Pause)

Ausstattung:
Großer Raum für das Plenum, drei Arbeitsecken oder Arbeitsräume für die Arbeit in Kleingruppen

Gruppengröße: 12 – 24 Personen

Vorbereitung:
Wenn verfügbar, eine schöne alte Waage als Blickfang in die Kreismitte stellen, auf der die Karten mit den Gegensätzen liegen, Karten mit Gegensätzen beschriften.

Materialien:
Waage, Karten mit Gegensatzpaaren, 2 Pinnwände und Karten für das Plenum, 3 Flipcharts und Stifte für die Gruppenarbeit

Voraussetzungen: gerade Personen-Zahl

Besonderheiten:
Die Aktivität hat sich besonders in Organisationen bewährt, deren Führungskräfte sich entschieden haben, den Prozess der interkulturellen Öffnung anzugehen, und die bereit waren, Zeitressourcen für einen Meinungsbildungsprozess ihrer Mitarbeiterinnen und Mitarbeiter zur Verfügung zu stellen. Die Bereitschaft, sich mit Bedenken auseinanderzusetzen und ernsthaft auf allen Ebenen nach Lösungen zu suchen, um diese zu verringern, hat sich in allen Einrichtungen positiv auf die interne Kommunikation ausgewirkt und die Motivation der Mitarbeiterinnen und Mitarbeiter erhöht, den Organisationswandel zu unterstützen.

Stichworte: Meinungsbildung – Beteiligung – Motivation

Verlauf

Erstes Brainstorming *(ca. 15 Min.)*
Die Moderation lädt die Gruppe zu einem gemeinsamen Brainstorming ein, gute Gründe für die interkulturelle Öffnung der Einrichtung zu sammeln. Die genannten Stichpunkte werden auf Karten festgehalten und auf einer Pinnwand gesammelt.

Paargespräche *(ca. 15 Min.)*
Die Moderation bittet die TN, sich eine Karte von der Waage zu nehmen und nach der Person zu suchen, die den dazugehörigen Gegenbegriff auf ihrer Karte stehen hat. Aufgabe der Paare ist es, die mit ihrem Gegensatzpaar verbundenen Spannungen und Ambivalenzen in Bezug auf die interkulturelle Orientierung und Öffnung in der eigenen Organisation abzuwägen und ihr Resümee in einen Satz als Momentaufnahme zusammenzufassen.

Mögliche Gegensatzpaare:

bewahren	–	verändern
reifen lassen	–	beschleunigen
Stabilität	–	Beweglichkeit
Innensicht	–	Außensicht
Tradition	–	Zeitgeist
Vergangenheit	–	Zukunft
Sicherheit	–	Risiko
Alltagsroutine	–	Umbruchsituationen

Hierarchie	–	Selbstorganisation
Arbeitsauftrag	–	Eigeninteresse
Autonomie	–	Kontrolle
Fachkräfte	–	Nutzerinnen und Nutzer
Pflicht	–	Kür

Vorstellen der Momentaufnahmen *(ca. 15 Min.)*
Die TN stellen ihre jeweiligen Gegensatzpaare und ihre „Momentaufnahmen" vor.

Zweites Brainstorming *(ca. 15 Min.)*
Einführung zur Brainstormingrunde: „Auch wenn es gute Gründe für einen Veränderungsprozess gibt, lösen Veränderungen auch Bedenken oder Ängste aus. Teilweise wurde das bereits bei den Momentaufnahmen deutlich. Ängste können zu Widerständen führen. Bedenken und Befürchtungen müssen wahr genommen werden, um gemeinsam konstruktiv mit ihnen umgehen zu können."

Die TN erhalten ca. fünf Minuten Zeit, um sich in neu besetzten Paargesprächen miteinander auszutauschen und auf die zweite Themensammlung „Bedenken und Ängste" vorzubereiten. Anschießend werden dazu auf der zweiten Pinnwand Stichpunkte gesammelt und nach Kategorien sortiert.

Gruppenarbeit *(ca. 30 Min.)*
Die TN teilen sich in drei Arbeitsgruppen auf. Jede Gruppe entscheidet sich für eine Kategorie, die sie weiter bearbeiten will. Der Arbeitsauftrag lautet, für die ausgewählte Kategorie – beispielsweise „befürchtete Arbeitsverdichtung" – Lösungen zu überlegen und die dazu entwickelten Ideen und Vorschläge schriftlich festzuhalten. Die Gruppe orientiert sich dabei an folgenden Fragen:
1. Welche Strategien sind geeignet, allgemein die Motivation zu stärken, am Prozess der interkulturellen Öffnung aktiv mitzuwirken?
2. Welche Strategien sind geeignet, Hemmnisse und Ängste beim Prozess der interkulturellen Öffnung zu verringern oder zu beseitigen?
3. Was erwarten wir von unseren Führungskräften, von unserem Träger, bezogen auf unsere Kategorie von Befürchtungen?
4. Was können wir selbst beitragen, um den Prozess der interkulturellen Orientierung und Öffnung gut zu gestalten?

Pause *(ca. 20 Min.)*

Präsentation und Diskussion der Arbeitsergebnisse *(ca. 40 Min.)*

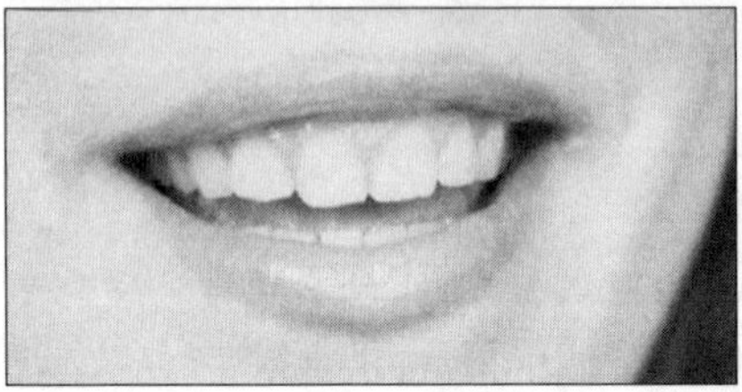

Die Gruppen stellen ihre Ergebnisse vor, anschließend werden die Vorschläge diskutiert und die Gruppe trifft eine Entscheidung, wie sie gemeinsam weiter vorgehen will. Getroffene Vereinbarungen werden protokolliert. (In der Regel werden folgende Fragen geklärt: Welche Vorschläge nimmt die Gruppe an? Wer informiert wie und wann die Führungskräfte über die erarbeiteten Ergebnisse? Wofür übernimmt die Gruppe, wofür übernehmen Einzelpersonen Verantwortung? Wann und mit welchem Inhalt findet das nächste Gespräch statt?)

2.2 Standpunkt und Bewegung

Kurzbeschreibung

Anhand von Fragekärtchen tauschen die Teilnehmerinnen und Teilnehmer Meinungen, Standpunkte und Einstellungen zur interkulturellen Öffnung aus.

Ziele:

- Die Teilnehmerinnen und Teilnehmer (TN) werden auf den Prozess der interkulturellen Öffnung eingestimmt.
- Sie haben die Möglichkeit, ihre Meinung kund zu tun und erfahren die Meinungen anderer TN.
- Chancen und Risiken eines interkulturellen Öffnungsprozesses werden reflektiert.

Zeit: ca. 45 Min.

Ausstattung:
Die Aktivität setzt einen großen Raum voraus, in dem sich die Gruppe frei bewegen kann.

Gruppengröße:
12–16 Personen (Die Aktivität kann auch mit größeren Personengruppen durchgeführt werden, allerdings können dann nicht alle Fragen ins Plenum eingebracht werden.)

Vorbereitung:
Beschriftung von Fragekärtchen entsprechend der Teilnehmerzahl

Materialien: Fragekärtchen und ein Hut oder eine Schachtel

Besonderheiten:
Die Aktivität ist gut für den Einstieg in das Thema geeignet. In der Regel entsteht eine lebendige Kommunikation unter den Teilnehmenden. Bei Gruppen mit mehr als 16 Personen ist die lange Vorbereitungszeit für das Erstellen zusätzlicher Fragekärtchen zu berücksichtigen. (Es empfiehlt sich nicht, dieselbe Frage mehrmals in die Gruppe zu geben.) Bei einer ungeraden Gruppengröße sollte eine Person des Moderatorenteams an der Aktivität teilnehmen.

Stichpunkte: Meinungsbildung – Beteiligung – Motivation

Quelle: Handschuck/Klawe (2004: 285).

Verlauf

Paarinterviews *(ca. 15 Min.)*
Die Moderation lädt die Gruppe zu einer Blitzbefragung ein, mit der ein Meinungsbild zur interkulturellen Öffnung erstellt werden soll. Die Teilnehmerinnen und Teilnehmer ziehen je ein Fragekärtchen aus einem Hut, der im Kreis herumgereicht wird. Sie werden aufgefordert, sich frei im Raum zu bewegen und sich mit möglichst vielen Personen innerhalb einer Viertelstunde auszutauschen. Dazu stellen sie die gezogene Frage und beantworten die ihrer Partnerin oder die ihres Partners. Danach trennen sich die Paare wieder und suchen sich neue Gesprächspartner. Der Vorgang wiederholt sich drei bis fünf Mal.

Austausch der Ergebnisse *(ca. 30 Min.)*
Die TN stellen die Ergebnisse ihrer Blitzerhebung vor. Dazu lesen sie ihre Frage vor und fassen die erhaltenden Antworten als „Tendenzmeldung" zusammen. Ergänzungen oder Nachfragen aus der Gruppe sind jederzeit willkommen. Wurden alle Fragen vorgestellt, holt die Moderation bei einigen TN ein kurzes Feedback zur Aktivität ein.

Standpunkt und Bewegung: Fragen zur Interkulturellen Öffnung

Welche Hoffnungen haben Sie, wenn Sie hören, dass sich Ihre Organisation/Ihre Einrichtung interkulturell öffnen will?	Welche Befürchtungen haben Sie, wenn Sie hören, dass sich Ihre Organisation/Ihre Einrichtung interkulturell öffnen will?
Was verbinden Sie mit dem Begriff „Interkulturelle Öffnung"?	Was verbinden Sie mit dem Begriff „Interkulturelle Orientierung"?
In welchem Zusammenhang haben Sie den Begriff „Interkulturelle Öffnung" zum ersten Mal gehört?	Warum nehmen Sie persönlich an der heutigen Veranstaltung teil?
Was spricht Ihrer Meinung nach für eine interkulturelle Öffnung?	Was spricht Ihrer Meinung nach gegen eine interkulturelle Öffnung?
Kennen Sie ein gelungenes Beispiel für einen interkulturellen Öffnungsprozess?	Kennen Sie ein Beispiel, in dem ein interkultureller Öffnungsprozess nicht gelungen ist?
Für wie wichtig halten Sie einen interkulturellen Öffnungsprozess in Ihrer Organisation/Ihrer Einrichtung?	Was trägt dazu bei, dass ein interkultureller Öffnungsprozess gelingt?
Woran ist eine interkulturell geöffnete Organisation/Einrichtung zu erkennen?	Was sollte man bei einem interkulturellen Öffnungsprozess möglichst vermeiden?
Wer ist Ihrer Meinung nach für den Prozess einer interkulturellen Öffnung verantwortlich?	Welche konkrete Veränderung wünschen Sie sich durch eine interkulturelle Öffnung?

2.3 Rollenbilder und persönliche Ziele

Kurzbeschreibung

Die Teilnehmerinnen und Teilnehmer malen ein Bild von sich selbst in ihrer Rolle und Funktion innerhalb der Organisation. Sie tauschen sich über ihr Bild mit einer Person aus der Gruppe aus. Sie entwickeln persönliche Zielvorstellungen in Bezug auf ihre Rolle und die mit ihr verbundenen Perspektiven für eine interkulturelle Öffnung der Einrichtung.

Ziele:

- Die Teilnehmerinnen und Teilnehmer (TN) reflektieren ihre Rolle und Funktion innerhalb der Organisation.
- Sie reflektieren ihre persönlichen Möglichkeiten, zu einem Prozess der interkulturellen Orientierung und Öffnung ihrer Organisation beizutragen.
- Sie entwickeln für sich ein konkretes Vorhaben und halten es schriftlich fest.

Zeit: ca. 3 Stunden (mit Pause)

Ausstattung:
Großer Raum mit fünf im Halbkreis aufgestellten Vierertischen

Gruppengröße: 12–16 Personen

Vorbereitung:
Postkarten und Bildmaterial besorgen, den mittleren der fünf Tische mit Materialien ausstatten.

Materialien:
3 Pinnwände, reichhaltige Auswahl an dicken Stiften in einer großen Farbauswahl, pro Person ein Zeichenblatt im Format DIN A3, eine reichhaltige Auswahl von bunten Illustrierten, Scheren, Klebestifte, eine reichhaltige Auswahl von Ansichtskarten, Briefmarken und Kuverts entsprechend der TN-Zahl

Besonderheiten:
Die Aktivität kann nur mit einer geraden Teilnehmerzahl durchgeführt werden. Sind sowohl Führungskräfte als auch Fachkräfte unter den TN, sind die Zweiergespräche innerhalb derselben Hierarchieebene zu führen.

Stichpunkte:
Kommunikation – Beteiligung – Reflexion der eigenen Rolle

Verlauf:

Erstellen von Rollenbildern, Gestaltungsphase *(ca. 40 Min.)*

Die Moderation ermutigt die TN, sich auf einen kreativen Schaffensprozess einzulassen und führt in die Aktivität ein: Jede Organisation ist darauf angewiesen, dass die Menschen, die in ihr arbeiten, ihr Wissen, ihre Kreativität, ihre Leistungen, ihre Loyalität in die Organisation und im Sinne der Organisation einbringen. Gleichzeitig haben die in ihr arbeitenden Menschen sehr unterschiedliche Interessen, Bedürfnisse und persönliche Ziele, die durchaus auch dem Sinn und den Zielen der Organisation entgegen stehen können. In diesem Fall gilt es, Kompromisse zu finden, die für die Organisation ebenso wie für die einzelnen Personen tragfähig sind. Der angestrebte Wandlungsprozess der interkulturellen Öffnung kann nur durch das Mitwirken der Mitarbeiterinnen und Mitarbeiter (MA) gelingen. Die Aktivität „Rollenbilder und persönliche Ziele" dient dazu, sich mit dem Facettenreichtum der eigenen Rolle als MA in einer Organisation auseinandersetzen. Die TN sind zu einer kreativen Gestaltungswerkstatt eingeladen. Ihre Aufgabe ist es, ein Bild von sich selbst anzufertigen, das sie in ihrer Rolle in der Organisation darstellt. Um die eigene Funktion, die Aufgaben, die eigenen persönlichen Interessen und alltäglichen Erfahrungen abzubilden, bestehen verschiedene Möglichkeiten. Es können Piktogramme gezeichnet oder es kann mit Symbolen gearbeitet werden. Bildelemente aus Zeitschriften können zu einer Collage zusammengefügt werden, es kann gemalt oder gezeichnet werden.

Zweiergespräche *(ca. 30 Min.)*

Die TN erläutern sich gegenseitig im Zweiergespräch ihre Bilder. Gemeinsam werden die jeweiligen Motive und Interessen, die mit den jeweiligen Rollen verbunden sind, reflektiert und auf den Prozess der interkulturellen Öffnung bezogen. Als Spielregeln gelten, sich gegenseitig zuzuhören, Interesse zu zeigen und sich gegenseitig zu ermutigen. Die Inhalte des Gesprächs sind vertraulich. Jeder Person steht die gleiche Gesprächszeit zu. Am Ende des Gesprächs wird gemeinsam ein Resümee gezogen, das ins Plenum eingebracht werden soll: Welche Erkenntnisse haben wir durch den Austausch gewonnen? Nach dem Gespräche werden die Bilder auf den Pinnwänden ausgestellt.

Pause *(ca. 20 Minuten)*

Plenum *(ca. 40 Min.)*
Alle TN stellen im Plenum ihre Bilder vor und teilen das Resümee aus den Zweiergesprächen mit. Anschließend wird diskutiert, wie ein Interesse an der interkulturellen Öffnung gestärkt werden kann und welchen Beitrag Einzelpersonen zu ihrem Gelingen leisten können. Die Moderation hält die Diskussion in Stichpunkten auf dem Flipchart fest.

Einzelarbeit: Persönliche Ziele *(ca. 20 Min.)*
Aus einer großen Auswahl von ausgebreiteten Ansichtkarten mit unterschiedlichen Motiven suchen sich die TN je eine Karte aus, die ihnen besonders gefällt. In Einzelarbeit entscheiden sie sich für ein persönliches Ziel, ein persönliches Vorhaben, einen persönlichen Beitrag zum Gelingen des den interkulturellen Öffnungsprozesses. Das Ziel sollte möglichst konkret sein und zeitnah angegangen werden können, (beispielsweise Anmeldung zu einem interkulturellen Einführungsseminar, Mitarbeit in einem Qualitätszirkel, das Thema der interkulturellen Öffnung auf die Tagesordnung des nächsten Teamgesprächs setzen).

Die persönlichen Zielvereinbarungen werden auf der Karte festgehalten, in ein Kuvert gesteckt, das Kuvert wird verschlossen, frankiert und mit der eigenen Anschrift versehen. Die persönlichen Briefe werden ca. einen Monat nach der Veranstaltung an die TN verschickt.

Plenum *(ca. 30 Min.)*
Von allen TN wird ein Feedback zur Aktivität eingeholt. Die Bilder werden nach Abschluss der Sitzung abgehängt und den TN übergeben.

2.4 Soziometrische Aufstellung

Kurzbeschreibung

Die Teilnehmerinnen und Teilnehmer (TN) positionieren sich zu Fragestellungen, die den Prozess der interkulturelle Orientierung und Öffnung betreffen und verdeutlichen ihren jeweiligen Ausgangspunkt durch eine Aufstellung.

Ziele:

- Die TN haben sich auf den Prozess der interkulturellen Öffnung eingestimmt.
- Sie haben die Möglichkeit, ihren Ausgangspunkt zu verdeutlichen, und erfahren die Ausgangspunkte der anderen TN.

Zeit: ca. 45 Min.

Ausstattung:

Die Aktivität setzt einen großen Raum voraus, in dem sich die Gruppe frei bewegen kann.

Gruppengröße: 12–30 Personen

Vorbereitung:

Beschriftung von 3 Positionskarten pro Fragestellung, Erarbeitung der Fragestellungen

Materialien: Positionskarten

Besonderheiten:

Soziometrische Aufstellungen sind gut als Einstieg in Seminare oder Workshops geeignet.

Stichpunkte: Kommunikation – Beteiligung – Motivation

Verlauf

Aufstellungen *(ca. 15 Min.)*
Die Moderation lädt die Gruppe zu einer Aufstellung zu drei Fragestellungen ein. Drei mögliche Positionen werden auf dem Boden als Dreieck angeordnet und durch Positionskarten markiert. Haben sich die TN positioniert, werden aus jeder Gruppe zwei bis drei Personen um ein Statement zu ihrer Positionierung gebeten.

Mögliche Fragestellungen:
Wo ordnen Sie sich zu, wenn Sie „interkulturelle Öffnung" hören?
Positionskarten: schon mal davon gehört, fühle mich gut informiert, ich habe eigene Erfahrungen.

Wie möchten Sie sich am Prozess der interkulturellen Öffnung beteiligen?
Positionskarten: noch keine Vorstellungen, erste Ideen, ich bin bereits aktiv.

Welche Einschätzung haben Sie zum jetzigen Zeitpunkt zum Gelingen der interkulturellen Öffnung ihrer Organisation?
Positionskarten: bin eher skeptisch, kann es mir vorstellen, bin überzeugt.

Für wie notwendig halten Sie es, dass ihre Organisation sich interkulturell öffnet?
Positionskarten: sehe keinen Handlungsbedarf, einige Veränderungen wären sinnvoll, es besteht großer Handlungsbedarf.

Kleingruppengespräche *(ca. 15 Min.)*
Die TN werden eingeladen, zu zweit oder zu dritt ein Resümee aus den Aufstellungen zu ziehen und sich darüber auszutauschen, welche Konsequenzen aus dem Ergebnis der Aufstellungen gezogen werden können mit dem Ziel, die interkulturelle Orientierung und Öffnung der eigenen Organisation zu fördern.

Plenum *(ca. 15. Min.)*
Die Statements der Kleingruppen werden ausgetauscht. Gemeinsam überlegt die Gruppe ihr weiteres Vorgehen.

2.5 Moderierte Informationsrunde

Kurzbeschreibung

Offene Fragen zum geplanten Prozess der interkulturellen Öffnung werden gesammelt und besprochen.

Ziele:

- Die Teilnehmerinnen und Teilnehmer (TN) sind umfassend über den geplanten Prozess der interkulturellen Orientierung und Öffnung in der eigenen Organisation informiert.
- Sie haben sich mit ihren Kolleginnen und Kollegen ausgetauscht.
- Sie kennen die Erwartungen, die an sie gestellt werden und sie kennen ihre Möglichkeiten der Beteiligung.

Zeit: ca. 3 Stunde

Raumbedarf: Konferenzraum, der Gruppengröße entsprechend

Gruppengröße: bis zu 30 Personen

Vorbereitung:
Motivierende Einladung, Pinnwände mit Überschriften versehen, Organisation von Pausengetränken

Materialien: Moderationsmaterialien und 5 Pinnwände

Stichpunkte:
Kommunikation – Beteiligung – Information

Verlauf

Begrüßung und Vorstellungsrunde *(ca. 5–10 Min.)*
Die für den Prozess verantwortliche Person stellt sich und die Moderation mit ihren jeweiligen Aufgaben vor und begrüßt die TN. Bei kleineren Gruppen stellen sich auch die Teilnehmerinnen und Teilnehmer selbst vor.

Einstiegsreferat *(ca. 20 Min.)*
Durch einen kurzen, motivierenden Vortrag wird der geplante Prozess zur interkulturellen Orientierung und Öffnung der Organisation vorgestellt. Inhalte sind der Anlass des Veränderungsprozesses, die Haltung der Führung, angestrebte Ziele, das geplantes Verfahren und die Erwartungen an die Belegschaft.

Sammlung von Fragen *(ca. 30 Min.)*
Die Moderation führt in die Fragensammlung ein, indem sie die Pinnwandüberschriften vorstellt:
Auf der Pinnwand „Information" werden allgemeine Fragen zum geplanten Vorgehen gesammelt. Ziel ist, dass alle Beteiligten sich gut informiert fühlen und den gleichen Wissenstand haben.

Auf der Pinnwand „Anlass" werden Fragen und Stichpunkte gesammelt, die sich auf den Anlass des eingeleiteten Prozesses beziehen. Ziel ist, dass alle Beteiligten den Anlass des Veränderungsprozesses nachvollzogen haben.

Auf der Pinnwand „Engagement" werden Fragen zur Beteiligung der Mitarbeiterschaft gesammelt. Ziel ist, dass alle Beteiligten eine Vorstellung haben, was auf sie persönlich zukommt und welche Beteiligungsmöglichkeiten bestehen.

Auf der Pinnwand „Sonstiges" werden Fragen und Stichpunkte gesammelt, die keiner der anderen drei Kategorien zuzuordnen sind.

Auf der fünften Pinnwand „noch offene Fragen und Themen" werden die Fragen und Stichpunkte gesammelt, die nach Ablauf der geplanten Gesprächszeit noch offen geblieben sind. Wie die dort gesammelten Karten weiter abgearbeitet werden, wird gemeinsam mit der Gruppe beschlossen.

Die TN werden nun gebeten, ihre Fragen und Stichpunkte auf Karten festzuhalten. Die Fragensammlung dauert so lange, bis niemand mehr schreibt, oder sie wird nach 20 Min. abgebrochen.

Zuordnen der Karten *(ca. 30 Min.)*
Die TN stellen ihre Fragen und Stichpunkte vor und übergeben sie der Moderation, die sie nach Einverständnisabfrage der Zuordnung auf die entsprechende Pinnwand heftet. Danach wird eine Pause angekündigt, in der sich die für den Prozess zuständige Person auf die Beantwortung der Fragen vorbereiten kann.

Pause *(ca. 15 Min.)*

Beantwortung der offenen Fragen *(ca. 60 Min.)*
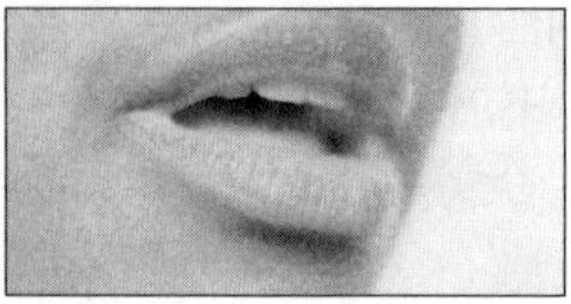
Zunächst werden die Informationsfragen beantwortet, die keiner längeren Ausführungen bedürfen. Jede zufrieden stellend beantwortete Frage wird nach Rücksprache mit der Gruppe abgehakt. Dann wird auf die Fragestellungen eingegangen, die der Gruppe besonders wichtig sind, da sie von mehreren TN angesprochen wurden, unabhängig davon, auf welcher Pinnwand sie stehen. Kurze Diskussionsbeiträge der TN sind erwünscht. Erfordert eine Frage eine längere Diskussion, wird das Gespräch begrenzt. Die noch zu klärenden Teilaspekte werden festgehalten und die ergänzte Fragestellung auf die fünfte Pinnwand „noch offene Fragen und Themen" übertragen. Nach einer Stunde wird das Gespräch beendet.

Feedback oder Vereinbarung *(ca. 15 Min.)*
War die Zeit ausreichend, alle offenen Fragen zu klären, schließt sich eine Feedbackrunde zur Zufriedenheit mit dem Klärungsprozess und zur Zufriedenheit mit dem Gesprächsergebnis an. Konnten nicht alle Fragen zufrieden stellend beantwortet werden, wird mit der Gruppe vereinbart, wie weiter vorgegangen werden soll (beispielsweise ein Folgetermin für alle, ein Folgegespräch mit einem Teil der Gruppe, ein Folgegespräch mit weiteren Beteiligten, die für die Beantwortung der Fragen eine Rolle spielen oder aber eine schriftliche Information).

Menschen, deren Leben durch eine Entscheidung berührt und verändert wird, müssen an dem Prozess, der zu dieser Entscheidung führt, beteiligt sein und gehört werden.
John Naisbitt, amerikanischer Zukunftsforscher

3. BETEILIGUNG

Partizipation, also Teilhabe und Mitwirkung, ist, wie bereits an verschiedenen Stellen ausgeführt, Grundvoraussetzung für den Prozess der interkulturellen Orientierung und Öffnung. Die hier vorgestellten Schwerpunkte von Beteiligung beziehen sich darauf, Interessen, Erwartungen und Bedürfnisse bei den Personengruppen abzufragen, die von dem Prozess der interkulturellen Öffnung einer Organisation direkt und indirekt betroffen sind. Wir stellen hierzu drei verschiedene Methoden dar.

Die Aktivität „Nutzerinnen und Nutzer befragen" ist der Methode der Gruppendiskussion zuzuordnen. Es handelt sich um die Befragung von Nutzerinnen und Nutzern unterschiedlicher Herkunft nach ihren Erwartungen an die Qualität von Dienstleistungen.

Die „Stakeholderkonferenz" ist eine andere Form der Gruppendiskussion. Sie hat verschiedene Interessensgruppen als Zielgruppe, die direkt und indirekt den Rahmen für den interkulturellen Öffnungsprozess vorgeben, wie Entscheidungsträger aus der Politik, Verbandsvertretungen und Entscheidungsträger der Verwaltung. Die Auswahl von Stakeholdern geschieht durch eine Stakeholderanalyse, die in Kapitel 11.5 zu finden ist.

Die dritte Methode ist eine Variante des World Cafés, die mit Vertreterinnen und Vertretern von Migrantenorganisationen, Vereinen und anderen Interessensgruppen im Umfeld einer Organisation durchgeführt wird.

Die SERVQUAL-Methode

Die amerikanische Professorin Valerie Zeithaml und ihre männlichen Kollegen A. Parasuraman und L. Berry entwickelten ein Verfahren, um die Servicequalität von Dienstleistungen zu messen. Ziel der Methode ist es, „Lücken zwischen den Erwartungen und Erfahrungen“ von Kundinnen und Kunden bzw. von Nutzerinnen und Nutzern festzustellen, „die geschlossen werden müssen“ (1992: 27), um einen guten Service zu bieten. In den von ihnen durchgeführten Untersuchungen wurden diese Lücken per Fragebogen ermittelt.

Zentral für die Bewertung der Qualität von Dienstleistungen sind also die Erwartungen der Personen an die Dienstleistungen, die sie in Anspruch nehmen. Erwartungen können unbewusst sein. Sie speisen sich sowohl aus alltäglichen Erfahrungen und aus direkten Informationen, beispielsweise durch Broschüren und Weiterempfehlungen, als auch aus indirekten Informationen wie „aufgeschnappten“ Erzählungen oder Hinweisen. Positive aber auch negative Erwartungen können erfüllt oder übertroffen werden. Entscheidend für die Beurteilung ist, wie eine Nichtübereinstimmung erlebt wird. „Dabei können – wie aus Alltagserfahrungen bekannt – bereits einzelne negative Erlebnisse die gesamte Dienstleistungserfahrung und die Einschätzung der Leistungsfähigkeit des Anbieters beeinträchtigen“ (Bobzien 2004: 24). Diese Momente der negativen, in manchen Fällen auch der positiven Überraschung, prägen also das Erleben der Dienstleistung nachhaltig. Bernd Strauss (1992) nennt sie darum die „Augenblicke der Wahrheit“, Monika Bobzien (2004) spricht von ihnen als den „Momenten der Wahrheit“ (moments-of-truth). In ihnen entscheidet sich, wie ein Dienstleistungsunternehmen bewertet wird. Enttäuschungen oder unverhofftes Entgegenkommen bleiben in Erinnerung. Ein negatives Image kann schon aus nur einem Erlebnis resultieren. Ein einmal gewonnenes Bild ist schwer zu korrigieren.

Zeithaml, Parasuraman und Berry ermittelten zehn übergeordnete Kriterien von Servicequalität, auf die sich Kundenerwartungen beziehen:
Erscheinungsbild, Ausstattung, Zuverlässigkeit, Entgegenkommen, Kompetenz, Freundlichkeit, Vertrauenswürdigkeit, Sicherheit, Erreichbarkeit und eine verständliche Form der Sprache (vgl. 1992: 34 ff).

Das GAP[1]-Modell

Das GAP-Modell beschreibt fünf Lücken. Dabei ist die 5. Lücke die wichtigste Lücke. Sie ist das Resultat der Lücken von 1 bis 4.

1. Lücke (gap1): Lücke zwischen der tatsächlichen Erwartung und der wahrgenommenen Erwartung
Die Erwartungen der Nutzerinnen und Nutzer einer Dienstleistung werden vom Anbieter nicht wahrgenommen.

2. Lücke (gap2): Lücke zwischen den wahrgenommen Erwartungen und ihrer Entsprechung durch Standards für die Umsetzung
Die Erwartungen der Nutzerinnen und Nutzer werden zwar vom Anbieter wahrgenommen, es existieren aber keine Standards für die Leistungserbringung.

3. Lücke (gap3): Lücke zwischen den beschriebenen Standards und ihrer einheitlichen Umsetzung
Die Leistungen sind vom Anbieter beschrieben und Standards für die Erbringung von Dienstleistungen wurden festgelegt, die Standards werden aber nicht von allen Mitarbeiterinnen und Mitarbeitern gleichermaßen eingehalten.

4. Lücke (gap4): Lücke zwischen „versprochener" und erbrachter Dienstleistung
Die Beschreibung der Dienstleistungen entspricht nicht dem Standardangebot. Sie erweckt falsche Erwartungen.

5. Lücke (gap5): Die Erwartungen der Kundinnen und Kunden an die
Dienstleistungen und das Erleben der Dienstleistungen stimmen nicht überein.

Zeithaml und ihre Kollegen haben die zehn von ihnen ermittelten Kriterien für die Beurteilung von Dienstleistungen aus Gründen der Übersichtlichkeit zu fünf Dimensionen zusammengefasst. Diese fünf Servicequalitätsdimensionen beziehen sich auf Materielles, auf Zuverlässigkeit, auf das Entgegenkommen, die fachliche Souveränität und das Einfühlungsvermögen. Zu jeder dieser Dimensionen entwickelten sie einen Fragenkatalog für eine schriftliche Abfrage, genannt SERVQUAL-Messinstrument. Monika Bobzien (vgl. Bobzien 2004) und Wolfgang Stark haben bei der Befragung von Nutzerinnen und Nutzern das Instrument SERVQUAL mit der Methode der Gruppendiskussion bzw. der Gruppenbefragung verbunden.

1 Gap = Lücke

SERVQUAL-Befragungen im interkulturellen Kontext

In München wurden sehr gute Erfahrungen mit der SERVQUAL-Befragung von Nutzerinnen und Nutzern kommunaler Dienstleistungen gemacht. Insbesondere eignet sich diese Methode für Befragungen im interkulturellen Kontext, da Menschen mit Migrationshintergrund häufig das Gruppengespräch einer schriftlichen Befragung vorziehen, Befragungen in ihrer Herkunftssprache als Entgegenkommen und Wertschätzung bewerten und die Gruppenbefragung ein deutliches Signal setzt, dass Menschen mit Migrationshintergrund in der Einrichtung willkommen sind und ihre Beteiligung erwünscht ist (vgl. Handschuck 2008 b: 159f.).

Weiterentwicklung der Kategorien von Servicequalität

Durch empirische Untersuchungen von Zeithaml, Parasuraman und Berry kristallisierten sich, wie bereits erwähnt, aus den zehn übergeordneten Kriterien für Servicequalität fünf Dimensionen als für die Servicequalität entscheidend heraus. Daran orientieren sich auch Monika Bobzien und Wolfgang Stark, die diese Dimensionen leicht modifiziert in ihren Befragungen grundsätzlich berücksichtigen. In Fokusgruppenbefragungen ermittelten sie, wie die materielle Ausstattung einer Einrichtung, die Zuverlässigkeit ihrer Fachkräfte, die Souveränität der Leistungserbringung und das Einfühlungsvermögen der Mitarbeiterinnen und Mitarbeiter von den jeweiligen Zielgruppen erlebt wurden und welche Erwartungen sie an eine hohe Servicequalität haben.

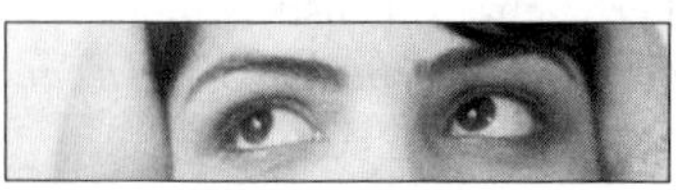

In mehren von Reyhan Kulac und Sabine Handschuck durchgeführten SERVQUAL-Befragungen im interkulturellen Kontext zeigte sich, dass für die praktische Durchführung vier Dimensionen besser geeignet sind, da die Erwartungen zu den Fragenkomplexen „Entgegenkommen“ und „Einfühlungsvermögen“ sich als nur schwer voneinander abgrenzbar zeigten. Darüber hinaus fühlten sich die Befragten durch die intensive Abfrage von fünf Dimensionen in der Regel erschöpft, was sich negativ auf den Beteiligungslevel an der Diskussion der letzten Dimension auswirkte. Weiter waren mit der Übersetzung der Kategorie „Souveränität“ in türkisch-deutschen Befragungen Verständigungsschwierigkeiten verbunden. Gerade für Menschen mit Migrationshintergrund, die wenige Kenntnisse über das deutsche Versorgungssystem haben, zeigte sich, dass erfüllte Erwartungen an Sicherheit (Anonymität, keine Gefahr der Abschiebung oder sonstiger negativer Eingriffe) wesentlich für die positive Beurteilung von Servicequalität sind. Die aufgrund dieser Erfahrungen von Handschuck und Kulac vorgenommene geringfügige Modifikation führte zu vier Dimensionen mit jeweils drei Fragenkomplexen:

Ausstattung:	Erwartungen an die materielle Ausstattung Erwartungen an das Erscheinungsbild der Einrichtung Erwartungen an das Erscheinungsbild des Personals
Zuverlässigkeit:	Erwartungen an Transparenz Erwartungen an Sicherheit Erwartungen an Diskretion
Fachliches Auftreten:	Erwartungen an Umgang und Auftreten Erwartungen an professionelle Vernetzung Erwartungen an die Verständlichkeit von Informationen
Entgegenkommen:	Erwartungen an individuelle Aufmerksamkeit Erwartungen an das Einfühlungsvermögen Erwartungen an Flexibilität und Bedürfnisorientierung

Wie die Fragen genau formuliert werden, hängt von der jeweiligen Zielgruppe ab. So werden Kinder anders befragt als Erwachsene, Senioren, die eine Gesundheitsberatung in Anspruch nehmen anders als Jugendliche, die sich zu einem Bewerbungstraining angemeldet haben. Die konkreten Fragen müssen also einrichtungsspezifisch mit den jeweiligen Fachkräften gemeinsam entwickelt werden, auch wenn die Befragung von externen Experten durchgeführt wird, die Fachkräfte also selbst nicht dabei sind. Ein mögliches Vorgehen bei der Erarbeitung von Fragenkomplexen wird in der Aktivität 3.1 vorgestellt.

Die Stakeholderkonferenz

In der Projektarbeit sind Stakeholder Personen, Personengruppen oder Institutionen, die ein Interesse am Verlauf und am Ergebnis eines Projektes haben. Der Begriff „Stakeholder“ kommt aus dem Englischen. „Stake“ hat die Bedeutung von „Einsatz“, „Holder“ die Bedeutung von „Eigner“. Im übertragenen Sinne sind mit Stakeholder aber nicht nur Personen, Personengruppen oder Institutionen gemeint, die selbst einen Einsatz bei der Projektplanung oder der Projektdurchführung leisten, sondern die in irgendeiner Weise durch das Projekt betroffen sind.

Das deutsche Institut für Normung e.V. (DIN) definiert in der Norm ISO 10006 Stakeholder als alle Personen, die an einem Projekt Interesse haben und von dem Projekt in irgendeiner Weise betroffen sind. In der Projektarbeit werden dementsprechend statt „Stakeholder“ häufig die Begriffe „Interessensträger“ oder „Projektbetroffene“ verwendet. Auch Nutzerinnen und Nutzer sozialer Dienstleistungen einer Einrichtung sind zu ihren Stakeholdern zu zählen.

Soll ein Prozess der interkulturellen Öffnung nicht nur gelingen, sondern auch nachhaltig sein, empfiehlt es sich, dass die Interessen aller Interessensträger abgefragt werden, um angemessen berücksichtigt werden zu können. Die in der Aktivität 3.4 vorgestellte Stakeholderkonferenz wird mit Entscheidungsträgern durchgeführt, die für den Prozess der interkulturellen Öffnung der jeweiligen Organisationen relevant sind. Unserer Erfahrung nach hat es sich bewährt, die Interessen der Nutzerinnen und Nutzer mit anderen Verfahren als dem Verfahren der SERVQUAL-Methode zu ermitteln, während eine Befragung in Form einer Konferenz eher den Bedürfnissen von Führungskräften entspricht. Die gewählte Methode ist die der Fokusgruppenbefragung in einer moderierten Gruppendiskussion.

Im Rahmen von Fokusgruppen gewinnt die Gruppendiskussion zunehmend an Bedeutung bei der Erhebung von Meinungen. Friedrich Pollock (1955), der Mitte der 50er-Jahre das Gruppendiskussionsverfahren einer breiteren Öffentlichkeit in Deutschland zugänglich gemacht hat, führt als Vorteil der Methode an, dass durch sie die Einstellungen der Teilnehmerinnen und Teilnehmer sowie die Veränderung dieser Einstellungen durch Wechselwirkungen zwischen Einzelpersonen und Gruppe sichtbar gemacht werden können (Handschuck 2008 b: 161). Die Gruppendiskussion eignet sich also besonders gut, um Meinungen, Einstellungen und Interessen von Vertreterinnen und Vertretern der Kommunalpolitik und von Führungskräften aus der Verwaltung und von freien Trägern der Sozialen Arbeit zu ermitteln und zu überprüfen, welche Interessen im Bezug auf einen Prozess der interkulturellen Öffnung geteilt werden. Gleichzeitig werden durch den Diskussionsprozess nicht nur Meinungen abgefragt, sondern diese entwickeln sich durch Rede und Gegenrede, durch Abwägen und Nachfragen in der Gruppendiskussion weiter. Von einer „Meinung“ in dem Sinne, wie sie die Umfrageforschung voraussetzt, ist nicht selbstverständlich auszugehen. Bourdieu (1982: 641) erklärt den Besitz einer Meinung zum Privileg. Meinungen oder „Meinungslosigkeit“ sind davon beeinflusst, inwieweit die Möglichkeit der Meinungsbildung besteht. Die Stakeholderkonferenz ist also nicht nur ein Erhebungsinstrument, sie ist auch ein Beteiligungselement, das Meinungsbildung im Prozess der Diskussion ermöglicht.

Das Beteiligungscafé

Die Methode des World Cafés wurde 1995 in den USA von Juanita Brown und David Isaak (vgl. Seliger 2008: 105) entwickelt. Es gibt zahlreiche Varianten dieser Methode, wie beispielsweise das Knowledge Café. Allen Varianten gemein ist, dass die Methode mittleren oder großen Gruppen ermöglicht, miteinander zu diskutieren, Ideen zu entwickeln und sich Wissen gegenseitig zur Verfügung zu stellen. Die Methode ist gut geeignet, wenn die gemeinsame Sicht aller auf ein gemeinsames Thema deutlich werden soll. Ziel ist die Verdichtung, aber auch die Erweiterung vorhandener Lösungsansätze durch den Prozess des Austausches. In lockerer Gesprächsatmosphäre finden an verschiedenen

Tischen zu einem vorgegebenen Thema oder zu einer bzw. mehreren vorgegeben Fragen Gesprächsrunden mit wechselnder Besetzung statt. Das Beteiligungscafé ist eine Variante dieser Methode, die sich eignet, große Gruppen am Prozess der interkulturellen Orientierung und Öffnung zu beteiligen.

Aktivitäten:

3.1 Servicequalität: Fragen entwickeln
3.2 Befragung nach der SERVQUAL-Methode
3.3 Blitzbefragungen – Das Schwarze Brett
3.4 Beteiligungscafé
3.5 Stakeholderkonferenz

3.1 Servicequalität: Fragen entwickeln

Kurzbeschreibung

Mögliche Fragestellungen zur Feststellung der Dienstleistungsqualität werden durch die Teilnehmerinnen und Teilnehmer (TN) entwickelt. Die Aktivität dient der Vorbereitung einer Kundenbefragung.

Ziele:

- Die möglichen Erwartungen der Nutzerinnen und Nutzer einer Dienstleistungseinrichtung sind reflektiert.
- Eine dem Einrichtungsangebot angemessene Auswahl abzufragender Servicequalitätsdimensionen wurde getroffen.
- Eine Arbeitshilfe für die Durchführung einer Befragung der Nutzerinnen und Nutzer und für die Qualitätsverbesserung der Dienstleistungsqualität ist erstellt.

Zeit: ca. 3,5 Stunden (einschließlich Einstiegsübung und Auswertung, ohne Pause)

Ausstattung: Besprechungsraum der Gruppengröße entsprechend

Gruppengröße: 8 – 20 Personen

Vorbereitung:
Handout erstellen, das 1. in die Service-Qualitätskriterien einführt und 2. das Gap-Modell von Zeithaml, Parasuraman und Berry vorstellt (siehe Einleitung). 10 Karten mit den von Zeithaml, Parasuraman und Berry entwickelten Servicekriterien

Materialie: Flipchart, Stifte, Pinnwand, Karten

Besonderheiten:
Die Aktivität sollte auf jeden Fall durchgeführt werden, wenn sich eine Einrichtung für die Durchführung einer Nutzerinnen- und Nutzerbefragung nach der SERVQUAL-Methode entschieden hat. Sie kann aber auch mit Teams durchgeführt werden, die diese Methode kennenlernen wollen. Auch wenn es zu keiner Befragung der Nutzerinnen und Nutzer kommt, ist die Aktivität geeignet, mögliche Kundenerwartungen zu reflektieren, um auf dieser Grundlage die Dienstleistungsqualität zu verbessern.

Stichworte:
Beteiligung – Erwartungsabfrage – Fokus Nutzerinnen und Nutzer

Verlauf:

Einführung *(ca. 30 Min.)*
Die von Zeithaml, Parasuraman und Berry entwickelten Service-Kriterien werden vorstellt, das Gap-Modell erläutert, offene Fragen geklärt.

Paargespräch *(ca. 30 Min.)*
Die Karten mit den zehn Servicequalitätskriterien sind auf einer Pinnwand ausgestellt. Eine Dienstleistung, die alle TN schon einmal in Anspruch genommen haben (z.B. Besuch beim Zahnarzt, beim Friseur, in der Leihbücherei), wird ausgewählt.

Die TN bilden Gesprächspaare und werden aufgefordert, sich für eine der zehn Service-Kriterien zu entscheiden. Sie pflücken die entsprechende Karte von der Pinnwand und tauschen sich ca. 5 Minuten über ihre eigenen Erwartungen bezüglich der Dienstleistung und der Servicedimension aus und halten diese auf Karten fest.

Beispiel Zahnarztbesuch, Service-Qualitätsdimension: **Ausstattung:**
moderne technische Geräte, schalldichte Tür zwischen Wartebereich und Behandlungszimmer, aktuelle Zeitschriften im Warteraum, Wegwerfzahnbürsten und Zahncreme stehen im Sanitärbereich zur Verfügung.

Beispiel Friseurbesuch, Service-Qualitätsdimension: **Zuverlässigkeit:**
Termine werden eingehalten, Anruf bei Terminverschiebungen, Zufriedenheit mit dem Ergebnis des letzten Friseurbesuchs wird zuverlässig abgefragt und Änderungswünsche auf der Kundenkarte vermerkt, über mögliche chemische Reaktionen der verwendeten Mittel wird auch ohne Nachfrage informiert.

Beispiel Büchereibesuch, Service-Qualitätsdimension: **Sicherheit:**
Schließfächer stehen zur Verfügung, Datenschutz ist gewährleistet, bei nicht jugendfreien Publikationen wird ein Altersnachweis gefordert.

Plenum *(ca. 30 Min.)*
Die Paare stellen ihre Erwartungen vor. Gemeinsam wird die Sammlung daraufhin ausgewertet, welche Erwartungen mehreren Kriterien zuzuordnen sind. Beispielsweise kann die Erwartung „verständliche Erklärung“ den Kriterien „Sicherheit“, „Verständlichkeit“ oder auch „Entgegenkommen“ zugeordnet werden.

Die Gruppe löst sich nun von den allgemeinen Beispielen und wählt drei bis vier Qualitätsdimensionen aus, die für das eigene Dienstleistungsangebot als besonders wichtig erachtet werden, beispielsweise: „Auftreten der Fachkräfte“, „Ausstattung der Einrichtung“, „Entgegenkommen“ und „Sicherheit“.

Fragenkatalog erstellen *(ca. 45 Min.)*
Anhand ausgewählter Qualitätsdimensionen werden in Kleingruppenarbeit mögliche Erwartungen an die Dienstleistungsqualität der eigenen Einrichtung zusammengetragen. Die Fachkräfte fühlen sich dabei in die Bedürfnisse der Nutzerinnen und Nutzer ein. Die genannten Stichpunkte werden auf dem Flipchart festgehalten. Nach ca. 15 Minuten wird das Brainstorming abgebrochen und die Stichpunkte gemeinsam zu Fragen umformuliert.

Beispiel:
Erwartungen aus der Perspektive einer Mutter zur Ausstattung eines Müttertreffs, Stichpunkt: Wickelmöglichkeit

Fragen:
Gibt es einen Wickeltisch?
Ist er stabil und groß genug?
Ist er leicht zugänglich?
Reicht ein Wickeltisch?
Ist der Raum sauber und ansprechend?
Gibt es eine Notration Windeln?
Hat der Windeleimer einen Deckel (Geruch)?
Wird er regelmäßig geleert?
Sind Nutzungsregeln mehrsprachig bzw. durch verständliche Piktogramme erklärt?

Vorstellung der Fragenkataloge *(ca. 30 Min.)*
Die Kleingruppen stellen sich gegenseitig ihre Arbeitsergebnisse vor. Gemeinsam werden die Checklisten ergänzt.

Ist in der Einrichtung eine Befragung der Nutzerinnen und Nutzer geplant, werden die erstellten Checklisten dem Befragungsteam zur Verfügung gestellt. Ist keine Befragung geplant, wertet die Gruppe die Fragenkataloge selbst aus.

Auswertung der Fragenkataloge *(ca. 45 Min.)*
Im Plenum werden die erstellten Checklisten auf vorhandene Lücken überprüft. Das heißt, bei jeder Frage überlegt die Gruppe gemeinsam, ob die gesammelten Erwartungen erfüllt sind oder ob Maßnahmen getroffen werden können, um sie zu erfüllen. Veränderungen zur Schließung festgestellter Lücken werden vereinbart. Es wird festgelegt, wer für was Verantwortung übernimmt und bis wann die Lücken geschlossen werden.

3.2 Befragungen nach der SERVQUAL-Methode

Kurzbeschreibung

Die Kundschaft wird von einem externen Team in einer Gruppendiskussion nach ihren Erwartungen an die Dienstleistungsqualität des Angebotes der Einrichtung befragt. Die Methode eignet sich für alle Dienstleistungsorganisationen.

Ziele:

- Erwartungen an die Dienstleistungsqualität der Zielgruppe sind abgefragt.
- Die Ergebnisse der Befragung werden in der Einrichtung kommuniziert.
- Veränderungen, die aus der Befragung resultieren, sind für die Nutzerinnen und Nutzer der Einrichtung sichtbar bzw. erfahrbar.

Zeit: ca. 2,5 Stunden (ohne Vorbereitung und Auswertung)

Ausstattung:
Gruppenraum mit bequemen Sitzgelegenheiten und einem angenehmen Ambiente

Gruppengröße: 8 – 12 Personen

Vorbereitung:
Vorbereitungsgespräch mit dem Einrichtungsteam.
Einladung der zu Befragenden, mündlich durch die Fachkräfte, zusätzlich schriftlich durch das Befragungsteam.
Auswahl der drei bis vier abzufragenden Service-Qualitätsdimensionen (siehe Aktivität 3.1).

Nachbereitung:
Dokumentation der Befragungsergebnisse.
Nachbereitungsgespräch mit dem Fachteam, in dem die Ergebnisse vorgestellt und zeitnahe Veränderungen abgesprochen werden. Information der Befragten über die getroffenen Vereinbarungen. (Es empfiehlt sich, die Absprachen auf dem „Schwarzen Brett“ zu veröffentlichen, siehe Aktivität 3.3.)

Materialien:
Flipchart, Stifte, mehrere Flipchartblöcke, Getränke und Kleinigkeiten zum Essen

Besonderheiten:
Die Befragung ist von einem erfahrenen, mehrsprachigen, externen Moderatorenteam durchzuführen. Eine ausführliche Beschreibung der SERVQUAL-Befragung eines Qualitätszirkels einschließlich der Auswertung findet sich in „Qualitätsentwicklung im Sozialraum, Band 2, Evaluation“ (Handschuck 2007b: 143–160). In mehr als zwanzig Einrichtungen wurden von uns Nutzerinnen- und Nutzerbefragungen im Rahmen eines interkulturellen Öffnungsprozess nach der SERVQUAL-Methode durchgeführt. In allen Einrichtungen hatten die Befragungen den positiven Effekt, dass sich die Kommunikation zwischen Fachkräften und Nutzerinnen und Nutzern intensivierte, die Befragten die Gruppendiskussion als Wertschätzung empfanden und sie sich in Veränderungsprozesse einbezogen sahen. Es fanden Befragungen mit Schulkindern, mit Jugendlichen, mit Erwachsenen und mit Seniorinnen und Senioren statt. Das Instrument ist für jede Zielgruppe geeignet.

Unserer Erfahrung nach hat es sich bewährt, in die Gruppendiskussion mit der Dienstleistungsdimension „Ausstattung“ zu beginnen, da sie für die Gruppe in der Regel gut vorstellbar ist und schnell Beiträge kommen. Wie bereits erwähnt, fühlen sich die Befragten durch die Bearbeitung von mehr als drei Dimensionen häufig erschöpft. Die Diskussionsrunden sollten daher nicht länger als 30 Min. dauern. Nach zwei Befragungsrunden ist eine halbstündige Pause empfehlenswert. Oft mögen sich einige der Befragten nach Beendigung der Gruppendiskussion nicht gleich trennen und es schließen sich Gespräche der TN untereinander an. Es empfiehlt sich, Zeit für das Ausklingen der Befragung einzuplanen.

Stichworte:
Beteiligung – Erwartungsabfrage – Fokus Nutzerinnen und Nutzer

Verlauf:

Begrüßung *(ca. 30 Min.)*
Die Teilnehmerinnen und Teilnehmer (TN) werden begrüßt und mit Getränken versorgt. Das Moderationsteam stellt sich vor und erläutert seine jeweiligen Rollen: Eine Person stellt sich als verantwortlich für die Moderation vor, die durch die Diskussion führt, die andere als verantwortlich für die Dokumentation, die die Antworten der Gruppe festhält. Beide bedanken sich bei den TN für ihre Bereitschaft, bei der Verbesserung der Dienstleistungsqualität der Einrichtung unterstützend mitzuwirken, informieren über das Vorgehen und beantwortet offene Fragen. Die TN werden gebeten sich vorzustellen.

Gruppendiskussion *(120 Min. einschließlich Pause)*

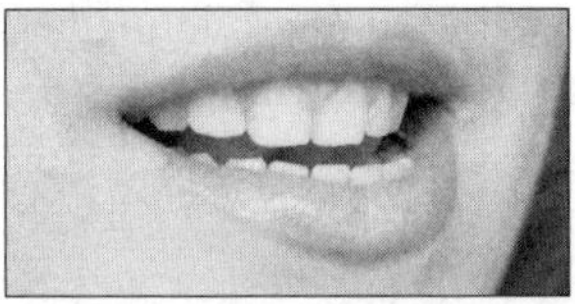

Die Moderation führt in die erste Fragestellung ein und ermutigt die TN, ihre Erwartungen zu äußern. Alle geäußerten Erwartungen werden auf einem Flipchartblock von der dokumentierenden Person für alle sichtbar festgehalten. Ist eine Seite vollgeschrieben, wird sie nummeriert, im Raum ausgehängt und eine neue Seite wird beschriftet. Auf jeder Seite ist die Dienstleistungsdimension, die gerade diskutiert wird, als Überschrift festgehalten.

Die Moderation achtet darauf, dass auch sich widersprechende Erwartungen festgehalten werden. Sie unterstützt den Austausch verschiedener Standpunkte und wirbt sensibel um einen akzeptierenden Umgang miteinander. Jede Erwartung und jede Erfahrung hat ihre Berechtigung. Werden Beschwerden geäußert, unterstützt die Moderation die TN darin, diese in Erwartungen umzuformulieren. Erwartungen, die nicht zufriedenstellend erfüllt wurden, oder Erwartungen, die übertroffen wurden (Momente der Wahrheit), werden im Gespräch ermittelt und entsprechend gekennzeichnet. Die verwendeten Symbole sind dabei zu erläutern (:):().

Haben sich die Beiträge zur ersten Dienstleistungsdimension erschöpft, wird die Diskussion beendet, die Ergebnisse werden von der Moderation zusammengefasst. Eventuelle Ergänzungen aus dem Kreis der TN werden durch die dokumentierende Person hinzugefügt.

Nach einer Verschnaufpause schließen sich die nächsten Diskussionsrunden an, die nach dem gleichen Verfahren durchgeführt werden.

Ist die Befragung abgeschlossen, erläutert das Moderatorenteam, was mit den Ergebnissen der Befragung geschehen wird, beantwortet alle Nachfragen der TN, bedankt sich für die Teilnahme und verabschiedet die Gruppe.

3.3 Blitzbefragungen – Das Schwarze Brett

Kurzbeschreibung

Es finden kurze Interviews mit den Nutzerinnen und Nutzern durch die Fachkräfte in der eigenen Einrichtung bzw. Fachabteilung zum interkulturellen Öffnungsprozess der Organisation statt. Auszüge aus den Interviews werden auf einem „Schwarzen Brett" veröffentlicht.

Ziele:

- Zentrale Arbeitsbegriffe für den Prozess der interkulturellen Öffnung sind reflektiert, drei Fragestellungen für Kurzinterviews sind Resultat eines gemeinsamen Arbeitsprozesses des Einrichtungsteams.
- Die Vorstellungen der Zielgruppe sind abgefragt.
- Teilergebnisse der Befragung sind veröffentlicht und tragen zur Meinungsbildung bei.
- Das „Schwarze Brett" ist als Kommunikations- und Beteiligungsinstrument in der Einrichtung eingeführt.

Zeit:

drei Termine: 1. Treffen ca. 45 Min., 2. Treffen: ca. 60 Min., 3. Treffen ca. 60 Min.

Ausstattung: Besprechungsraum

Gruppengröße: 6 – 12 Personen

Vorbereitung: Eventuell Beispiel eines gestalteten „Schwarzen Brett" vorbereiten

Materialien: Karten, Stifte, „Schwarzes Brett"

Besonderheiten:

Die Aktivität eignet sich besonders für kleine Einrichtungen. Die Belegschaft sollte nicht mehr als 20 hauptamtliche Mitarbeiterinnen und Mitarbeiter umfassen.

Verschiedene Einrichtungen bildeten nach der Durchführung von Blitzbefragungen kleine Projektgruppen, die das „Schwarze Brett" kontinuierlich pflegten. In ihnen konnte sich das „Schwarze Brett" als Kommunikations- und Beteiligungsinstrument etablieren.

Quelle:
Die zu dieser Aktivität angeführten Beispiele stammen aus einer Blitzbefragung, die im Mehrgenerationenhaus „Unter den Arkaden“ in München zum Thema „Qualität“ stattgefunden hat (Handschuck/Schröer 2007: 28 ff.).

Stichworte: Beteiligung – Meinungsbildung – Kommunikation

Verlauf:

Erstes Treffen *(ca. 45 Min.)*
Die Moderation erläutert den Teilnehmerinnen und Teilnehmern (TN) das „Schwarze Brett“. Es soll als Instrument der Beteiligung, der Meinungsbildung und der Kommunikation eingeführt werden. Ein „Schwarzes Brett“ bedarf der kontinuierlichen Pflege und Gestaltung. Die ausgehängten Informationen müssen interessant sein, übersichtlich angeordnet, Rubriken müssen auf einem Blick zu erkennen sein, die Gestaltung soll optisch ansprechen. Eventuell wird ein gelungenes Beispiel vorgestellt. Für das zu gestaltende Thema Beteiligung wird eine Überschrift festgelegt, unter der die Ergebnisse der Befragung veröffentlicht werden sollen, wie beispielsweise „Unsere Meinung“.

Auf Karten werden Begriffe gesammelt, die für den interkulturellen Prozess von Bedeutung sind wie „Öffnung“, „Qualität“, „Netzwerk“ usw. Die Gruppe wählt einen Begriff für die erste „Blitzbefragung“ aus. Im Anschluss werden drei Fragen zu dem Begriff entwickelt. Beispielsweise: „Was ist Qualität für Dich/für Sie?“, „Woran kann man Qualität erkennen?“, „Kann Qualität unterschiedlich beurteilt werden?“.

Es wird vereinbart, dass alle Fachkräfte ein bis zwei Interviews mit Nutzerinnen und Nutzern ihrer Einrichtung durchführen und schriftlich festhalten. Sie informieren ihre Gesprächspartnerinnen bzw. -partner darüber, dass ein paar Ergebnisse der Befragung am „Schwarzen Brett“ anonym ausgehängt werden. Die damit verbundenen Ziele werden vermittelt. Den Befragten wird zugesichert, dass nur Beispiele von ihnen ausgehängt werden, wenn sie damit einverstanden sind. Wenn anonymisierte Namen gewünscht werden, werden diese von den Befragten selbst ausgewählt.

Zum nächsten Termin bringen alle TN ihre Interviewergebnisse mit und eventuell auch Bildmaterial zur optischen Gestaltung des Aushangs.

Zweites Treffen *(ca. 60 Min.)*
Die TN stellen sich gegenseitig ihre Interviewergebnisse vor. Gemeinsam wird eine Auswahl von zwei bis drei Antwortbeispielen zu jeder Frage getroffen, die am „Schwarzen Brett" ausgehängt werden soll. Ein kurzer Einleitungstext zu jeder Fragestellung wird gemeinsam entworfen.

Beispiel:
Was ist Qualität?
Qualität kann etwas sehr unterschiedliches sein.

„Der Sprachkurs wird von einer ausgebildeten Lehrerin durchgeführt" (Vlasta, 28 Jahre).
„Das Essen muss schmecken und vitaminreich sein" (Franziska, 71 Jahre).
„Es gibt moderne Computer in der Einrichtung, die man auch benutzen darf" (Markus, 13 Jahre).

Woran ist Qualität zu erkennen?
Unabhängig von Alter, Herkunft und Geschlecht sind sich alle einig. Qualität ist sinnlich erfahrbar. Um Qualität zu prüfen, muss man das Produkt „anfassen", „anschauen" und „ausprobieren".

„Man muss fühlen, ob zum Beispiel Obst matschig ist" (Cong, 11 Jahre).
„Man schaut, ob es ein Testurteil von der Stiftung Warentest gibt" (Elias, 14 Jahre).
„Ich probiere aus, ob das Angebot für mich nützlich ist" (Elke, 42 Jahre).

Gibt es Unterschiede in der Beurteilung von Qualität?
Qualität wird unterschiedlich beurteilt. Die Beurteilung hängt von den Personen ab. Herkunft und Alter können eine Rolle spielen.

„Was man als Qualität bezeichnet, hängt von der Grundeinstellung und den eigenen Ansprüchen ab" (Silvia, 33 Jahre).
„Mein Oma sagt, iPod sind nur Glump" (Elias, 14 Jahre).
„Wenn Menschen aus armen Ländern unser Wasser sehen, dann ist das eine sehr gute Qualität, aber für uns ist das normal" (Cong, 11 Jahre).

Das mitgebrachte zusätzliche Gestaltungsmaterial wird gesichtet, eine Auswahl wird getroffen. Es wird vereinbart, wann, wo und wie das „Schwarze Brett" in der Einrichtung eingeführt bzw. eröffnet wird und wer für welchen Zeitraum seine Pflege übernimmt.

Drittes Treffen *(ca. 60 Min.)*
Beim dritten Treffen werden die Erfahrungen mit dem „Schwarzen Brett“ ausgewertet: Wie wurde das „Schwarze Brett“ von den Nutzerinnen und Nutzern aufgenommen? Welche Gespräche haben sich daraus ergeben? Soll das „Schwarze Brett“ weiterhin genutzt und gepflegt werden? Wie werden dabei die Nutzerinnen und Nutzer einbezogen? Eventuell wird eine Projektgruppe „Schwarzes Brett“ mit Nutzerinnen und Nutzern ins Leben gerufen. Das Team trifft Vereinbarungen zum weiteren Vorgehen.

3.4 Beteiligungscafé

Kurzbeschreibung

Die Interessen von Bürgerinnen und Bürgern bzw. von Nutzerinnen und Nutzern sozialer Einrichtungen werden in einer moderierten Großgruppe abgefragt. Die Aktivität ist für alle Organisationen geeignet.

Ziele:

- Beteiligung, Meinungsbildung und Austausch sind gewährleistet.
- Erwartungen und Interessen aller Beteiligten sind transparent.
- Ein Stakeholderverteiler ist erstellt.
- Eine Ansprechperson für Nachfragen ist benannt.
- Die Beteiligten erhalten Informationen über den weiteren interkulturellen Öffnungsprozess der Organisation.

Zeit: ca. 4,5 Stunden (ohne Vorbereitungstreffen)

Ausstattung: Großer Saal mit Cafétischen, großer Nebenraum für das Büfett

Gruppengröße: 30 – 100 Personen

Vorbereitung:
Einladung der Beteiligten, Kinderbetreuung organisieren (durch den Veranstalter).
Einführung der Moderatorinnen und Moderatoren.
Gestaltung des Cafés (Blumen, Getränke, etwas zum Knabbern, Hintergrundmusik während des Eintreffens und der Pause), Büfett.

Nachbereitung:
Schriftliche Dokumentation und Auswertung der Ergebnisse, Informationsschreiben an alle Beteiligten.

Materialien:
3 Pinnwände, Karten in 3 unterschiedlichen Farben, Flipchart. Je nach Gruppengröße und Raumakustik Tonanlage mit 2 Handmikrophonen

Besonderheiten:
Die Aktivität erfordert eine Hauptmoderation und zusätzlich eine Moderation an jedem Cafétisch. Eine Tischbesetzung bis max. 12 Gästen pro Tisch ist zu empfehlen.

Stichworte: Beteiligung – Erwartungsabfrage – Motivation

Verlauf:

Eintreffen der Teilnehmerinnen und Teilnehmer (TN) *(ca. 20 Min.)*
Alle Eintreffenden werden von der Hauptmoderation am Eingang persönlich begrüßt und gebeten, an einem der Tische Platz zu nehmen. Die Cafétisch-Moderation empfängt die Gäste am Tisch, versorgt sie mit Getränken, stellt sich und neu Eintreffende vor und unterhält sich mit der Gruppe.

Begrüßung und Einführung *(ca. 15 Min.)*
Die TN werden durch die Hauptmoderation noch einmal offiziell begrüßt und über den Ablauf und die Ziele des Beteiligungscafés informiert. Die Moderatorinnen und Moderatoren an den Cafétischen stellen sich der Gesamtgruppe vor.

Erste Gesprächsrunde an den Cafétischen *(ca. 30 Min.)*
Thema: Was wünschen Sie sich von einer interkulturell geöffneten Einrichtung?

Während des Gesprächs werden alle Wünsche durch die Moderation auf Karten festgehalten. Nach ca. 25 Min. beendet die Moderation den Gedankenaustausch und hält mit der Gruppe die wichtigsten drei Hauptthemen fest.

Präsentation der Ergebnisse *(ca. 30 Min.)*
Die Moderatorinnen und Moderatoren geben einen kurzen Einblick in den Arbeitsprozess an ihrem jeweiligen Tisch und fassen die Ergebnisse zusammen. Die drei Hauptergebnisse werden auf der ersten Pinnwand ausgestellt und alle weiteren Karten des Tisches in einem Beutel gesammelt und dazugehängt. Nach der Vorstellung bittet die Hauptmoderation ein bis zwei Personen des Tisches um einen kurzen Kommentar. Nach Abschluss der Kurzpräsentation bilden die Gäste neue Gesprächsgruppen und wechseln dazu an einen anderen Tisch.

Zweite Gesprächsrunde *(ca. 30 Min.)*
Thema: Was könnten erste Schritte sein, um Ihre Wünsche zu realisieren?

Die Ideen und Vorschläge der Gesprächsgruppe werden auf Karten gesammelt und die drei attraktivsten Vorschläge von der Gruppe ausgewählt.

Präsentation der Ergebnisse *(ca. 30 Min.)*
Die Ergebnisse werden wie nach der ersten Gesprächsrunde präsentiert. Anschließend wird das Büfett eröffnet.

Pause am Büfett *(ca. 30 Min.)*

Dritte Gesprächsrunde *(ca. 30 Min.)*
Thema: Wie möchten Sie weiterhin in den Prozess der interkulturellen Öffnung einbezogen werden?

Die Hauptmoderation lädt zur dritten Gesprächsrunde ein und bittet die TN, sich zu neuen Gesprächgruppen an den Tischen zusammenzufinden.

Wünsche, Ideen und Vorschläge werden gesammelt. Zum Abschluss der Gesprächsrunde wird eine Verteilerliste erstellt, in die alle an weiteren Informationen interessierten Personen aufgenommen werden.

Präsentation der Ergebnisse *(ca. 30 Min.)*
Die Ergebnisse werden nach dem bekannten Verfahren präsentiert. Die Moderatorinnen und Moderatoren bedanken sich abschließend bei Ihren Gästen.

Abschluss und Ausklang *(ca. 30 Min.)*
Die Hauptmoderation fasst die Ergebnisse des Beteiligungscafés zusammen und erläutert, dass alle auf Karten gesammelten Beiträge schriftlich festgehalten und allen interessierten Beteiligten zugeschickt werden. Sie stellt die Ansprechperson vor, an die man sich mit weiteren Fragen oder Vorschlägen wenden kann. Die Teilnehmerinnen und Teilnehmer erhalten die Möglichkeit, sich abschließend noch einmal zu Wort zu melden.

Vorbereitung der Moderatorinnen und Moderatoren:
Für das Vorbereitungstreffen mit den Moderatorinnen und Moderatoren sind ca. 1,5 Stunden einzuplanen.

Handout: Ablaufplan und Leitfadens für die Gesprächsrunden.

Das folgende Beispiel ist der Vorbereitung eines Beteiligungscafés entnommen, das im Rahmen der Beteiligung von Bürgerinnen und Bürger an der Erstellung des Integrationskonzeptes für die Stadt Tübingen mit ca. 90 Personen durchgeführt wurde:

Samstag, 08.11.08: „Beteiligungscafé"
10.00 – 15.00 Uhr (Planung enthält 30 Min. Spielraum)
Großgruppenmoderation (in Anlehnung an World Café)

Ziele:
1. Beteiligung, Meinungsbildung und Austausch sind gewährleistet.
2. Erwartungen und Interessen aller Beteiligten sind transparent.
3. Arbeitsergebnisse der 1. und 2. Phase fließen in die Vision, die Grund- oder Leitsätze des Integrationskonzeptes ein.
4. Arbeitsergebnisse der 3. Phase bieten die Grundlage für die Weiterarbeit in fachlichen Workshops zu den Handlungsfeldern (Ziele, Indikatoren, Leitprojekte).

Ablauf:

10.00 – 10.15 Uhr	Begrüßung und Vorstellung der Moderation	
10.15 – 10.30 Uhr	Einführung in Methode und Ablauf	
10.30 – 11.00 Uhr	1. Austauschphase	2020: Integration in Tübingen ist gelungen! Welche Bilder verbinden Sie mit dieser Schlagzeile?
11.00 – 11.30 Uhr	Vorstellung der Ergebnisse	
11.30 – 12.00 Uhr	2. Austauschphase	Welche Grundsätze verbergen sich hinter Ihren Visionen?
12.00 – 12.30 Uhr	Vorstellung der Ergebnisse	
12.30 – 13.00 Uhr	Imbisspause	
13.00 – 13.30 Uhr	3. Austauschphase	Welche Schritte wollen wir als nächstes gehen? Welche Maßnahmen, Projekte werden gebraucht?
13.30 – 14.00 Uhr	Vorstellung der Ergebnisse	
14.00 – 14.30 Uhr	Zusammenfassung und Ausblick	

Beispiel: Leitfaden für die Moderation für die erste Phase:

2020: Integration in Tübingen ist gelungen!
Welche Bilder verbinden Sie mit dieser Schlagzeile?

Aufgaben:
1. Eine gute Atmosphäre herstellen
2. Kurze Vorstellungsrunde anregen
3. Ca. 15 Min. Brainstorming zur Einstiegsfrage einleiten
4. Zur Beteiligung ermutigen
5. Darüber informieren, dass alle Gedanken und Ideen auf Karten festgehalten werden
6. Karten offen auf dem Tisch sammeln
7. Drei Leitgedanken mit der Gruppe auswählen, die im Plenum vorgestellt werden
8. Auf die Zeit achten

Zeitrahmen: 10.30 – 11.00 Uhr

Möglicher Einstieg:
Wir sind jetzt im Jahr 2020. Ein Fernsehteam ist nach Tübingen gekommen, um über die vorbildlich gelungene Integration in unserer Stadt zu berichten. Was wird dieser Bericht für Bilder zeigen?

Vorstellung im Plenum, ca. 5 Min.
1. Gruppe kurz vorstellen (wie viele Personen, Zusammensetzung der Gruppe)
2. Wie verlief das Gespräch? (kamen gleich viele Ideen oder lief es eher etwas schleppend, Atmosphäre in der Gruppe, war die Zeit ausreichend)
3. Vorstellung der drei ausgewählten Schwerpunkte

3.5 Stakeholderkonferenz

Kurzbeschreibung
Die Umsetzung der interkulturellen Orientierung und Öffnung einer Organisation wird mit Vertreterinnen und Vertretern der Personengruppen diskutiert, die an dem Prozess ein unmittelbares Interesse haben bzw. auf den Prozess Einfluss nehmen können.

Ziele:
- Unterschiedliche Interessensträger werden in die Diskussion um den Prozess der interkulturellen Öffnung einbezogen.
- Beteiligung, Meinungsbildung und Austausch sind gewährleistet.
- Erwartungen und Interessen aller Beteiligten sind transparent.

Zeit: ca. 2,5 Stunden (vier Diskussionsrunden einschließlich Pause)

Ausstattung: Konferenzraum

Empfohlene Gruppengröße: bis 16 Personen

Vorbereitung: Auswahl und Einladung der Stakeholder, Tischvorlage

Nachbereitung:
Schriftliche Dokumentation und Auswertung der Ergebnisse, Informationsschreiben an alle Beteiligten

Materialien:
Tischkarten mit Namen, Tischvorlage mit Ablaufplan und Verzeichnis der Teilnehmerinnen und Teilnehmer (TN), Getränke

Besonderheiten:
Die Stakeholderkonferenz ist als Beteiligungsinstrument oder als Evaluationsinstrument einsetzbar. Die Methode entspricht dem Gruppendiskussionsverfahren.

Im Rahmen der Projektevaluation des Projektes „Interkulturelle Qualitätsentwicklung im Sozialraum" wurde die Stakeholderkonferenz eingesetzt, um Erwartungen von Interessensträgern aus der Kommunalpolitik, aus der Verwaltung und von freien Trägern sozialer Arbeit abzufragen. Eine ausführliche Darstellung findet sich im veröffentlichten Evaluationsbericht (Handschuck 2008 b: 161 – 195).

Stichworte:
Beteiligung – Erwartungsabfrage – Fokus Führungskräfte und Funktionsträger

Verlauf:

Eintreffen der TN *(ca. 15 Min.)*
Die Teilnehmerinnen und Teilnehmer (TN) werden offiziell von der Organisationsleitung begrüßt und mit Namen und Funktion einander vorgestellt. Die Organisationsleitung bedankt sich für die Mitarbeit und erläutert durch ein kurzes Statement den Konferenzanlass. Anschließend verabschiedet sie sich von den Diskutanten und übergibt das Wort der Moderation. Diese stellt sich selbst vor und nennt, mit Hinweis auf die Tischvorlage, die zu diskutierenden Themen, erläutert den zeitlichen Ablauf und beantwortet offene Fragen zum Verfahren.

Diskussionsrunden *(ca. 2 Stunden ohne Pause)*
Es schließen sich drei bis vier moderierte Diskussionsrunden an. In jeder Diskussionsrunde wird eine vorgegebene Fragestellung debattiert bzw. ein Meinungsbild erhoben. Die Runden sind zeitlich auf 30 Minuten begrenzt. Sie werden durch die Moderation jeweils eingeführt und beendet. Zwischen der 2. und der 3. Diskussionsrunde wird eine Pause von ca. 15 Min. eingelegt. Findet eine 4. Runde statt, dient diese dazu, dass jede Person noch einmal abschließend zu Wort kommt und ihre Anliegen und Erkenntnisse zusammenfasst. Abschließend werden die TN darüber informiert, bis wann sie das Konferenzprotokoll erhalten und wann ihnen die aus der Konferenz resultierenden Schritte bekannt gegeben werden.

Mögliche Fragestellungen:
1. Welche Vorstellungen verbinden Sie mit einer interkulturell orientierten und geöffneten Organisation?
2. Welche Erwartungen haben Sie an die interkulturelle Öffnung unserer Organisation? Wo sehen Sie einen besonderen Handlungsbedarf?
3. Welche Schritte, welche Vorgehensweisen halten Sie geeignet, um die interkulturelle Öffnung zu realisieren?
4. Welches Resümee ziehen Sie aus der heutigen Konferenz? Bitte fassen Sie ihre Anliegen sowie ihre Eindrücke und Erkenntnisse aus der heutigen Konferenz für die Dokumentation zusammen.

Wenn man seine Überlegungen nicht damit beginnt, daß man Definitionen gibt, also die Bedeutung der einzelnen Bezeichnungen festsetzt, so ist es, als wenn man eine Rechnung anstellen wollte, ohne den Wert der Zahlwörter eins, zwei, drei zu kennen.
Thoma Hobbes, englischer Mathematiker und Philosoph (1588 – 1679)

4. ARBEITSBEGRIFFE ODER: WOVON REDEN WIR?

„Interkulturelle Öffnung“, „interkulturelle Orientierung“, „Kulturbegriff“, „Chance Management“, „Diversitätspolitik“, „Cultural Mainstreaming“, „interkulturelle Kompetenz“, „Kulturalisierung“ und viele weitere Schlagworte kursieren, wenn es um das Thema „Vielfalt gestalten“ geht. Selten besteht Einigkeit darüber, was genau unter den Begriffen verstanden wird. Oft führen sie zu Fragen wie: „Wovon reden wir eigentlich?“ „Was genau meinen wir?“ „Welche Begrifflichkeiten wollen wir in unserer Organisation verwenden?“

Im ersten Teil dieses Handbuches wurde ausführlich auf verschiedene Begriffsdefinitionen eingegangen. Abschließende Antworten sind damit aber keineswegs gegeben. Verschiedene Autorinnen und Autoren, die zur interkulturellen Orientierung und Öffnung publiziert haben, verwenden unterschiedliche Definitionen und begründen diese auch mit unterschiedlichen Argumenten. Allein der Begriff „Kultur“ ist so schillernd, dass er in fast jeder Fachpublikation erst einmal ausführlich besprochen wird. Sogar ein ganzes Buch ist allein der Frage gewidmet „Was ist Kultur?“ (Eagleton 2001). Da die Frage spannend ist, wurde der Titel für die erste Aktivität übernommen.

Es ist notwendig, sich innerhalb einer Organisation ein gemeinsames Begriffsverständnis zu erarbeiten bzw. die mit den Begriffen verbundenen Vorstellungen des Managements so zu kommunizieren, dass jede Mitarbeiterin und jeder Mitarbeiter weiß, was genau gemeint ist. Nur so ist Meinungsbildung möglich, nur so gelingt Verständigung.

Die in diesem Kapitel vorgestellten Aktivitäten sind für die interkulturelle Teamentwicklung geeignet oder können in interkulturellen Qualifizierungsmaßnahmen eingesetzt werden. Sie sind Beispiele für die Erarbeitung von Begriffsdefinitionen, die dem spezifischen Sprachcode einer Organisation angepasst werden müssen, je nachdem, ob diese sich für die Verwendung deutscher oder englischer Begriffe entschieden hat und welche Überschriften den Prozess der interkulturellen Orientierung und Öffnung markieren sollen.

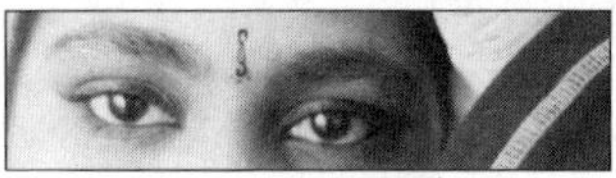

Die erste Aktivität befasst sich mit der Definition von „Kultur" in Bezug auf die Strategie der interkulturellen Öffnung. In der zweiten Aktivität werden Begriffe, in denen das Wort „Kultur" enthalten ist, in eine bildhafte Alltagssprache übersetzt. Der in dieser Übung vorkommende Begriff „interkulturelle Kompetenz" wird in der dritten Aktivität nochmals aufgegriffen, da er zu einem Schlagwort geworden ist. So spricht Birgit Rommelspacher von „einem Zauberwort für die Lösung angeblich aller Probleme" (1999: 111). Während Wolfgang Hinz-Rommel 1994 titelt: „Interkulturelle Kompetenz. Ein neues Anforderungsprofil für die soziale Arbeit", lehnen Annita Kalpaka (1998) und andere Kritikerinnen und Kritiker den Begriff ab. Ihre Begründung lautet vereinfacht wiedergegeben, dass er Machtasymmetrien verschleiere und kulturalisierende Aspekte beinhalten würde. Paul Mecheril (2008: 25) ironisierte die Debatte von Pädagoginnen und Pädagogen, indem er der „interkulturellen Kompetenz" den Begriff der „Kompetenzlosigkeitskompetenz" entgegenstellte. Sehr früh, Mitte der 90er-Jahre, positionierte sich Stefan Gaitanides. Er stellte einen Katalog zusammen, was unter interkultureller Kompetenz zu verstehen ist, der anfangs über dreißig Kompetenzkategorien umfasste, aus denen sich interkulturelle Kompetenz zusammensetzen soll. In einer Veröffentlichung von 2006 ist der Katalog auf 22 Kategorien zusammengeschrumpft. Darla K. Deardorff befragte 23 amerikanische interkulturelle Expertinnen und Experten, was sie unter interkultureller Kompetenz verstehen, und entwickelte ein Modell, das von der Bertelsmann Stiftung 2006 veröffentlicht wurde. Es ist also naheliegend, sich genauer mit der interkultureller Kompetenz zu beschäftigen, da sie nicht nur sehr kontrovers diskutiert, sondern auch in vielen Stellenausschreibungen von Kommunen und freien Trägern als Einstellungsvoraussetzung benannt wird.

Auch das Wort „Öffnung" beinhaltet eine Bandbreite an Bedeutungen. „Es kann sich auf Institutionen, Orte, Gruppen, Personen, Verfahren und Abläufe, aber auch auf die Gewinnung neuer Wahrnehmungsperspektiven und daraus resultierender Erkenntnisse beziehen, also sowohl auf das Handeln als auch auf das Denken" (Handschuck 2008 a: 28). In der vierten Aktivität wird darum der Begriff „Öffnung" analysiert. Die gefundenen Konzepte und Assoziationen sollen daraufhin überprüft werden, was sie für die interkulturelle Öffnung der eigenen Organisation bedeuten können.

Weiter wird in der fünften Aktivität die Frage diskutiert, warum in der eigenen Organisation englische bzw. deutsche Fachbegriffe verwendet werden oder verwendet werden sollen. Diese Aktivität lässt sich auch dem Kapitel „Meinungsbildung“ zuordnen.

Aktivitäten:

4.1 Was ist Kultur?
4.2 Was bedeutet das?
4.3 Was ist interkulturelle Kompetenz und wofür brauchen wir sie?
4.4 Dimensionen von Öffnung
4.5 Vielfalt gestalten oder Diversity managen?

4.1 Was ist Kultur?

Kurzbeschreibung

Die Teilnehmerinnen und Teilnehmer (TN) setzen sich mit verschiedenen Definitionen von Kultur auseinander und bilden sich eine Meinung darüber, welche Aspekte von Kultur warum für die Strategie der interkulturellen Orientierung und Öffnung in der eigenen Organisation von Belang sind.

Ziele:

- „Kultur“ ist als Arbeitbegriff eingeführt.
- Verschiedene Dimensionen von Kultur sind erschlossen.
- Die Begriffsdefinitionen sind auf die Strategie der interkulturellen Orientierung und Öffnung bezogen.

Zeit: ca. 90 Min.

Ausstattung: Besprechungsraum der Gruppengröße entsprechend

Empfohlene Gruppengröße: 8 – 16 Personen

Vorbereitung: Arbeitsblatt „Was ist Kultur?“ kopieren

Materialien: Begriffdefinitionen, Papier und Stifte für Notizen, Flipchart

Notiz:
Das Informations- und Dokumentationszentrum für Antirassismusarbeit, Info@IDAeV.de, www.IDAeV.de gibt verschieden Flyer zu Begriffsdefinitionen wie „Kultur“, „Identität“, oder „Rassismus“ für die Arbeit mit Jugendgruppen heraus.

Stichworte: Arbeitbegriffe – Kommunikation – Grundlagen

Verlauf:

Einführung *(ca. 15 Min.)*
Fünf verschiedene Definitionen (Arbeitsblatt) des Begriffs Kultur werden durch die Moderation vorgestellt.

Diskussion *(ca. 45 Min.)*
Die Gruppe vergleicht die Definitionen miteinander und diskutiert, welche Definition bzw. welche Aspekte verschiedener Definitionen sie im Kontext des interkulturellen Öffnungsprozesses der eigenen Organisation für sinnvoll halten. Die Moderation hält wesentliche Stichpunkte auf dem Flipchart fest.

Arbeitsergebnis dokumentieren *(ca. 30 Min.)*
Gemeinsam hält die Gruppe das Arbeitsergebnis in einer leicht verständlichen Umgangssprache schriftlich fest.

Arbeitsblatt: Was ist Kultur?

1. Vergleichen Sie die fünf Definitionen von „Kultur" miteinander.
2. Diskutieren Sie, mit welcher Definition Sie im Rahmen des interkulturellen Öffnungsprozesses Ihrer Organisation arbeiten möchten bzw. auf welche Aspekte sie bei der Definition Wert legen.
3. Wie kann der Begriff „Kultur" umgangssprachlich leicht verständlich erläutert werden?

Kultur ist ein Orientierungssystem, das unser Wahrnehmen, Bewerten und Handeln steuert, das Repertoire an Kommunikations- und Repräsentationsmitteln, mit dem wir uns verständigen, uns darstellen, Vorstellungen bilden. Kultur ist ein veränderbares, offenes System, der kulturelle Wandel ein gesellschaftlicher Produktionsprozess.
Georg Auernheimer (vgl. 1999: 28/36).

Kultur ist ein System von Werten und Symbolen, welches gesellschaftliche Gruppen über längere Zeiträume hinweg reproduzieren, und das ihren Mitgliedern Orientierung und Sinn für ihr Verhalten liefert.
Clifford Geertz (vgl. 1983: 182)

Kultur (...) bezeichnet in einem weiten ethnographischen Sinn jenes komplexe Ganze, das Wissen, Glauben, Kunst, Moral, Gesetze, Brauchtum und andere Fähigkeiten und Gewohnheiten des Menschen als Mitglied einer Gesellschaft einschließt.
Edward Burnett Tylor (1871, zitiert nach Eagleton 2001: 51)

Kultur ist definiert sowohl als die Bedeutung und Werte, welche innerhalb spezifischer sozialer Gruppen (...) auf der Basis ihrer gegebenen historischen Bedingungen und Beziehungen entstehen und mittels deren sie ihre Existenzberechtigung „handhaben" und mit ihnen umgehen, als auch die gelebten Traditionen und Praktiken, durch welche solche „Deutungen" ausgedrückt und verkörpert werden. *Stuart Hall (1999: 24)*

Kultur unterscheidet Gruppen und Organisationen voneinander. Sie ist von Menschen geschaffen und unterliegt einem ständigen Wandel. Sie beeinflusst stark, wer wir sind und wie wir uns sehen und stellt ein Orientierungsmuster für unser Denken, Bewerten, Fühlen und Handeln dar. Kultur wird erlernt, denn kulturelle Muster werden über Kommunikation erworben und weitergegeben, bleiben dabei aber zu einem großen Teil unbewusst. *(in Anlehnung an Astrid Podsiadlowski 2004: 5).*

4.2 Was bedeutet das?

Kurzbeschreibung

Die Teilnehmerinnen und Teilnehmer (TN) ordnen gängigen Fachbegriffen Definitionen zu, suchen nach illustrierenden Beispielen und übersetzen die Begriffe, die sie als wesentlich für die Strategie der interkulturellen Orientierung und Öffnung erachten, in eine für Laien verständliche Umgangssprache.

Ziele:

- Begriffe, in denen das Wort „Kultur“ enthalten ist, sind definiert und durch ein Beispiel erschlossen.
- Die Begriffsdefinitionen sind in Bezug zur Strategie der interkulturellen Orientierung und Öffnung gesetzt.
- Als relevant für den Veränderungsprozess in der eigenen Organisation beurteilte Begriffe sind in eine für Laien verständliche Umgangssprache übersetzt.

Zeit: ca. 90 Min.

Ausstattung: Kleiner Raum mit drei Gruppentischen

Gruppengröße: 12 – 18 Personen

Vorbereitung: Kopieren der Begriffs- und Definitionskarten

Materialien:
Begriffs- und Definitionskarten der TN-Zahl entsprechend, Papier und Stifte für Notizen

Stichworte: Arbeitbegriffe – Kommunikation – Grundlagen

Verlauf:

Gruppenarbeit *(ca. 40 Min.)*
Es bilden sich je nach Anzahl der TN drei Kleingruppen mit vier bis fünf Personen, die an einem der vorbereiteten Gruppentische Platz nehmen. Dort finden sie fünf Karten mit Begriffen und fünf Karten mit Begriffsdefinitionen vor. Aufgabe ist, die jeweiligen Definitionen den Begriffen zuzuordnen. Gemeinsam wird zu jedem Begriff ein bildhaftes Beispiel überlegt. Die Kleingruppe wählt zwei Begriffe aus, die sie im Plenum vorstellen möchte, weil sie für den eigenen Arbeitskontext als relevant eingeschätzt werden. Zu beiden Begriffen wird nach einer allgemein leicht verständlichen Erklärung gesucht.

Plenum *(ca. 40 Min.)*
Die TN stellen die ausgewählten Begriffe vor, erläutern, warum die Begriffe für den eigenen beruflichen Alltag von Relevanz sind und erklären sie in leicht verständlicher Umgangssprache anhand eines Beispiels.

Karten: Begriffe und Definitionen I

Multikulturalismus	Der Begriff beschreibt die Vielfalt einer Gesellschaft. Jede Gesellschaft ist vielfältig beispielsweise aufgrund von unterschiedlichen Generationen, Geschlechtern und Lebensstilen. In modernen Gesellschaften nimmt die kulturelle, ethnische, sprachliche und religiöse Vielfalt zu. Der Begriff beinhaltet neben seinem beschreibenden Inhalt die politische Forderung, durch Anerkennung von Vielfalt ein gleichberechtigtes Zusammenleben sozial zu gestalten.
Kulturwandel	Der Begriff bezeichnet die allmähliche Veränderung von Kultur, die ausgelöst wird durch eine Anpassung an veränderte Umweltbedingungen (z.B. Klimawandel), durch neue Erfindungen (z.B. Computer, Handy), durch Übernahme von Teilbereichen anderer Kulturen (z.B. Speisen), durch Krieg, Gewalt und Machtausübung (z.B. Besetzung, Kolonialisierung), durch gesellschaftliche Diskurse (z.B. Geschlechtergerechtigkeit).
Kulturschock	Der Begriff bezeichnet ein Gefühl von Stress, ausgelöst durch eine neue, kulturell fremde Lebenswelt. Verluste in Bezug auf Freundschaft, Status, Anerkennung werden realisiert. Da die vorherrschenden Regeln, Werte, Normen und Rollenerwartungen teilweise unbekannt sind, entstehen Verhaltensunsicherheiten. Die wahrgenommenen Unterschiede werden als Belastung empfunden und gehen mit Gefühlen von Ohnmacht und Angst einher.
Organisationskultur	Der Begriff bezeichnet die Werte, Normen und Haltungen, die die Mitglieder einer Organisation teilen und die in der Regel auf einem Leitbild fußen. Weiterhin werden darunter erkennbare Merkmale verstanden, durch die das Besondere der Organisation erkennbar wird wie Symbole, z.B. das Logo der Organisation, Sprache, z.B. Fachsprache, „Beamtendeutsch", organisationsinterne Kürzel und Begriffe, Rituale, z.B. Jubiläen und Umgangsformen.
Kulturkonflikt	Der Begriff bezieht sich nach Hans Peter Füssel (1994: 64) auf eine Uneinigkeit zwischen mindestens zwei Beteiligten, in der sich mindestens eine Person darauf beruft, dass sich die Werte der am Konflikt Beteiligten aufgrund ihrer kollektiven Lebensstile und Haltungen unterscheiden, unabhängig von der Staatszugehörigkeit der Personen.

Karten: Begriffe und Definitionen II

Nationalkultur	Der Begriff enthält die Vorstellung, dass Kultur eine ethnische Fundierung hat, dass sie einem bestimmten Volk zuzurechnen ist und dass sie daher von anderen Kulturen abgegrenzt werden kann. Nach einem weiten Verständnis zählen dazu alle kulturellen Produkte einer Nation.
Kulturkategorien	Darunter werden Grundmuster in kulturellen Gruppen verstanden. Als für das Arbeitsleben von Bedeutung ermittelten die Ethnologen Mildred Reed und Edward Hall (1991) u.a. die Zeiteinteilung oder die Dichte der Informationsnetze. Der Wirtschaftsanthropologe Geert Hofstede (1993) konnte vier Kategorien an arbeitsbezogenen Wertvorstellungen feststellen, wie den Umgang mit Struktur, Ordnung oder mit Macht.
Kulturelles Kapital	Der Begriff bedeutet nach Pierre Bourdieu (1983) vor allem Bildung. Da in Familien mit höherer Schulbildung der Umgang mit Bildungsinstitutionen und kulturellen Einrichtungen oft seit Generationen selbstverständlich ist, wird diese Form von Kapital nicht nur individuell erworben, sondern auch durch Herkunft weitergegeben und vermehrt.
Kulturerbe	Bezeichnung für überlieferte kulturelle Werte und Güter nicht materieller und materieller Art. Kulturgüter werden weltweit von der UNESCO nach einem Abkommen von 1975 geschützt und erhalten. Sie werden von einem Komitee ausgewählt und auf einer Liste des Weltkulturerbes geführt.
Interkulturelle Orientierung	Der Begriff bedeutet eine sozialpolitische Haltung von Institutionen und Personen, die anerkennt, dass in jeder Gesellschaft Gruppen mit unterschiedlichen Interessen leben und dass diese sich in ihren Kommunikations- und Repräsentationsmitteln unterscheiden. Weiter beinhaltet der Begriff, das Verhältnis zwischen Mehrheit und Minderheit als Machtverhältnis zu reflektieren, mit dem Ziel, Machtungleichheit abzubauen.

Karten: Begriffe und Definitionen III

Interkulturelle Kompetenz	Allgemein umfasst der Begriff die Bereitschaft, sich in das Denken und Handeln von Menschen anderer kultureller Herkunft einzufühlen; die Fähigkeit, kulturelle und soziale Selbst- und Fremdwahrnehmungen zu reflektieren und Wahrnehmungsperspektiven wechseln zu können; die Bereitschaft, Unterschiede zur eigenen kulturellen Identität wahrzunehmen und auszuhalten sowie eine verständigungsorientierte Sprach-, Dialog- und Aushandlungsfähigkeit.
Kulturtransfer	Eine Bezeichnung der Kulturwissenschaften für interkulturelle Wechselbeziehungen und Prozesse, in denen kulturelle Güter, kulturelle Phänomene und kulturelle Muster sowie der zugehörige Habitus von einem kulturellen Zusammenhang auf einen anderen übertragen werden. Zugleich beinhaltet er deren Aneignung, Umwandlung und Neudefinition.
Interkulturelle Öffnung	Bestehende Strukturen werden kritisch analysiert und auf Ausgrenzungsmechanismen hin untersucht. Es werden Ziele entwickelt, die für alle Hierarchieebenen einer Organisation verbindlich sind und die insbesondere Maßnahmen zur Beseitigung von Ausgrenzung enthalten. Es wird geprüft, ob alle Maßnahmen und Projekte sowie die Zusammensetzung der Mitarbeiterschaft und Vielfalt berücksichtigt sind.
Kulturalisierung	Der Begriff bezeichnet die Gefahr, komplexe Problemlagen, soziale und ökonomische Benachteiligungen oder rechtliche Ausgrenzungen auf kulturelle Unterschiede zu reduzieren. Konstruiert werden kulturelle Gruppen, denen Integrationsunfähigkeit oder Gefährlichkeit unterstellt werden, als würden nationale oder religiöse Zugehörigkeiten alleinige Grundlage für Konzepte der Alltagsbewältigung sein.
Leitkultur	Der Begriff wurde von dem Politologen Bassam Tibi in die politische Diskussion eingeführt, um einen gesellschaftlichen Wertekonsens zu beschreiben. Auf Europa bezogen versteht Tibi darunter Demokratie, Trennung von Staat und Religion, Aufklärung, Zivilgesellschaft und Menschenrechte (1996). Die Debatte in Deutschland bezeichnet er selbst als missglückt (2001), da der Begriff verwendet wurde, um Anpassung von Migranten zu fordern.

4.3 Was ist interkulturelle Kompetenz und wofür brauchen wir sie?

Kurzbeschreibung

Die Teilnehmerinnen und Teilnehmer (TN) setzen sich mit ihren Vorstellungen von interkultureller Kompetenz auseinander und tauschen sich darüber aus, was sie inhaltlich von einer interkulturellen Fortbildung erwarten.

Ziele:

- Mit interkultureller Kompetenz assoziierte Vorstellungen und Erwartungen sind transparent.
- Die Bedeutung interkultureller Kompetenz ist in Bezug zum beruflichen Handeln gesetzt.
- Ein Anforderungsprofil an eine interkulturelle Fortbildung für das eigene Arbeitsgebiet ist in groben Zügen entworfen.

Zeit: ca. 2 Stunden

Ausstattung:
Großer Raum mit 3–4 Gruppentischen in den Raumecken und Platz für das Plenum im Stuhlkreis

Gruppengröße: 12–18 Personen

Vorbereitung: Fragebogen erstellen bzw. kopieren

Materialien: Fragebögen, 3 Pinnwände, Moderationskoffer

Besonderheiten:
An der Aktivität sind die für Weiterbildung zuständigen Personen zu beteiligen.

Zur Weiterführung ist der Workshop „Interkulturelle Weiterbildung“ (Kapitel 9.1) geeignet. Ein Thesenpapier der Bertelsmann Stiftung zum interkulturellen Kompetenzmodell von Darla K. Deardorff (2006) findet sich unter: http://www.bertelsmann-stiftung.de.

Stichworte: Arbeitbegriffe – Kommunikation – Grundlagen

Verlauf:

Einzelarbeit: Fragebogen *(ca. 30 Min.)*
Die TN haben 30 Minuten Zeit, einen Fragebogen zum Thema „Interkulturelle Kompetenz" auszufüllen.

Vergleich und Diskussion der Ergebnisse *(ca. 30 Min.)*
Die TN vergleichen in Kleingruppen (4–6 TN) ihre Arbeitsergebnisse. Sie diskutieren darüber, was sie inhaltlich von einer Fortbildung zum Erwerb interkultureller Kompetenz erwarten und halten die Ergebnisse auf Karten fest.

Plenum *(ca. 60 Min.)*
Im Plenum werden die Arbeitsergebnisse der Gruppen kurz vorgestellt. Die Moderation stellt anschließend verschiedene Formate von interkulturellen Fortbildungen vor. Die Gruppe einigt sich in einem moderierten Gespräch, welche Inhalte eine erste Fortbildung zum Erwerb interkultureller Kompetenz haben sollte.

Fragebogen Interkulturelle Kompetenz

Bitte beantworten Sie folgende sieben Fragen und bewerten sie mit einer Ziffer von 1 bis 4: 1 = stimme ich voll zu, 2 = stimme ich überwiegend zu, 3 = stimme ich unter bestimmten Voraussetzungen zu, 4 = stimme ich nicht zu.

1. Interkulturelle Kompetenz ist die Fähigkeit, in interkulturellen Situationen angemessen miteinander kommunizieren zu können. Bewertung: __
2. Interkulturelle Kompetenz ist die Fähigkeit, das eigene Referenzsystem zu analysieren und Unterschiede zu anderen Referenzsystemen wahrzunehmen. Bewertung: __
3. Interkulturelle Kompetenz ist die Fähigkeit, kulturgeleitetes Verhalten zu erkennen. Bewertung: __
4. Interkulturelle Kompetenz ist die Fähigkeit, soziale Probleme nicht zu kulturalisieren. Bewertung: __
5. Interkulturelle Kompetenz ist die Fähigkeit, Machtungleichheit wahrzunehmen und mit ihr sensibel umzugehen. Bewertung: __
6. Interkulturelle Kompetenz ist die Fähigkeit, in interkulturellen Situationen Aushandlungsprozesse zu gestalten. Bewertung: __

Welcher für Sie wichtige Aspekt der Definition von interkultureller Kompetenz fehlt Ihnen. Bitte ergänzen Sie:

7. Interkulturelle Kompetenz ist die Fähigkeit, ______________________________

____

Beantworten Sie folgende drei Fragen bezogen auf alle Definitionen, die Sie mit 1 oder mit 2 bewertet haben:

1. Welches Beispiel verdeutlicht diese Fähigkeit?
2. Was bedeutet diese Fähigkeit für Ihren Arbeitsbereich in der Praxis?
3. Wie könnte diese Fähigkeit vermittelt werden bzw. wie sollte ihr Erwerb in einer Weiterbildung berücksichtigt werden?

4.4 Dimensionen von Öffnung

Kurzbeschreibung

In einem Brainstorming wird der Frage nachgegangen, welche Assoziationen der Begriff „Öffnung“ ganz allgemein gesehen bei den Teilnehmerinnen und Teilnehmern (TN) auslöst. Die Assoziationen werden anschließend zur Strategie der interkulturellen Öffnung in der eigenen Organisation in Beziehung gesetzt.

Ziele:

- „Öffnung“ und „interkulturelle Öffnung“ sind als Arbeitbegriffe eingeführt.
- Verschiedene Aspekte des allgemeinen Begriffs „Öffnung“ werden auf die interkulturelle Öffnung bezogen.
- Möglichkeiten und Grenzen von interkultureller Öffnung sind reflektiert.

Zeit: ca. 2 Stunden

Ausstattung:
Großer Raum mit 3–4 Gruppentischen in den Raumecken und Platz für das Plenum im Stuhlkreis

Gruppengröße: 12–18 Personen

Vorbereitung: Handout: Assoziationen zum Begriff Öffnung

Materialien: 3 bespannte Pinnwände, Nadeln, Karten, Stifte

Stichworte: Arbeitbegriffe – Kommunikation – Grundlagen

Verlauf:

Gruppenarbeit mit Einführung *(ca. 35 Min.)*
Die Moderation lädt die Gruppe zu einem Brainstorming über den Begriff „Öffnung“ ein und veranschaulicht dies durch drei Beispiele aus dem Handout „Assoziationen zum Begriff Öffnung“. Es werden drei Arbeitsgruppen gebildet. Jede Gruppe hat die Aufgabe, eine Mind-Map auf der Pinnwand zu erstellen. Jede Gruppe bestimmt eine Person, die die Zeit überwacht, eine Person, die dokumentiert, und eine Person, die das Arbeitsergebnis der Gruppe im Plenum vorstellt.

Präsentation der Arbeitsergebnisse *(ca. 30 Min.)*

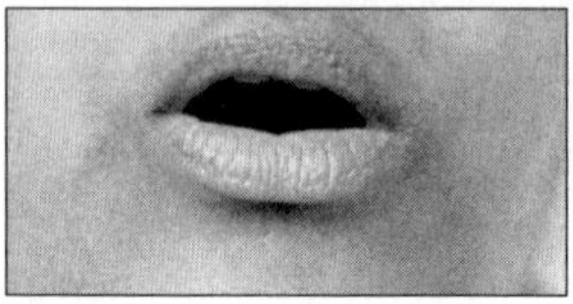

Die Mind-Maps werden abwechselnd im Plenum präsentiert. Dazu werden die drei Pinnwände für alle TN sichtbar aufgestellt, die präsentierenden Personen ordnen sich ihnen zu. Sie werden von der Moderation gebeten, sich in ihren Ausführungen aufeinander zu beziehen, um Dopplungen zu vermeiden und die Präsentation möglichst interessant zu gestalten. Die erste vorstellende Person informiert über den Arbeitsprozess der Gruppe und erläutert ihre ersten drei Assoziationsstränge, hakt diese dann ab und gibt das Wort weiter. Im Wechsel werden jeweils drei weitere Stränge erläutert, bis alle Stichpunkte abgehakt sind.

Diskussion mit Einführung *(ca. 35 Min.)*

Durch drei Stichpunkte zur Diskussion des Begriffs der interkulturellen Öffnung führt die Moderation in ein Gruppengespräch ein.

Im Plenum werden die gesammelten Assoziationen zum allgemeinen Begriff der Öffnung auf die interkulturelle Öffnung der eigenen Organisation bezogen.

Drei Stichpunkte zur interkulturellen Öffnung:

1980er-Jahre
Beginn der Diskussion um die „interkulturelle Öffnung der Regelversorgung". Anstoß war ein Gutachten zum Leistungsprofil sozialer Diente für Ausländer im Auftrag des Bundesministeriums für Arbeit und Sozialordnung (Nestmann/Tiedt 1988).

1990er-Jahre
Erste Konzeptionalisierung der Begrifflichkeit durch Klaus Barwig und Wolfgang Hinz-Rommel (1995), die in „Empfehlungen zur interkulturellen Öffnung sozialer Dienste" mündete, die sich die damalige Beauftragte der Bundesregierung für Ausländer, Cornelia Schmalz-Jakobsen, zueigen machte (Beauftragte 1994).

2000–2010
Kommunale Integrationskonzepte verschiedener Kommunen übernehmen den Begriff der interkulturellen Öffnung für die Kommunalverwaltung und schreiben ihn als Querschnittspolitik fest. (vgl. für alle Kommunen: Kommunale Gemeinschaftsstelle für Verwaltungsvereinfachung 2005)

Schlussrunde *(ca. 20 Min.)*
Jede Person zieht ein Resümee aus der vorausgegangenen Diskussion und beantwortet die Frage: Welche neuen Erkenntnisse habe ich gewonnen?

Handout:

Assoziationen zum Begriff „Öffnung“[1]

Öffnung als **aktiver Prozess** beinhaltet die Vorstellung, dass etwas, das geschlossen oder verschlossen ist oder als geschlossen erscheint, durch aktives Handeln geöffnet wird wie beispielsweise eine Tür, die man öffnet oder die zunächst nicht sichtbar ist und erst gesucht werden muss, um einen Zugang zu ermöglichen.

Öffnung als ein psychischer, gedanklicher Prozess ist die Bereitschaft, neue Erfahrungen zu machen und sich durch die Verschiebung oder Erweiterung der Aufmerksamkeit neue Denkperspektiven und Erkenntnisse zu erschließen, die sich mehr oder weniger stark auf das Handeln und Verhalten auswirken. Öffnung als aktiver Prozess ist mit einer mehr oder weniger großen **Anstrengung** oder Leistung verbunden.

Gleichzeitig bezeichnet das Substantiv Öffnung aber auch eine vorhandene Lücke, einen Zugang, einen Einlass in etwas Begrenztes, das als solches in der Unterbrechung der Begrenzung, der Geschlossenheit sichtbar wird wie die Lücke im Zaun, die Tür in der Hausmauer, der Kanaldeckel des Abflusssystems, das Eingriffsloch in einen Behälter aber auch die Lücke in der Verteidigungslinie einer Fußballmannschaft, die einen Torschuss ermöglicht.

Öffnung kann ein Konstrukt sein wie die Vorstellung, dass Landesgrenzen geöffnet oder geschlossen sein können. Öffnung ist mit „innen“ und „außen“ assoziiert.
Öffnung hat eine Beziehung zur **Zeit**. Der Prozess der Öffnung beansprucht Zeit, er kann sich auf bestimmte Zeiten, die Öffnungszeiten beziehen, in Phasen verlaufen, die regelmäßig, unregelmäßig, kontinuierlich oder einmalig sind. So sind beispielsweise Freibäder nur im Sommer geöffnet oder der „Tag der offenen Tür“ ermöglicht einmal im Jahr den Besuch von Einrichtungen der Verwaltung, um Bürgernähe zu praktizieren.

Öffnung ist relativ und beinhaltet einen **Ausschluss**. Die Relativität der Öffnung ist unter anderem bedingt durch das Fassungsvermögen, die Kapazität dessen, was geöffnet ist, oder die Größe und Ausstattung des Zugangs. So bietet beispielsweise eine geöffnete Einrichtung nur so vielen Besuchern Einlass, wie Plätze vorhanden sind. Das Fehlen eines behindertengerechten Zugangs schließt Menschen aus, die auf einen Rollstuhl angewiesen sind. Die Begrenzung der Öffnung kann durch den Zweck, durch das mit der

1 Der Text ist entnommen: Handschuck, Sabine (2008 a): Interkulturelle Qualitätsentwicklung im Sozialraum. Augsburg, S. 28 – 31.

Öffnung verbundene Ziel bedingt oder durch offizielle Regeln, wie beispielsweise das Jugendschutzgesetz, aber auch inoffizielle Regeln verursacht sein, wie beispielsweise die Regel, dass die von einer Jugendclique als Treffpunkt besetzte Parkbank für nicht zur Clique gehörende Jugendliche tabu ist. Öffnung und Ausschluss können sich auf Personengruppen beziehen, auf die bestimmte Kategorien wie Geschlecht (Frauenhaus), Alter (Jugendzentrum, Seniorenheim), Einkommen (Privatschule), sexuelle Orientierung (Schwulentreff) zutreffen oder nicht zutreffen.

Öffnung ist mit Fragen nach der **Macht** verbunden. Wer hat das Verfügungsrecht, die Macht, den Einfluss, die Möglichkeit zu öffnen? Wer bestimmt, wer wann Zugang hat und wer wann nicht? Wie ist der Entscheidungsspielraum vom Geldgeber, vom Träger einer Einrichtung, von den Mitarbeiterinnen und Mitarbeitern, von den Nutzerinnen und Nutzern? Öffnung kann sowohl ein Machtinstrument sein als auch einen partizipativen Charakter haben, sie kann erzwungen oder gewährt werden und mit einer Machtverschiebung, der Veränderung von Dominanzen einhergehen.

Öffnung ist oft an **Bedingungen** gebunden wie das Einhalten einer Hausordnung, das Zahlen einer Kaution oder eines Eintrittgeldes, den Nachweis einer Zugangsberechtigung oder eines Leistungsanspruchs. Bedingungen können durch Öffnung auch geschaffen oder verändert werden. Mit einer Öffnung können politische, ökonomische oder sonstige Interessen verbunden sein, die unter anderen Aspekte der Konkurrenz um Kunden, der Anerkennung oder des Einflusses beinhalten.

Öffnung von Institutionen kann Emotionen auslösen. Gleichzeitig bedeutet Öffnung die **Wahrnehmung** der Emotionen, „man ist für sie offen“ wie für das Gefühl von Befreiung aber auch von Angst oder Sorge darüber, ob Anforderungen bewältigt werden können, ob Privilegien verloren gehen, ob Macht oder das Gefühl von Schutz durch Beschränkung eingebüßt werden, ob Vertrautes durch Fremdes verdrängt und der damit einhergehende Verlust verkraftet wird. Dabei spielen Motive eine Rolle wie teilen oder nicht teilen, bewahren oder verändern wollen. Öffnung bedeutet in diesem Zusammenhang Emotionen wahrzunehmen, sie nicht zu verdrängen, sich auch für ihre Bewertung zu öffnen. Öffnung von Institutionen kann als Verrat an Ideologien, Haltungen, Überzeugungen (z.B. Öffnung einer Jugendeinrichtung auch für rechtsextreme Jugendliche) oder Illoyalität empfunden werden (z.B. so genannte „Stammbesucherinnen“ fühlen sich vernachlässigt oder verdrängt) und mit äußeren wie inneren Konflikten einhergehen.

Öffnung kann Statusverlust oder **Statusgewinn** mit sich bringen. Damit ist die Frage verbunden, wer mit welchem Gewicht und Einfluss eine Bewertung von Öffnung vornimmt bzw. wessen Bewertung von wem wie wahrgenommen oder unterstellt wird.

Wie offen ist etwas, von dem niemand weiß, dass es offen ist? Öffnung hat auch die Bedeutung von **Information**, etwas wird „offen auf den Tisch gelegt“, also bekannt und durchschaubar gemacht.

Ebenso bedeutet Öffnung **Reflexion**. Sie ist Voraussetzung dafür, sich das eigene Wissen, die eigenen Erfahrungen und Haltungen bewusst zu machen und ermöglicht damit Umwertungen und die Öffnung für neue Sichtweisen.

Öffnung kann zufällig oder eine **Strategie** sein und bedarf insbesondere als Strategie und auf soziale Einrichtungen bezogen bestimmter Instrumente, also (Sach-)Mittel wie Schlüssel, Computer, Telefon und Dokumente wie Nutzungsverträge, Leistungsbeschreibungen, Adresslisten, Aufnahmebögen. Strategische Öffnung ist eine **Vorgehensweise**, die auf Wissenserwerb beispielsweise über die Population und den Bedarf der Zielgruppen beruht. Sie ist eine Summe von Fähigkeiten wie die Fähigkeit, den Überblick zu behalten, Entwicklungen „offen in den Blick zu nehmen“, Verantwortung zu tragen oder Situationen beurteilen zu können, und umfasst Fremd- und Selbstwahrnehmung. Sie beinhaltet Absprachen beispielsweise über die Öffnungsbedingungen und die damit verbundenen Regelungen von Rechten und Pflichten. Sie beinhaltet, sich verschiedenen **Hilfen** zu öffnen, beispielsweise durch das Eingehen von Kooperationen mit anderen Einrichtungen, Fachkräften, Migrantenorganisationen oder Schlüsselpersonen.

4.5 Vielfalt gestalten oder Diversity managen?

Kurzbeschreibung

Die Teilnehmerinnen und Teilnehmer (TN) sammeln Pro- und Contra-Argumente, die für bzw. gegen die Verwendung der jeweiligen Begriffe, „Diversity Management", „Interkulturelle Öffnung", „Cultural Mainstreaming", „Vielfalt gestalten" sprechen (vgl. dazu Teil 1 Kapitel 3). Sie einigen sich auf eine Sprachregelung innerhalb ihrer Organisation und begründen diese.

Ziele:

- Die Bedeutung der Begriffe „Diversity Management", „Interkulturelle Öffnung", „Cultural Mainstreaming", „Vielfalt gestalten" ist reflektiert.
- Die Sprachregelung für die eigene Organisation ist diskutiert, verschiedene Argumente sind gegeneinander abgewogen.
- Die Gruppe hat sich auf eine Bezeichnung für den eigenen Wandlungsprozess geeinigt und kann ihre Entscheidung begründen.

Zeit: ca. 2 Stunden

Ausstattung: Besprechungsraum entsprechend der Gruppengröße

Gruppengröße: 12 – 18 Personen

Vorbereitung:
Zitate zu den verschiedenen Begrifflichkeiten als Anschauungsmaterial vorbereiten

Materialien:
Anschauungsmaterial, Stifte und Papier für persönliche Notizen, Flipchart, Wandzeitung auf einer Pinnwand

Besonderheiten:
Diese Aktivität macht nur Sinn, wenn in der Organisation die zu verwendenden Begriffe nicht bereits festgelegt wurden und die Arbeitsgruppe autorisiert ist, hier eine Festlegung vorzunehmen.

Stichworte: Arbeitbegriffe – Kommunikation – Grundlagen

Verlauf:

Einführung *(ca. 15 Min.)*
Nach dem aktuellen Stand der Diskussion werden die Begriffe „Intercultural Mainstreaming", „Cultural Mainstreaming" und „interkulturelle Orientierung", „Diversity Management" und „Managing Diversity" ebenso verwendet wie der Begriff der interkulturellen Orientierung und Öffnung.

Die beiden ersten Begriffe benennen ein Element von Verschiedenheit, nämlich die ethnische Zugehörigkeit. Dies geschieht in Anlehnung an die Strategie Gender Mainstreaming. Die Benennung verdeutlicht, dass Ungleichheit nicht nur durch das soziale Geschlecht bedingt sein kann, sondern auch durch die ethnische Zugehörigkeit.

Die Begriffe „Diversity Management", „Managing Diversity" und „Vielfalt gestalten" werden synonym gebraucht. Sie bezeichnen umfassende Veränderungs- und Gestaltungsprozesse von Organisationen im Umgang mit Vielfalt, die verschiedene Vielfaltdimensionen betreffen: das soziale Geschlecht, die ethnische Herkunft, die sexuelle Orientierung, die Generationszugehörigkeit und die physische und psychische Ausstattung sowie die religiöse Orientierung. In der Praxis hat sich allerdings gezeigt, dass viele Organisationen unter der Überschrift „Diversity Management" nicht alle Vielfaltdimensionen bearbeiten, sondern sich auf wenige konzentrieren. Oft wird darunter nur Frauenförderung verstanden, zum Teil werden auch ethnische Minderheiten oder Mitarbeiterinnen und Mitarbeiter mit Beeinträchtigungen in die Strategie mit einbezogen.

Anhand von vorbereiteten Beispielen werden die Begriffsverwendungen illustriert. Die Gruppe ergänzt die vorgestellten Begriffe nach Bedarf.

Argumente sammeln *(ca. 30 Min.)*
Die TN tauschen ihre Assoziationen zu den Begriffen aus und sammeln Argumente für und gegen ihre Verwendung zur Bezeichnung des Gestaltungs- und Veränderungsprozesses in der eigenen Organisation. Die Argumente bzw. Assoziationen werden auf einer Wandzeitung festgehalten.

Beispiele[2]*:*

- Englische Begriffe sind international anschlussfähig.
- Managing Diversity ist ein umfassenderer Ansatz als interkulturelle Öffnung.
- Interkulturelle Öffnung ist in Politik und Verwaltung in Deutschland eingeführt. In der bundesweiten Diskussion hat sich der Begriff der interkulturellen Öffnung inzwischen etabliert, beispielsweise im Nationalen Integrationsplan.
- Nutzerinnen- und Nutzerbefragungen in sozialen Einrichtungen in München mit Menschen mit Migrationshintergrund haben ergeben, dass sie überwiegend Anglizismen ablehnen, da für viele von ihnen Englisch die dritte oder vierte Sprache ist.
- Deutsche Begriffe wirken „hausbacken".
- Englische Begriffe sind negativ mit „Wirtschaftsjargon" assoziiert.

Diskussion in Kleingruppen *(ca. 30 Min.)*

In Dreiergruppen werden die gesammelten Argumente diskutiert und ein Lösungsvorschlag erarbeitet.

Plenum *(ca. 45 Min.)*

Im Plenum werden die Lösungsvorschläge vorgestellt. In einer moderierten Diskussion wird um eine einvernehmliche Regelung gerungen. Das Ergebnis wird schriftlich festgehalten.

2 Die Beispiele sind ein unveröffentlichter Auszug aus den Ergebnissen einer Gruppenarbeit im Rahmen des Projektes Interkulturelle Qualitätsentwicklung im Sozialraum (Handschuck 2008 a und b).

Visionen sind Strategien des Handelns. Das unterscheidet sie von Utopien. Zur Vision gehören Mut, Kraft und die Bereitschaft, sie zu verwirklichen.
Roman Herzog, siebter deutscher Bundespräsident

5. LEITBILD UND VISION

Leitbilder

Das Leitbild einer Organisation ist eine Kurzdarstellung der eigenen Organisationskultur (vgl. Teil 1 Kapitel 5). Es trifft Aussagen zur Philosophie der eigenen Organisation und vermittelt ihr Selbstverständnis, ihr Menschen- und Gesellschaftsbild und die damit einhergehenden Wertvorstellungen. Es benennt den Sinn und die Identität der eigenen Organisation, indem es den eigenen Arbeitsauftrag definiert, die durch ihn angestrebten Wirkungen und die damit verbundenen Ziele plakativ benennt. Das Leitbild einer Organisation ist damit ein grundlegendes Statement, das mehrere Funktionen erfüllt. Es bietet Orientierung, indem es die Werte der Organisation intern und nach außen offen legt. Es ermöglicht die Identifikation mit der Organisation, indem es ein „Wir-Gefühl", also eine Corporate Identity ermöglicht und stützt. Ein Leitbild präzisiert das jeweilig Besondere jeder Organisation. Es bietet einen Rahmen für Entscheidungen über zukünftige Entwicklungen. Es hat eine koordinierende Funktion für Mitarbeiterinnen und Mitarbeiter und für Führungskräfte, indem es Aussagen über die Kommunikationspolitik und die Form der Zusammenarbeit innerhalb der Organisation trifft. Es ist Grundlage für die Öffentlichkeitsarbeit der Organisation. Es trifft Aussagen darüber, was Bürgerinnen und Bürger oder Kundinnen und Kunden von der Organisation erwarten und worauf sie sich verlassen können.

Die Aufzählung verdeutlicht, dass interkulturelle Orientierung und Öffnung einer Organisation im Leitbild der Organisation verankert sein müssen, soll die Querschnittpolitik sich als solche etablieren und die beabsichtigten Wirkungen erzielen.

Damit die vielfältigen Funktionen eines Leitbild erfüllt werden können, ist es notwendig, dass die Mitglieder der Organisation an seiner Entwicklung beteiligt sind: „Ein Leitbild wird nicht nur einfach niedergeschrieben, sondern gemeinsam entwickelt (...), denn nur wenn alle das Gefühl haben, dass sie die gleichen Haltungen, Werte und Ideen teilen, entsteht Loyalität zueinander und damit zur Organisation selbst" (Majewski/Seyband 2002: 57).

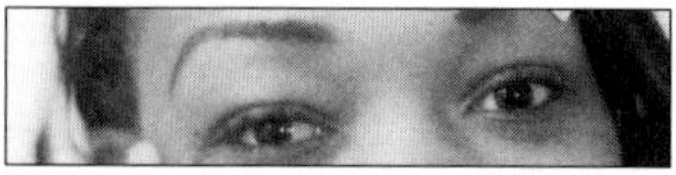

Auch wenn ein Leitbild Aussagen zur angestrebten Zukunft trifft, wird es nicht für die Ewigkeit erarbeitet. Es ist fortlaufend der gesellschaftlichen Entwicklung anzupassen. In einer Auseinandersetzung mit dem gesellschaftlichen Wandel, dem Wandel des Umfelds einer Organisation und den damit verbundenen Diskursen sind Leitbilder beteiligungsorientiert weiterzuentwickeln. Nur so kann eine Organisation Stellung beziehen zu sozialpolitischen Themen wie der gesellschaftlichen Integration oder der Berücksichtigung von Vielfalt in der Gesellschaft, kann sich mit der demografischen Entwicklung auseinandersetzen, sich zur Geschlechterpolitik positionieren und auf ökologische und ökonomische Entwicklungen reagieren.

So wie Leitbilder das jeweils Besondere einer Organisation benennen, so unterschiedlich sind sie auch im Aufbau und im Umfang. Dem Zweck der Organisation entsprechend werden Unterschiede in der Prioritätensetzung deutlich. Auch die verwendeten Bezeichnungen sind nicht einheitlich und wandeln sich. Besonders in Wirtschaftsunternehmen werden zunehmend Anglizismen verwendet, während soziale Einrichtungen eher Wert darauf legen, dass die Nutzerinnen und Nutzer der angebotenen Dienstleistungen durch eine leicht verständliche Sprache erreicht werden. Breite Übereinstimmung besteht darin, dass ein Leitbild zu folgenden vier Bausteinen der Organisationskultur Aussagen trifft:

1. Selbstverständnis und die spezifische Eigenart der Organisation, zu einer kurzen, auf die Zukunft der Organisation bezogenen Aussage verdichtet (häufig verwendete Bezeichnungen: Vision, Mission, Statement, Leitidee, Präambel)
2. Grundsätze und Ziele der Organisation (häufig überschrieben als „Leitlinien", „Leitsätze", „Grundsätze", „Grundüberzeugungen", „Maximen", „Prinzipien")
3. Kommunikation nach innen (unter anderen betitelt mit: „Verhaltenkodex", „Spielregeln der Zusammenarbeit", „Führungsverständnis", „Führungsgrundsätze", „Internes Kooperationsverständnis")
4. Maßstäbe für den Umgang mit der jeweiligen Zielgruppe (gefundene Überschriften in verschiedenen Leitbildern: „Unser Auftrag", „Unser Menschenbild", „Kundeorientierung", „Was wir bieten", „Externes Kooperationsverständnis", „Stakeholderleitsätze", „Sie als unser Partner")

Will man in einer Organisation den Prozess der Erarbeitung oder Überarbeitung eines Leitbildes begleiten, kann es zur Vorbereitung hilfreich sein, sich Leitbilder unterschiedlicher Organisationen anzusehen. Gute Erfahrungen haben wir damit gemacht, zum Start eines solchen Prozesses Auszüge aus verschiedenen Leitbildern vorzustellen und eine Sammlung von Beispielen auszustellen, sie zu diskutieren, um dann den Aufbau des Leitbildes und die Bezeichnungen seiner Elemente festzulegen.

Vision

Die Vision ist Bestandteil der meisten Leitbilder. „Die Vision ist die Brücke von der Gegenwart in die Zukunft der Organisation. (…) Sie ist ein geistiges Bild, das einen möglichen und wünschenswerten Zustand der Organisation und eine realistische, glaubwürdige und attraktive Zukunft zeigt, das in einigen wichtigen Aspekten besser ist als das, was da ist“ (Glatz/Graf-Götz 2007: 166). Eine gemeinsame Vision der Mitglieder einer Organisation ist die Quelle der Gestaltungsmacht, die aus einem geteilten Interesse erwächst. Die Vision einer Organisation wird in der Regel als verdichtete Darstellung der Wirkkraft der Organisation formuliert, die für alle Mitglieder Orientierung bietet, von ihnen geteilt und gewünscht wird und die Antriebskräfte für Veränderungsprozesse freisetzt. So gibt Peter M. Senge (2003: 257) zu bedenken, dass es nicht möglich ist, Menschen rational davon zu überzeugen, dass sie eine langfristige Perspektive entwickeln müssen. Menschen richten ihre Aufmerksamkeit nicht auf eine langfristige Entwicklung, weil sie es müssen, sondern weil sie es wollen. Das berühmte Zitat von Antoine Saint-Exupery – „Wenn Du ein Schiff bauen willst, so trommle nicht Männer zusammen, um Holz zu beschaffen, Werkzeuge vorzubereiten, die Arbeit einzuteilen und Aufgaben zu vergeben, sondern lehre die Männer die Sehnsucht nach dem endlosen weiten Meer.“ – wird nicht zufällig in fast jeder Publikation zum Change Management verwendet. Es benennt als Antriebsmoment eine geteilte Sehnsucht. „Eine Organisation, die eine gemeinsame Vision aufbauen will, ermutigt ihre Mitglieder dazu, ihre persönlichen Visionen zu entwickeln. Wenn Menschen keine eigenen Visionen haben, können sie sich nur für die Visionen eines anderen „vertraglich verpflichten“. Das Ergebnis ist lediglich eine Einwilligung, nicht Engagement“ (ebd.: 258).

Beim Prozess der interkulturellen Orientierung und Öffnung von Organisationen ist aber gerade das Engagement vielleicht nicht aller, aber doch zumindest einer großen Anzahl von Mitgliedern der Organisation der wichtigste Garant für das Gelingen. Um sich dem anzunähern, sind beteiligungsorientierte Verfahren eine gute Voraussetzung. Als Methoden haben sich unter anderen das World Café (siehe Kapitel 3.4) und die Zukunftswerkstatt (siehe Kapitel 1.1) bewährt, die hier durch weitere Aktivitäten ergänzt werden sollen.

Die erste Aktivität „Das Beste hervorbringen" hat eine positive Einstimmung der Mitarbeiterinnen und Mitarbeiter zum Ziel und dient als Aufwärmübung für den Erarbeitungsprozess eines Leitbildes.

Stellung zu beziehen im Blick auf eine angestrebte Zukunft ist Ziel der Aktivität „Statement". Sie ist gut geeignet, die Erarbeitung eines Leitbildes vorzubereiten.

Bei der dritten Aktivität „Unsere Vision" ist der Titel Programm. Ziel ist es, eine gemeinsame Vision zu entwickeln.

„Einen Blick in die Zukunft" wirft die vierte Aktivität, indem sie künstlerisch und handwerklich Bilder entwickelt, die als Grundlage für eine Vision dienen können.

Der Workshop „Leitbildentwicklung" beansprucht einen ganzen Tag und hat das ehrgeizige Ziel, beteiligungsorientiert das Gerüst eines interkulturellen Leitbilds aufzubauen.

Aktivitäten:

5.1 Das Beste hervorbringen
5.2 Statement
5.3 Unsere Vision
5.4 Ein Blick in die Zukunft
5.5 Workshop zur Leitbildentwicklung

5.1 Das Beste hervorbringen

Kurzbeschreibung

In Anlehnung an die Methode Appreciative Inquiry werden Paarinterviews durchgeführt mit dem Ziel, die eigenen Stärken, Potenziale und Ressourcen wahrzunehmen und sich auf den Prozess einer Leitbildentwicklung positiv einzustimmen.

Ziele:

- Die Teilnehmerinnen und Teilnehmer (TN) reflektieren ihre eigenen Stärken.
- Sie setzen sich mit ihrem Arbeitauftrag und ihren eigenen Wünsche und Zielen auseinander.
- Sie entwickeln ein positives Zukunftsbild.

Zeit: ca. 1 Stunde (ohne Austausch im Plenum)

Ausstattung:

Die Paarinterviews sollten in einer angenehmen Umgebung durchgeführt werden können, beispielsweise in einem Café, bei einem Spaziergang oder auf einer Parkbank.

Gruppengröße:

für jede Gruppengröße geeignet, eine gerade TN-Zahl ist erforderlich

Vorbereitung: Arbeitsblätter entsprechend der TN-Zahl kopieren

Materialien: Arbeitsblatt, Klemmbretter, Stifte

Besonderheiten:

Die Aktivität sollte in möglichst ungestörter Atmosphäre stattfinden. Die Ergebnisse der Interviews werden lediglich als Resümee in die Gesamtgruppe eingebracht.

Stichworte: Leitbild – Beteiligung – Stärkenanalyse

Verlauf:

Einführung *(ca. 5 Min.)*
Die TN werden gebeten, sich zu Paaren zusammenzufinden. Die Aktivität und ihre Ziele werden kurz erläutert.

Paargespräche *(ca. 55 Min.)*
Die Paare ziehen sich an einen ihnen angenehmen Ort zurück und tauschen sich 45 Minuten anhand eines Interviewleitfadens (Arbeitsblatt) aus. Abschließend ziehen sie ein Resümee aus ihrem Gespräch.

Plenum *(der Zeitaufwand ist von der Gruppengröße abhängig):*
Im Plenum werden die jeweiligen Resümees der Paare ausgetauscht. Es schließt sich ein Gespräch darüber an, wie die Erarbeitung eines Leitbildes angegangen werden soll.

„Positive questions lead to positive change."
David Cooper

Arbeitsblatt: Das Beste hervorbringen

„Die Frage nach dem Besten bringt das Beste hervor."

Dieses positive Prinzip ist eines der acht von David Cooperrier (vgl. Seliger 2008: 82) formulierten Prinzipien der „Wertschätzenden Erkundung".

In Anlehnung an die Methode Appreciative Inquiry werden Paarinterviews durchgeführt mit dem Ziel, die eigenen Stärken, Potenziale und Ressourcen wahrzunehmen.

Aufgabe:
Wählen Sie eine Partnerin oder einen Partner für ein Gespräch. Tauschen Sie sich über folgende Fragen miteinander aus:

Vergangenheit:
1. Was hat Sie an ihrer jetzigen Aufgabe gereizt?
2. Was inspiriert, was fasziniert Sie an der Aufgabe, Integration zu gestalten?
3. Was ist die positivste Erinnerung, was war der größte bisherige Erfolg?

Gegenwart:
4. Was ist Ihre besondere Fähigkeit?
5. Was schätzen andere an Ihrer Arbeit am meisten?
6. Was stimmt Sie optimistisch und fördert Ihr Engagement?

Zukunft:
7. Wenn Ihre Arbeitssituation durch ein Wunder über Nacht optimal würde, wie sähe sie dann aus?
8. Was sind die drei wichtigsten Punkte, an denen die positiven Veränderungen zu erkennen sind?
9. Welche Ansätze erkennen Sie, dass Sie Ihrer Wunschvorstellung näher kommen? Was tragen Sie selbst dazu bei?

Die Paararbeit dauert insgesamt 55 Minuten. Für das wertschätzende Interview haben Sie 45 Minuten Zeit. Ziehen Sie in den letzten zehn Minuten für sich selbst ein Resümee.

5.2 Statement

Kurzbeschreibung

Durch inszenierte Zwiegespräche werden Statements zur Vision einer Organisation gesammelt.

Ziele:

- Die Teilnehmerinnen und Teilnehmer (TN) setzen sich mit ihrem Arbeitauftrag und dem gewünschten Image ihrer Einrichtung auseinander.
- Sie reflektieren ihre eigenen Wünsche und Ziele.
- Sie formulieren den ersten Entwurf einer Vision.

Zeit: ca. 110 Min.
(Die Auswertungsphase ist auch bei einer straffen Moderation für manche Gruppen zu kurz. Von daher ist ein Zeitpuffer einzuplanen.)

Ausstattung: Raum, in dem sich die Gesamtgruppe frei bewegen kann

Empfohlene Gruppengröße: 12–24 Personen

Vorbereitung:
Aufnahme von den Geräuschen eines Aufzugs mit Stockwerkansage von fünf Stockwerken auf Tonträger.

Materialien:
Kassettenrekorder und Tonkassette, 2 Flipcharts, Moderationskoffer, dickes Seil

Besonderheiten:
Die Aktivität „Statement" sollte in möglichst lockerer Arbeitsatmosphäre stattfinden und setzt eine Gruppe voraus, die sich auf eine spielerische Erarbeitung von Inhalten einlässt.

Stichworte: Meinungsbildung – Beteiligung – Vision

Verlauf:

***Einführung** (ca. 10 Min.)*

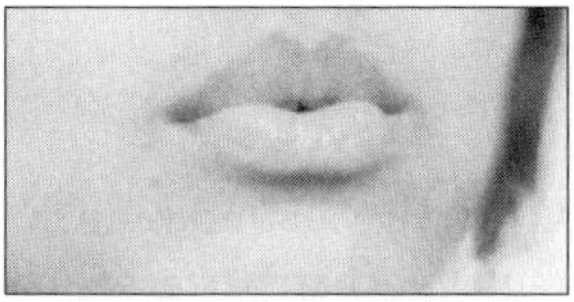

Die Moderation führt in den Ablauf der Aktivität ein: Eine Vorstellung von in der Zukunft liegenden Zielen ist die wichtigste Voraussetzung für Motivation. Wenn man nicht weiß, wofür man seine Energie einsetzen will, setzt man sie nicht ein. Eine gemeinsame Vision ist eine geteilte Zukunftsvorstellung, die über das kurzfristig Machbare hinausweist. Eine Vision ist die verdichtete Außendarstellung einer Organisation oder Institution und nach innen die Grundlage der Identifikation aller Mitarbeiterinnen und Mitarbeiter mit den Zielen der Einrichtung. Zum Einstieg in die Entwicklung einer Vision bitten wir um Ihr Statement. Dazu sind Sie zu einem inszenierten Paargespräch eingeladen, bei dem es nicht um gut vorbereitete Statements geht, sondern um Ihre spontanen Äußerungen. Allgemein gilt die Regel, dass eine Vision dann ihren Zweck erfüllt, wenn jedes Mitglied der Organisation in der Lage ist, sie einem beliebigen Außenstehenden bei einer Fahrt im Aufzug vom Erdgeschoss bis in den fünften Stock zu vermitteln.

Der Ablauf der inszenierten Paargespräche wird durch das Moderatorenteam als Beispiel präsentiert. Ein auf den Boden ausgelegtes Seil markiert eine Aufzugskabine. Das Paar betritt den Aufzug, der Tonträger wird abgespielt. Man hört, wie sich die Türen schließen, der Aufzug in jedem Stockwerk mit einem „Plink" hält, die Türen geöffnet und wieder geschlossen werden. Person A fragt beim Eintritt in den Aufzug: „Wofür steht Ihre Organisation eigentlich, wenn es um gesellschaftliche Vielfalt geht?" oder „Was werden Sie in den nächsten fünf Jahren für die interkulturelle Öffnung erreicht haben?" Person B erläutert in wenigen Sätzen die entsprechenden Ziele, die besonderen Leistungen und die Philosophie der eigenen Organisation. Im fünften Stock steigen beide Personen aus. Person A kommentiert das Gehörte mit einem Satz.

***Fahrt im Aufzug** (ca. 25 Min.)*

Die TN finden sich zu Paaren zusammen. Sie einigen sich kurz, wer Part A und wer Part B übernimmt. Eine Person des Moderationsteams „bedient" den Aufzug, indem sie den Tonträger abspielt. Die andere dokumentiert in Stichpunkten die zentralen Aussagen der Statements.

Paararbeit** (ca. 20 Min.): **1. Entwurf

Anhand der dokumentierten Stichpunkte erarbeiten die Paare schriftlich eine gemeinsame Vision. Der Entwurf muss nicht perfekt formuliert sein, soll aber die für die TN wichtigsten Stichpunkte enthalten.

Gruppenarbeit *(ca. 25 Min.):* ***Verdichtung***
Anschließend finden sich zwei bis drei Paare zusammen und tauschen sich über ihre jeweiligen Visionen aus. Sie haben die Aufgabe, die zwei bzw. drei Entwürfe zu einem Vorschlag zusammen zu fassen.

Plenum *(ca. 30 Min.)*
Gemeinsam sieht sich die Gruppe die nun vorliegenden vier Vorschläge an und verdichtet diese mit Hilfe der Moderation zu einem Entwurf, der auf Flipchart festgehalten wird. Eine Redaktionsgruppe aus zwei bis drei Personen übernimmt es, den Entwurf redaktionell zu einer Vision zu überarbeiten. Es wird abschließend vereinbart, wann, wo und in welcher Form die Vision den Gruppenmitgliedern präsentiert wird und wie sie anschließend in der gesamten Organisation kommuniziert werden soll.

5.3 Unsere Vision

Kurzbeschreibung

In Gruppenarbeit werden arbeitsteilig Grundlagen für eine gemeinsame Vision erarbeitet und zu einer Vision zusammengeführt.

Ziele:

- Die Teilnehmerinnen und Teilnehmer (TN) setzen sich mit ihrem Arbeitauftrag und dem gewünschten Image ihrer Einrichtung auseinander.
- Sie reflektieren ihre eigenen Wünsche und Ziele.
- Sie formulieren den ersten Entwurf einer Vision.

Zeit: 135 bis 150 Min. einschließlich einer kurzen Pause
(Die Abschlussphase ist auch bei einer straffen Moderation für manche Gruppen zu kurz, von daher ist ein Zeitpuffer einzuplanen.)

Ausstattung:
Großer Saal, in dem drei Arbeitsgruppen an Tischen arbeiten können und Platz für ein in U-Form bestuhltes Plenum ist, oder ein Raum für das Plenum und drei Arbeitsräume für die Gruppenarbeit.

Empfohlene Gruppengröße: 12–18 Personen

Vorbereitung:
Flipcharts mit der Leitfrage für die Gruppenarbeit für jede Gruppe vorbereiten. Farbige Karten mit den Eigenschaften einer überzeugenden Vision.

Materialien:
4 Flipcharts, 3 Moderationskoffer, Karten mit Eigenschaften, 6 Kunstblumen in verschiedenen Farben, eine Vase

Besonderheiten:
Wir haben gute Erfahrungen damit gemacht, die Gruppenarbeit in einem Raum stattfinden zu lassen, da sich die Gruppen gegenseitig inspirieren und aktivieren können.

Stichworte: Analyse – Beteiligung – Vision

Verlauf:

Einführung *(ca. 10 Min.)*
Die Moderation führt in den Ablauf der Aktivität ein. Die Funktion einer Vision wird erläutert (siehe Aktivität „Statement"). Die Leitfragen für die Gruppenarbeit werden vorgestellt:

1. Gruppe
Was wollen wir?
Welches Selbstverständnis haben wir?
Was ist unser Anliegen?

2. Gruppe
Was können wir?
Was sind die besonderen Leistungen unserer Organisation?
Worauf sind wir stolz?

3. Gruppe
Was will man von uns?
Was wünschen sich die Menschen, mit denen wir arbeiten?
Welcher gesellschaftliche Beitrag wird von uns erwartet?

Arbeitsgruppen *(ca. 30 Min.)*
Es bilden sich drei Arbeitsgruppen. In jeder Arbeitsgruppe übernimmt eine Person die Aufgabe, die Arbeitsergebnisse im Plenum vorzustellen. Jede Arbeitsgruppe nimmt ihr Flipchart mit und dokumentiert darauf ihre Arbeitsergebnisse.

Präsentation der Arbeitsergebnisse *(ca. 40 Min.)*
Die Arbeitsergebnisse werden im Plenum nacheinander vorgestellt. Nach jeder Vorstellung werden gemeinsam drei wichtige Schlüsselbegriffe ausgewählt und farblich markiert.

Pause *(ca.10 Min.)*

Auswertung *(ca. 30 Min.)*
Anhand der markierten Schlüsselbegriffe erarbeitet die Gruppe eine gemeinsame Vision. Das Moderatorenteam hält die Vorschläge der TN abwechselnd auf den beiden Flipcharts fest und nummeriert die Entwürfe. Änderungsvorschläge werden gleich auf einer neuen Seite eingearbeitet. Sind alle TN mit der Formulierung der Vision einverstanden, werden die Entwürfe nacheinander an die Seminarwand gehängt. Der letzte Entwurf wird als Arbeitsergebnis gekennzeichnet.

Überprüfung *(ca. 15–30 Min.)*
Abschließend wird das Ergebnis noch einmal überprüft. Die Moderation stellt eine Vase mit sechs verschiedenfarbigen Blumen in die Kreismitte und bittet die TN, sechs Kleingruppen zu bilden. Jede Blume steht für eine der von John P. Kotter (1998) definierten Eigenschaften einer gelungenen Vision (vorstellbar, wünschenswert, fassbar, fokussiert, flexibel, kommunizierbar). Die Eigenschaften sind auf farbigen Karten festgehalten, die den sechs Farben der Blumen entsprechen. Die Karten werden an einer Pinnwand ausgehängt und kurz durch die Moderation erläutert (siehe Einleitung zu diesem Kapitel). Jede Kleingruppe erhält nun eine Blume. Sie tauscht sich kurz darüber aus, ob der Entwurf der Vision „ihrer" Eigenschaft entspricht und zieht ein Resümee. Die Ergebnisse werden ausgetauscht. Immer, wenn eine Kleingruppe zu einem zufriedenstellenden Ergebnis kommt, wird die jeweilige Blume wieder in die Vase gestellt.

Ist eine Kleingruppe nicht zufrieden, wird eine Redaktionsgruppe (zwei, max. drei Personen) bestimmt, die die Vision entsprechend der Anregung aus der Gruppe überarbeitet. Die Redaktionsgruppe erhält die jeweilige Blume bzw. die jeweiligen Blumen als Merkposten. Es wird vereinbart, bis wann, wo und in welcher Form die überarbeitete Vision den TN bekannt gegeben wird.

5.4 Ein Blick in die Zukunft

Kurzbeschreibung

Die Teilnehmerinnen und Teilnehmer (TN) entwickeln ein erstrebenswertes Bild von Zukunft und gestalten dies als Zukunftsszenarium in einem Schaukasten. Die Gruppe generiert Aspekte, die als Grundlagen für die Erarbeitung einer Vision oder eines Leitbildes dokumentiert werden.

Ziele:

- Die TN haben ihre Vorstellungen von Zukunft zu den Themen Vielfalt und interkulturelle Öffnung der eigenen Organisation zu zweit oder in Dreiergruppen ausgetauscht.
- Sie haben gemeinsam ein erstrebenswertes Bild von Zukunft entworfen und dies in einen Schaukasten umgesetzt.
- Aspekte eines wünschenswerten Zukunftsbildes zum Thema „Vielfalt gestalten" sind herausgearbeitet und dokumentiert.

Zeit: ca. 150 Min. ohne Zwischenpausen

Ausstattung:
Konferenzraum mit Stuhlkreis, „Werkraum" mit 5 – 8 Arbeitstischen und 1 – 2 Materialtischen

Empfohlene Gruppengröße: 10 – 18 Personen

Vorbereitung:
Sammlung eines großen Fundus ganz unterschiedlicher Materialien (Zeitschriften in großer Auswahl, Knetmasse in ausreichendem Umfang, kleine Schachteln, Playmobilfiguren, Schnüre und Bänder, Pappen in verschiedener Dicke, Geschenk- und Packpapier, Filz, Stoffreste, Holzstückchen, Metallstücke, Kronkorken, Bierdeckel, Alufolie, Taschenspiegel, Draht usw.). Je vielseitiger, bunter und ungewöhnlicher die Materialien sind, umso mehr Kreativität wird freigesetzt.

Vorbereitung eines optisch ansprechenden Materialtisches, Werktische mit dicken Packpapier oder Plastikfolien abdecken.

Materialien:
Ein Karton mittlerer Größe pro Arbeitsteam (z.B. große Schuhkartons oder Versandpakete der Größe L), 15 große Bögen Transparentpapier in unterschiedlichen Farben, Scheren, Teppichmesser, Klebstoff in verschiedenen Varianten (Sprühkleber, Spezialkleber für verschiedene Werkstoffe, Leim), dicke Filzstifte, Farbtöpfe in verschiedenen Farben, dicke Pinsel, Pflaster mit witzigem Aufdruck (sollte sich jemand verletzen)

Voraussetzung:
Eine Analyse der Ist-Situation ist bereits erfolgt.

Die Aktivität sollte zeitlich so geplant werden, dass die beiden ersten Phasen etwa eine Stunde vor der Mittagspause liegen. So können die Außenwände der Kartons trocknen und die TN haben während der Mittagspause Zeit, sich gedanklich mit der Gestaltung ihrer Zukunftsszene zu beschäftigen.

Quelle:
In Anlehnung an die Aktivität „Innenwelten" von Sabine Handschuck in: BMW-AG München (Hrsg.) (1995): KIDS TOGETHER. München, S. 18 f.

Stichworte: Vision – Beteiligung – Kreativität

Verlauf

Phase 1: Gestaltung der Außenflächen *(ca. 35 Min.)*
Die Moderation erläutert die Ziele und den geplanten Ablauf der Aktivität „Ein Blick in die Zukunft".

Die TN bilden Zweier- oder Dreierteams. Jedes Team erhält einen Karton. Zunächst wird der Deckel des Kartons mit dem Teppichmesser ausgeschnitten, so dass ein etwa drei Zentimeter breiter Rand stehen bleibt, der dem Karton weiterhin Stabilität gibt. Die Moderation zeigt, wie das Teppichmesser eingesetzt wird und warnt vor Verletzungen. Vorsorglich werden Pflaster verteilt.

Die ausgeschnittene Öffnung wird mit Transparentpapier bespannt. Das Team probiert zuvor aus, wie sich die Atmosphäre im Inneren des Kartons verändert, je nachdem welche Farbe das Transparentpapier hat. Dazu wird ein Sichtschlitz in die zur Frontseite erklärten Fläche des Kartons geschnitten, um so einen Blick in das Kartoninnere zu ermöglichen.

Anschließend werden die Kartons außen gestaltet. Die Außenflächen sollen die aktuelle Situation in Bezug auf das Thema Vielfalt widerspiegeln. Dazu können Bilder aus Zeitschriften aufgeklebt oder die Außenflächen mit Schriftzügen und Zeichnungen versehen werden.

Phase 2: Sichtung der Außenflächen *(ca. 25 Min.)*
Die gestalteten Kartons werden gemeinsam betrachtet. Anknüpfend an die bereits erarbeitete Ist-Analyse werden die Hauptaussagen zur aktuellen Situation noch einmal resümiert. Vor diesem Hintergrund stellen die Teams ihre Außenfassaden vor.

Mittagspause

Phase 3: Gestaltung der Szenenbilder *(ca. 40 Min.)*
Die Teams gestalten wünschenswerte Szenenbilder von Zukunft unter dem Motto: „Eine Szene aus dem Alltag unserer Organisation in zehn Jahren“ im Inneren des Kartons. Sie nutzen dazu den attraktiven und ästhetisch ansprechend aufgebauten Materialfundus.

Ist die Szene fertig arrangiert, werden alle verwendeten Utensilien so fixiert, dass sie auch einen Transport überstehen, der Karton wird zugeklebt. Die Gruppe zieht nach einer kurzen Aufräumaktion vom Werkraum in den Raum mit Stuhlkreis um.

Phase 4: Sichtung der Szenenbilder *(ca. 20 Min.)*
Die Kartons werden nun reihum im Stuhlkreis weitergegeben und ausführlich betrachtet. Die Teams erläutern anschließend, was sie durch die Szenen ausdrücken wollten. Anschließend sucht die Gruppe nach einem individuellen Titel für jedes Szenenbild. Die Titel werden auf Namenreiter geschrieben und den Kartons zugeordnet.

Kurze Pause, in der die Eindrücke sacken können.

Phase 5: Auswertung und Vereinbarung *(ca. 30 Min.)*
Anhand der Auswertungsfragen – Was wird durch die Szenenbilder repräsentiert? Welche Stimmungen werden durch die Szenenbilder ausgelöst? Welche gemeinsamen Visionen werden deutlich? – erarbeitet die Gruppe mit Unterstützung der Moderation die Hauptaussagen der Szenenbilder und dokumentiert diese auf einer Wandzeitung. Abschließend wird vereinbart, von wem die so generierten Aspekte einer gemeinsamen positiven Zukunftsvorstellung als Vision der Organisation formuliert werden und ein kleines Redaktionsteam von zwei Personen gebildet.

5.5 Workshop zur Leitbildentwicklung

Kurzbeschreibung

Mitarbeiterinnen und Mitarbeiter sowie Führungskräfte entwickeln in mehreren Arbeitsphasen ein Leitbild der eigenen Organisation.

Ziele:

- Die Teilnehmerinnen und Teilnehmer (TN) vergegenwärtigen sich die Geschichte ihrer Einrichtung im Kontext der gesellschaftlichen Entwicklung und der eigenen Berufsbiografie.
- Sie reflektieren die normativen Grundlagen der eigenen Arbeit und die mit ihr verbundenen Ziele.
- Sie setzen sich mit dem Einrichtungsprofil auseinander und erarbeiten, was die besondere Qualität der eigenen Einrichtung ist oder sein soll.
- Sie entwickeln den ersten Entwurf von Leitsätzen oder Leitlinien für die interkulturelle Orientierung und Öffnung der eigenen Einrichtung.
- Sie treffen Vereinbarungen darüber, wie und von wem der erarbeitete Entwurf auszuformulieren ist. (In größeren Organisationen wird darüber hinaus vereinbart, wie der Entwurf in der Organisation bekannt gemacht und diskutiert wird und wie und in welchem Zeitraum Veränderungsvorschläge eingearbeitet werden).

Zeit: ein Arbeitstag (ca. 7,5 Stunden einschließlich Pausen)

Ausstattung:

Die Aktivität findet im Plenum statt und setzt einen großen Saal voraus, in dem sich die Gruppe frei bewegen kann und der Platz für in U-Form aufgestellte Stühle und einen Getränketisch bietet.

Empfohlene Gruppengröße: 12 – 16 Personen

Vorbereitung:

Getränke und Imbiss organisieren, Handout erstellen, Zeitlinie vorbereiten. Einladungsschreiben an alle TN mit der Bitte, ein Foto von sich selbst aus der Zeit ihres Arbeitsbeginns in der Organisation mitzubringen.

Materialien:

4 Pinnwände und ausreichend Nadeln, ausreichend Karten in verschiedenen Farben, Klebepunkte in verschiedenen Farben, Flipchart, Digitalkamera, Laptop, Beamer, Kassettenrekorder, Musikkassette

Besonderheiten:
Bei sehr kleinen Organisationen sollte möglichst die gesamte Mitarbeiterschaft an der Leitbildkonferenz beteiligt sein. Bei größeren Organisationen ist darauf zu achten, dass alle Hierarchiestufen und alle Arbeitsbereiche der Organisation durch mindestens eine Person vertreten sind. Die Durchführung der Leitbildkonferenz setzt zwei Moderatorinnen bzw. Moderatoren voraus, die abwechselnd den Arbeitsprozess moderieren und dokumentieren. Vor der hier vorgeschlagenen Variante einer Leitbildkonferenz sollten bereits Arbeitsbegriffe geklärt (Kapitel 4) und eine Vision entwickelt worden sein (Kapitel 5).

Während des Arbeitsprozesses werden die Aktivitäten der TN und die Arbeitsergebnisse fotografiert, um sie zum Abschluss des Tages als Bilderschau zu zeigen. Dazu ist das Einverständnis der TN einzuholen. Wenn die TN damit einverstanden sind, kann die Bilderschau bei der Präsentation des ersten Leitbildentwurfs in der Organisation erneut gezeigt werden. So wird der Entstehungsprozess für alle MA der Organisation transparent.

Stichworte: Leitbild – Beteiligung – Geschichte

Verlauf:

Einführung *(ca. 15 Min.)*
Die Moderation führt in das Thema Leitbildentwicklung ein und legt die mit der gemeinsamen Entwicklung eines Leitbildes verbunden Ziele offen. Das Leitbild soll die bereits erarbeite Vision durch Leitsätze konkretisieren.

Aufstellung: Mein erster Arbeitstag, Vorstellungsrunde *(ca. 30 Min.)*

Die TN werden gebeten, ihr Foto (aus dem Jahr ihres Eintritts in die Organisation) mitzubringen und sich entsprechend dem Zeitpunkt ihrer Arbeitsaufnahme in der Organisation in einem Kreis aufzustellen. Die Person, die am längsten in der Organisation arbeitet, steht rechts von der Moderation. Die Gruppe erhält einen Moment Zeit zum Nachdenken. Alle TN erinnern sich an ihren ersten Arbeitstag: Welche Erwartungen, welche Hoffnungen und Befürchtungen, welche ersten Eindrücke sind mit diesem Tag verbunden? Beginnend mit der Person, die am längsten in der Einrichtung arbeitet, stellen sich alle TN vor, zeigen ihre mitgebrachte Fotografie und erzählen von ihren ersten Eindrücken.

Kleingruppengespräche *(ca. 20 Min.)*
Die TN werden eingeladen, ihre Erfahrungen zu viert in Kleingruppengesprächen zu vertiefen: „Was hat sich verändert? Welche Erwartungen möchte ich reaktivieren? Welche Vorstellungen sind mir heute wichtig?" In jeder Gruppe sollten neue und langjährige Mitarbeiterinnen und Mitarbeiter vertreten sein. Die Kleingruppen haben 15 Minuten Zeit für den Austausch. Sie erhalten den Arbeitsauftrag, eine Person zu bestimmen, die das in fünf weiteren Minuten gezogene Resümee des Gespräches im Plenum vorstellt.

Plenum *(ca. 15 Min.)*
Austausch der Ergebnisse der Kleingruppengespräche, die Moderation hält die wesentlichen Punkte auf einem Flipchart fest.

Pause *(ca. 15 Min.)*

Zeitlinie
Input *(ca. 15 Min.)*
Der Gruppe werden zwei vorbereitete Zeitlinien präsentiert, die sich über drei nebeneinander stehende Pinnwände erstrecken. Die obere Zeitlinie beginnt mit der Gründung der Bundesrepublik und endet im aktuellen Jahr. Auf der Zeitlinie sind wichtige Stationen der Migrationsgeschichte mit Bildern aus der Presse dokumentiert und die Phasen der Migrationsgeschichte farblich gekennzeichnet.

Die darunter liegende Zeitlinie bezieht sich auf die Geschichte der Organisation oder Einrichtung. Sie beginnt mit der Gründung der Organisation bzw. mit ihrer Historie seit dem Bestehen der Bundesrepublik Deutschland und endet im aktuellen Jahr.

In einem kurzen Referat werden die aus der oberen Zeitlinie ersichtlichen Phasen und Daten der Migrationsgeschichte der Bundesrepublik Deutschland vorgestellt. Die TN erhalten einen tabellarischen Überblick der historischen Stationen als Handout.

Arbeit im Plenum *(ca. 40 Min.)*
Die TN kleben ihre Fotos mit Kreppklebebandröllchen nacheinander in die Zeitlinie der Organisation. Sie werden um ein kurzes Statement gebeten, das Bezug auf die erste Zeitlinie nimmt.

Beispiel aus einem Workshop: „Als ich hier anfing zu arbeiten, war gerade die Asyldebatte aktuell. Um ehrlich zu sein, im Arbeitsalltag haben wir uns kaum damit auseinandergesetzt. Das spielte einfach keine Rolle."

Anschließend rekonstruiert die Gruppe wichtige Stationen in der Geschichte der Organisation und trägt diese in Form von Symbolen oder Stichworten in die Zeitlinie ein.

Leitbildkonferenz, Phase 1: Unsere Geschichte *(ca. 30 Min.)*
Die Pinnwände mit der Zeitlinie werden umgedreht. Die erste Rückwand ist mit „Unsere Geschichte" überschrieben. Unter der Fragestellung, welche Leitvorstellungen sich aus der Geschichte der Einrichtung, der gesellschaftlichen Entwicklung und den eigenen biografischen Erfahrungen ableiten lassen, werden Stichpunkte auf grünen Karten gesammelt und auf der Pinnwand nach Themen sortiert.

Mittagspause *(ca. 60 Min.)*

Leitbildkonferenz, Phase 2: Unsere Zukunft *(ca. 30 Min.)*
Die dritte Rückwand ist mit „Unsere Zukunft" überschrieben. Darunter steht die bereits erarbeitete Vision, die von der Moderation vorgelesen wird. Unter der Fragestellung „Von welchen Leitvorstellungen ist diese Vision getragen?" werden Stichpunkte auf weißen Karten gesammelt und auf dieser Pinnwand nach Themen sortiert.

Leitbildkonferenz, Phase 3: Unsere Gegenwart *(ca. 30 Min.)*
Die mittlere Pinnwand ist mit „Unsere Gegenwart" überschrieben. Unter der Fragestellung, „Welche Anforderungen gilt es heute zu bewältigen?" werden Stichpunkte auf gelben Karten gesammelt und auf der Pinnwand nach Themen sortiert.

Pause *(ca. 15 Min.)*

Leitbildkonferenz, Phase 4: Leitlinien *(ca. 60 Min.)*

Eine vierte Pinnwand trägt die Überschrift „Leitlinien".
In der vierten Phase der Leitbildkonferenz werden die erarbeiteten Leitgedanken aus Geschichte, Gegenwart und Zukunft zu Leitlinien für die interkulturelle Orientierung und Öffnung der Organisation zusammengeführt. Zunächst werden dazu etwa sechs Kategorien wie „Selbstverständnis", „Arbeitsauftrag", „gesellschaftlicher Auftrag", „Werte", „Ziele" usw. ermittelt, die sich aus dem bisher erarbeiteten Material ableiten lassen. Anschließend ordnet die Gruppe die gesammelten Stichpunkte den Kategorien zu und heftet sie auf die vierte Pinnwand unter der entsprechenden Überschrift. Stichpunkte, die sich keiner Kategorie zuordnen lassen, verbleiben auf den drei Pinnwänden. Ist die Zuordnung abgeschlossen, wird gemeinsam überlegt, was mit den Stichpunkten geschehen soll, die bisher keiner Kategorie zugeordnet werden konnten.

Pause *(ca. 20 Min.)*
Während der Pause wird die Diaschau für den Tagesabschluss zusammengestellt.

Vereinbarungen treffen *(ca. 30 Min.)*
Zum Abschluss des Workshops trifft die Gruppe Vereinbarungen darüber, wer die Leitgedanken bzw. Leitliniensammlung zu einem Leitbildentwurf ausformuliert. Zu jeder Kategorie sollten dazu mindestens eine Leitlinie, höchstens aber drei Leitlinien formuliert werden. Es wird ein Redaktionsteam gebildet, das die Arbeitsergebnisse des Tages an sich nimmt. Gemeinsam legt die Gruppe das weitere Vorgehen fest: Von wem wird wie und bis wann der erste Leitbildentwurf allen Mitarbeiterinnen und Mitarbeitern zugänglich gemacht? Von wem werden Änderungsvorschläge wie und in welchem Zeitraum in der Organisation oder Einrichtung diskutiert und in den ersten Leitbildentwurf eingearbeitet? Wie, wann und von wem wird das fertige gestellte Leitbild präsentiert? Die Vereinbarungen werden schriftlich festgehalten.

Abschluss *(ca. 30 Min.)*
Die Bilder des Tages werden als Bildershow mit anregender Musikbegleitung präsentiert und der Workshop mit einem kleinen Imbiss abgeschlossen.

Vor dem Beginn ist Überlegung notwendig,
nach der Überlegung rasches Handeln.
Sallust, römischer Geschichtsschreiber (86 – 35 v. Ch.)

6. BESTANDSAUFNAHME UND ERSTE SCHRITTE

Die Einstiegphase in den Umgestaltungsprozess der interkulturellen Orientierung und Öffnung einer Organisation ist entscheidend für den Erfolg der gemeinsamen Arbeit. Die Evaluation des dreijährigen Projektes „Interkulturelle Qualitätsentwicklung" (Handschuck 2008 b) ergab, dass Mitarbeiterinnen und Mitarbeiter vor allem dann motiviert sind, an dem Prozess aktiv mitzuwirken, wenn sie sich 1. von der Leitung und von ihren Kolleginnen und Kollegen unterstützt fühlen, wenn sie 2. Einfluss auf die Planung der Umsetzungsschritte haben, wenn 3. die geplanten Schritte überschaubar sind und im Arbeitsalltag bewältigt werden können, wenn 4. ihr Engagement und ihre Leistungen Anerkennung finden und wenn 5. Erfolge ihrer Arbeit zeitnah sichtbar werden.

Um erste Schritte zur interkulturellen Öffnung einer Organisation oder eines Fachbereiches einer Organisation zu vereinbaren, eignen sich die im ersten Kapitel vorgestellten Großgruppenmethoden besonders gut. Will sich die Organisation auf diese nicht einlassen, weil die dazu erforderlichen finanziellen Ressourcen nicht zur Verfügung stehen, ist eine Kurzvariante der Zukunftswerkstatt eine geeignete Alternative.

Inzwischen wurden viele „abgespeckte" Varianten der Zukunftswerkstatt entwickelt, so auch die Aktivität „Erste Schritte vereinbaren". Alle Varianten beruhen auf den Arbeitsmethoden der Zukunftswerkstatt, wie sie von Robert Jungk, Rüdiger Lutz und Norbert R. Müllert Mitte der 70er-Jahre kreiert wurde. Die Zukunftsforscher hatten sich zum Ziel gesetzt, innovative Problemlösungsstrategien durch ein beteiligungsorientiertes Verfahren zu entwickeln. Grundlegende Idee der Zukunftswerkstatt ist es, eine aktive und partizipative Mitgestaltung von Veränderungsprozessen in Organisationen und in den Feldern der Politik, der Wirtschaft und der Wissenschaft zu ermöglichen.

Ergebnisse von klassischen Zukunftswerkstätten waren u.a. das „Netzwerk Selbsthilfe" in Berlin, das sich in den Folgejahren rasch in Deutschland, in Österreich und in der Schweiz ausbreitete und zur Gründung der „Ökobank" führte, die Idee der „schlafenden Polizisten" (Schwellen in Wohnstraßen zur Verkehrsberuhigung) oder das Kommunikationsentwicklungskonzept von Siemens, das gemeinsam von Fachleuten aus Technik, Marketing, Betriebswirtschaft und der Leitungsebene entwickelt wurde (Jungk/Müllert 1989).

Die Methode der Zukunftswerkstatt umfasst drei Phasen. In der Regel arbeitet eine interdisziplinär zusammengesetzte Gruppe unter Einsatz unterschiedlicher kreativer Methoden mehrere Tage an einem Thema.

Die Kritikphase dient der Bestandsaufnahme des kritischen Potenzials eines Zustands. Ein Veränderungsbedarf wird festgestellt. Unter der Fragestellung: „Wo kämen wir hin, wenn es so weiter ginge?" tauschen sich die Beteiligten in mehreren Arbeitsgruppen darüber aus, welche Konsequenzen zu befürchten sind, wenn sich an einem bestimmten Zustand nichts ändert. Regel ist, in dieser Phase keine Grundsatzdiskussionen zu führen, sondern konkrete Erfahrungen auszutauschen, eigene Befürchtungen mitzuteilen und konkrete Kritikpunkte zu benennen. Diese werden in Stichpunkten auf Karten festgehalten und auf einer Pinnwand für alle sichtbar dokumentiert und anschließend zu Themenschwerpunkten geordnet. Die erste Arbeitsphase schließt damit ab, die Themen nach der Dringlichkeit des Veränderungsbedarfes durch die Arbeitsgruppe zu bewerten. In der Regel werden drei priorisierte Kritikpunkte zur weiteren Bearbeitung ausgewählt und positiv zu einem Ziel umformuliert. Die Ergebnisse der Arbeitsgruppen werden im Plenum vorgestellt.

Die Utopiephase dient dazu, innovative Lösungen zu entwickeln, um die in der Kritikphase formulierten Ziele zu erreichen. Es handelt sich um Utopien, die durch den Einsatz unterschiedlicher Methoden Gestalt annehmen wie Brainstorming, phantastische Zukunftsreisen, gemalte Wunschzettel, Assoziationsketten und ähnliche Verfahren. Je unterschiedlicher und kreativer das Vorgehen ist, umso ergiebiger ist die Utopiephase. Die Leitfrage lautet: „Welche innovativen Ideen sind in zehn Jahren realisiert?" Als Regel gilt, „Killerphrasen" zu vermeiden und auf „die Schere im Kopf" zu verzichten. Alle Ideen werden dokumentiert. Zum Abschluss der Utopiephase wird die Ideensammlung thematisch geordnet. Es folgt eine Bewertung der Ideen nach ihrer Wünschbarkeit und Innovativkraft. Die ausgewählten Ideen, in der Regel zwei oder drei der Utopien, werden in der Gruppe weiter „ausgesponnen" und anschließend im Plenum den anderen Arbeitsgruppen präsentiert.

In der Praxisphase fällt die Gesamtgruppe eine Entscheidung, welche der entwickelten Utopien in die Praxis umgesetzt werden sollen. Die Leitfrage lautet: „Welche Schritte werden wir gehen?" Ziel ist die Entwicklung konkreter erster Schritte, die die Gesamtgruppe miteinander vereinbart. Die Vereinbarungen sind konkret auf die Zuständigkeitsbereiche der anwesenden Personen bezogen und werden schriftlich festgehalten. Sie dokumentieren, was getan wird, mit welchem Schritt begonnen wird, wie es getan wird, wer für was Verantwortung übernimmt, wann, wo und mit wem die ersten Schritte gegangen werden, wann und wo wer über den Zwischenstand informiert wird, wann, wo und mit wem die Planung der Folgeschritte erfolgt und wie der in Gang gesetzte Prozess dokumentiert wird. Am Ende der Praxisphase unterzeichnen alle an der Zukunftswerkstatt beteiligten Personen die gemeinsam getroffenen Vereinbarungen.

Eine Zukunftswerkstatt sollte immer von zwei Moderatorinnen bzw. Moderatoren durchgeführt werden. Unserer Erfahrung nach ist eine zweitägige Zusammenarbeit ein gutes Zeitmaß. An Zukunftswerkstätten zur interkulturellen Öffnung von Institutionen sollten nicht nur Mitarbeiterinnen und Mitarbeiter der verschiedenen Professionen teilnehmen und alle Hierarchiestufen vertreten sein, auch andere Vielfaltdimensionen wie Herkunft, Generation und Geschlecht sind zu beachten. Sehr bewährt hat sich, auch Nutzerinnen und Nutzer der jeweiligen Institution oder Einrichtung am Arbeitsprozess zu beteiligen.

Die folgende Aktivität ist eine stark verkürzte Variante. Sie sollte dann eingesetzt werden, wenn sich die Organisation gegen eine der Großgruppenmethoden entschieden hat, wie sie im Eingangskapitel beschrieben sind. Zielgruppen sind Mitarbeiterinnen und Mitarbeiter aus allen Bereichen einer Organisation, insbesondere dessen mittleres Management. Die Durchführung beansprucht etwa einen halben Tag. Statt mit einer Kritikphase einzusteigen, bei der die Gefahr besteht, dass eher negative Gefühle bei den Teilnehmerinnen und Teilnehmern ausgelöst werden, dient bei dieser Variante die erste Arbeitsphase dazu, sich der eigenen Ressourcen bewusst zu werden und sich die positiven Grundlagen für einen Prozess der interkulturellen Orientierung und Öffnung in der eigenen Organisation zu vergegenwärtigen.

Die „Kleine Bestandsaufnahme" empfiehlt sich als Einstiegsaktivität für das mittlere Management jeder Organisation. Die Aktivitäten „Zielscheibendiagramm", „Ähnlichkeiten und Unterschiede" und „Interkulturelle Sensibilität" sind eher für sehr kleine Organisationen gedacht und als ein Einstieg in eine interkulturelle Teamentwicklung geeignet.

Aktivitäten:

6.1 Interkulturelle Öffnung – Erste Schritte vereinbaren
6.2 Zielscheibendiagramm
6.3 Kleine Bestandsaufnahme
6.4 Strategischer Einstieg – Vier-Felder-Analyse
6.5 Interkulturelle Sensibilität

6.1 Interkulturelle Öffnung – Erste Schritte vereinbaren

Kurzbeschreibung
Drei Arbeitsgruppen erarbeiten in drei Arbeitsphasen eine Bestandsaufnahme, eine Ideensammlung und erste Umsetzungsschritte zur interkulturellen Öffnung einer Institution oder Einrichtung und treffen eine Vereinbarung zum weiteren Vorgehen.

Ziele:
- Die Teilnehmerinnen und Teilnehmer (TN) vergegenwärtigen sich, auf welchen Grundlagen sie den Öffnungsprozess in ihrer Institution oder Einrichtung aufbauen.
- Sie wertschätzen bereits erarbeitete Grundlagen.
- Sie entwickeln Ideen zum weiteren interkulturellen Öffnungsprozess in ihrer Einrichtung oder Institution.
- Sie vereinbaren konkrete Umsetzungsschritte ausgewählter Ideen.

Zeit: ca. 4 Stunden (mit Pausen)

Ausstattung:
Die Aktivität findet abwechselnd in drei Arbeitsgruppen und im Plenum statt. Empfehlenswert sind drei kleine Arbeitsräume (mit Arbeitstischen) oder abgetrennte Arbeitsecken für die Gruppenarbeit und ein großer Gruppenraum (Stuhlhalbkreis) für das Plenum.

Gruppengröße: mindestens 12, höchstens 24 Personen

Vorbereitung:
Ausstattung der Gruppenarbeitsräume mit Arbeitsmaterialien, Getränke bereit stellen, Beschriftung von insgesamt neun Plakaten für die Arbeitsgruppen (Zitat und Arbeitsphasenthema), Plakat für das Plenum (Ablauf), insgesamt neun Handzettel (Arbeitsaufträge für jede Gruppe und jede Arbeitsphase).

Materialien:
3 Pinnwände und ausreichend Nadeln, 3 Moderationskoffer, 3 Flipcharts

Besonderheiten:
Die Aktivität eignet sich besonders gut für die Arbeit mit Führungskräften. Sehr gute Erfahrungen haben wir in der Zusammenarbeit mit den Führungskräften der Münchner Sozialbürgerhäuser und mit Verantwortlichen aus Politik und Verwaltung in kleineren und mittleren Kommunen sowie mit Verbandsspitzen gemacht.

Quelle: In Anlehnung an die Methode der Zukunftswerkstatt von Beate Kuhnt und Norbert R. Müllert (2006: 24 f.)

Stichworte: Beteiligung – Planung – Zielentwicklung

Verlauf:

Einleitung *(ca. 15 Min.)*
Die Aktivität wird als „Mini-Zukunftswerkstatt" durch die Moderation eingeführt. Die TN werden über die Herkunft der Methode, den geplanten Verlauf der Aktivität und die mit ihr verbundenen Ziele informiert. Die drei Arbeitsphasen sind auf einem Plakat visualisiert und werden kurz erläutert. Offene Fragen zum Verlauf werden beantwortet. Anschließend werden die TN gebeten, drei Gruppen zu bilden, die in den drei Arbeitsphasen zusammen bleiben werden.

Die Arbeitsgruppen finden in ihren Arbeitsräumen jeweils ein Flipchart mit dem Thema der Arbeitsphase und einem Einstiegzitat vor. Handzettel mit dem Arbeitauftrag und in der ersten Arbeitsphase zusätzlich mit der Reflexionshilfe liegen in den Arbeitsbereichen aus.

Wer hohe Türme bauen will, muss lange beim Fundament verweilen.
Anton Bruckner (Komponist 1824 – 1896)

Plakat 1:

1. Reflexion: Worauf bauen wir auf?

1. Arbeitsgruppenphase *(ca. 30 Min.)*
Durch die Gruppenarbeit soll deutlich werden, welche positiven Anknüpfungen in Ihrer Organisation für eine interkulturelle Öffnung bereits vorhanden sind. Machen Sie sich die Ressourcen in Ihrer Institution bewusst. Gehen Sie der Frage nach, welche günstigen Grundlagen für eine interkulturelle Öffnung bereits vorhanden sind.

Für die Gruppenarbeit haben Sie 30 Minuten Zeit. Schreiben Sie Ihre wichtigsten Stichpunkte auf Karten. Bestimmen Sie eine Person, die Ihre Arbeitsergebnisse im Plenum präsentiert.

Reflexionshilfe:
- Hat man sich in ihrer Einrichtung mit kulturellen Unterschieden und mit interkultureller Verständigung bereits beschäftigt?
- Gibt es bereits Konzepte, Projekte, Maßnahmen oder Initiativen?
- Wie hoch ist der Anteil von Menschen unterschiedlicher Herkunft bei den Fachkräften und bei den Führungskräften?
- Werden Sprachmittler bei Bedarf selbstverständlich eingesetzt?
- Sind kulturelle Unterschiede in der Einrichtung sichtbar (Bilder, Gestaltung gemeinsamer Räume)?
- Gibt es mehrsprachiges Informationsmaterial?
- Ist die interkulturelle Orientierung und Öffnung Thema bei den Mitarbeiterinnen und Mitarbeitern?

Plenum *(ca. 30 Min.)*
Die Arbeitsgruppen stellen ihre Arbeitsergebnisse vor. Oft sind die TN selbst überrascht, wie viele positive Anknüpfungen sie zusammengetragen haben, und sind stolz auf ihr Arbeitsergebnis. In dieser Phase ist es besonders wichtig, die dargestellten Grundlagen zu würdigen.

Pause *(10 Min.)*

Brillante Ideen sind organisierbar.
Julius Robert Oppenheimer (Physiker 1904 – 1967)

Plakat 2:

2. Veränderungswünsche

2. Arbeitsgruppenphase** (ca. 45 Min.), **Einführung
Durch ein Brainstorming sollen innovative Ideen zusammengetragen werden, wie die bestehenden Grundlagen für eine Verbesserung der interkulturellen Öffnung genutzt werden könnten. Utopien sind erlaubt, Ideenreichtum ist gefragt. Haben Sie den Mut, auf die Schere im Kopf zu verzichten.

Sammeln Sie ihre Ideen auf Karten. Brechen Sie das Brainstorming nach 25 Minuten ab. Sortieren Sie die gesammelten Karten nach Themenschwerpunkten auf der Pinnwand. Überlegen Sie gemeinsam, welche Ideen Sie besonders attraktiv finden. Wählen Sie drei attraktive Ideen aus, um sie im Plenum vorzustellen.

Für die Gruppenarbeit haben Sie insgesamt 45 Minuten Zeit. Bestimmen Sie eine Person, die Ihre Arbeitsergebnisse im Plenum präsentiert.

***Plenum** (ca. 30 Min.)*
Die Arbeitsergebnisse werden im Plenum präsentiert und diskutiert.

***Pause** (20 Min.)*

Der Beginn ist der wichtigste Teil der Arbeit.
Platon (Philosoph 428 – 347 v. Chr.)

Nicht der Beginn wird belohnt, sondern einzig und allein das Durchhalten.
Katharina von Siena (Mystikerin 1347 – 1380)

Plakat 3:

3. Ideen prüfen und erste Veränderungen vereinbaren

3. Arbeitsgruppenphase *(ca. 30 Min.)*
Prüfen Sie Ihre Ideensammlung. Einigen Sie sich auf eine Veränderung, die Sie konkret angehen wollen, um die interkulturelle Öffnung Ihrer Einrichtung weiter zu verfolgen. Legen Sie fest: Wer übernimmt für was bis wann die Verantwortung? Wann wird von wem und wo eine Zwischenbilanz gezogen?

Für die Gruppenarbeit haben Sie 30 Minuten Zeit. Schreiben Sie Ihre Vereinbarungen auf das Flipchart. Bestimmen Sie eine Person, die Ihre Arbeitsergebnisse im Plenum präsentiert.

Plenum *(ca. 45 Min.)*
Die Arbeitsergebnisse der Gruppen werden im Plenum vorgestellt. Haben die Gruppen gleiche oder ähnliche Inhalte gewählt, werden Kooperationen und die mit ihnen einhergehenden Zuständigkeiten ausgehandelt und die schriftlichen Vereinbarungen entsprechend angeglichen. Abschließend verabredet die Gruppe, wann und wo über die geplanten Veränderungen informiert und das weitere Vorgehen geplant wird.

Abschlussblitzlicht *(ca. 20 Min.)*
Jede Person gibt ein kurzes Feedback und äußert sich in einem Satz zu ihrer Zufriedenheit mit dem Arbeitsprozess und in einem Satz zu ihrer Zufriedenheit mit dem Arbeitsergebnis.

6.2 Zielscheibendiagramm

Kurzbeschreibung

Für die interkulturelle Öffnung einer Einrichtung werden Arbeitsschwerpunkte festgelegt, die für den Einstieg in den Veränderungsprozess von der Gruppe als besonders wichtig erachtet werden. Anhand eines Diagramms nimmt die Gruppe eine Selbsteinschätzung vor und vereinbart erste Schritte der weiteren Zusammenarbeit. Für die weitere Arbeit werden Qualitätszirkel gebildet.

Ziele:

- Die Teilnehmerinnen und Teilnehmer einigen sich darauf, welche Schwerpunkte sie für den Einstieg in den interkulturellen Öffnungsprozess ihrer Einrichtung setzen.
- Sie formulieren ihren Handlungsbedarf aufgrund einer Selbsteinschätzung.
- Sie treffen erste Vereinbarungen für das weitere Vorgehen und bilden Qualitätszirkel.
- Das Zielscheibendiagramm ist als ein Instrument der Prozessevaluation eingeführt.

Zeit: ca. 2 Stunden (mit Pausen)

Ausstattung:

Die Aktivität findet abwechselnd in drei Arbeitsgruppen und im Plenum statt. Empfehlenswert sind drei kleine Arbeitsräume (mit Arbeitstischen) oder abgetrennte Arbeitsecken für die Gruppenarbeit und ein großer Gruppenraum (Stuhlkreis) für das Plenum.

Gruppengröße: 12 – 24 Personen

Vorbereitung:

Ausstattung der Gruppenarbeitsräume mit Arbeitsmaterialien, Getränke bereit stellen, vier Zielscheibendiagramme auf Flipcharts vorbereiten.

Materialien:

4 Flipcharts, 1 Pinnwand und ausreichend Nadeln, 3 Moderationskoffer

Besonderheiten:

Die Aktivität eignet sich besonders gut für den Arbeitseinstieg mit Einrichtungsteams und ihren Führungskräften, die über einen längeren Zeitraum jeweils einen halben Tag monatlich an der interkulturellen Orientierung und Öffnung ihrer Einrichtung arbeiten wollen. Gute Erfahrungen mit dieser Methode haben wir im Projekt „Interkulturelle Qualitätsentwicklung in Münchner Sozialregionen“ gemacht, in dem Einrichtungen über einen Zeitraum von drei Jahren zusammenarbeiteten.

Die Zielscheibendiagramme einschließlich der erarbeiteten Vorschläge sind für die weitere Zusammenarbeit Gedankenstütze und dokumentieren gleichzeitig den Prozess, indem sie bei den weiteren Treffen neu ausgewertet, aktualisiert und mit Ziffern gekennzeichnet werden bis hin zur Zielerreichung der drei ausgewählten Arbeitsfelder. Das erste Diagramm wird mit der Nummer 1, die Zwischenbilanzen werden mit den Nummern 1.2; 1.3 usw. gekennzeichnet. Sind die drei ausgewählten Arbeitsfelder des ersten Diagramms zufriedenstellend abgeschlossen, wird ein zweites Diagramm erstellt, in dessen erstes Feld der noch unbearbeitete Schwerpunkt des ersten Diagramms übernommen wird und dessen weitere Felder sich aus der dokumentierten Themensammlung des Brainstormings ergeben. Die abfotografierten Zielscheibendiagramme können, mit Kommentaren versehen, für alle zugänglich gesammelt werden, um das Vorgehen für alle transparent zu machen. Gleichzeitig bietet die Sammlung eine gute Grundlage für einen Evaluationsbericht des interkulturellen Öffnungsprozesses der Einrichtung.

Stichworte: Schwerpunkte setzen – Ziele – Planung

Verlauf:

Einführung *(ca. 20 Min.)*
Die Methode des Zielscheibendiagramms wird durch die Moderation als eine Möglichkeit eingeführt, Prozess begleitend überschaubare Arbeitsschwerpunkte festzulegen und den Veränderungsprozess gleichzeitig in groben Zügen zu dokumentieren. Ein vorbereitetes Zielscheibendiagramm wird vorgestellt. Auf einem Flipchart ist eine Zielscheibe abgebildet, die aus einem Innenkreis, einem mittleren Kreis und einem Außenkreis besteht. Zwei Linien, die über den äußeren Kreis hinausreichen, unterteilen die Kreise in vier gleichgroße „Tortenstücke". Von innen nach außen symbolisieren die Kreise „Ziel erreicht", (Maßnahmen) „auf den Weg gebracht", (Maßnahmen) „angedacht". Die Felder außerhalb der Kreise stehen für „noch nichts gemacht". Die vier Felder werden nun mit Arbeitsschwerpunkten betitelt. Beispielsweise: Öffentlichkeitsarbeit, Beteiligung, Leitbild und Ziele. Gemeinsam schätzt nun die Gruppe den Ausgangspunkt für den interkulturellen Öffnungsprozess in der eigenen Einrichtung ein, der jeweils durch das Einkleben roter Punkte markiert wird. Hat beispielsweise die Einrichtung ein Leitbild, das aber keine Aussagen zur interkulturellen Öffnung enthält, und soll dies durch den eingeleiteten Öffnungsprozess verändert werden, wird der Punkt in das entsprechende Feld in den Kreisausschnitt „angedacht" gesetzt. Gibt es in der Einrichtung bereits formulierte Ziele zur interkulturellen Öffnung, die aber erst durch noch zu planende Maßnahmen umgesetzt werden sollen, wird der Punkt in das entsprechende Feld in den Kreisausschnitt „auf den Weg gebracht" gesetzt.

Brainstorming und Themenfestlegung *(ca. 40 Min.)*
Die Gruppe sammelt nun durch ein Brainstorming den Handlungsbedarf in ihrer eigenen Einrichtung auf Karten, die auf der Pinnwand ausgehängt und in einem zweiten Arbeitsschritt Themenschwerpunkten zugeordnet werden. Anschließend punkten alle TN mit je einem Punkt, welchen Themenschwerpunkt sie als besonders wichtig für den Einstieg in die weitere Zusammenarbeit halten. Die vier Themenschwerpunkte mit den meisten Punkten werden nun in die vorbereiteten Zielscheibendiagramme für die Gruppenarbeit übertragen. Die Gruppe schätzt gemeinsam den aktuellen Stand in ihrer Einrichtung zu den vier Themenschwerpunkten ein, der auf allen drei Flipcharts durch rote Punkte markiert wird. Gemeinsam wird entschieden, welche drei Themenfelder in Gruppenarbeit weiter bearbeitet werden sollen. (Der vierte Themenschwerpunkt wird zu einem späteren Zeitpunkt bearbeitet. Die Pinnwand mit den nach Schwerpunkten geordneten Karten wird durch die Moderation abgeschrieben und für die Gruppe während der nachfolgenden Gruppenarbeit dokumentiert.) Drei Arbeitsgruppen werden gebildet.

Pause *(ca. 15 Min.)*

Gruppenarbeit *(ca. 30 Min.)*
Die Arbeitsgruppen haben nun die Aufgabe, gemeinsam zu überlegen, welche Maßnahmen in dem von ihnen zu bearbeitenden Themenfeld ergriffen werden können, um innerhalb eines festgelegten Zeitraums einen Kreis weiter vorzurücken. Wurde beispielsweise das Themenfeld „Leitbild" gewählt und die Selbsteinschätzung liegt bei „angedacht", sind Schritte zu planen, die ermöglichen, dass innerhalb des festgelegten Zeitraums der Punkt in das Feld „auf den Weg gebracht" wandern kann. Die erarbeiteten Vorschläge werden auf Flipchart festgehalten.

Plenum *(ca. 30 Min.)*
Die Arbeitsgruppen präsentieren ihre Vorschläge. Die Vorschläge werden abfotografiert.

Pause *(ca. 15 Min.)*

Plenum *(ca. 30 Min.)*
Gemeinsam fällt die Gruppe nun die Entscheidung, in welcher Reihenfolge die drei Themenfelder „abgearbeitet" werden sollen bzw. es wird diskutiert, ob die Ressourcen der Einrichtung es zulassen, dass an zwei oder drei Themenfeldern parallel gearbeitet werden kann. Es wird festgelegt, welche Arbeitsschritte von der Gruppe gegangen werden und für welche Themen eine Moderation oder ein fachlicher Input sinnvoll wäre. Anschließend werden konkrete Vereinbarungen getroffen, wer bis wann welche Aufgaben

übernimmt und welche Arbeitsaufträge die Moderation hat, falls diese den Prozess weiter begleiten soll. Ein Folgetermin wird vereinbart. Die Vereinbarungen werden schriftlich festgehalten und für den weiteren Prozess dokumentiert.

Abschlussblitzlicht *(ca. 20 Min.)*
Jede Person gibt ein kurzes Feedback und äußert sich in einem Satz zu ihrer Zufriedenheit mit dem Arbeitsprozess und in einem Satz zu ihrer Zufriedenheit mit dem Arbeitsergebnis.

Zielscheibendiagramm

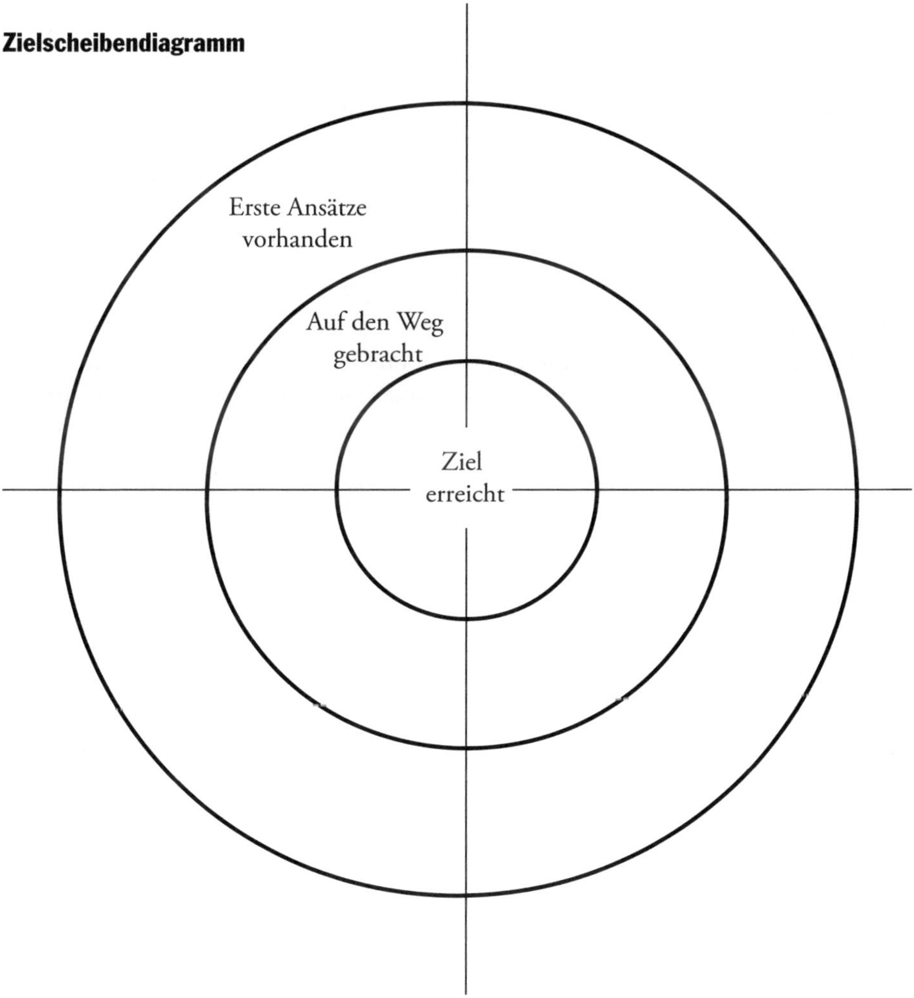

6.3 Kleine Bestandsaufnahme

Kurzbeschreibung

Drei Arbeitsgruppen erarbeiten anhand einer Checkliste eine kleine Bestandsaufnahme und eine Prioritätenliste zum Stand der interkulturellen Öffnung in ihrer Organisation. Sie vergleichen ihre Arbeitsergebnisse und planen gemeinsam das weitere Vorgehen.

Ziele:

- Die Teilnehmerinnen und Teilnehmer (TN) beurteilen den Stand der interkulturellen Orientierung und Öffnung in der eigenen Organisation.
- Sie stellen fest, welche Bereiche sie selbst als besonders wichtig für den Öffnungsprozess erachten und wie hoch sie das Unterstützungspotenzial für die Erarbeitung dieser Bereiche einschätzen.
- Sie treffen Vereinbarungen, welche nächsten Umsetzungsschritte gegangen werden sollen.

Zeit: ca. 4 Stunden (mit Pausen)

Ausstattung:
Die Aktivität findet in drei Arbeitsgruppen und im Plenum statt. Empfehlenswert sind drei kleine Arbeitsräume (mit Arbeitstischen) oder abgetrennte Arbeitsecken für die Gruppenarbeit in einem großen Gruppenraum mit einem Stuhlhalbkreis für das Plenum.

Gruppengröße: 9 – 18 Personen (Führungskräfte)

Vorbereitung: Arbeitsblatt „Kleine Bestandsaufnahme“ kopieren

Materialien: Arbeitsblätter, Schreibutensilien, Flipchart, dicke Stifte

Besonderheiten:
Alternativ kann bei dieser Aktivität auch die Indikatorenliste zur interkulturellen Orientierung und Öffnung (Kapitel 7.5) eingesetzt werden. Da sie wesentlich umfangreicher ist und als Arbeitsblatt aufbereitet werden sollte, erfordert dies mehr Zeit für die Vorbereitung und für die Durchführung einzuplanen.

Stichworte: Bestandsaufnahme – Schwerpunkte setzen – Planung

Verlauf:

Gruppenarbeit *(ca. 30 Min.)*
Die TN bilden drei Gruppen. In jeder Gruppe wird gemeinsam das Arbeitsblatt „Kleine Bestandsaufnahme“ ausgefüllt. Dazu werden zunächst die einzelnen Punkte diskutiert und anschließend das Diskussionsergebnis in das Arbeitsblatt eingetragen. Kommt es zu keiner übereinstimmenden Einschätzung, wird dies bei dem jeweiligen Punkt vermerkt. Jede Arbeitsgruppe bestimmt eine Person, die die Gruppenergebnisse im Plenum vorstellt.

Austausch und Diskussion der Gruppenarbeitsergebnisse *(45 Min.)*
Im Plenum werden die Ergebnisse der Kleingruppen von Punkt 1 bis Punkt 12 ausgetauscht und miteinander verglichen. Voneinander abweichende Ergebnisse werden von allen diskutiert mit dem Ziel, zu einer Annäherung zu kommen.

Punkt 13 wird besondere Aufmerksamkeit gewidmet. Hier kann es durchaus zu unterschiedlichen Ergebnissen kommen, die die Bestandsaufnahme ergänzen. Alle nicht abgehakten Themenschwerpunkte werden abschließend auf dem Flipchart aufgelistet.

Prioritäten setzen *(ca. 15 Min.)*
Nach der ausführlichen Konsensfindung geht es nun um die Mehrheitsentscheidung, welcher Punkt der Flipchartliste als nächstes im interkulturellen Öffnungsprozess angegangen werden soll. Nach einer Abwägung der eingeschätzten Notwendigkeit und des festgestellten Unterstützungspotenzials in der Organisation wird die Prioritätensetzung der TN durch farbige Klebepunkte markiert. Dazu erhalten alle TN zwei Markierungspunkte, die zusammen oder getrennt vergeben werden können.

Vereinbarungen treffen *(ca. 30 Min.)*
Abschließend werden Zuständigkeiten verhandelt und vereinbart, wer welche Schritte mit wem und bis wann in die Wege leitet, um die Bearbeitung des ausgewählten Themas in Angriff nehmen zu können. (Wer ist zu informieren, wer ist zusätzlich in die Arbeit mit einzubeziehen, welche offenen Fragen müssen noch geklärt werden usw.) Alle Vereinbarungen werden schriftlich festgehalten. Eine der Führungskräfte übernimmt die Koordination für das von der Gruppe ausgewählte Thema. Ihr obliegt es auch, zu dem abschließend vereinbarten Folgetreffen einzuladen, bei dem es um die konkrete Umsetzungsplanung gehen wird.

Kleine Bestandsaufnahme zur interkulturellen Orientierung und Öffnung

Bitte prüfen Sie zu allen Punkten, ob die jeweilige Aussage zutrifft. Falls sie zutrifft, haken sie den Punkt ab. Falls sie nicht zutrifft, bewerten Sie aus Sicht Ihrer Gruppe die Notwendigkeit, dies zu verändern. Beurteilen Sie anschließend das dazu in der Organisation vorhandene Unterstützungspotenzial durch das Einsetzen der Ziffern von 1 bis 4: 1 = sehr hoch; 2 = hoch; 3 = eher gering; 4 = nicht vorhanden.

Überlegen Sie gemeinsam, welche konkreten Anknüpfungspunkte es in der Organisation bereits gibt, um die angestrebte Veränderung zu realisieren.

1. *Ein Beschluss der Organisationsleitung zur interkulturellen Orientierung und Öffnung liegt vor.*

Notwendigkeit ___

Unterstützungspotenzial ___

Anknüpfungspunkte: ______________________________

2. *Alle Mitarbeiterinnen und Mitarbeiter sind über den Prozess der interkulturellen Orientierung und Öffnung informiert.*

Notwendigkeit ___

Unterstützungspotenzial ___

Anknüpfungspunkte: ______________________________

3. *Die interkulturelle Orientierung und Öffnung ist als Top-down-Strategie in der Organisation eingeführt.*

Notwendigkeit ___

Unterstützungspotenzial ___

Anknüpfungspunkte: ______________________________

4. Die Mitarbeiterinnen und Mitarbeiter der Organisation sind aktiv in den interkulturellen Öffnungsprozess einbezogen.

Notwendigkeit __

Unterstützungspotenzial __

Anknüpfungspunkte: ____________________

5. Das Leitbild der Organisation trifft Aussagen zur interkulturellen Orientierung und Öffnung.

Notwendigkeit __

Unterstützungspotenzial __

Anknüpfungspunkte: ____________________

6. Die interkulturelle Öffnung wird in allen Handlungsfeldern der Organisation betrieben.

Notwendigkeit __

Unterstützungspotenzial __

Anknüpfungspunkte: ____________________

7. Die interkulturelle Orientierung und Öffnung wird über Zielvereinbarungen gesteuert.

Notwendigkeit __

Unterstützungspotenzial __

Anknüpfungspunkte: ____________________

8. Es werden interkulturelle Weiterbildungsangebote für die Mitarbeiterinnen und Mitarbeiter angeboten.

Notwendigkeit __

Unterstützungspotenzial __

Anknüpfungspunkte: ____________________

9. *Der Prozess der interkulturelle Orientierung und Öffnung wird kontinuierlich überprüft.*

Notwendigkeit __

Unterstützungspotenzial __

Anknüpfungspunkte: ______________________________

10. *Die Mitarbeiterinnen und Mitarbeiter mit Migrationshintergrund sind auf allen Hierarchieebenen der Organisation vertreten.*

Notwendigkeit __

Unterstützungspotenzial __

Anknüpfungspunkte: ______________________________

11. *Es gibt eine interkulturelle Teamentwicklung in der Organisation.*

Notwendigkeit __

Unterstützungspotenzial __

Anknüpfungspunkte: ______________________________

12. *Ein Maßnahmenkatalog zur interkulturellen Öffnung liegt vor.*

Notwendigkeit __

Unterstützungspotenzial __

Anknüpfungspunkte: ______________________________

Überlegen Sie gemeinsam:

13. *Was ist Ihnen wichtig und wurde in dieser kleinen Bestandsaufnahme bisher nicht berücksichtigt?*

Notwendigkeit __

Unterstützungspotenzial __

Anknüpfungspunkte: ______________________________

6.4 Strategischer Einstieg – Vier-Felder-Analyse

Kurzbeschreibung

Die Teilnehmergruppe setzt sich mit den Vor- und Nachteilen von Unterschieden und Ähnlichkeiten in einem Team auseinander und erarbeitet eine Vier-Felder-Analyse. Sie entwickelt Vorstellungen, durch welche Veränderungen von Alltagsroutinen die Potenziale von Vielfalt im Team genutzt werden können.

Ziele:

- Die Teilnehmerinnen und Teilnehmer (TN) setzen sich mit Vor- und Nachteilen der interkulturellen Orientierung und Öffnung auseinander.
- Die Bewertung von Unterschieden im Team ist reflektiert.
- Gemeinsame Vorstellungen, wie durch eine interkulturelle Öffnung bedingte Belastungen verringert und positive Potenziale aufgrund einer interkulturellen Öffnung erhöht werden können, sind entwickelt.
- Der nächste Schritt für die Umsetzung der interkulturellen Öffnung in der eigenen Organisation ist geplant.

Zeit: ca. 5,5 Stunden mit Pausen

Ausstattung:
Großer Raum für das Plenum, zwei Nebenräume für die Arbeitsgruppen

Gruppengröße: 12–16 Personen

Vorbereitung:
Zwei Pinnwände mit Vier-Felder-Diagrammen für die Gruppenarbeit bereitstellen

Materialien: 3 Flipcharts, 2 Pinnwände, Stifte, Klebepunkte

Stichworte: Teamentwicklung – Grundlagen – Planung

Verlauf:

Einführung *(ca. 15 Min.)*
Ziele und Ablauf der Aktivität werden vorgestellt. Die Moderation führt anschließend in die Aktivität ein: Die interkulturelle Öffnung einer Organisation kann Potenziale freisetzen, sie kann aber auch verunsichern und die Zusammenarbeit erschweren. Ob ein Team die Vorteile von Vielfalt nutzen kann oder ob für das Team Vielfalt eine Belastung ist, hängt von unterschiedlichen Faktoren ab. Wesentliche Faktoren, die einen ressourcenorientierten Umgang mit Vielfalt ermöglichen, sind die Fähigkeit, Vielfalt im Team bewusst wahrzunehmen, und die Bereitschaft, sich mit Gefühlen der Befremdung konstruktiv auseinanderzusetzen, sich auf neue Erfahrungen einzulassen und Strategien zu entwickeln, wie diese Erfahrungen im alltäglichen Handeln gut bewältigt und nutzbringend eingesetzt werden können. Ein kompetenter Umgang mit Vielfalt setzt Veränderungsbereitschaft voraus. Interkulturelle Öffnung einer Organisation bedeutet nach innen, dass sich auch die Zusammensetzung der Mitarbeiterschaft verändert und sich Teams interkulturell öffnen. Sie bedeutet nach außen, die Dienstleistungen der Organisation für die unterschiedlichen gesellschaftlichen Gruppen zugänglich zu machen. Alltagsroutinen lassen sich aber nur langsam verändern und ihre Modifikation kann anfangs Irritationen auslösen.

Demonstration:
Die TN werden gebeten, ihre Hände zu falten und zu schauen, welcher Daumen oben liegt. Anschließend werden die Hände wieder auseinander genommen. Die TN sollen nun ihre Hände erneut falten, aber so, dass jetzt der andere Daumen oben liegt. Sie werden gebeten, dem Gefühl nachzuspüren, das diese eher kleine Veränderung bei ihnen auslöst. Die meisten werden feststellen, dass sich die andere Art, ihre Hände zu falten, ungewohnt, komisch, störend anfühlt. Dennoch fällt es nicht schwer, die Hände andersherum zu falten, solange man sich auf diese Tätigkeit konzentriert. In dem Moment, in dem die Hände unbewusst zusammen gelegt werden, wäre wieder der andere Daumen oben.

Bei der interkulturellen Öffnung geht es darum, sich des eigenen Handelns und seiner Wirkungen bewusst zu werden, Alltagsroutinen wahrzunehmen, ihre Wirkungen zu überprüfen und sie bei Bedarf zu verändern und die eigene Konzentration darauf zu richten, dass neue Sicht- und Handlungsweisen zu Selbstverständlichkeiten im Arbeitsalltag werden.

Gruppenarbeit *(ca. 30 Min.)*
Es werden zwei Arbeitsgruppen gebildet. Jede Arbeitsgruppe bestimmt eine Person als Schriftführerin bzw. als Schriftführer, eine Person, die die Arbeitszeit überwacht, und eine Person, die die Arbeitsergebnisse der Gruppe im Plenum einbringt.

Aufgabe der Arbeitsgruppe I:
Sammeln Sie jeweils fünf belastende Faktoren einer interkulturell geöffneten bzw. einer kulturell eher geschlossenen Organisation.

Aufgabe der Arbeitsgruppe II:
Sammeln Sie jeweils fünf positive Potenziale einer interkulturell geöffneten bzw. einer kulturell eher geschlossenen Organisation.

Plenum *(ca. 30 Min.)*
Die Arbeitsergebnisse werden vorgestellt, miteinander verglichen, diskutiert und auf einer Pinnwand in eine Übersicht gebracht.

Belastende Faktoren einer interkultureller Öffnung ▪ Verunsicherung ▪ Viel Zeit für Klärungsprozesse ▪ Hohes Konfliktpotenzial	**Belastende Faktoren von Geschlossenheit** ▪ Kein Blick über den Tellerrand ▪ Festgefahrene Alltagroutinen ▪ Eindimensionale Wahrnehmung
Positive Potenziale einer interkulturellen Öffnung ▪ neue Perspektiven und Impulse ▪ breites Spektrum von Fähigkeiten ▪ Synergien durch Ergänzung	**Positive Potenziale von Geschlossenheit** ▪ Verhaltenssicherheit ▪ Leichte Verständigung ▪ Geringes Konfliktpotenzial

Pause *(ca. 20 Min.)*

Gruppenarbeit *(ca. 45 Min.)*
Es werden drei Arbeitsgruppen gebildet. Jede Arbeitsgruppe diskutiert Strategien, um die positiven Potenziale einer interkulturellen Öffnung der Organisation zu erhöhen und die belastenden Faktoren zu verringern. Die Ideen werden auf dem Flipchart gesammelt. Anschließend wird ein konkreter Vorschlag für das weitere strategische Vorgehen erarbeitet und in Stichpunkten schriftlich festgehalten.

Plenum *(ca. 30 Min.)*
Die Vorschläge werden im Plenum vorgestellt und diskutiert.

Große Pause *(Mittagspause) von 45 Min.*
Die Pause dient nicht nur der Erholung, sondern ermöglicht auch, sich über die verschiedenen Vorschläge und Ideen zwanglos zu unterhalten und diese „sich setzen zu lassen".

Brainstorming im Plenum: Was haben wir? Was brauchen wir? *(ca. 30 Min.)*
Die Gruppe erstellt auf Karten eine Bestandsaufnahme zur interkulturellen Orientierung und Öffnung der eigenen Organisation und hält Bedarfe fest. Die Bedarfe werden anschließend mit Überbegriffen versehen und geclustert. Alle TN vergeben einen Prioritätenpunkt und kleben ihn an das Feld, mit dessen Bearbeitung begonnen werden soll.

Gruppenarbeit *(ca. 30 Min.)*
Die strategischen Vorschläge, die bereits in Gruppenarbeit erstellt wurden, werden nun in Beziehung zu den priorisierten Themen gesetzt und ausgearbeitet.

Plenum *(ca. 45 Min.)*
Vorstellung und Diskussion der Arbeitsergebnisse. Gemeinsames Festlegen des weiteren strategischen Vorgehens. Klärung sonstiger Fragen: Wer ist für was verantwortlich? Bis wann soll was in die Wege geleitet sein? Wer muss in die Arbeit einbezogen werden? Wer wird wie informiert? Was ist das Ziel des nächsten Folgetreffens? Wann und wo findet es statt?

Abschlussfeedback *(ca.15 Min.)*
Wie zufrieden bin ich mit dem Ergebnis? Wie zufrieden bin ich mit dem Arbeitsprozess? Jeder Person gibt eine kurze Rückmeldung.

6.5 Interkulturelle Sensibilität

Kurzbeschreibung

Anhand eines Stufenmodells zur interkulturellen Sensibilität in Anlehnung an das Modell von Milton Bennett reflektieren die TN verschiedene Wahrnehmungsperspektiven, Haltungen und Strategien in Bezug auf kulturelle Vielfalt und setzen sich damit auseinander, welche gemeinsame Haltung sie in der Organisation anstreben.

Ziele:

- Die Teilnehmerinnen und Teilnehmer (TN) reflektieren verschiedene Wahrnehmungsperspektiven von kultureller Vielfalt.
- Sie reflektieren, welche Strategien aus den Wahrnehmungsperspektiven resultieren.
- Sie prüfen, ob Handlungsbedarf zur Verbesserung der interkulturellen Sensibilität in der Einrichtung besteht und vereinbaren ihr weiteres Vorgehen.

Zeit: ca. 3 Stunden (mit Pause)

Ausstattung:
Großer Raum mit Stuhlkreisbestuhlung und zusätzlichen Arbeitsecken für die Gruppenarbeit

Gruppengröße: 12 – 16 Personen

Vorbereitung: Handout erstellen

Materialien: Flipchart, Stifte, Handout

Besonderheiten:
Die Aktivität ist gut geeignet, eine Leitbildentwicklung vorzubereiten.

Wiederholt haben wir erlebt, dass in der Diskussion auch die interkulturelle Sensibilität der Nutzerinnen und Nutzer von Einrichtungen angesprochen wurde. So beklagten Pflegekräfte, dass sie häufig die Erfahrung gemacht hätten, dass Patientinnen und Patienten Pflegekräften mit Migrationshintergrund mit Misstrauen begegneten oder sie sogar auf rassistisch motivierte Ablehnung stießen, Sozialpädagogen in Jugendeinrichtungen führten Beispiele von Ausgrenzungspraktiken der Jugendlichen untereinander an oder Fachkräfte von Alten- und Servicecentern berichteten, dass ihre Stammbesucherinnen und Stammbesucher ablehnend auf neue Besuchergruppen reagierten und an einer interkulturellen Öffnung der Einrichtung nicht interessiert seien. Häufig wurde in diesen Teams vereinbart, sich intensiv damit zu beschäftigen, wie die interkulturelle Sensibilität in der Einrichtung auch bei den Nutzergruppen zu fördern ist. Beispielsweise wurden Gesprächsrunden mit den Nutzerinnen und Nutzern veranstaltet oder attraktive Begegnungssituationen initiiert wie eine internationale Weinprobe in einem Alten- und Servicecenter. In einer Freizeiteinrichtung wurde die Aktivität „Interkulturelle Sensibilität" mit den Jugendlichen durchgeführt (hierzu wurde die tabellarische Übersicht sprachlich angepasst), um anschließend Umgangsregeln mit den Jugendlichen gemeinsam zu erarbeiten. Hilfreich war bei allen Folgeaktivitäten, Abwehrstrategien nicht zu skandalisieren, sondern Ängste oder Befürchtungen der Nutzerinnen und Nutzer wahrzunehmen und sie ohne moralischen Druck zu thematisieren, um Prozesse der Annäherung gestalten zu können.

Quelle: In Anlehnung an Landis/Bennett/Bennett (2004).

Stichpunkte: Interkulturelle Kompetenz – Grundlagen – Teamentwicklung

Verlauf:

Einführung *(10 Min.)*
Interkulturelle Sensibilität ist die Fähigkeit, kulturelle Unterschiede wahrzunehmen. Der Sprachwissenschaftler Milton Bennett, Leiter des Instituts für interkulturelle Kommunikation der Portland State University, entwickelte ein Modell, das sechs verschiedene Haltungen bzw. Wahrnehmungsperspektiven in Bezug auf kulturelle Unterschiede umfasst. Sein Modell „Developmental Model of Intercultural Sensivity" (DMIS) unterscheidet zwischen drei Abstufungen ethnozentristischer Perspektiven und drei Abstufungen einer ethnorelativen Sicht auf kulturelle Unterschiede. Je stärker eine kulturelle Sensibilität bei einem Menschen entwickelt ist, desto eher wird nach Bennett eine ethnorelativierende Sicht auf kulturelle Unterschiede eingenommen. Das DMIS wird überwiegend als Instrument eingesetzt, um die interkulturelle Sensibilität von Individuen einzuschätzen und die Wirkungen von Maßnahme auf die Entwicklung interkultureller Sensibilität zu evaluieren, beispielsweise die Wirkungen eines internationalen Austauschprogramms oder die Wirkungen von interkulturellen Schulungen. In dieser Aktivität wird mit einer stark vereinfachten und leicht veränderten Darstellung des Modells von Milton Bennett gearbeitet. Wer sein Modell besser kennenlernen möchte, kann dies im Internet recherchieren.

Da der Strategie der interkulturellen Öffnung ein weit gefasster Kulturbegriff zugrunde liegt, der über eine ethnische Zuordnung hinaus geht, wird auf die Begriffe „ethnozentristisch" und „ethnorelativ", die allgemein in der Fachliteratur verwendet werden, verzichtet. Stattdessen werden die Begriffe „kulturzentristisch" und „kulturrelativistisch" verwendet.

Einzelarbeit *(ca. 15 Min.)*
Die TN erhalten zehn Minuten Zeit, die tabellarische Übersicht (Arbeitsblatt) zu lesen. Sie werden gebeten, die aus den Wahrnehmungsperspektiven resultierenden Strategien möglichst distanziert zu betrachten und zu überlegen, welche persönlichen Vorteile mit den drei Strategien, die aus einer kulturzentristischen Perspektive resultieren, verbunden sein können.

Gruppenarbeit *(ca. 40 Min.)*
In Kleingruppen tauschen sich drei bis vier Personen zunächst darüber aus, welche persönlichen Vorteile aus einer kulturzentristischen Perspektive resultieren können (ca. 10 Min.). Im zweiten Schritt gehen sie der Frage nach: Welche Bedingungen können es erleichtern, eine kulturzentristische Perspektive aufzugeben? (ca. 20 Min.)

In den letzten 10 Minuten ziehen sie ein gemeinsames Resümee aus dem Gespräch und halten es in Stichpunkten auf Karten fest.

Pause *(ca. 15 Min.)*

Plenum *(ca. 70 Min.)*
Die Arbeitsergebnisse der Kleingruppen werden im Plenum anhand der Karten vorgestellt (ca. 15 Min.).

Es schließt sich eine moderierte Auswertungsdiskussion an.

In der ersten Diskussionsrunde wird der Frage nachgegangen, wie die Gruppe ihre interkulturelle Sensibilität selbst einschätzt und welche Alltagsroutinen in der eigenen Organisation eine kulturrelativistische Perspektive unterstützen. Unterstützende Faktoren werden auf Karten gesammelt (ca. 20 Min.).

In einer zweiten Diskussionsrunde wird erörtert, wie die bewusste Förderung einer interkulturellen Sensibilität in der Organisation gegenüber Nutzerinnen und Nutzern und gegenüber Mitarbeiterinnen und Mitarbeitern im Arbeitsalltag verankert werden kann (ca. 20 Min.).

Abschließend wird ein Resümee gezogen und das weitere Vorgehen vereinbart und schriftlich festgehalten (ca. 15 Min.).

Kulturzentristische Perspektive	Kulturrelativierende Perspektive
Leugnung (denial) Kulturelle Unterschiede im eigenen Lebens- und Arbeitsumfeld werden nicht wahrgenommen, interkulturelle Kontakte werden vermieden, die eigene kulturelle Orientierung wird als allgemeingültige Normalität betrachtet. Es besteht kein Interesse daran, andere Kommunikations- und Verhaltensformen kennen zu lernen. Die Konfrontation mit kulturellen Unterschieden löst Unbehagen aus. *Motto:* Wir bleiben unter uns. *Strategie:* Kontaktvermeidung	**Akzeptanz** (acceptance) Die eigenen kulturellen Werte, Kommunikationsformen und Verhaltensweisen werden als kulturelle Konstruktion erkannt. Allgegenwärtige kulturelle Differenz wird wahrgenommen und respektiert. *Motto:* Über den Tellerrand schauen. *Strategie:* Austausch
Abwehr (defense) Die eigene Kultur wird positiv bewertet, andere kulturelle Werte, Kommunikationsformen und Konzepte werden als weniger positiv abgewertet. Kulturelle Differenz wird als Gefährdung der eigenen, positiv entwickelten Kultur empfunden und abgewehrt. *Motto:* Das haben wir schon immer so gemacht und das ist auch gut so. *Strategie:* Anpassungsforderung	**Adaption** (adaption) Kulturelle Weltsichten und Werte und damit einhergehende Konzepte der Kommunikation und Alltagsbewältigung werden miteinander in Beziehung gesetzt und als Ressource wahrgenommen. Der Umgang mit Vielfalt und daraus resultierende Wirkungen werden reflektiert. *Motto:* Vielfalt als Ressource. *Strategie:* Kooperation unter Nutzung vielfältiger kultureller Ressourcen.
Toleranz (minimization) Kulturelle Unterschiede werden als unbedeutend wahrgenommen und minimiert, menschliche Gemeinsamkeiten betont. Universalistische Annahmen der dominanten Kultur dienen häufig als Orientierung für den Umgang mit Differenz. *Motto:* Eigentlich sind wir alle gleich. *Strategie:* Wohlmeinende Aufklärung über „richtiges" menschliches Verhalten.	**Integration** (integration) Ein Wechsel zwischen, die gleichzeitige Orientierung an und die Nutzung von verschiedenen kulturellen Bezugssystemen gehört zum Alltagshandeln und geht mit Mehrsprachigkeit einher. *Motto:* Sowohl als auch. *Strategie:* Vielfalt gestalten durch situationsangemessenes, synergetisches Kommunizieren und Handeln.

In Anlehnung an das „Developmental Model of Intercultural Sensivity" von Milton Bennett.

Sobald der Geist auf ein Ziel gerichtet ist, kommt ihm vieles entgegen.
Johann Wolfgang von Goethe (1748 – 1832)

7. ZIELE, STANDARDS UND INDIKATOREN

Strategische Steuerung bedeutet ein planvolles, zukunftsorientiertes Vorgehen. Um Steuerung überhaupt zu ermöglichen, bedarf es konkreter Ziele, auf die hin das Vorgehen ausgerichtet wird. Ziele haben somit die wesentliche Funktion, Steuerung überhaupt erst zu ermöglichen. Das war in der Vergangenheit nicht in allen Organisationen eine Selbstverständlichkeit. So war der öffentliche Dienst über Jahrzehnte davon geprägt, Gesetze umzusetzen und die dafür notwendigen Aufgaben zu erfüllen. Ergebnisse und Wirkungen der Arbeit der Verwaltung standen dabei nicht im Fokus der Betrachtung. Sehr ähnlich haben die Organisationen des Non-Profit-Bereichs agiert, die öffentlich gefördert wurden und in ihrer Berichterstattung der gleichen Logik gefolgt sind wie die öffentliche Verwaltung.

Standards und Ziele stehen in einem Zusammenhang, müssen aber deutlich voneinander unterschieden werden. Die Zielerreichung kann man nicht garantieren, wohl aber das, was angeboten wird, um die Zielerreichung wahrscheinlich zu machen. Standards beschreiben also die Beschaffenheit einer Leistung, bei Dienstleistungen sind das Merkmale, Regeln oder Verhaltensnormen.

Um steuern, umsteuern oder nachsteuern zu können, brauchen Organisationen Informationen über Stand und Entwicklung der Ziele bzw. der Zielerreichung. Dafür müssen Daten festgelegt, erhoben und gesammelt werden. Daten allein sind aber noch keine Informationen, sie müssen aufbereitet und bewertet werden. Sie müssen in Indikatoren transformiert werden. Erst Indikatoren (von lat. indicare = anzeigen) machen Ziele bzw. Zielerreichungsgrade messbar, kommunizierbar und vergleichbar. Indikatoren sind also Hilfsmittel, um bestimmte Sachverhalte überprüfbar zu machen.

Wir machen in allen Bereichen und auf allen Ebenen immer wieder die Erfahrung, dass sich die Mitarbeiterinnen und Mitarbeiter schwer tun mit der inhaltlichen Formulierung von Zielen. Ähnliches gilt für die Entwicklung von Standards und die Bestimmung von Indikatoren. Die in diesem Kapitel vorgeschlagenen Aktivitäten sind deshalb darauf gerichtet, Klarheit über die jeweilige Funktion von Zielen, Standards und Indikatoren zu gewinnen und gemeinsam sich die Ergebnisse zu erarbeiten. Für die fachliche Einführung erscheint uns die folgende Tabelle hilfreich.

	Ziele	**Standards**	**Indikatoren**
Fragestellung:	Ziele geben Antwort auf die Frage: „Was will ich erreichen?“	Standards beantworten die Fragen: „Was biete ich an? Auf was lege ich besonderen Wert?“	Indikatoren geben Antwort auf die Frage „Woran erkenne ich, dass ich mein Ziel erreicht habe?“
Ausrichtung:	zukünftig	gegenwärtig	rückblickend
Funktion:	Planung	Qualitätssicherung	Evaluation
Differenzierungen:	Strategische Ziele Operative Ziele	Strukturstandards Prozessstandards Ergebnisqualität	Zielindikatoren Wegindikatoren
Definition:	Ziele sind die gedankliche Vorwegnahme von zukünftigen Endzuständen, die durch das Handeln von Einzelnen oder Gruppen erreicht werden sollen.	Standards gewährleisten, dass eine zuvor festgelegte Beschaffenheit erwartet werden kann. Standards garantieren die Qualität einer Leistung.	Indikatoren sind beweiskräftige Merkmale bzw. Anzeichen dafür, dass ich nachweisbare Schritte auf dem Weg zur Zielerreichung gemacht oder die gesetzten Ziele bereits erreicht habe.

Wir unterscheiden dabei unterschiedliche Zielhierarchien, die im Prozess der Operationalisierung immer mehr vom Abstrakten zum Konkreten führen. Es gibt Ziele, die nach innen auf die Organisation gerichtet sind, und Ziele, die nach außen, auf die Arbeit mit den Nutzerinnen und Nutzern hin orientiert sind. Das Leitbild als langfristige Vision gibt Antwort auf die Frage: „Warum mache ich das überhaupt?“ Mittelfristige strategische Ziele geben Antwort auf die Frage: „Was will ich erreichen bzw. bewirken?“ Kurzfristige operative Ziele geben Antwort auf die Frage: „Wie komme ich zu meinem Ziel, was muss ich konkret dafür tun?“

Aktivitäten:

7.1 Smarte Ziele
7.2 Was sind Standards?
7.3 Standards zum Umgang mit Eigennamen entwickeln
7.4 Reflexion zum Thema Indikatoren
7.5 Indikatoren zur interkulturellen Orientierung und Öffnung

7.1 Smarte Ziele

Kurzbeschreibung

Die Teilnehmerinnen und Teilnehmer (TN) lernen Kriterien zur Formulierung von Zielen kennen. Das Wissen wird durch praktische Übungen vertieft.

Ziele:

- Der Begriff operative Ziele ist definiert.
- SMART-Kriterien sind eingeführt.
- Die TN haben in Gruppenarbeit operative Ziele zur interkulturellen Orientierung und Öffnung formuliert und sie anhand der „SMART-Kriterien" überprüft.

Zeit: ca. 3 Stunden (ohne Pause)

Ausstattung:
Gruppenraum mit Stuhlkreis, der TN-Zahl entsprechend

Gruppengröße: 12–21 Personen

Vorbereitung:
SMART-Kriterien und das Arbeitsblatt „Absichten – Ziele" für alle TN kopieren

Materialien:
3 Flipcharts, Stifte, Pinnwand, Karten, Pinnnadeln, Arbeitsblätter

Stichworte: Begriffsdefinition – Arbeitsgrundlagen – Ziele

Verlauf:

Einführung *(ca. 15 Min.)*
Ziele beschreiben einen in der Zukunft liegenden wünschenswerten Zustand. Sie sind damit Willensbekundungen, die darüber Auskunft geben, was zukünftig anders sein soll und wie es zukünftig anders sein soll.

Strategische Ziele (auch Wirkungsziele oder Globalziele genannt) formulieren Grundwerte, grundlegende und längerfristige Planungen. Sie bedürfen der Operationalisierung. Operative Ziele (auch Handlungs- oder. Maßnahmeziele genannt) untergliedern und konkretisieren strategische Ziele.

Die Operationalisierung ist ein Arbeitsprozess, in dem abstrakt gefasste Vorstellungen so konkretisiert werden, dass der gewünschte Zustand oder die angestrebte Handlungskompetenz präzise beschrieben ist.

Operative Ziele werden für die Durchführung konkreter Angebote, Dienstleistungen und Maßnahmen formuliert. Sie sind spezifisch, messbar, attraktiv, realistisch und terminiert zu formulieren.

Die SMART-Kriterien (smart = schlau) sind ein Akronym für specific, measurable, accepted bzw. achievable, realistic und timely und Bestandteil unterschiedlicher Ansätze der Qualitätsentwicklung. In der Fachliteratur gibt es unterschiedliche Übersetzungen, eine Quelle des Akronyms ist nicht angegeben. In dieser Variante steht a für attraktiv. Damit ist ein anspruchvolles (achievable) Ziel mittleren Niveaus gemeint, das motivierend wirkt und in der Organisation geteilt, also akzeptiert (accepted) wird.

Arbeit in Dreiergruppen *(ca. 30 Min.)*
In Kleingruppen formulieren die TN nach dem Arbeitsblatt Absichten in Ziele um.

Austausch im Plenum *(ca. 30 Min.)*
Jedes Team stellt ein Beispiel vor. Die Beispiele werden in der Gruppe besprochen und bei Bedarf gemeinsam nachgebessert.

Brainstorming *(ca. 15 Min.)*
Die TN sammeln Themenfelder, die im Rahmen der interkulturellen Öffnung bearbeitet werden sollen. Es werden drei Arbeitsgruppen gebildet. Jede Arbeitsgruppe wählt ein Themenfeld aus, um dazu operationalisierte Ziele zu entwickeln.

Gruppenarbeit *(ca. 45 Min.)*

Zu dem ausgewählten Themenfeld formuliert die Gruppe drei operationalisierte Ziele und hält sie auf dem Flipchart fest. Es wird jeweils eine Person durch die Gruppe bestimmt, die die Arbeitsergebnisse schriftlich festhält, die die Arbeitsergebnisse im Plenum vorstellt und die über die Arbeitszeit in der Gruppe wacht.

Plenum *(ca. 45 Min.)*

Die Gruppen präsentieren sich gegenseitig ihre Arbeitsergebnisse. Die Gruppe überprüft die vorgestellten Ergebnisse anhand der SMART-Kriterien und diskutiert mögliche Verbesserungen.

Kriterien der Zielentwicklung

S	spezifisch	Was will ich als Endzustand genau erreicht haben? ▪ Das Ziel ist präzise zu formulieren und so, als ob es bereits erreicht ist.
M	messbar	Wie kann ich das Ergebnis beobachten, beschreiben, messen? ▪ Kriterien – sichtbar, hörbar, sinnlich erfassbar – für die Zielerreichung sind festgelegt.
A	attraktiv	Ist das Ziel motivierend formuliert? ▪ Das Ziel ist anspruchvoll und wird in der Organisation geteilt.
R	realistisch	Ist das Ziel unter den bestehenden Bedingungen zu erreichen? ▪ Das Ziel ist den realen Möglichkeiten entsprechend formuliert.
T	terminiert	Ist ein Zeitpunkt angegeben, zu dem das Ziel erreicht sein soll? ▪ Aus der Formulierung ist ersichtlich, bis wann das Ziel erreicht sein wird.
Quelle: Maja Heiner (1996)		

Absichten – Ziele

Anliegen und Absichten	Ziele
Wir wollen wissen, was Nutzerinnen und Nutzer verschiedener Herkunft von unseren Dienstleistungen erwarten.	
Uns ist es ein Anliegen, dass Mitarbeiterinnen und Mitarbeiter mehr Kenntnisse über interkulturelle Verständigung haben.	
Das Thema interkulturelle Orientierung und Öffnung sollte öfter im Team thematisiert werden.	
Wir sollten uns entscheiden, in welchen Handlungsfeldern wir anfangen wollen, unsere Arbeit interkulturell auszurichten.	
Es wäre schön, wenn wir mehr Mitarbeiterinnen und mehr Mitarbeiter mit Migrationshintergrund hätten.	
Es wäre gut, wenn alle Mitglieder unserer Organisation wüssten, wie und wie lange der Prozess der interkulturellen Orientierung und Öffnung denn so laufen soll.	
Es wäre besser, wenn unsere Informationsblätter für alle Nutzerinnen und Nutzer leichter zu verstehen wären.	
Es wäre nicht schlecht, wenn alle wüssten, in welchen Situationen und wie Dolmetscher oder Dolmetscherinnen eingesetzt werden können oder sollen.	

7.2 Was sind Standards?

Kurzbeschreibung
Es werden Standards gesammelt und den Qualitätsdimensionen Strukturqualität, Prozessqualität und Ergebnisqualität zugeordnet. Anhand von Beispielen werden unterschiedliche Qualitätslevels sichtbar gemacht.

Ziele:
- Der Begriff „Standards“ ist definiert.
- Standards sind den drei Qualitätsdimensionen zugeordnet.
- Die Teilnehmerinnen und Teilnehmer (TN) können anhand von Beispielen darstellen, dass der Qualitätslevel einer Dienstleistung durch Standards festgelegt wird.

Zeit: ca. 2,5 Stunden

Ausstattung:
Gruppenraum mit Stuhlkreis, der TN-Zahl entsprechend

Gruppengröße: 12 – 20 Personen

Vorbereitung:
Pinnwandplakat mit drei Spalten (Strukturqualität, Prozessqualität, Ergebnisqualität) vorbereiten

Materialien: Pinnwand, Karten, Stifte, Flipchart

Besonderheiten:
Die Aktivität eignet sich gut als Einstieg für die Erarbeitung von Standards.

Stichworte: Begriffsdefinition – Arbeitsgrundlagen – Standards

Verlauf:

Einführung *(ca. 15 Min.)*
Standards garantieren Qualität. Sie versprechen Kundinnen und Kunden bzw. Nutzerinnen und Nutzern von Dienstleistungen eine festgelegte Beschaffenheit von Merkmalen, Regeln oder Verhaltensnormen.

Standards beziehen sich auf die Strukturqualität, die Prozessqualität und die Ergebnisqualität, da alle drei Qualitätsdimensionen gleichermaßen für die Leistungserbringung von Bedeutung sind. Eine kurze Geschichte soll dies verdeutlichen:

Stellen Sie sich vor, Sie sind neu in der Stadt. Sie wollen zum Friseur gehen, sich die Haare schneiden lassen und Ihre neue Frisur durch eine Tönung auffrischen lassen.

Der erste Friseurladen, den Sie aufsuchen, hat leider nur zwei Waschbecken, obwohl drei Personen gleichzeitig bedient werden. Dadurch kommt es zu Wartezeiten. Der Wartebereich ist dunkel und wenig ansprechend gestaltet. Fazit: Die Strukturqualität entspricht nicht Ihren Vorstellungen.

Sie finden einen Friseurladen, der gut erreichbar ist, angenehme Öffnungszeiten hat, kurzfristig Termine vergibt und dessen Einrichtung professionell und ansprechend wirkt. Leider ist die Person, die Ihnen die Haare schneidet, wortkarg, beinahe unfreundlich. Ihre Haare werden nach dem Waschen so energisch durchgekämmt, dass es unangenehm ziept. Fazit: Die Prozessqualität entspricht nicht ihren Vorstellungen.

Im dritten Friseurladen wird Ihnen eine hohe Strukturqualität geboten, die Prozessqualität sorgt ebenfalls für Ihr Wohlbefinden. Nach der Tönung schauen Sie in den Spiegel, leider haben die blonden Strähnchen einen Grünstich. Fazit: Die Ergebnisqualität entspricht leider gar nicht Ihren Erwartungen.

Die Beschreibung von Standards hat zum Ziel, deutlich zu machen, was Kundinnen und Kunden erwarten können bzw. worauf sich Nutzerinnen und Nutzer verlassen können. Die Einhaltung von Standards ist für alle Mitarbeiterinnen und Mitarbeiter einer Organisation verbindlich. Nur so kann eine gleich bleibende Qualität garantiert werden.

Dabei kann sich der Qualitätslevel unterscheiden. Manche Standards sind für eine Leistungserbringung unabdingbar. Ein Friseurladen ohne Waschbecken ist kaum vorstellbar. Manche Standards sind wünschenswert, beispielsweise der, dass während der Wartezeit selbstverständlich ein Getränk angeboten wird. Manche Standards sind von einem sehr hohen Niveau, wenn etwa der geplante Haarschnitt durch ein Computerschaubild visualisiert werden kann und diese Form der Entscheidungshilfe immer Bestandteil der Beratung ist. Mindeststandards garantieren also einen anderen Qualitätslevel als Höchststandards.

Zweiergespräche *(ca. 15 Min.)*
Die TN tauschen sich zu zweit über Standards in ihren Arbeitsbereichen aus und halten diese in Stichpunkten auf Karten fest.

Plenum *(ca. 30 Min.)*
Die Stichpunkte werden auf der Pinnwand gesammelt, diskutiert und den jeweiligen Qualitätsdimensionen (Strukturqualität, Prozessqualität, Ergebnisqualität) zugeordnet.

Zweiergespräche *(ca. 15 Min.)*
Die Gesprächspaare wählen einen Standard aus der Stichpunktsammlung aus. Sie formulieren den Standard in drei unterschiedlichen Qualitätslevels als Mindeststandard, als Standard mit einem gehobenen Niveau und als Höchststandard.

Plenum *(ca. 30 Min.)*
Die Arbeitsergebnisse werden im Plenum ausgetauscht und besprochen.

Zweiergespräche *(ca. 15 Min.)*
Die TN tauschen sich darüber aus, in welchen ihrer Arbeitsbereiche Standards zur interkulturellen Orientierung und Öffnung besonders wichtig sind und welches Anspruchsniveau diese haben sollten. Sie ziehen ein abschließendes Resümee.

Plenum *(ca. 30 Min.)*
Alle TN bringen ihr Abschlussresümee ins Plenum ein. Anschließend vereinbart die Gruppe, wie, wann und mit wem an dem Thema Standards weitergearbeitet werden soll.

7.3 Standards zum Umgang mit Eigennamen entwickeln

Kurzbeschreibung

Anhand von Servicequalitätsdimensionen entwickeln die Teilnehmerinnen und Teilnehmer (TN) Standards für den interkulturell kompetenten Umgang mit Eigennamen in der eigenen Organisation.

Ziele:

- Die Bedeutung von Eigennamen in interkulturellen Kontexten ist reflektiert.
- Exemplarisch sind Standards für den interkulturell kompetenten Umgang mit Eigennamen in der eigenen Organisation entwickelt.

Zeit: ca. 2,5 Stunden

Ausstattung: Gruppenraum mit Stuhlkreis, der TN-Zahl entsprechend

Gruppengröße: 12–20 Personen

Vorbereitung:
Karten mit Servicequalitätskriterien vorbereiten, eventuell Beispiele als Handout zusammenstellen.

Materialien:
Servicequalitätskriterien auf Karten, Flipchart, Schreibutensilien, eventuell Handout mit Beispielen

Besonderheiten:
Die Aktivität eignet sich gut als Einstieg für die Erarbeitung von Standards zur interkulturellen Orientierung und Öffnung, da der Umgang mit Eigennamen in jeder Organisation relevant ist. Hilfreich ist, wenn zuvor die Aktivität „Was sind Standards?" durchgeführt wurde. Ansonsten sollte eine kurze Definition von Standards dieser Aktivität vorangestellt werden.

Quelle: Handschuck/Schröer (2011): Eigennamen in der interkulturellen Verständigung.

Stichworte: Begriffsdefinition – Arbeitsgrundlagen – Standards

Verlauf:

Einführung *(ca. 15 Min.)*
Zeithaml, Parasuraman und Berry (1992: 4 ff.) ermittelten zehn übergeordnete Kriterien von Servicequalität, auf die sich Kundenerwartungen beziehen (Kapitel 3): Erscheinungsbild, Ausstattung, Zuverlässigkeit, Entgegenkommen, Kompetenz, Freundlichkeit, Vertrauenswürdigkeit, Sicherheit, Erreichbarkeit und Verständlichkeit.

Die zehn Kriterien von Servicequalität sind auf Karten an eine Pinnwand geheftet. Sie werden jeweils durch ein Erwartungsbeispiel verdeutlicht.
Erscheinungsbild: Wir erwarten, dass wir in einer Behörde ordentlich gekleidete Mitarbeiterinnen und Mitarbeiter antreffen.
Ausstattung: Wir erwarten, wenn wir eine Behörde aufsuchen, dass uns ein Übersichtsplan die Orientierung erleichtert.
Zuverlässigkeit: Wir erwarten, dass der vereinbarte Termin eingehalten wird.
Freundlichkeit: Wir erwarten, höflich begrüßt und nach unserem Anliegen befragt zu werden (usw.).

Sollen Standards für eine Dienstleistung erarbeitet werden, ist es hilfreich, sich mit diesen zehn Kriterien von Kundenerwartungen zu beschäftigen. Das soll in dieser Aktivität modellhaft am Beispiel „interkulturell kompetenter Umgang mit Eigennamen" geschehen. Das Verfahren ist aber auf jeden anderen Dienstleistungsbereich übertragbar.

Warum die Beschäftigung mit Eigennamen:

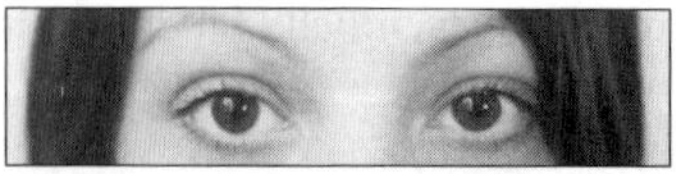

Wenn Menschen sich begegnen, einander kennen lernen, miteinander reden, dann sind Namen von großer Bedeutung. In allen Kulturen erfüllt die Ansprache mit dem Namen eine kommunikative Funktion. Respekt oder Missachtung, Nähe oder Distanz, Anerkennung oder Missfallen, Freundlichkeit oder Ablehnung können durch den Gebrach von Namen ausgedrückt werden. Durch die Anrede werden soziale Rollen und Beziehungsaspekte vermittelt. Ein falsch ausgesprochner Name kann kränken, das Weglassen des Geschlechts Missachtung ausdrücken oder ein unerwünschtes „Duzen" als Provokation verstanden werden. In einer interkulturellen Begegnungssituation ist häufig zu klären, welche Form der Anrede die Beteiligten jeweils als höflich oder angemessen empfinden (vgl. Handschuck/Schröer 2011: 9f.). Es ist also sehr nahe liegend, fachliche Standards zum interkulturellen Umgang mit Eigennamen in einer Organisation einzuführen, um eine hohe Servicequalität sicherzustellen.

Zweiergespräche *(ca. 15 Min.)*
Die TN bilden Gesprächspaare. Jedes Paar entscheidet sich für ein Kriterium von Servicequalität und pflückt die entsprechende Karte von der Pinnwand. Gemeinsam wird überlegt, welche Fragen bzw. welche Erwartungen in Bezug auf den Umgang mit Eigennamen in einer interkulturellen Begegnungssituation mit diesem Kriterium verbunden sein können.

Plenum *(ca. 30 Min.)*
Die Ergebnisse der Zweiergespräche werden im Plenum vorgestellt, stichpunktartig auf dem Flipchart festgehalten und durch das Plenum ergänzt. Abschließend erhalten die TN je zwei Klebepunkte, mit denen die als besonders wichtig erachteten Kriterien von Servicequalität markiert werden.

Arbeitsgruppen *(ca. 30 Min.)*
Es bilden sich Arbeitsgruppen zu den drei priorisierten Kriterien von Servicequalität, die die meisten Punkte erhalten haben. Jede Gruppe erarbeitet drei Standards zum Umgang mit dem ausgewählten Kriterium in der eigenen Organisation.

Plenum *(ca. 30 Min.)*
Die Gruppenarbeitsergebnisse werden im Plenum vorgestellt, diskutiert und aufgrund von Anregungen aus der Gruppe bei Bedarf verändert.

Abschlussdiskussion im Plenum *(ca. 30 Min.)*
Abschließend diskutiert die Gruppe, welche Mindeststandards zum interkulturell kompetenten Umgang mit Eigennamen in der Organisation eingeführt werden sollen und welches Vorgehen sich dafür eignet.

Beispiele:
Erscheinungsbild
Können Namen Gesichter zugeordnet werden?
Ein Übersichtstafel im Eingangsbereich einer Serviceeinrichtung, auf der die Mitarbeiterinnen und die Mitarbeiter mit einem Foto vorgestellt werden, erleichtert es, sich Namen zu merken, Personen wiederzuerkennen, und kann darauf vorbereiten, dass man es mit einer Frau oder mit einem Mann zu tun haben wird.

Ausstattung
Erleichtern Namensschilder die Orientierung?
Namensschilder an den Zimmertüren sollen nicht nur den Vor- und Zunamen aufführen, sondern auch durch die übliche Anrede „Frau" oder „Herr" ergänzt sein. Nicht immer erschließt sich im interkulturellen Kontext aus dem Vornamen das Geschlecht. Namenansteckschilder können auch kenntlich machen, wer in der Einrichtung arbeitet und wer nicht.

Zuverlässigkeit
Stimmen die angegebenen Namen auf Türschildern, in den ausliegenden Broschüren oder im Telefonverzeichnis mit den Personen überein?
Durch leicht austauschbare Einsteckkarten bei Tür- und Ansteckaamenschildchen können beispielsweise Namen, Funktionen und Personen ständig aktualisiert werden.

Entgegenkommen
Ist die Vorstellung gegenseitig?
Für den Gesprächseinstieg, auch im Behördenkontakt, ist es eine Erleichterung, wenn die Sachbearbeiterin oder der Sachbearbeiter nicht nur nach Namen und Anliegen fragt, sondern sich auch mit Namen und Funktion vorstellt.

Kompetenz
Sind Aussprache und Schreibweise richtig?
Häufig ist im interkulturellen Kontext nicht ersichtlich, was der Vor- und was der Nachname einer Person ist. Auch kann es passieren, dass gerade Menschen mit Migrationshintergrund jahrelang mit dem falschen Geschlecht angeschrieben werden. Wertschätzung drückt sich dadurch aus, dass sich Mitarbeiterinnen und Mitarbeiter um die richtige Aussprache und Schreibweise bemühen und dies durch Nachfragen verdeutlichen. Hilfreich ist es, den Familiennamen beispielsweise durch Unterstreichung hervorzuheben, das Geschlecht zu notieren und unbekannten Namen einen Lautschriftvermerk zuzuordnen. Für die richtige Schreibweise sind häufig Sonderzeichen zu verwenden.

Freundlichkeit
Wird Interesse und Wertschätzung ausgedrückt?
Ein guter Gesprächseinstieg kann es sein, nach der Bedeutung oder der Herkunft eines Namen zu fragen. Bitten Sie um Verständnis für eventuelle Ausspracheschwierigkeiten. Vergewissern Sie sich, dass die gewählte Anredeform auch die gewünschte ist.

Vertrauenswürdigkeit
Wird mit der Nennung von Namen auch die Aufgabe oder die soziale Rolle vermittelt? Wenn Sie sich selbst vorstellen oder in einem Gespräch den Namen einer dritten Person nennen, ist es hilfreich, ein paar Informationen zur eigenen oder zur fremden Person zu geben. Vertrauen entsteht oft dadurch, dass man weiß, mit wem man es zu tun hat und was man erwarten kann.

Sicherheit
Besteht eine Schweigepflicht? Was verlangt der Datenschutz?
Ob mit dem Namen verbundene Informationen weitergegeben werden, wie, warum und an wen dies geschieht, muss für alle Beteiligten nachvollziehbar sein.

Erreichbarkeit
Wie und wann sind Personen erreichbar?
Der Name sollte immer in Verbindung mit der Funktion, den Sprechzeiten, der Telefonnummer und der E-Mail-Adresse weitergegeben werden, z.B. in Form einer Visitenkarte.

Verständlichkeit
Ist für alle Beteiligten nachvollziehbar, welche Vereinbarung getroffen wurde?
Die namentliche Unterschrift unter einem Vertrag, einer Beitrittserklärung oder einem Antrag hat eine besondere Bedeutung. Wichtig ist, sich zu vergewissern, ob die damit verbundenen Konsequenzen verstanden und gewollt sind.

7.4 Reflexion zum Thema Indikatoren

Kurzbeschreibung

In Paargesprächen wird über verschiedene Fragestellung zur Arbeit mit Indikatoren reflektiert. Anschließend findet ein Austausch der Erkenntnisse aus den Reflexionen statt.

Ziele:

- Eine Definition des Begriffs „Indikator" ist eingeführt.
- Die Teilnehmerinnen und Teilnehmer (TN) haben sich kritisch mit der Entwicklung von Indikatoren auseinandergesetzt.
- Die beispielhafte Erläuterung wurde durch das Finden eigener Beispiele vertieft.

Zeit: ca. 2 Stunden

Ausstattung:
Gruppenraum mit Stuhlkreis, der TN-Zahl entsprechend

Gruppengröße: mindestens 12, höchstens 30 Personen

Vorbereitung:
Arbeitsblätter für die zu diskutierenden Fragen erstellen

Materialien: Arbeitsblätter, Flipchart, Stift

Besonderheiten:
Die Aktivität eignet sich gut als Einstieg für die Erarbeitung von Indikatoren zur interkulturellen Orientierung und Öffnung.

Stichworte: Begriffsdefinition – Evaluation – Indikatoren

Verlauf:

Einführung durch die Moderation einschließlich Rückfragen *(ca. 15 Min.)*
Unter einem Indikator werden ein Umstand oder ein Merkmal verstanden, die als beweiskräftige Anzeichen oder als beweiskräftige Hinweise auf etwas anderes dienen. (Die Definition wird auf dem Flipchart festgehalten.)

Umgangssprachlich wird zwischen „harten" und „weichen" Indikatoren unterschieden. Harte Indikatoren sind in der Regel konkret messbare Merkmale wie ein zahlenmäßiger Nachweis. Weiche Indikatoren sind weniger konkrete und daher schwerer messbare Merkmale wie Einstellungen oder nur durch Beobachtung erschließbares Verhalten.

Es kann zwischen Zielindikatoren und Wegindikatoren unterschieden werden. Wegindikatoren sind geeignet, Prozesse und Teilschritte auf dem Weg zur Zielerreichung abzubilden.

Indikatoren für die interkulturelle Orientierung und Öffnung sind beweiskräftige Merkmale dafür, dass die für diese Querschnittspolitik formulierten Ziele auf der Wirkungsebene und auf der Handlungsebene erreicht sind oder dass nachweisbare Schritte auf dem Weg zur Zielerreichung vollzogen sind.

Die zunächst einfache Aussage „Indikatoren sind beweiskräftige Merkmale" führt bei genauerer Prüfung zu Fragen wie:

1. Messen die als Indikatoren bezeichneten Merkmale tatsächlich das, was sie zu messen vorgeben?
2. Ist ein Merkmal geeignet, um eine Zielerreichung beweiskräftig anzuzeigen, oder ergeben erst Kombinationen verschiedener Indikatoren einen beweiskräftigen Hinweis?
3. Welches Anspruchsniveau in Bezug auf das zu messende Ziel bildet sich durch die Festlegung von Indikatoren ab?
4. Sind Indikatoren universell oder sind sie nur bezogen auf bestimmte Organisationsformen oder Organisationsebenen aussagekräftig bzw. sinnvoll?
5. Sind Indikatoren interessensunabhängige, neutrale Messkriterien?

Paargespräche *(ca. 60 Min.)*
Die TN werden aufgefordert, Gesprächspaare zu bilden. Sie erhalten den Arbeitsauftrag, die Beispiele zu den fünf angeführten Fragen zur Indikatorenentwicklung zu lesen und gemeinsam darüber zu reflektieren. Dazu sollen sie sich einen angenehmen, ungestörten Ort suchen. Das Gespräch kann auch auf einem Spaziergang geführt werden. Wichtig ist dabei, auf die vorgegebene Zeit von insgesamt einer Stunde zu achten. Als Orientierungshilfe soll jedem Thema ca. zehn Minuten Zeit gewidmet werden. Die verbleibende Zeit kann für ein gemeinsames Resümee am Ende des Gespräches genutzt werden.

1. Was wird gemessen?

Das Lüchow-Dannenberg-Syndrom bezeichnet ein Paradoxon: Höhere Polizeipräsenz führte zu höherer Kriminalität.

1981 wurden in Gorleben Polizeikräfte aus der gesamten Bundesrepublik kaserniert, um sie bei Demonstrationen gegen Atommülltransporte einzusetzen. In der Zeit, in der keine Demonstrationen stattfanden, wurden die Polizistinnen und Polizisten, als Maßnahme gegen den „Lagerkoller", für alltägliche polizeiliche Aufgaben eingesetzt. Nach diesen Einsätzen war ein erheblicher Anstieg von Kleinkriminalität und Verdachtsfällen festzustellen. Um etwas zu tun zu haben, wurden auch Fußgänger, die eine Ampel nicht berücksichtigten, Fahrradfahrer, deren Rad defekt war, usw. intensivsten Polizeikontrollen ausgesetzt. Lüchow-Dannenberg hatte danach statistisch gesehen mit Abstand das höchste Aufkommen von Kriminalität und Ordnungswidrigkeiten. Aufgrund der Bundesstatistik wurde der Landkreis als „kritische Region" eingestuft.

Ein Beispiel aus der sozialpädagogischen Praxis:
Eine Schuldnerberatung stellte im Rahmen eines Projektes zur interkulturellen Öffnung fest, dass ihre Dienstleistung im Laufe des dreijährigen Projektes verstärkt von älteren Migrantinnen in Anspruch genommen wurde. Sie wertete dies als Indikator für die eigene interkulturelle Öffnung.

Reflexion *(ca. 10 Min.)*
Diskutieren Sie kurz mit Ihrer Nachbarin oder Ihrem Nachbarn, ob der Indikator „Die angebotene Dienstleistung wird durch Personen mit Migrationshintergrund verstärkt wahrgenommen" für die interkulturelle Öffnung beweiskräftig ist. Beziehen Sie Ihre Kenntnisse über die Lebenssituation älterer Migrantinnen, über die demografische Entwicklung und die Entwicklung der Armutsstatistik in Deutschland mit ein. Was wird durch den Indikator belegt?

2. Anzahl der Merkmale

Ebenfalls zu intensiven Diskussionen führte folgender Indikator einer Einrichtung: „Das Leitbild der Einrichtung trifft Aussagen zur interkulturellen Öffnung". Die Einrichtung hatte während eines Projektes zur interkulturellen Öffnung tatsächlich ihr Leitbild überarbeitet. Bei genauerem Hinsehen stellte sich aber heraus, dass der neu aufgenommene Passus – „Wir sind interkulturell geöffnet." – statt durch eine partizipativ gestaltete Leitbildentwicklung von nur einer Person formuliert worden war. Die Mitarbeiterinnen und Mitarbeiter wurden lediglich durch ein Rundschreiben informiert, dass das Leitbild ergänzt worden war. Die „neue Grundhaltung" der Organisation war bei Nachfrage vielen Mitarbeiterinnen und Mitarbeitern (MA) entgangen. Der genannte

Passus wurde auf Initiative der MA um Wegindikatoren ergänzt, die Aspekte der Kommunikation, der Meinungsbildung und der beteiligungsorientierten Leitbilderarbeitung formulierten.

Reflexion *(ca. 10 Min.)*
Diskutieren Sie kurz mit ihrer Nachbarin oder ihrem Nachbarn, durch welche Wegindikatoren Sie den Indikator „Das Leitbild der Einrichtung trifft Aussagen zur interkulturellen Öffnung" konkretisieren könnten.

3. Das Anspruchsniveau von Indikatoren

Zwei an einem Projekt beteiligte Einrichtungen eines kirchlichen Trägers hatten sich entschlossen, die interkulturelle Öffnung nicht danach zu bewerten, ob sich die gesellschaftliche Vielfalt in der Belegschaft abbildet. Mit dem Hinweis darauf, dass sie ein Tendenzbetrieb seien, wären nicht christliche MA von vorneherein ausgeschlossen, insbesondere MA türkischer Herkunft. In der anschließenden Diskussion kritisierten dies zwei Projektbeteiligte anderer Einrichtungen als ein zu niedriges Anspruchsniveau und brachten als Beispiel ihre türkische Herkunft und ihren christlichen Glauben ein.

Reflexion *(ca. 10 Min.)*
Finden Sie gemeinsam ein Beispiel für einen Indikator mit einem eher niedrigen und einen Indikator mit einem eher hohen Anspruchsniveau.

4. Indikatoren beziehen sich auf verschiedene Ebenen einer Organisation

Indikatoren, die die interkulturelle Öffnung eines Verbandes, und Indikatoren, die die interkulturelle Öffnung einer Einrichtung des Verbandes anzeigen, unterscheiden sich zwangsläufig. Hilfreich können Erschließungsfragen sein, um die verschiedenen Ebenen voneinander zu trennen und eine Reflexion darüber zuzulassen, welche Erwartungen und Interessenslagen ausgewählte Indikatoren widerspiegeln und welchem Zweck sie dienen. Beispiel:

Verbandsebene:

- Welche Ausprägung sollen Indikatoren haben, damit die für Steuerungsaufgaben zuständigen Personen die Sicherheit haben, dass diese eine gelungene interkulturelle Orientierung und Öffnung dokumentieren, ohne dass dies zur Unübersichtlichkeit führt?

Einrichtungsebene:

- Welche Indikatoren belegen, dass die interkulturelle Orientierung und Öffnung der konkreten Dienstleistungsangebote aus der Perspektive der Fachkräfte, aus der Perspektive der Nutzerinnen und Nutzer und aus der Perspektive des Umfelds der Einrichtung gelungen ist?

Reflexion *(ca. 10 Min.)*
Finden Sie gemeinsam ein Beispiel, das die unterschiedlichen Ebenen in einer Organisation verdeutlicht. Was sollte auf welcher Ebene gemessen werden?

5. Indikatoren als interessensunabhängige Messkriterien?

Die von den MA innerhalb des Projektes erarbeiteten Indikatoren zur interkulturellen Öffnung ihrer Einrichtungen wurden sowohl mit Nutzerinnen und Nutzern als auch mit Studierenden und ehrenamtlich Tätigen diskutiert. Ergebnis war, dass es einerseits große Übereinstimmungen bei der Einschätzung gab, sich andererseits auch Unterschiede abbildeten. Die Bilder von einer „interkulturell geöffneten" Einrichtung unterschieden sich aufgrund von Interessen.

Bei den Nutzerinnen und Nutzern stand im Vordergrund, dass sie sich Indikatoren wünschten, die die Dienstleistungsqualität messen bzw. sie formulierten, dass es ein wesentlicher Indikator sei, ob regelmäßig Nutzerinnen- und Nutzerbefragungen durchgeführt werden, um die interkulturelle Qualität der Dienstleistungen systematisch und beteiligungsorientiert zu verbessern. Große Skepsis bestand gegenüber Indikatoren, die die Erfassung der Migrationsgeschichte oder gar der nationalen Zugehörigkeit als Messkriterium für interkulturelle Öffnungsprozesse überbewerteten. Hier wurde befürchtet, dass soziale Probleme kulturalisiert werden könnten. Es sei genau zu prüfen, was durch welche Daten eigentlich gemessen werden soll.

Studierende erwarteten von einer interkulturell geöffneten Einrichtung eine enge Zusammenarbeit mit den Fachhochschulen. Schon während der Ausbildung sollte es Möglichkeiten geben, durch Hospitationen und Projektbeteiligungen Zugänge zu den Einrichtungen aufzubauen. Sehr positiv wurde bewertet, dass Lehrbeauftragte aus der Praxis für einige Studierende mit Migrationshintergrund Türöffner zu Einrichtungen gewesen seien. Ein Mentorensystem, in dem erfahrene Praktikerinnen und Praktiker Studierenden mit Migrationshintergrund über zwei Semester beratend und begleitend zur Seite stehen, wurde als der wichtigste Indikator für die interkulturelle Öffnung der Einrichtungen wahrgenommen.

Ehrenamtliche wünschten sich eine interkulturelle Öffnung, die konkret sichtbar wird. Als vorbildlich benannten sie eine Einrichtung, die einen großen und hellen, mit bequemen Möbeln ausgestatteten Raum hat, der von den Ehrenamtlichen selbst ebenso wie von den Nutzerinnen und Nutzern als „Anlaufstelle" genutzt wird. Sie führten als ein anderes Beispiel einen optimal gestalteten und durch Ansprechpersonen betreuten Warteraum in einer anderen Einrichtung an. Interkulturelle Öffnung verlangt aus ihrer Perspektive insbesondere kommunikative Räume, die ermöglichen, Selbsthilfepotenziale zu fördern, also Räume, die im Wortsinn offen sind und dadurch Zugänge erleichtern.

Reflexion *(ca. 10 Min.)*
Aus welcher Perspektive kann und soll die interkulturelle Orientierung und Öffnung in ihrer Organisation gemessen werden? Was bedeutet das für die Indikatorenentwicklung?

Plenum *(45 Min.)*
Austausch der durch die Reflexionen gewonnen Erkenntnisse in der Gesamtgruppe.

7.5 Indikatoren zur interkulturellen Orientierung und Öffnung

Kurzbeschreibung

Anhand einer Indikatorenliste überprüfen die Teilnehmerinnen und Teilnehmer (TN) in Gruppenarbeit, welche Indikatoren sie für die Messung des eigenen Prozesses zur interkulturellen Orientierung und Öffnung ihrer Organisation für geeignet halten.

Ziele:

- Eine Auswahl von Indikatoren ist in Gruppenarbeit auf ihre Eignung zur Messung des Öffnungsprozesses in der eigenen Organisation überprüft.
- Die Liste ist um weitere Indikatoren ergänzt.
- Eine Arbeitsgrundlage zur Zielerreichung ist erstellt.

Zeit: ca. 3 Stunden

Ausstattung:
Großer Gruppenraum mit Stuhlkreis (der TN-Zahl entsprechend) und vier Arbeitsecken für die Gruppenarbeit

Gruppengröße: mindestens 12, höchstens 20 Personen

Vorbereitung:
Indikatorenliste für alle TN kopieren.

Materialien:
Arbeitsblätter (Indikatorenliste), 4 Pinnwände, Stifte

Besonderheiten:
Der Einsatz dieser Aktivität setzt voraus, dass es eine Arbeitsgruppe oder einen Qualitätszirkel in der Organisation gibt oder geben wird, in dem die Themen Evaluation, Monitoring bzw. Berichtserstattung weiter bearbeitet werden.

Stichworte: Begriffsdefinition – Evaluation – Indikatoren

Verlauf:

Einführung (ca. 10 Min.)
Indikatoren, also Beweise für die interkulturelle Orientierung und Öffnung einer Organisation, müssen bestimmten Kriterien entsprechen:

Verständlich:
Ein formulierter Indikator muss (auch für Nichtexperten) verständlich sein.

Genau:
Ein Indikator muss das messen, was er zu messen vorgibt.

Überprüfbar:
Ein Indikator beruht auf Zahlen oder Faktoren, die entweder erhoben werden (können) oder die beobachtet werden (können).

Relevant:
Ein Indikator misst einen wesentlichen Beweis für die interkulturelle Öffnung.

Abgestimmt:
Indikatoren eines Indikatorensystems sind aufeinander abgestimmt und ergänzen sich so, dass sie ein umfassendes Bild wiedergeben.

Gruppenarbeit *(ca. 45 Min.)*

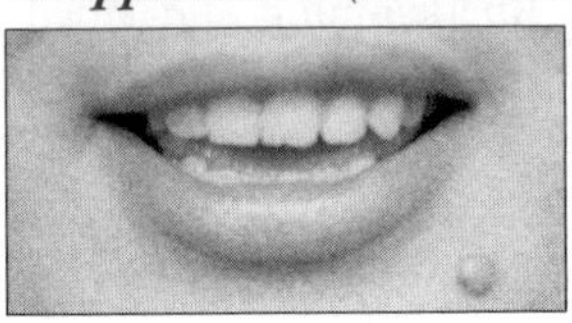

Alle TN erhalten eine Indikatorenliste. Es werden vier Arbeitsgruppen gebildet. Jede Gruppe hat den Arbeitsauftrag, fünf der zwanzig aufgeführten Indikatoren zu diskutieren und zu überprüfen, ob sie verständlich sind, ob sie messen, was sie zu messen vorgeben, ob zu diesem Indikator bereits Daten in der eigenen Organisation erhoben werden oder erhoben werden könnten und ob sie relevant sind. Die Diskussionsergebnisse werden in Stichpunkten auf einer Wandzeitung festgehalten. Jede Gruppe bestimmt eine dokumentierende Person, eine Person, die die Arbeitszeit überwacht, und eine Person, die die Arbeitsergebnisse der Gruppe im Plenum vorstellt.

Plenum *(ca. 40 Min.)*
Die Gruppen stellen ihre Arbeitsergebnisse vor und diskutieren sie.

Pause *(ca. 15 Min.)*

***Zweiergespräche im Plenum** (20 Min.)*

Die TN werden gebeten, in Zweiergesprächen (15 Min.) zu erörtern, ob die Indikatorensammlung ein umfassendes Bild einer interkulturell orientierten und geöffneten Organisation wiedergibt oder ob sie durch weitere Indikatoren ergänzt werden sollten. Abschließend ziehen die Paare für sich ein Resümee.

Plenum (ca. 40 Min.)

Die Ergebnisse der Zweiergespräche werden abgefragt. Die Gruppe modifiziert gemeinsam die Indikatorenliste.

Abschluss (ca. 10 Min.)

Die modifizierte Indikatorenliste wird einer Arbeitsgruppe (einem Qualitätszirkel) übergeben, die sich im Prozess der interkulturellen Orientierung und Öffnung mit der Berichterstattung und den Themen Evaluation und/oder Monitoring weiter beschäftigen wird. Die Gruppe erhält den Auftrag, die Modifikationen in die Indikatorenliste einzuarbeiten und das weitere Vorgehen bzw. noch offene Fragen bis zu einem Folgetermin zu entwickeln bzw. zu klären. Der Folgetermin wird gemeinsam vereinbart.

Indikatoren zur interkulturellen Orientierung und Öffnung

1. Das **Leitbild** der Organisation trifft Aussagen zur interkulturellen Orientierung und Öffnung. Die Vision der Organisation thematisiert die Anerkennung von gesellschaftlicher Pluralität. Interkulturelle Öffnung ist als Organisationsziel benannt.
2. Die **Steuerung** der interkulturellen Öffnung erfolgt über Zielvereinbarungen. Für alle Arbeitsbereiche liegen operationalisierte Jahresziele vor.
3. Es existiert ein Konzept für ein **Ziel-Controlling** und eine **migrationssensible Evaluation** von Maßnahmen und Projekten der interkulturellen Orientierung und Öffnung in der Organisation. Das Konzept beinhaltet Aussagen dazu, welche Daten aus welchen Gründen erhoben werden.
4. Die Messkriterien sind offen gelegt. **Indikatoren** sind plausibel begründet, verständlich und auf ihre Aussagekraft hin überprüft.
5. In der Organisation ist eine **Steuerungsgruppe** bzw. eine Beauftragte oder ein Beauftragter auf oberster Führungsebene für die Querschnittspolitik der interkulturellen Orientierung und Öffnung benannt.
6. Die **Einstellungspolitik** der Organisation ist interkulturell orientiert. Bei Neueinstellungen werden spezifische Kenntnisse und nicht anerkannte Ausbildungen von Migranten als Ressource für die Organisation gewertet. Die Stellenausschreibungen sind entsprechend formuliert.

7. Mittel für Übersetzungen sind im **Haushalt** der Organisation vorgesehen. Mitarbeiterinnen und Mitarbeiter sind im Einsatz von Sprachmittlern und Dolmetschern geschult.
8. Die Belegschaft wird aktiv in der interkulturellen Zusammenarbeit durch eine **interkulturelle Teamentwicklung** unterstützt.
9. Die Mitarbeiterinnen und Mitarbeiter aller Hierarchieebenen haben an **interkulturellen Qualifizierungsmaßnahmen** teilgenommen.
10. Es existiert ein Konzept für die **Nachwuchsförderung**. Die Organisation stellt Praktikumsplätze und Hospitationsmöglichkeiten zur Verfügung. Ein Mentorensystem ist in Kooperation mit Ausbildungseinrichtungen entwickelt.
11. Die Erwartungen an die **Dienstleistungsqualität** der Nutzerinnen und Nutzer sind migrationssensibel ermittelt und berücksichtigt.
12. Die schriftliche und mündliche Ansprache von Nutzerinnen und Nutzern der Dienstleistungen mit dem **Namen** ist korrekt (Geschlecht, Aussprache, Schreibweise).
13. Ein rassistischer oder diskriminierender Sprachgebrauch oder diskriminierendes Verhalten ist in der Organisation nicht geduldet. Eine **Antidiskriminierungsvereinbarung** ist Teil des Arbeitsvertrages.
14. Die Struktur der **Belegschaft** ist multiethnisch und spiegelt auf allen Hierarchieebenen die Zusammensetzung der Bevölkerung wider.
15. Ein migrationssensibles **Beschwerdemanagement** ist eingeführt.
16. Die **Öffentlichkeitsarbeit** ist interkulturell ausgerichtet.
17. Die Einrichtungen sind mit Migrantenorganisationen vernetzt. Eine interkulturell ausgerichtete **Vernetzung** ist als Ziel der Einrichtungen benannt. Ein Zeitkontingent für Netzwerkarbeit steht zur Verfügung.
18. Die **Räumlichkeiten** der Organisation sind migrationssensibel gestaltet.
19. Es werden regelmäßige **Informationen** zur rechtlichen, zur politischen und zur sozialen Stellung und Situation von Migranten für die Mitarbeiterinnen und Mitarbeiter angeboten.
20. Die interkulturelle Orientierung und Öffnung wird von der Organisation als **fortlaufender Prozess** verstanden. Strukturen zur fortlaufenden Bearbeitung der Querschnittspolitik sind durch verbindliche Jahreszielgespräche der Gesamtorganisation und durch Planungsgespräche der einzelnen Fachbereiche gegeben.

Eine lernende Organisation ist ein Ort, an dem Menschen kontinuierlich entdecken, dass sie ihre Realität selbst erschaffen. Und dass sie sie verändern können.
Peter M. Senge (1997: 23)

8. KOMMUNIKATION NACH INNEN

Will sich eine Organisation interkulturell orientieren und öffnen, umfasst das einen längerfristigen Organisationsentwicklungsprozess, der in mehreren Etappen und bei mittleren und größeren Organisationen immer auch arbeitsteilig erfolgt, beispielsweise in Projektgruppen oder Qualitätszirkeln zu bestimmten Themen.

Die große Herausforderung arbeitsteiliger Ansätze ist, wesentliche Ergebnisse, wichtige Erfahrungen und in einem längerfristigen Prozess erworbene Erkenntnisse in die gesamte Organisation zu transferieren. Nicht selten ist dies eine Schwachstelle in Veränderungsprojekten. So ergab die Evaluation des Projektes „Interkulturelle Qualitätsentwicklung im Sozialraum" (Handschuck 2008 b: 206), dass gerade aktive und aufgeschlossene Mitglieder einer Organisation in Qualitätszirkeln aktiv werden und auf ihnen dann die Erwartung lastet, dass sie ihre neuen Erfahrungen und Erkenntnisse sowie die Arbeitsergebnisse der jeweiligen Zirkel umfassend und gut nachvollziehbar in die gesamte Organisation einspeisen. Das führte teilweise zu einer Überforderung, wenn nicht gar zum Verdruss der Betroffenen. Eine Erkenntnis aus der Projektevaluation war, dass es sinnvoll ist, zuvor ein Transfer- bzw. Kommunikationskonzept zu entwickeln und, wo nötig, auch neue Strukturen zu schaffen, um den Transfer zu erleichtern und die Kommunikation in der Organisation zu beleben, sie im Fluss zu halten. Es empfiehlt sich also, in der ersten Projektphase eine Projektgruppe zu bilden, die sich damit beschäftigt, wie in der eigenen Organisation der Prozess der interkulturellen Orientierung und Öffnung möglichst interessant, überraschend und umfassend kommuniziert werden kann und wer für welche Inhalte Verantwortung trägt.

Projektgruppen oder Qualitätszirkel setzen sich aus wenigen Personen zusammen, ihre Arbeitstreffen sind auf eine überschaubare Anzahl von Terminen beschränkt. Bevor sie ihre Arbeit aufnehmen können, müssen die Zeitressourcen geklärt und von der Organisationsleitung bewilligt sein. Die Arbeit in einer Projektgruppe darf nicht zu einer zusätzlichen Belastung werden. Das heißt, die aktiven Mitarbeiterinnen und Mitarbeiter müssen für die Projektgruppenarbeit von anderen Aufgaben freigestellt sein. Die Freistellung wird von den jeweiligen Führungskräften geplant und verantwortet. Um einen „Blick über den eigenen Tellerrand" der eigenen Arbeitslogik zu ermöglichen, können sich Projektgruppen aus Personen verschiedener Hierarchieebenen und Arbeitsbereiche zusammensetzen. Neben einer fachlichen Eignung ist auch die Motivation, an dem Thema der jeweiligen Projektgruppe mitarbeiten zu wollen, entscheidend. Der im Folgenden vorgestellte Workshop sowie die weiteren Workshops bieten den Einstieg in die Bildung von Projektgruppen bzw. Qualitätszirkeln zum jeweiligen Thema. Der Workshop wird dabei jeweils für eine größere Anzahl von TN angeboten als für die Projektgruppenarbeit erforderlich. Wer in der Projektgruppe auf der Grundlage der Workshopergebnisse für einen vereinbarten Zeitraum weiter zusammen arbeitet, entscheidet sich im Workshop selbst.

Alle Workshops dauern einen Tag und bieten einen Einstieg in die Projektgruppenarbeit. Das Workshopdesign umfasst vier Phasen:

1. Einstieg: Kennenlernen, anwärmen, motivieren
2. Orientierung: Einordnung des Workshops in den Prozess zur interkulturellen Orientierung und Öffnung, Ziele und Inhalte des Workshops
3. Arbeit am Thema: Einstieg in die inhaltliche Arbeit
4. Abschluss und Planung: Für die Fortsetzung der Arbeit in der Projektgruppe bzw. im Qualitätszirkel sind Vereinbarungen getroffen.

Empfehlenswert ist, in die Projektgruppenarbeit mit dem Thema „Interne Kommunikation" einzusteigen, da ihre Gestaltung ein wesentliches Erfolgsmoment für das Gelingen des gesamten Prozesses ist.

Das Kapitel Aufmacher beschreibt kleinere Aktivitäten, die den Organisationsalltag durchbrechen und geeignet sind, die interne Kommunikation zu beleben.

Aktivitäten:

8.1 Workshop: Interne Kommunikation
    8.1.1 Turbulenzen

8.2 Aufmacher

8.1 Workshop: Interne Kommunikation

Kurzbeschreibung

Führungskräfte, Mitarbeiterinnen und Mitarbeiter und die Projektleitung entwickeln in mehreren Arbeitsphasen gemeinsam ein Konzept, um den Veränderungsprozess der interkulturellen Orientierung und Öffnung innerhalb der eigenen Organisation zu kommunizieren.

Ziele:

- Die vorgesehene Zeitstruktur des Veränderungsprozesses und seine Untergliederung in einzelne Prozessschritte zur interkulturellen Orientierung und Öffnung sind den Teilnehmerinnen und Teilnehmern (TN) bekannt.
- Die TN haben die für den Veränderungsprozess relevanten Gruppen in der eigenen Organisation identifiziert.
- Sie haben erarbeitet, wie durch interne Kommunikation ein möglichst hoher Grad an Information für alle Mitglieder der Organisation erreicht werden kann.
- Die Nutzungsmöglichkeiten der internen Kommunikationsmedien sind reflektiert.
- Die Grobstruktur eines Kommunikationsplans ist erstellt und Verantwortliche sind benannt.

Zeit: ein Arbeitstag

Ausstattung:
Großer Saal für das Plenum im Stuhlhalbkreis, Arbeitsecken oder drei kleine Räume für die Gruppenarbeit

Empfohlene Gruppengröße: 12 – 18 Personen

Vorbereitung:
Handout und Plakat mit Fehleinschätzungen erstellen, Übersichtsraster zur internen Kommunikation vorbereiten, je ein Plakat mit Fragen zur Seminarauswertung und zu den Abschlussvereinbarungen beschriften.

Materialien:
Namensschilder oder Standreiter zum Beschriften, Stifte, 3 Flipcharts, 3 Pinnwände, ausreichend Papier zur Neubespannung der Pinnwände, Pinnnadeln, Plakat mit Fehleinschätzungen, Übersichtsraster zur internen Kommunikation, zwei Plakate für den Seminarabschluss

Voraussetzung:
Der Prozess der interkulturellen Orientierung und Öffnung ist als Projekt konzipiert. Ein Projektteam oder eine Projektleitung ist benannt.

Verlauf:

Ankommen, Begrüßung, kurzer Tagesüberblick *(ca. 15 Min.)*

Vormittag (ca. 3,5 Stunden ohne Pause)
- Standpunkt und Bewegung
- Wo bitte geht es nach Norden?
- Vorstellungsrunde mit Trendmeldung
- Thematische Einführung
- Turbulenzen (8.1.1)

Nachmittag (ca. 2 Stunden und 45 Min. ohne Pausen)
- Wo bitte geht es nach Norden?
- AG 1: Kommunikationsbedarf aus der Perspektive der Organisationsmitglieder
- AG 2: Kommunikationsziele aus Sicht der Projektsteuerung
- AG 3: Kommunikationsmedien
- Auswertung und Vereinbarungen

Phase 1: Einstieg *(ca. 45 Min.)*

„Standpunkt und Bewegung: Warum sind Sie heute hier?“
Die TN werden gebeten, nach einer sehr interessanten oder originellen Frage zum Thema des Workshops zu suchen und erhalten ein paar Minuten Zeit zum Nachdenken. Anschließend erheben sich alle TN, suchen sich eine Gesprächspartnerin bzw. einen Gesprächspartner, stellen sich gegenseitig kurz mit Namen vor, fragen einander, warum sie an dem Workshop teilnehmen und stellen ihre Frage. Anschließend sucht sich jede Person ein neues Gegenüber und der Gesprächsverlauf wiederholt sich. Nach ca. zwölf Minuten bittet die Moderation darum, die gerade begonnen Gespräche abzuschließen, sich aber noch nicht wieder hinzusetzen.
Sobald alle Gespräche beendet sind, lädt die Moderation zu einem kleinen Experiment ein und bittet alle, kurz die Augen zu schließen.

Wo bitte geht's nach Norden? 1
Die TN werden gebeten, nach Norden zu zeigen und dabei, trotz geschlossener Augen, darauf zu achten, ihr Gegenüber nicht mit dem ausgestreckten Finger zu pieksen. Anschließend öffnen alle wieder die Augen und schauen sich die Bandbreite von Richtungsvarianten an. Die Moderation kommentiert das Ergebnis humorvoll: „Mit dieser hier sichtbar gewordene Vielfalt an Himmelsrichtungen widmen wir uns nun der Vielfalt an interessanten Fragen."

Vorstellungsrunde mit Trendmeldung:
Die TN nehmen wieder Platz, beschriften einen Standreiter mit ihrem Namen und stellen sich der Gruppe vor. Anschließend fassen sie die Ergebnisse ihrer Befragung nach der Teilnahmemotivation zusammen, stellen die Frage vor, die sie sich ausgedacht haben, und geben eine knappe Zusammenfassung der Antworten als Trendmeldung wieder.

Quellen: „Standpunkt und Bewegung" ist eine Variante der von Sabine Handschuck entwickelten Aktivität in: Handschuck/Klawe (2010: 285)

„Wo bitte geht's nach Norden?" wurde von Katja Vittinghoff entwickelt. Eine ausführliche Beschreibung dieser wunderbaren Aktivität findet sich in Vittinghoff (2006: 15 ff.).

Phase 2: Orientierung *(ca. 45 Min.)*
Kurzreferat (ca. 10 Min.) der Projektleitung zu den geplanten Projektphasen der interkulturellen Orientierung und Öffnung anhand eines Ablaufschemas, das sich am Qualitätskreislauf (Teil 1 Kapitel 5) orientiert und als Handout vorliegt.

Ziele und Verlauf des Workshops *(ca. 10 Min.)*

Brainstorming zu den Zielen interner Kommunikation *(ca. 15 Min.)*
„Interkulturelle Orientierung und Öffnung als Veränderungsprojekt einer Organisation kann nur gelingen, wenn Ziele, Prozesse, Entwicklungen und Ergebnisse innerhalb der Organisation so kommuniziert werden, dass sich alle Mitglieder der Organisation angemessen informiert fühlen. Welche weiteren Ziele können mit der bewussten Gestaltung der internen Kommunikation verbunden sein?"
Die Stichworte werden durch die Moderation auf der Pinnwand festgehalten.
Beantwortung offener Fragen (10 Min.)

Vormittagspause

Phase 3: Arbeit am Thema *(ca. 4 Stunden)*
Aktivität: Turbulenzen (120 Minuten) (8.1.1)

Mittagspause

Wo bitte geht's nach Norden? 2 *(ca. 10 Min.)*
Sobald die TN nach dem Mittagessen wieder im Stuhlkreis Platz genommen haben, werden sie nach ein paar einleitenden Worten erneut gebeten, aufzustehen und diesmal mit geöffneten Augen nach Norden zu zeigen. Einige TN werden gefragt, wie die Gruppe es ihrer Meinung nach geschafft hat, zu einer gemeinsamen Ausrichtung zu kommen. Andere TN werden gefragt, was die Antworten aus ihrer Sicht mit dem Thema des Workshops zu tun haben.

Arbeitsgruppen: Interne Kommunikation *(ca. 50 Min.)*
Die Moderation stellt die Themen für drei Arbeitsgruppen vor. Es werden drei Arbeitsgruppen in neuer Besetzung gebildet, die etwa gleich groß sein sollen.

Die Moderation weist darauf hin, dass sich die Arbeitsinhalte teilweise überschneiden, dass sie aber erst in ihrer Gesamtschau und in ihrer Abstimmung aufeinander zu einer guten Planungsgrundlage werden.

Jede Gruppe bearbeitet drei Fragestellungen. Die Moderation bittet darum, dass eine Person die Arbeitszeit überwacht, eine Person die Arbeitsergebnisse dokumentiert und eine Person die Präsentation der Arbeitsergebnisse im Plenum übernimmt.

1. Gruppe:
Kommunikationsbedarf aus der Perspektive der Organisationsmitglieder:
Welche für den Veränderungsprozess der interkulturellen Orientierung und Öffnung wichtigen Gruppen gibt es in der eigenen Organisation? Welchen Informationsbedarf haben sie? Wie können Meinungsbildung und Beteiligung durch interne Kommunikation ermöglicht werden?
Für den Veränderungsprozess relevante interne Gruppen können sein: Arbeitnehmervertretungen, Fachkräfte, Führungskräfte, Abteilungen, Fachbereiche, Teams, Beauftragte für Querschnittspolitiken usw.

2. Gruppe:
Kommunikationsziele aus Sicht der Projektsteuerung:
Welche Ziele, außer dem Ziel der Information, sind mit der internen Kommunikation in welcher Projektphase verbunden? Welche Informationen müssen alle Organisationsmitglieder erreichen? Welche Informationen sind nur für bestimmte Gruppen relevant?

Kommunikationsziele können sein: Meinungsbildung, Beteiligung ermöglichen, das Generieren guter Praxis, fachlicher Austausch, Abbauen von Widerständen usw.

3. Gruppe:
Kommunikationsmedien:
Welche Medien stehen für die interne Kommunikation zur Verfügung? Wozu sind sie besonders gut geeignet? Besteht Bedarf an zusätzlichen Medien, wenn ja, an welchen? Kommunikationsmedien sind beispielsweise das Intranet, das Schwarze Brett, der Rundbrief, die Informationsveranstaltung, Workshops, Leitungs- und Teamrunden, Gremien, Informationsmärkte, Fachtagungen, Großgruppenveranstaltungen usw.

1. Nachmittagspause

Präsentation der Arbeitsergebnisse *(ca. 60 Min.)*
Die Arbeitsergebnisse werden im Plenum präsentiert und diskutiert. Gemeinsam wählt die Gruppe aus, was sie miteinander realisieren will. Die entsprechenden Arbeitsergebnisse aus den Gruppen werden in ein Übersichtsraster eingetragen:

Ziele:	**Zielgruppe:**	**Medien:**	**Projektphase:**	**Verantwortliche:**
Information über die Ziele und den geplanten Prozess der interkulturellen Orientierung und Öffnung	alle	Informationsveranstaltung	1. Projektphase	Oberstes Management unter Beteiligung der Projektleitung
Beteiligen, Überzeugen	alle	Großgruppenmethode	1. Projektphase	Oberstes Management unter Beteiligung der Projektleitung
Überblick	alle	Intranet	Quartalsweise fortschreiben	Projektleitung
Ergebnisse der Projektgruppen bzw. Qualitätszirkel kommunizieren	Jeweils relevante Fachabteilungen	Teamsitzungen	2. Projektphase	Mittleres Management
usw.				

2. Nachmittagspause

Phase 4: Abschluss *(ca. 45 Min.)*
Der Workshop endet mit der Bildung eines Qualitätszirkels oder einer Projektgruppe und einer kurzen Auswertung.

Die TN tauschen sich paarweise zu den Auswertungsfragen kurz aus und tragen ihre Einschätzungen anschließend im Plenum zusammen. Abschließend klärt die Gruppe, welche Vereinbarungen (über die bereits im Übersichtraster zur internen Kommunikation getroffenen hinaus) noch getroffen werden müssen. Die Absprachen werden schriftlich festgehalten. Alle TN erhalten ein Fotoprotokoll mit den Arbeitsergebnissen und den abschließend getroffenen Vereinbarungen.

Auswertungsrunde (ca. 20 Min.):
Was haben wir am heutigen Tag erreicht?
Wie zufrieden sind wir mit dem Ergebnis?
Wie zufrieden sind wir mit dem Arbeitsprozess?
Was wünschen wir uns beim nächsten Treffen anders?

Abschlussvereinbarungen (ca. 20 Min.):
Wer setzt die Arbeit in einer Projektgruppe fort?
Welche Themen werden bei dem nächsten Treffen bearbeitet?
Wann, wo und wie lange trifft sich wer?
Wer lädt dazu ein? Wer moderiert?
Was ist zwischenzeitlich von wem bis wann zu tun?

8.1.1 Turbulenzen

Kurzbeschreibung

Die Teilnehmerinnen und Teilnehmer (TN) setzen sich mit historischen Fehlentscheidungen auseinander und reflektieren, welche Anforderungen an die Organisation aus gesellschaftlichen Veränderungen resultieren. Die Aktivität reflektiert die Wechselwirkung zwischen Organisation und Umwelt. Sie kann die Erarbeitung eines Leitbildes vorbereiten, lässt sich zur Einstimmung zum Thema Meinungsbildung einsetzen oder, wie hier, zum Einstieg in das Thema interne Kommunikation.

Ziele:

- Die TN haben reflektiert, dass gesellschaftliche Veränderungen zu neuen Anforderungen an die eigene Organisation führen und diese oft nicht vorhersehbar sind.
- Sie haben Antworten ihrer Organisation auf Veränderungen reflektiert.
- Aus den Diskussionsergebnissen wurden Erfordernisse an ein internes Kommunikationskonzept abgeleitet.

Zeit: ca. 2 Stunden

Ausstattung:
Großer Konferenzraum mit Stuhlkreis und drei Arbeitsecken für die Gruppenarbeit

Empfohlene Gruppengröße: 12–18 Personen

Vorbereitung: Wandzeitung mit Fehleinschätzungen

Materialien: 3 Pinnwände, Karten und Stifte für die Gruppenarbeit

Quelle:
Inspiriert durch eine Aufzählung von Fehleinschätzungen von Hans Glatz und Friedrich Graf-Götz (2007: 162 f.). Ihr Gegenüberstellungsschema von Anforderungen aus der Umwelt und den Antworten in der Organisation (ebd.: 15) wurde für diese Aktivität leicht verändert übernommen.

Stichworte:
Organisation und Umwelt – Leitbildentwicklung – Bestandsaufnahme – Interne Kommunikation

Ablauf:

Einführung *(ca. 5 Min.)*
Jede Organisation steht in Beziehung zu ihrer Umwelt. Unsere Umwelt verändert sich immer schneller und immer gravierender. Viele dieser Veränderungen sind unvorhersehbar. Sie überraschen uns und erzeugen Turbulenzen. Der Soziologe Dirk Baecker (1999) verwendet diesen Begriff für dynamische, in ihren Rückkopplungen oft nicht nachvollziehbare Beziehungen zwischen Umwelt und Organisation. Der Titel dieser Aktivität spielt darauf an.

Alle Organisationen müssen sich auf Veränderungen einstellen, manchen fällt dies leichter, manche reagieren dagegen langsam und schwerfällig. Die Kompetenz, mit permanenten Veränderungen umzugehen, gewinnt in allen Bereichen an Bedeutung. Der Begriff der interkulturellen Kompetenz bezieht sich auch auf Organisationen und meint die Fähigkeit, auf Veränderungen gegenüber der zunehmenden Vielfalt in unserer Gesellschaft kompetent zu reagieren. Manche Veränderungen der Umwelt haben größere Auswirkungen auf bestimmte Organisationen, andere geringere.

Turbulenzen im wahrsten Sinne des Wortes entstehen vor allem dann, wenn deutlich wird, dass die Ausrichtung einer Organisation auf einer Fehleinschätzung beruht und deshalb ein Wandlungsprozess der Organisation notwendig wird, um diese Ausrichtung zu korrigieren. Die interkulturelle Öffnung von Organisationen ist ein solcher Wandlungs- oder Change-Prozess.

Die folgende Aktivität verläuft in drei Arbeitsschritten. Der erste Arbeitsschritt widmet sich „bedeutsamen Fehleinschätzungen“. Anschließend geht es in Kleingruppen darum zu rekapitulieren, welche Fehleinschätzungen es im Hinblick auf das Thema Umgang mit Vielfalt in der deutschen Gesellschaft in unserer Generation bzw. in der Generation unserer Eltern gegeben hat.

Der zweite Arbeitsschritt ist der Frage gewidmet, welche Veränderungen tatsächlich stattgefunden haben und welche Anforderungen sich daraus ergeben.

Im dritten Arbeitsschritt beschäftigen wir uns damit, wie unsere Organisation die Umweltanforderungen beantwortet hat. Abschließend werden wir erinnern, wie wir von den Antworten erfahren haben und welche Schlüsse daraus für die interne Kommunikation in unserer Organisation zu ziehen sind.

1. Fehleinschätzungen *(ca. 25 Min.)*
Die Moderation stellt acht Fehleinschätzungen vor (die ersten fünf Fehleinschätzungen wurden von Glatz/Graf-Götz (2007: 162 f.) übernommen), die auf einer Wandzeitung festgehalten sind:

1901 Gottlieb Daimler, Studie der Daimler-Motoren:
Die weltweite Nachfrage nach Kraftfahrzeugen wird eine Million nicht überschreiten – allein schon aus Mangel an verfügbaren Chauffeuren.

1932 Albert Einstein, Entdecker der Relativitätstheorie:
Es gibt nicht das geringste Anzeichen, dass wir jemals Atomenergie entwickeln können.

1946 D. D. Zanuk, CEO 20th Century Fox:
Das Fernsehen wird nach den ersten sechs Monaten am Markt scheitern. Die Menschen werden es satt haben, jeden Abend in eine Sperrholzkiste zu starren.

1965 Battelle-Institut, Prognosespezialisten:
Die letzten Autobusse werden 1990 aus dem Verkehr gezogen.

1978 Ken Olsen, CEO Digital Equipment Corp. (DEC):
Ich sehe keinen Grund, warum eine Privatperson einen eigenen Computer haben sollte.

1988 Jimmy Carter, ehem. US-Präsident:
Gorbatschow wird noch eine Reihe von Jahren, vielleicht gar bis zur Jahrtausendwende Generalsekretär der KPdSU bleiben.

1995 Helmut Kohl, Bundeskanzler:
Die Arbeitslosenzahlen werden bis zum Jahr 2000 halbiert sein.

2011 Die japanischen Atomkraftwerke gelten als die sichersten der Welt.

Es bilden sich drei Gruppen, die sich darüber austauschen und diskutieren, welche Fehleinschätzungen es in ihrer Generation bzw. in der Generation ihrer Eltern zu den Themen gesellschaftliche Vielfalt und Migration gegeben hat. Jede Gruppe hält ein Beispiel fest und ergänzt damit die Fehleinschätzungsliste. Die Gruppe erörtert, wie die eigene Organisation auf Fehleinschätzungen reagieren kann.

2. Brainstorming zu Veränderungen und Anforderungen *(ca. 20 Min.)*
Was hat sich in den letzten vierzig Jahren getan, was ist für das Thema „Umgang mit gesellschaftlicher Vielfalt" von besonderer Bedeutung? Jede Gruppe sammelt in einem Brainstorming Veränderungsbeispiele auf Karten. Die Karten werden auf einer Pinnwand thematisch sortiert. Gemeinsam diskutiert die Gruppe, welche Anforderungen sich aus den Veränderungen für die eigene Organisation ergeben haben und hält diese ebenfalls auf Karten einer anderen Farbe fest.

3. Antworten der Organisation *(ca. 30 Min.)*
Die drei Gruppen wählen jeweils drei Beispiele für die weitere Bearbeitung aus. Sie diskutieren darüber, welche Antworten die eigene Organisation auf die veränderten Anforderungen aus ihrer Umwelt gefunden hat, und verdeutlichen dies durch eine Gegenüberstellung:

Anforderungen aus der Umwelt	**Antworten der Organisation**
1.	
2.	
3.	

Präsentation und Auswertung im Plenum *(ca. 40 Min.)*
Jede Gruppe stellt ein Beispiel aus ihrer Gegenüberstellung vor. Gemeinsam wird im Plenum darüber nachgedacht, wer wann und in welcher Form von den „Antworten der Organisation" erfahren hat und welche Erkenntnisse sich daraus für die Erstellung eines internen Kommunikationskonzeptes ableiten lassen. Weiter wird darüber diskutiert, was ein angemessener Umgang mit der Möglichkeit von Fehleinschätzungen ist. Die Ergebnisse der Diskussion werden abschließend in Stichpunkten gesammelt und in Beziehung zu den Ergebnissen des Brainstormings aus der Orientierungsphase gesetzt.

8.2 Aufmacher

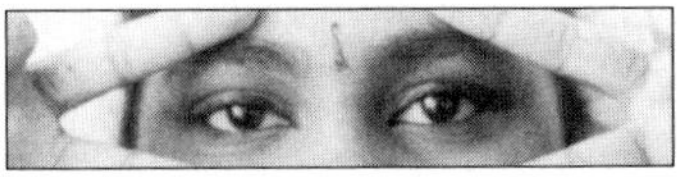

Aufmacher sollen Aufmerksamkeit erregen. In den Printmedien wird durch einen Aufmacher, eine Schlagzeile oder ein spektakuläres Bild der wichtigste Inhalt auf der Titelseite platziert und durch seine Schriftgröße optisch hervorgehoben. Die Information ist kurz, prägnant, oft provozierend formuliert mit dem Ziel, Interesse und Neugier zu wecken. Aufmacher als methodische Bausteine in Prozessen der interkulturellen Orientierung und Öffnung verfolgen einen ähnlichen Zweck. Sie wollen dazu anregen, die Augen aufzumachen, sich auf den Weg zu anderen zu machen und Gespräche anzuregen. Aufmacher regen an, sich neuen Perspektiven zu öffnen. Sie wollen erfreuen und gute Stimmung verbreiten, Aktivität und Kommunikationsfreude wecken. Sie machen aufmerksam auf Themen, die durch Alltagsroutinen eher vernachlässigt werden.

Aufmacher können eingesetzt werden, um Veranstaltungen zu rahmen, indem sie an den Beginn und an das Ende einer Veranstaltung gesetzt werden. Sie können ab und zu in der Organisation eingesetzt werden, um zu überraschen und durch kleine Irritationen anzuregen.

Aufmacher werden entweder durch das Publikum ignoriert, was eher selten der Fall ist, oder sie werden angenommen. Da sie keinen verpflichtenden Charakter haben, erleichtert es, sie einfach „mitzunehmen" und sich an ihnen zu erfreuen. Kleinstaktionen dienen der Anregung, machen oft Appetit auf mehr. Aufmacher eigenen sich besonders gut dafür, Kommunikation in Organisationen zu beleben. Damit haben sie, nach dem systemischen Verständnis, einen ganz eigenen Sinn: Veränderte Kommunikation in einer Organisation ist eine Veränderung des Systems.

Die folgenden fünf ausgewählten Beispiele für Aufmacher eigenen sich zum Einsatz in Organisationen aller Größenordnungen.

Die Aktion „Zeitdruck" wurde angeregt durch eine Druckgrafik des Münchner Aktionskünstlers Wolfram Kastner. Die Grafik bildet das Wort Zeit ab. Zeit in Verbindung mit der Drucktechnik wird so im wahrsten Sinne des Wortes zum Symbol für das Phänomen „Zeitdruck".

„Blumenbotschaften" erfreuen und sind aufgrund ihres symbolischen Gehalts ein bewährtes Mittel, nicht nur in Wahlkampfzeiten auf Aktionen, Themen, Inhalte und Parteien aufmerksam zu machen. So sind Sonnenblumen mit Umweltthemen oder rote Nelken mit gewerkschaftlichen Themen assoziiert, ohne dass es weiterer Erklärungen bedarf. Blumen innerhalb einer Organisation zu verschenken ist dagegen eher unüblich. Wann immer diese Aktion durchgeführt wurde, verbreitete sich eine gute Stimmung.

Durch die Aktionen „Glückspfennige“ und „Steinchen zum Anstoß“ können ganz neue Kommunikationswege und Kommunikationsketten entstehen. Sie sind geeignet, eine Atmosphäre der Wertschätzung in der Organisation zu unterstützen.

Die Aktionsreihe „Kulturmezzo“ unterbricht Alltagroutinen, inspiriert, regt Gespräche an und macht auf interkulturelle Themen ohne jede Teilnahmeverpflichtung aufmerksam.

Aufmacher lassen sich miteinander kombinieren und eignen sich sowohl als Einzelaktionen als auch als Rahmung von Veranstaltungen mit den Zielen, eine kreative und kommunikationsfreudige Arbeitsatmosphäre gleich beim Einstieg zu schaffen und den TN nach der Veranstaltung, über die Arbeitsergebnisse hinaus, etwas mitzugeben.

Zeitdruck

Im Eingangsbereich steht ein kleiner Tisch, ausgestattet mit einem Stapel neutraler Postkarten und einem Stempelkissen, einem Stempel und einem großen Glasgefäß. Auf einer optisch anregenden Pinnwand sind daneben Zeitungsartikel, Zitate, Karikaturen usw. zum Thema Zeit in interkulturellen Kontexten ausgestellt. Die Pinnwand ist überschrieben mit der Frage: „Haben Sie einen Moment Zeit für ein herzliches Willkommen?“ Eine weitere Pinnwand ist mit einem Plakat „Herzlich Willkommen“ in verschiedenen Sprachen ausgestattet. (Das Plakat kann bei der Landeshauptstadt München, Stelle für Interkulturelle Arbeit kostenlos angefordert werden.)

Der Tisch wird von einer Person betreut, die einen Teil der eintreffenden Mitarbeiterinnen und Mitarbeiter (MA) locker animierend anspricht und ihnen anbietet, am heutigen Tag ihren persönlichen Zeitdruck symbolisch im Eingangsbereich zu deponieren unter dem Motto: „Trotz Zeitdrucks sich Zeit für ungewöhnliche Ideen nehmen.“

Wer mag, stempelt sich nun eine persönliche Zeitdruckgrafik auf eine Postkarte und deponiert diese im Glasgefäß. Häufig haben die MA den Wunsch, zwei Karten zu stempeln, von denen sie eine mitnehmen, was selbstverständlich möglich ist. Sind alle vorhandenen Postkarten gestempelt, wird der Stand abgebaut.

Die Kommunikation wird vor allem dadurch angeregt, dass nur einige der MA oder auch gerade eintreffende Kundinnen und Kunden die Möglichkeit haben, sich eine oder zwei Karten zu stempeln. Das führt zu Austausch und Nachfragen, die Aktion wird kommentiert, Karten werden Kolleginnen und Kollegen gezeigt, die selbst die kurze Aktion verpasst haben. Die Aktion kann zwei bis drei Mal zu unterschiedlichen Anfangszeiten und bei größeren Organisationen an verschiedenen Eingängen in den folgenden Wochen wiederholt werden.

Blumenbotschaft

Neben einem ausgehängten, mehrsprachigen Plakat „Herzlich Willkommen" steht im Eingangsbereich eine Person mit einem Korb Blumen. An alle Blumen ist entweder ein Kärtchen mit der Vision zur interkulturellen Öffnung der Organisation angehängt oder ein entsprechender Slogan. Die Blumen werden an die eintreffenden Personen verschenkt. Jede erhält immer zwei und wird gebeten, eine davon weiterzuverschenken. Die Aktion kann zwei bis drei Mal zu unterschiedlichen Anfangszeiten und bei größeren Organisationen an verschiedenen Eingängen in den folgenden Wochen wiederholt werden.

Glückspfennige

Zwei bis drei Personen verteilen in der Organisation hübsche Stoffbeutel gefüllt mit fünf bis sieben Kärtchen und der entsprechenden Anzahl an Glücksymbolen wie Pfennige, Schokoladenherzen, kleine Marzipanschweine oder Delphinanhänger. Auf einer Seite der beigegebenen Kärtchen steht die Vision der Organisation zur interkulturellen Orientierung und Öffnung. Auf der Rückseite stehen Redewendungen und Zitate aus verschiedenen Ländern zum Thema „Glück". Die Glücksbotinnen und Glücksboten verteilen die Beutel auf zufällig ausgewählte Büros, entschuldigen sich für die kurze Störung und erklären kurz ihr Anliegen einer Mitarbeiterin oder einem Mitarbeiter aus diesem Büro. Die so Angesprochenen werden gebeten, sich selbst ein Glückssymbol und ein Kärtchen aus dem Beutel zu nehmen und den Beutel dann an eine Person, der sie eine kleine Freude machen wollen, weiterzugeben. Die Person, die den letzten Glücksbringer samt Kärtchen erhält, darf den Beutel behalten. Die Überbringer verabschieden sich direkt nach der kurzen Aktion und wünschen einen guten Arbeitstag.

Die Aktion eignet sich auch als zusätzliche Werbemaßnahme für Veranstaltungen im Rahmen des Prozesses zur interkulturellen Orientierung und Öffnung. Statt der Kärtchen werden dann Veranstaltungshinweise zusammen mit den Glücksbringern verteilt.

Steinchen zum Anstoß

Die Aktivität Steinchen zum Anstoß ist besonders gut geeignet, Meinungsbildung und Austausch zum Thema interkulturelle Orientierung und Öffnung anzuregen. Es werden in der Organisation mehrere Schriftrollen an Führungskräfte und Fachkräfte verteilt. In jeder Organisationseinheit sollte zumindest eine Rolle ausgegeben werden. Die Schriftrollen sind mit einem bunten Band verschlossen, an dem ein kleines Beutelchen mit fünf kleinen Halbedelsteinen hängt, den Steinchen zum Anstoß. Die Schriftrolle enthält knapp formulierte Thesen und Fragen zu den Themen gesellschaftliche Vielfalt und interkulturelle Öffnung. Jede Person, die eine Schriftrolle enthält, wird gebeten, sich mit vier Personen aus der Organisation über jeweils eine der Thesen bzw. Fragen auszutauschen, wann immer sich eine Gelegenheit zum Gespräch ergibt. Als Dank für die Anregungen zur Meinungsbildung erhalten die vier Gesprächspartnerinnen bzw. Gesprächspartner jeweils ein kleines Juwel, ein Steinchen zum Anstoß. Einen ausgewählten Stein behält der Empfänger bzw. die Empfängerin der Rolle selbst.

Kulturmezzo

Zu Beginn des interkulturellen Öffnungsprozesses im Sozialreferat der Landeshauptstadt München führte das Stadtjugendamt drei Jahre lang die lose Veranstaltungsreihe „Kulturmezzo – kleine kulturelle Unterbrechungen" durch. Die Veranstaltungen fanden im Foyer des Hauses statt, das alle MA der Zentrale, die mittags die Kantine besuchen wollten, durchqueren mussten. Bei den meisten MA lösten die musikalischen Darbietungen, die drei bis fünf Mal im Jahr ohne vorherige Ankündigung stattfanden, positive Überraschung aus. Nur wenige Kolleginnen und Kollegen empfanden sie als unangenehme Störung des Arbeitsalltags, fast alle suchten das Gespräch mit anderen und tauschten sich über ihr Erlebnis aus. Die kulturellen „Häppchen" waren immer auf die Mittagszeit begrenzt. Den Anlass boten Fest- und Feiertage unterschiedlicher kultureller Herkunft. Beispielsweise sang eine Liedermacherin am Tage des jüdischen Purimfestes drei jüdische Lieder, ein Duo unterhielt durch irische Folkmusik an Halloween, türkische Musik vom Band und das Verteilen von Bonbons an Şeker Bayramı machten auf die Beendigung des Fastenmonats aufmerksam oder eine Gruppe aus Ghana sorgte mit Rhythmen am Tag des Erntedankfestes Homowo für ein Aufhorchen in der Verwaltungszentrale.

Erst wenn wir aufhören, uns als Zentrum aller Werte zu betrachten, können wir anfangen, die anderen zu verstehen.
Dieter Dorn, deutscher Schauspieler und Intendant

9. INTERKULTURELLE QUALIFIZIERUNG

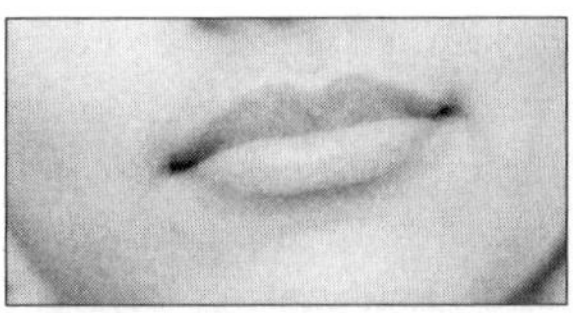

Die interkulturelle Orientierung und Öffnung als Veränderungs- oder Changeprozess umfasst, wie im ersten Teil dargestellt, strukturelle Veränderungen einer Organisation. Um Führungs- und Fachkräfte darauf vorzubereiten, müssen sie von Anfang an beteiligt werden, denn ihre Überzeugung, dass die Veränderungen notwendig und sinnvoll sind, ihre Bereitschaft, den Veränderungsprozess mitzutragen und seine konkrete Umsetzung zu unterstützen, und ihr Engagement, eigenes Wissen und eigene Erfahrungen bei der Gestaltung fachlicher Veränderungen einzubringen, sind Voraussetzungen für Erfolg. Wie schon in Kapitel 1 dargestellt, ist der Einsatz von Großgruppenmethoden dafür ein besonders gut geeignetes Instrument.

Zur nachhaltigen Wirkung des Prozesses, der immer auch mit einer Veränderung der fachlichen Gestaltung der jeweiligen Arbeitsbereiche einhergeht und damit auch das persönliche Arbeitsverhalten betrifft, sind kontinuierliche Qualifizierungsangebote erforderlich. Sie sind ein wichtiger Bestandteil der fachlichen interkulturellen Orientierung. Neben Qualifizierungsangeboten, die sich auf konkrete Arbeitfelder beziehen und fachliche Inhalte interkulturell ausrichten und erweitern, beispielsweise im Arbeitsfeld der Jugendhilfe durch Weiterbildungen zur interkulturellen Öffnung des Hilfeplanverfahrens, ist es sinnvoll, allgemeine interkulturelle Weiterbildungen anzubieten, die für alle Fachkräfte einer Organisation zugänglich sind.

Mit ihnen werden als Ziele verfolgt, Informationen zum Anliegen der interkulturellen Orientierung und Öffnung zu vermitteln, für eine interkulturelle Perspektive zu sensibilisieren, die eigene geschlechtsspezifische, alltags- und arbeitskulturelle Sozialisation zu reflektieren, die Möglichkeit unterschiedlicher Perspektiven nachzuvollziehen und eigene Selbstverständlichkeiten zu hinterfragen, das eigene Arbeitsverhalten in Bezug zur interkulturellen Orientierung und Öffnung der Organisation zu setzen, sich mit Begrifflichkeiten zu beschäftigen, insbesondere mit dem Kulturbegriff, kulturelle Zuschreibungen zu dekonstruieren, eine Sensibilität und ein Bewusstsein für Machtasymmetrien und unbewusste Ausgrenzungsmechanismen in interkulturellen Begegnungssituationen zu entwickeln und daraus Verhaltensoptionen abzuleiten, fachlichen Austausch und Meinungsbildung zu ermöglichen.

Neben der Planung und Durchführung der strukturellen Maßnahmen ist die Festlegung von Standards für allgemeine Qualifizierungsangebote zur interkulturellen Orientierung und Öffnung eine Aufgabe der Prozesssteuerung.

Organisationen, beispielsweise kommunale Verwaltungen großer Städte oder großer Verbände, die auf eine eigene Personalentwicklung zurückgreifen können, haben es leichter, Standards für interkulturelle Weiterbildungsangebote festzulegen als kleine NGOs. Beispielsweise hat die Stelle für interkulturelle Arbeit der Landeshauptstadt München Qualitätsstandards für interkulturelle Fortbildungen erarbeitet und gemeinsam mit dem Personal- und Organisationsreferat der Kommune einen Pool an qualifizierten Referentinnen und Referenten aufgebaut.

Aber auch für kleinere Organisationen ist es empfehlenswert, sich damit zu befassen, welche Ziele und Erwartungen mit einer interkulturellen Weiterbildung von Fach- und Führungskräften verbunden sind, und Standards festzulegen, um beurteilen zu können, welche Anbieter diese Standards erfüllen können und für die Durchführung von Qualifizierungsmaßnahmen geeignet sind.

Darüber hinaus ist zu klären, ob gewünscht wird, dass alle Mitarbeiterinnen und Mitarbeiter ein Einführungsseminar besuchen sollen oder ob die Entscheidung der Teilnahme den Mitgliedern der Organisation selbst überlassen bleibt. Die Sozialverwaltung in München legt beispielsweise Wert darauf, dass alle Führungskräfte und alle Fachkräfte eine entsprechende Weiterbildung besucht haben und die Vorgesetzten dadurch nicht nur ihre Vorbildfunktion wahrnehmen, sondern auch gut informiert und vorbereitet sind, um mit aus den Weiterbildungen resultierenden Veränderungsvorschlägen der Mitarbeiterinnen und Mitarbeiter kompetent und konstruktiv umzugehen.

Standards zu interkulturellen Einführungsseminaren sollten sich auf die Strukturqualität, die Prozessqualität und die Ergebnisqualität der Fortbildungsangebote beziehen und Aussagen treffen zur Dauer der Weiterbildung, der Gruppengröße und dem Qualifizierungsnachweis der Teilnehmerinnen und Teilnehmer. Fachlich sind die Ziele, die Inhalte, die theoretischen Grundlagen und die methodischen Arbeitsweisen festzulegen. Die Qualifikation der Referentinnen und Referenten ist durch Standards sicherzustellen, ebenso die Evaluation der Weiterbildungen und die Rückkopplung der Ergebnisse in die Organisation.

Eine Möglichkeit für den Einstieg in die Erarbeitung von Standards für allgemeine interkulturelle Weiterbildungen ist der nachfolgend beschriebene Workshop. Der Workshop ist zunächst als ganzes dargestellt. Da sich zwei im Ablauf vorkommende Aktivitäten auch für die Erarbeitung anderer Themen eignen, sind diese anschließend nochmals gesondert aufgeführt.

Aktivitäten:

9.1 Workshop: Interkulturelle Weiterbildung
- 9.1.1 Der Sessel, der Hocker und der Ball
- 9.1.2 Rollenwechsel mit Sonnenbrille

9.1 Workshop: Interkulturelle Weiterbildung

Kurzbeschreibung

Eine Projektgruppe bzw. ein Qualitätszirkel erarbeitet erste Ziele und Standards für ein Weiterbildungskonzept der Organisation zum Thema interkulturell kompetentes Handeln von Fach- und Führungskräften.

Ziele:

- Eine Erwartungsabfrage an interkulturelle Fortbildungen ist simuliert und ausgewertet.
- Die Ansprüche an ein Weiterbildungskonzept zum Thema interkulturell kompetentes Handeln von Fach- und Führungskräften sind reflektiert.
- Erste Ziele und Inhalte für Weiterbildungsangebote sind erarbeitet.
- Es ist reflektiert, welche Standards die Qualität der Weiterbildungsangebote sichern können.
- Mögliche Themenverknüpfungen mit anderen Fortbildungsangeboten sind angedacht.
- Vereinbarungen zur weiteren Bearbeitung des Themas sind mit den Teilnehmerinnen und Teilnehmern (TN) getroffen.

Zeit: 1 Arbeitstag

Ausstattung:

Großer Saal für das Plenum im Stuhlhalbkreis und 2 große, freistehende Ausstellungstische, Arbeitsecken oder drei kleine Räume für die Gruppenarbeit

Empfohlene Gruppengröße: 12 – 18 Personen

Vorbereitung:

Einladung an die TN mit dem Hinweis, dass sich im Workshop eine Projektgruppe bzw. ein Qualitätszirkel bilden soll, der die begonnen Arbeit fortsetzt. Außerdem werden alle gebeten, eine ausgefallene, witzige Sonnenbrille mitzubringen.

Organisation von sechs bis acht unterschiedlichen Sitzmöglichkeiten, eine davon doppelt (z.B. zwei Campinglehnstühle, ein Sitzball, ein Küchenhocker, ein Sessel, ein Schreibtischstuhl, ein Melkschemel).

Einladung von und Absprache mit einer Referentin bzw. einem Referenten, der ein Tool aus einer interkulturellen Weiterbildung vorstellt, einer Personalentwicklerin bzw. einem Personalentwickler mit der Aufgabe, ein Impulsreferat zu halten, sowie die Absprache zwischen Moderation und Projektleitung, die den Workshop gemeinsam vorbereiten. Zusammenstellung von Thesenpapieren mit den Inhalten der Impulsreferate.

Materialien:
Sonnenbrillen, verschiedene Sitzgelegenheiten (siehe „Der Sessel, der Hocker und der Ball"), Digitalkamera (eventuell Wäscheleine mit Klammern), Klemmbretter entsprechend der TN-Zahl (siehe „Rollenwechsel mit Sonnenbrille"), 3 Flipcharts, 3 Pinnwände, Stifte, Karten, Pinnnadeln

Voraussetzungen:
Der Prozess der interkulturellen Orientierung und Öffnung ist als Projekt konzipiert. Ein Projektteam oder eine Projektleitung ist benannt.

Der Workshop ist eine gemeinsam verantwortete Veranstaltung mit der für Personalentwicklung zuständigen Person bzw. Organisationseinheit und der Projektleitung. Eine Fachkraft für interkulturelle Weiterbildungen ist eingeladen. Die Projektleitung, die Person für Personalentwicklung und die interkulturelle Referentinnen wirken bei den Arbeitsgruppen mit. Die jeweiligen Parts sind mit der Moderation des Workshops gut abgesprochen.

Besonderheiten:
Der Workshop ist für größere Organisationen gedacht. Möglich ist auch, dass sich mehrere kleinere Organisationen zusammenschließen, um gemeinsam Ziele und Standards für interkulturelle Weiterbildungen festzulegen. Diesbezüglich gute Erfahrungen wurden in dem Projekt „Interkulturelle Qualitätsentwicklung im Sozialraum" (Handschuck 2008a und b) gemacht. In dem Projekt übernahm die Rollen der Personalentwicklung und der Fachkraft für interkulturelle Weiterbildungen die Stelle für interkulturelle Arbeit der Sozialverwaltung München.

Der Workshop besteht aus mehreren Arbeitsphasen, in denen unterschiedliche Methoden eingesetzt werden. Die Aktivitäten „Der Sessel, der Hocker und der Ball" (9.1.1) und „Rollenwechsel mit Sonnenbrille" (9.1.2) sind ausführlich nach dem Workshopablauf dargestellt.

Verlauf:

Ankommen, Begrüßung, kurzer Tagesüberblick *(ca. 15 Min.)*

Vormittag (ca. 4 Stunden mit Pause):
- Der Sessel, der Hocker und der Ball (9.1.1)
- Rollenwechsel mit Brille (9.1.2)
- Der Sessel, der Hocker und der Ball (erster Wechsel)
- Einführung: Einordnung des Workshops in das Projekt zur interkulturellen Orientierung und Öffnung durch die Projektleitung
- Impulsreferat durch eine Person der Personalentwicklung: Warum interkulturelle Weiterbildung?
- Appetithappen: Vorstellung eines Tools aus einer interkulturellen Weiterbildung durch eine Fachkraft

Nachmittag (ca. 3 Stunden mit Pausen):
- Der Sessel, der Hocker und der Ball (zweiter Wechsel)
- AG 1: Welche Wirkungen wollen wir durch interkulturelle Fortbildungen erreichen? Was sind mögliche Ziele?
- AG 2: Welche Inhalte sollen interkulturelle Fortbildungen haben? Was sind geeignete Angebote für Führungskräfte? Was sind geeignete Angebote für Fachkräfte?
- AG 3: Was können wir unternehmen, um interkulturelle Weiterbildungen für die Mitglieder der Organisation attraktiv zu machen?
- Präsentation der Arbeitergebnisse
- Vereinbarungen über das weitere Vorgehen
- Abschlussrunde

Phase 1: Einstieg *(ca. 2 Stunden einschließlich Pause)*

„Der Sessel, der Hocker und der Ball"
1. Teil: Vorstellungsrunde und Diskussion (ca. 45 Min.)

„Rollenwechsel mit Sonnenbrille" (ca. 60 Min.)

Vormittagspause

Phase 2: Orientierung *(ca. 105 Min.)*

Der Sessel, der Hocker und der Ball (erster Wechsel, ca. 15 Min.)

Kurzreferat (ca. 10 Min.)
der Projektleitung zu den geplanten Projektphasen der interkulturellen Orientierung und Öffnung. Die Bedeutung von interkulturellen Weiterbildungen für den Öffnungsprozess wird erläutert, Ziele und Verlauf des Workshops werden vorgestellt.

Kurzreferat einer Fachkraft für Personalentwicklung (ca. 10 Min.)
Warum interkulturelle Weiterbildung? Welche Ziele sind aus der Perspektive der Personalentwicklung mit interkulturellen Weiterbildungen verbunden?

Beantwortung offener Fragen (10 Min.)

Appetithappen (60 Min.)
Kurze Einführung: Was können Inhalte interkultureller Weiterbildungen sein?
Vorstellung eines kurzen Tools aus einer interkulturellen Weiterbildung durch eine Fachkraft für interkulturelle Weiterbildung.
Die Inhalte der drei Einführungen erhalten die TN jeweils als Thesenpapier.

Mittagspause

Phase 3: Arbeit am Thema *(ca. 120 Min.)*

Der Sessel, der Hocker und der Ball (zweiter Wechsel, ca. 15 Min.)

Gruppenarbeit „Interkulturelle Weiterbildung" (60 Min.)
Die Moderation stellt die Themen für drei Arbeitsgruppen vor. Jede Gruppe bearbeitet eine andere Fragestellung. Allen drei Arbeitsgruppen wird eine Unterstützung zur Seite gestellt, die in den Arbeitsprozess einführt, ihn moderiert, die Arbeitsergebnisse dokumentiert und im anschließenden Plenum zusammengefasst wiedergibt.

AG 1: Welche Wirkungen wollen wir durch interkulturelle Fortbildungen im Kontext einer interkulturellen Orientierung und Öffnung unserer Organisation erreichen? Welche Ziele verfolgen wir? Die erste Arbeitsgruppe wird durch die Projektleitung begleitet.

AG 2: Welche Inhalte sollen interkulturelle Fortbildungen haben? Was sind geeignete Angebote für Führungskräfte? Was sind geeignete Angebote für Fachkräfte? Welche Qualitätsstandards halten wir für sinnvoll? Die zweite Arbeitsgruppe wird durch die Fachkraft für interkulturelle Weiterbildung begleitet.

AG 3: Was können wir unternehmen, um interkulturelle Weiterbildungen für die Mitglieder der Organisation attraktiv zu machen? Wie können wir die Erwartungen und Wünsche von Mitarbeiterinnen berücksichtigen (Rollenwechsel mit Brille)? Die dritte Gruppe wird von der Fachkraft für Personalentwicklung begleitet.

Nachmittagspause

Präsentation der Arbeitergebnisse *(ca. 30 Min.)*

Phase 4: Abschluss *(ca. 45 Min.)*
Die Projektleitung übernimmt die Aufgabe, auf Grundlage der Arbeitsergebnisse einen ersten Entwurf für ein Konzept „Interkulturelle Fortbildungen im Kontext der interkulturellen Orientierung und Öffnung" zu erstellen. Dieser Entwurf soll in einem Qualitätszirkel bzw. einer Projektgruppe in zwei Arbeitstreffen diskutiert und überarbeitet werden. In einem dritten Treffen wird er allen TN vorgestellt.

Bildung des Qualitätszirkels bzw. der Projektgruppe:
Aus jeder Arbeitsgruppe sollte mindestens eine Person am Qualitätszirkel bzw. an der Projektgruppe teilnehmen sowie die jeweiligen Fachkräfte, die die Arbeitsgruppen begleitet haben. Gemeinsam werden Termine für die Folgetreffen vereinbart.
Die Termine und die Personen (bei nur einer Person aus einer Arbeitsgruppe ist es sinnvoll, auch eine Vertretung zu benennen) werden auf Flipchart festgehalten.

Abschlussrunde:
Die Moderation fasst den gesamten Workshop noch einmal kurz zusammen und hält dabei auf großen bunten Karten Stichworte fest: Ziele, Prozess, Stuhlwechsel, Sonnenbrillen, Beteiligung, Impulsreferate, Arbeitsgruppen, Arbeitsergebnisse, Arbeitsatmosphäre, Moderation. Die Karten werden in die Stuhlkreismitte auf dem Boden ausgebreitet. Vermissen die TN ein Stichwort, wird es ergänzt. In der Schlussrunde äußern die TN zu einem oder mehreren Stichworten ihr Feedback.

9.1.1 Der Sessel, der Hocker und der Ball

Kurzbeschreibung

In der Aktivität wird durch eine auffällige Bestuhlung in das Thema Vielfalt eingeführt. Die Teilnehmerinnen und Teilnehmer (TN) stellen sich anfangs gegenseitig vor und erläutern, warum sie den Platz gewählt haben, auf dem sie sitzen. Im weiteren Seminarverlauf wird das Thema „veränderte Perspektive“ noch zweimal aufgegriffen und ist so während des ganzen Tages präsent.

Ziele:

- Die TN haben sich vorgestellt.
- Sie haben reflektiert, wie eine unerwartete, sich verändernde Bestuhlung auf sie wirkt.
- Sie setzen ihr eigenes Erleben in Beziehung zum Thema „Vielfalt gestalten“ bzw. zum Thema „interkulturelle Öffnung“.

Zeit: ca. 75 Min.

1. Vorstellungsrunde und Diskussion: ca. 45 Min.
2. Platzwechsel 1: ca. 15 Min.
3. Platzwechsel 2: ca. 15 Min.

Ausstattung:

Konferenzraum, der Gruppengröße entsprechend, drei Arbeitsecken oder Räume für die Gruppenarbeit.

Gruppengröße:

bis zu 20 Personen (die angegebenen Zeiten beziehen sich auf eine Gruppengröße von 16 Personen)

Vorbereitung:

Vorstellungsrunde:

Organisation von sechs bis neun ungewöhnlichen Sitzgelegenheiten, darunter ein Sessel, ein Hocker und ein Sitzball. Eine Sitzmöglichkeit soll dabei in doppelter Ausführung vorkommen, beispielsweise zwei bequeme Camping- oder Regielehnstühle. In der ersten Vorstellungsrunde werden fünf Sitzgelegenheiten in den Stuhlkreis integriert. Die übrigen „besonderen“ Sitzgelegenheiten werden für die TN nicht sichtbar aufbewahrt, z.B. unter einem Laken in der Raumecke.

Die beiden Sitzgelegenheiten in gleicher Ausführung stehen anfangs als Paar nebeneinander, alle anderen stehen einzeln zwischen den gewöhnlichen Seminarstühlen. Die fünf Plätze gegenüber der Moderation sind mit gewöhnlichen Seminarstühlen bestückt. Im Halbkreis steht insgesamt ein Stuhl mehr als benötigt.

Platzwechsel 1:
Alle fünf ungewöhnlichen Sitzgelegenheiten werden gegenüber der Moderation platziert. Das außergewöhnliche Stuhlpaar steht dabei wieder nebeneinander. Im Halbkreis steht ein Stuhl mehr als benötigt.

Platzwechsel 2:
Ein Teil der gewöhnlichen Stühle wird gegen ungewöhnliche Sitzgelegenheiten ausgewechselt. Es stehen nun immer ein gewöhnlicher Seminarstuhl und eine „außergewöhnliche“ Sitzgelegenheit nebeneinander. Dadurch wird auch das außergewöhnliche Stuhlpaar getrennt.

Abschluss:
Vor der letzten Arbeitssequenz werden alle außergewöhnlichen Sitzgelegenheiten an die Wand gestellt. Im Stuhlkreis stehen nur noch gewöhnliche Seminarstühle.
Voraussetzungen: Einsatz nur bei einem ganztägigen oder mehrtägigen Seminar.

Quelle: Inspiriert durch einen Theaterworkshopbeitrag von Norbert Sommer „Clownstheater mit Stühlen“ (Darmstadt 1977).

Verlauf

Phase 1: Vorstellungsrunde *(ca. 45 Min.)*
Die TN stellen sich nacheinander vor und erläutern, warum sie den Stuhl gewählt haben, auf dem sie sitzen. Die Moderation weist auf die ungenutzte Sitzgelegenheit hin und fragt, warum wohl ausgerechnet diese frei geblieben ist. Anschließend bittet die Moderation die TN darum, sich zu vergegenwärtigen, welche Gedanken und Assoziationen sie hatten, als sie die Bestuhlung sahen. Welche Gefühle und welches Verhalten wurden dadurch ausgelöst? Die Gruppe tauscht sich darüber aus, was die Bestuhlung mit den Themen Vielfalt gestalten bzw. interkulturelle Öffnung zu tun hat und stellt einen Bezug zum Thema der Weiterbildung oder des Workshops her.

Phase 2: Platzwechsel 1 *(ca. 15 Min.)*
In der ersten Kaffeepause wird der Stuhlkreis neu arrangiert. Die fünf besonderen Stühle stehen nebeneinander in der Mitte des Halbkreises gegenüber der Moderation (siehe Vorbereitung). Den TN wird nach der Pause Zeit gelassen, sich einen Platz zu suchen. Die Moderation wartet in Ruhe ab, bis alle sitzen und die Gespräche abklingen. Erneut wird sich darüber ausgetauscht, welche Gedanken, Gefühle und Verhaltensweisen durch das neue Arrangement ausgelöst wurden und welcher Stuhl diesmal frei geblieben ist. Die Moderation bittet abschließend die „Besitzenden" der außergewöhnlichen Stühle um ein Statement aus der Perspektive der Sitzgelegenheit. Wie würde sich die Sitzgelegenheit zur Situation äußern? Die Äußerungen werden nicht weiter kommentiert. Wenn keine weiteren Beiträge der TN kommen, wird das Seminar fortgesetzt.

Phase 3: Platzwechsel 2 *(ca. 15 Min.)*
Nach dem Mittagessen findet die Gruppe erneut eine andere Anordnung des Stuhlkreises vor. Die Hälfte der Sitzgelegenheiten ist außergewöhnlich. Auf einen gewöhnlichen Stuhl folgt immer eine ungewöhnliche Sitzgelegenheit. Wieder reflektieren die TN, was sich verändert hat, wie die Veränderung auf sie wirkt und wie sich das auf das eigene Verhalten ausgewirkt hat.

Abschluss:
In der letzten Pause vor dem Seminarende werden alle besonderen Sitzgelegenheiten zur Seite gestellt. Die Gruppe findet einen gewöhnlichen Stuhlkreis vor. Die Moderation hält sich zurück und lässt der Gruppe einen Moment Zeit, mit der neuen Situation umzugehen. Oft tauschen einzelne TN ihre Sitzgelegenheit aus. Sobald die Gruppe zur Ruhe gekommen ist, wird das Seminar mit dem Hinweis fortgesetzt, dass die Aktivität „Der Sessel, der Hocker und der Ball" am Ende des Workshops noch einmal angesprochen wird.

9.1.2 Rollenwechsel mit Sonnenbrille

Kurzbeschreibung

Die Teilnehmerinnen und Teilnehmer (TN) wechseln ihre Rolle durch das Aufsetzen einer Sonnenbrille. Für die neuen Rollen kreiert die Gruppe ausgefallene Namen und eine neue Funktion innerhalb der Organisation. In Paarinterviews werden Erwartungen an interkulturelle Weiterbildungen abgefragt und aus der eingenommenen Rollenperspektive beantwortet.

Ziele:

- Erwartungen an interkulturelle Weiterbildungen sind aus unterschiedlichen Perspektiven reflektiert.
- Erste Anregungen für die Arbeitsgruppen im Workshopteil der Veranstaltung sind dokumentiert.
- Eine lockere Arbeitsatmosphäre ist geschaffen.

Zeit: ca. 60 Min.

Ausstattung:

Konferenzraum mit Stuhlhalbkreis, der Gruppengröße entsprechend

Material:

Ein Fundus an verschiedenen Sonnenbrillen, zwei Handspiegel, Polaroidkamera, je ein Personalbogen auf einem Klemmbrett entsprechend der Zahl der TN, Stifte, Kleber, Pinnwand und Pinnnadeln oder eine Wäscheleine mit Klammern, Flipchart

Empfohlene Gruppengröße:

bis zu 20 Personen (die angegebenen Zeiten beziehen sich auf eine Gruppengröße von 16 Personen)

Vorbereitung:

Einladungsschreiben, in dem die TN gebeten werden, eine ausgefallene Sonnenbrille mitzubringen. Personalbögen vorbereiten (Feld für das Polaroidfoto, Name, Funktion, zwei Fragen mit je einem Feld, in das die Antworten eingetragen werden können:

1. Was könnte Sie motivieren, an einer interkulturellen Weiterbildung teilzunehmen?
2. Was würden Sie sich an Inhalten wünschen?

Quelle: Inspiriert durch die Karikatur eines Seminarteilnehmers von Susanne Ulrich, die die Karikatur beschrieb: Eine Gruppe im Stuhlkreis, alle tragen Sonnebrillen. Der Untertitel: „Bitte setzen Sie Ihre Sonnenbrillen auf, jetzt wird wieder reflektiert."

Verlauf

***Brillenprobe** (ca. 20 Min.)*
Verschiedene Sonnenbrillen und zwei Handspiegel werden in der Mitte des Stuhlkreises auf einem Tuch ausgebreitet. Die TN legen ihre mitgebrachten Brillen dazu. Die TN werden aufgefordert, die Brillen auszuprobieren, im Spiegel zu betrachten, gegenseitig das neue Outfit zu kommentieren. Ebbt das erste Gelächter ab, verkündet die Moderation die Spielregel, dass sich jede Person eine Brille aussucht, nicht aber die, die sie selbst mitgebracht hat.

Nacheinander werden alle TN in Pose fotografiert. Auf Zuruf macht die Gruppe Namenvorschläge, die zur eingenommenen Pose sowie zur ausgewählten Brille passen und ordnet der Person eine fiktive Rolle innerhalb der Organisation zu. Das Porträt wird auf den Personalbogen geklebt, fiktiver Name und Funktion in den Bogen eingetragen und das Klemmbrett der jeweiligen Person übergeben.

Ist das Fotoshooting abgeschlossen, erhalten alle ihre mitgebrachten Sonnenbrillen zurück und der übrige Brillenfundus wird weggeräumt.

***Interviews** (ca. 20 Min.)*
Die Moderation bittet die TN, die zugeschriebene Rolle einzunehmen, trotzdem aber möglichst ernsthafte Antworten zu geben, da es das Ziel ist, mögliche Motivationslagen und Erwartungen zusammenzutragen.

Es bilden sich Paare, die sich gegenseitig zu den beiden Fragen auf dem Personalbogen interviewen. Dazu tauschen sie die Klemmbretter aus und notieren die Antworten auf den Personalbogen der befragten Person in gut leserlichen Stichpunkten. Sind die gegenseitigen Interviews abgeschlossen, werden sie entweder an eine zuvor durch den Raum gespannte Wäscheleine gehängt oder auf eine Pinnwand geheftet.

***Auswertung** (ca. 20 Min.)*
Die TN schauen sich die ausgestellten Personalbögen an. Die sich aus den Antworten ergebenden Hinweise für die Planung von interkulturellen Weiterbildungen werden durch die Moderation auf Flipchart gesammelt.

Public Relations ist die Kunst, durch das gesprochene oder gedruckte Wort, durch Handlungen oder durch sichtbare Symbole für die eigene Firma, deren Produkt oder Dienstleistung eine günstige öffentliche Meinung zu schaffen.
Carl Hundhausen, deutscher PR-Fachmann (1893 – 1977)

10. KOMMUNIKATION NACH AUSSEN

Der Begriff Öffentlichkeitsarbeit setzte sich in der Mitte des letzten Jahrhunderts als deutsche Benennung für den im angloamerikanischen verwendeten Begriff Public Relations (öffentliche Beziehungen) durch. Dabei bringt die Bezeichnung „Arbeit“ zum Ausdruck, dass diese Beziehungen gezielt zu gestalten sind. Öffentlichkeitsarbeit bezeichnet also die öffentliche Kommunikation von Organisationen mit ihrer Umwelt, die alle Maßnahmen des Beziehungsaufbaus und der Beziehungspflege umfasst und der Imagebildung und der Imagepflege dient. Es soll durch sie eine „günstige öffentliche Meinung“ geschaffen werden, wie es Carl Hundhausen (1937) bereits vor mehr als siebzig Jahren formulierte.

Öffentlichkeitsarbeit in gesellschaftspolitisch sensiblen Handlungsfeldern ist abhängig von öffentlichen Diskursen. Interkulturelle Orientierung und Öffnung etwa ist eingebettet in die aktuelle Integrationspolitik. In Zeiten heftiger Wahlkämpfe beispielsweise war es schwierig, das Thema öffentlichkeitswirksam und erfolgreich zu bewegen. Gegenwärtig sind die Themen Integration und interkulturelle Öffnung eher positiv besetzt, was die Öffentlichkeitsarbeit erleichtert. So wird die Bedeutung des Themas deutlich durch zahlreiche Anreize wie Förderpreise von Stiftungen, Landesregierungen, Kommunen usw. (Der Suchbegriff „Förderpreise interkulturell“ brachte am 17.08.2011 etwa 327.000 Ergebnisse in 0,25 Sekunden).

Die Öffentlichkeitsarbeit zur Verdeutlichung der interkulturellen Orientierung und Öffnung der eigenen Organisation hat zwei große Zielrichtungen: Imagebildung und gesellschaftspolitische Positionierung sowie Beziehungsaufbau und Kundenbindung. Beziehungen verlangen nach Vertrauen. Um dieses aufzubauen, ist es notwendig, Klarheit über die Grundlagen herzustellen: Wofür steht die Organisation? Was macht sie? Warum macht sie es so? Wem nützt das? Vision, Mission und Ziele sind die Basis dafür, dass glaubwürdig, nachvollziehbar und umfassend der Informationstransfer über Standpunkte, Interessen und Leistungsangebote der Organisation gelingt. Dazu werden ganz unterschiedliche Medien eingesetzt wie Faltblätter, Broschüren, Plakate, Webseiten, Fachvorträge und -aufsätze, öffentliche Veranstaltungen, Pressemitteilungen, Pressegespräche, um nur einen kleinen Ausschnitt zu nennen, die sich an unterschiedliche Zielgruppen wenden wie beispielsweise Geldgeber, kooperierende Organisation, Bürgerinnen und Bürger, Kundinnen und Kunden.

In der Regel verfügen Organisationen über ein Konzept für die Gestaltung der öffentlichen Kommunikation. Auch wenn es eine PR-Abteilung gibt, die solche Konzepte erarbeitet und umsetzt, bleiben Zielrichtung und Grundlagen der Öffentlichkeitsarbeit Führungsverantwortung.

Maßnahmen der Öffentlichkeitsarbeit zur interkulturellen Orientierung der Organisation sind in die vorhandenen PR-Konzepte einzupassen. Eine wichtige Aufgabe ist es, Informationsmaterialien für Nutzerinnen und Nutzer verständlich, attraktiv und migrationssensibel zu gestalten und dabei die Vielfalt der Gesellschaft insgesamt zu berücksichtigen. Ein weiterer Aspekt liegt darin, sich als attraktiver Arbeitgeber für eine vielfältige Belegschaft zu präsentieren und sich damit im Blick auf den demografischen Wandel frühzeitig einen Vorsprung zu verschaffen. Ein übergreifender Anspruch ist es schließlich, das sozialpolitische Gewicht der eigenen Organisation und das Image als interkulturell orientierte Organisation durch die Veröffentlichung von Vision und Leitbild darzustellen und sich gesellschaftspolitisch zu positionieren.

Die folgenden Aktivitäten regen dazu an, sich mit den Zielen von Öffentlichkeitsarbeit unter einer interkulturellen Perspektive zu beschäftigen. Im Workshop werden Teilaspekte von Öffentlichkeitsarbeit aufgegriffen wie die Gestaltung von Informationsfaltern und die Selbstdarstellung der Organisation im Netz. Ziel ist es, Anregungen für die Erweiterung des vorhandenen Öffentlichkeitskonzeptes um interkulturelle Aspekte durch eine Projektgruppe erarbeiten zu lassen.

Aktivitäten:

10.1 Workshop: Öffentlichkeitsarbeit
- 10.1.1 Hast Du das mitbekommen?
- 10.1.2 Das spricht mich an!
- 10.1.3 Ein Slogan
- 10.1.4 Daneben? – Standards erwünscht!

10.1 Workshop: Öffentlichkeitsarbeit

Kurzbeschreibung

Ideen für eine interkulturell sensible Form der Öffentlichkeitsarbeit und Vorschläge, wie sie im Prozess der interkulturellen Orientierung und Öffnung in der eigenen Organisation realisiert werden können, werden erarbeitet. Der Workshop mündet in die Bildung einer Projektgruppe zum Thema.

Ziele:

- Die Ziele von Öffentlichkeitsarbeit im Blick auf das interkulturelle Öffnungsprojekt sind reflektiert.
- Verschiedene Formen der Öffentlichkeitsarbeit sind auf ihre möglichen Zielgruppen hin überprüft.
- Eine Sichtung und Bewertung vorhandener Materialien der Öffentlichkeitsarbeit sind in Bezug auf die Ziele ausgewertet.
- Verbesserungsvorschläge und neue Ideen für die Öffentlichkeitsarbeit zum Thema Vielfalt in der eigenen Organisation sind entwickelt.
- Vereinbarungen der Teilnehmerinnen und Teilnehmer (TN) zur weiteren Bearbeitung des Themas in einer Projektgruppe bzw. in einem Qualitätszirkel sind getroffen.

Zeit: 1 Arbeitstag

Ausstattung:

Großer Saal für das Plenum im Stuhlhalbkreis, 2 große, freistehende Ausstellungstische, Arbeitsecken oder drei kleine Räume für die Gruppenarbeit, improvisierte Bar mit Stehtisch

Empfohlene Gruppengröße: 12 – 16 Personen

Vorbereitung:

Einladung an die TN mit der Bitte, ein für sie überzeugendes Beispiel für gelungene Öffentlichkeit mitzubringen. Zwei Ausstellungstische:

1. Sammlung gelungener Beispiele interkultureller Öffentlichkeitsarbeit allgemein,
2. Sammlung von Öffentlichkeitsarbeitmaterialien aus der eigenen Organisation, Handout, Aufgaben für die Gruppenarbeiten am Nachmittag auf je einem Flipchart

Materialien:

Materialienfundus Öffentlichkeitsarbeit für die Ausstellungstische:

1. Interessante Beispiele aus unterschiedlichen Bereichen außerhalb der Organisation,
2. Möglichst alle vorhandenen Materialien der eigenen Organisation in dreifacher Ausführung (Plakate, Broschüren, Werbegeschenke, Infofalter usw.).

3 Flipcharts, 3 Pinnwände, Stifte, Karten, Pinnadeln, Laptop mit Netzzugang

Voraussetzung:

Der Prozess der interkulturellen Orientierung und Öffnung ist als Projekt konzipiert. Ein Projektteam oder eine Projektleitung ist benannt.

Der Workshop ist eine gemeinsam verantwortete Veranstaltung mit der für Öffentlichkeitsarbeit zuständigen Person bzw. Organisationseinheit und der Projektleitung.

Tipp:

Als Öffentlichkeitsarbeitsbeispiele lassen sich Spots zur interkulturellen Öffnung und zum Umgang mit gesellschaftlicher Vielfalt von Kommunen, Verbänden oder auch von Funkhaus Europa einsetzen (Cosmo TV, 08.05.2004). Entsprechend mehr Zeit ist für den Workshop einzuplanen und die Materialienliste ist um die entsprechenden Medien und Vorführgeräte zu ergänzen.

Verlauf:

Ankommen und sich im Raum umschauen, Begrüßung *(ca. 10 Min.)*

Vormittag (ca. 4 Stunden mit Pause):

- Hast Du das mitbekommen? (10.1.1)
- Das spricht mich an! (10.1.2)
- Einführung
- Ein Slogan (10.1.3)
- Daneben? – Standards erwünscht! (10.1.4)

Nachmittag (ca. 3,5 Stunden mit Pausen):

- Bestandsaufnahme
- AG 1: Mehrsprachige Informationsfalter: Pro und contra
- AG 2: Wie sieht es denn hier aus? Das Erscheinungsbild der Organisation
- AG 3: „Googelei“ oder „Was findet sich im Netz?“
- Auswertung und Vereinbarungen

Phase 1: Einstieg *(ca. 2 Stunden)*

Eintreffen der TN (ca. 10 Min.)
Die Teilnehmer werden beim Eintreffen begrüßt und aufgefordert, sich ein wenig im Raum umzuschauen und sich dann einen Platz im Stuhlkreis zu suchen.

Die erste Aktivität schließt sich direkt an. Die Moderation bittet die TN, sich auf einen „Kaltstart" ohne Vorstellungsrunde einzulassen, die zu einem späteren Zeitpunkt nachgeholt wird. Auf die Arbeitsergebnisse der ersten Aktivität wird im Verlauf des Workshops immer wieder Bezug genommen.

„Hast Du das mitbekommen?" (ca. 80 Min.)

Vorstellungsrunde: „Das spricht mich an!" (ca. 30 Min.)

Vormittagspause

Phase 2: Orientierung *(ca. 1 Stunde)*

Kurzreferat (ca. 15 Min.)
der Projektleitung zu den geplanten Projektphasen und dem Zwischenstand des Projektes der interkulturellen Orientierung und Öffnung anhand eines Ablaufschemas, das sich am Kreislauf strategischer Steuerung (Teil 1 Kapitel 5) orientiert und als Handout vorliegt. Ziele und Verlauf des Workshops.

Beantwortung offener Fragen (10 Min.)

„Ein Slogan" (ca. 30 Min.)

Gruppengespräch (ca. 15 Min.)
Angeregt durch die Aktivität „Ein Slogan" erörtert die Gruppe den Zusammenhang zwischen der im Projekt erarbeiteten Vision der Organisation zur interkulturellen Orientierung und Öffnung und dem Thema Öffentlichkeitsarbeit.

Phase 3: Arbeit am Thema *(3 Stunden)*

„Daneben? – Standards erwünscht!" (ca. 60 Min.)

Mittagspause

Bestandsaufnahme (ca. 45 Min.)
Jede Gruppe vergleicht die in der Aktivität „Daneben? – Standards erwünscht!" erarbeiteten Standards mit den ausgestellten Öffentlichkeitsarbeitsmaterialien der eigenen Organisation, stellt Verbesserungsmöglichkeiten oder optimale Gestaltungen fest und sucht dazu jeweils passende Beispiele aus. Jede Gruppe zieht dann ein Resümee aus ihrem Vergleich und leitet daraus einen Vorschlag für die Weiterarbeit am Thema „interkulturell kompetente Öffentlichkeitsarbeit" ab. Die Gruppen stellen sich ihre Resümees und Vorschläge gegenseitig im Plenum vor. Die Vorschläge werden auf einer Pinnwand festgehalten.

Gruppenarbeit „Öffentlichkeitsarbeit" (45 Min.)
Die Moderation stellt die Themen für drei Arbeitsgruppen vor. Jede Gruppe bearbeitet eine andere Fragestellung.

Die Moderation bittet darum, dass in jeder Gruppe eine Person die Arbeitszeit überwacht, eine Person die Arbeitsergebnisse dokumentiert und eine Person die Präsentation der Arbeitsergebnisse im Plenum übernimmt.

AG 1: Informationsfalter in verschiedenen Sprachen? **Pro und contra**

Häufig wird in Prozessen der interkulturellen Orientierung und Öffnung der Vorschlag gemacht, wichtiges Informationsmaterial zu übersetzen.

Diskutieren Sie Pro und Contra von mehrsprachigen Informationsfaltern (z.B. das Verhältnis von Kosten und Nutzen, Auswahl der Sprachen, geweckte Erwartungen, Schwierigkeiten der Fachkräfte, wenn sie nicht die entsprechenden Sprachkenntnisse haben, um die Inhalte überprüfen zu können usw.).

Halten Sie die Diskussionsergebnisse als „Pro-und-contra-Gegenüberstellung" fest. Notieren Sie offene Fragen. Ziehen Sie ein Resümee Ihrer Diskussion.

AG 2: **Wie sieht es denn hier aus?** Das Erscheinungsbild der Organisation

Gehen Sie (gemeinsam real oder, bei einem Veranstaltungsort außerhalb der eigenen Einrichtung, jede Person für sich in Gedanken) durch das Gebäude. Halten Sie fest, wie die Raumgestaltung auf Sie wirkt und was Ihnen bei der Orientierung hilft. Nutzen Sie alle Sinneswahrnehmungen, schauen Sie, hören Sie, riechen Sie. Welche Gefühle lösen die Räume bei ihnen aus? Wie fühlen Sie sich empfangen? Wie finden Sie sich zurecht? Liegt Informationsmaterial aus? Wenn ja, wie aktuell und übersichtlich ist es?

Tauschen Sie Ihre Wahrnehmungen aus und halten Sie sie in Stichpunkten auf dem Flipchart fest. Ziehen Sie ein Resümee.

AG 3: „Googelei" oder „Was findet sich im Netz?"
Welches Image vermittelt die Website ihrer Organisation im Internet? Tauschen Sie sich darüber aus, zu welchen Fragestellungen die Website Ihrer Organisation aufgesucht werden könnte. Schauen Sie sich dann die Website an. Wie finden Sie sich zurecht? Welche Informationen fehlen Ihnen? Wie ist kulturelle Vielfalt präsentiert und berücksichtigt? Halten Sie Ihre Eindrücke in Stichpunkten auf dem Flipchart fest. Ziehen Sie ein Resümee.

1. Nachmittagspause *(15 Min.)*

Präsentation und Diskussion der Arbeitsergebnisse im Plenum *(45 Min.)*

2. Nachmittagspause *(15 Min.)*

4. Phase: Abschluss *(45 Min.)*
Während der 2. Nachmittagspause stellt die Workshopmoderation alle während des Tages gesammelten Themen, die sich für eine weitere Bearbeitung anbieten, zusammen.

Abschlussvereinbarungen:
Die Moderation fasst den Tag mit seinen Aktivitäten zusammen und stellt die daraus resultierende Themenübersicht vor. Die TN werden gebeten, sie zu überprüfen und bei Bedarf zu ergänzen. Jede Person erhält zwei Punkte, um damit zu markieren, welche beiden Themen als nächste angegangen werden sollen.

Gemeinsam erstellt die Gruppe anschließend einen groben Plan für die nächsten drei Treffen. Ein viertes Treffen ist der Auswertung und weiteren Planung vorbehalten. Beim vierten Treffen soll auch entschieden werden, wann die Zusammenarbeit der Projektgruppe bzw. des Qualitätszirkels endgültig abgeschlossen sein soll und wie die Arbeitsergebnisse in die Organisation transferiert werden.

Folgende Fragen werden beantwortet und in einen Übersichtsplan eingetragen:

- Welche Themen sollen in den nächsten drei Treffen weiter bearbeitet werden?
- Wer beteiligt sich an der Projektgruppe „Öffentlichkeitsarbeit"?
- Wann, wo trifft sich die Projektgruppe?
- Wie lange sollen die Treffen jeweils dauern?
- Wer lädt dazu ein? Wer moderiert?
- Was ist zwischenzeitlich von wem bis wann zu tun?

	Themen	**Zeit/Ort**	**Verantwortliche**	**Zu erledigen**
1. Treffen				
2. Treffen				
3. Treffen				
4. Treffen	▪ Auswertung ▪ weitere Planung ▪ Ergebnis-transfer		▪ Projekt-leitung ▪ PR Beauf-tragte ▪	

Der Workshop schließt mit einer kurzen Rückmeldung aller TN zur Zufriedenheit mit dem Arbeitsprozess und zur Zufriedenheit mit den Arbeitsergebnissen ab.

10.1.1 Hast Du das mitbekommen?

Kurzbeschreibung

Drei Gesprächspaare tauschen sich in unterschiedlichen Rollen darüber aus, was Öffentlichkeitsarbeit mit dem Prozess der interkulturellen Orientierung und Öffnung der Organisation zu tun hat. Die Gespräche bauen in drei Ebenen aufeinander auf.

Ziele:

- Die Teilnehmerinnen und Teilnehmer (TN) sind auf das Thema Öffentlichkeitsarbeit eingestimmt.
- Die TN haben reflektiert, welche Ziele die Öffentlichkeitsarbeit der eigenen Organisation zur interkulturelle Orientierung und Öffnung verfolgt.
- Sie haben Ideen und Meinungen zum Thema Öffentlichkeitsarbeit im Kontext der interkulturellen Öffnung entwickelt.

Zeit: ca. 80 Min.

Gruppengröße: 12 – 18 Personen

Vorbereitung:

Aufbau einer improvisierten Espressobar oder Saftbar mit einem Stehtisch. Kleiderständer oder ein anderes geeignetes Requisit entsprechend gestalten, das neben der Bar eine Bushaltestelle markiert.

Flipchart mit Zitat von Carl Hundhausen (siehe Einleitung) beschriften.

Ausstattung:

Großer Raum mit Halbkreisbestuhlung und einer improvisierten Espressobar oder Saftbar.

Materialien:

Flipchart, Stifte, Barausstattung, Stehtisch, Bushaltestellenmarkierung, 4 Pinnwände

Quelle: Die Aktivität ist eine Variante des Tools „Kaskadengespräch“ von Ralf Besser (2006: 39 ff.).

Stichworte:

Organisation und Umwelt – Öffentlichkeitsarbeit – Unternehmenskultur

Ablauf

Einführung und Brainstorming *(ca. 15 Min.)*

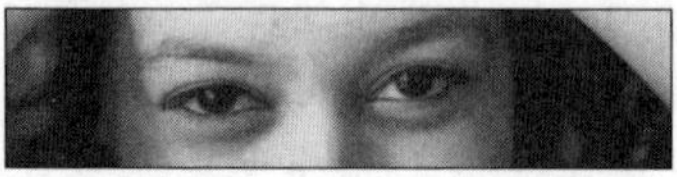

Die Moderation führt in das Thema Öffentlichkeitsarbeit anhand des Zitates von Carl Hundhausen ein: „Public Relations ist die Kunst, durch das gesprochene oder gedruckte Wort, durch Handlungen oder durch sichtbare Symbole für die eigene Firma, deren Produkt oder Dienstleistung eine günstige öffentliche Meinung zu schaffen."

Sie erläutert, dass trotz des frühen Erscheinungsdatums, das Zitat stammt aus einem Artikel der Zeitschrift „Deutsche Werbung" von 1937, es immer noch als aktuell gilt und sich in verschiedenen Internetbeiträgen findet. In der Regel werden die Begriffe Öffentlichkeitsarbeit und Public Relations synonym verwendet. Nach einem kurzen Austausch über das Zitat werden in einem Brainstorming Ziele von Öffentlichkeitsarbeit im Kontext der interkulturellen Orientierung und Öffnung zusammengetragen und auf dem Flipchart festgehalten (wie Imageverbesserung durch gesellschaftspolitisches Engagement, Gewinnung neuer Zielgruppen, Information über Angebote und Leistungen der Organisation, Behebung von Fachkräftemangel durch Gewinnung neuer MA, Erweiterung von bestehenden Netzwerken usw.).

1. Gesprächsrunde *(ca. 15 Min.)*

Die Moderation lädt zu einem Experiment ein, für dessen Durchführung zunächst drei Freiwillige benötigt werden. Die Moderation führt kurz in das vorbereitete Bühnenbild ein. Die TN gruppieren sich als Publikum um Bar und Bushaltestelle herum. Die Freiwilligen werden durch die Moderation instruiert: Eine der drei Personen bedient die Bar, sie kassiert die Getränke sofort, da man ja nie wissen kann, und hält sich ansonsten ganz aus dem Geschehen heraus, hört zu und beobachtet.

Die beiden anderen haben gerade an einem Workshop zum Thema Interkulturelle Orientierung und Öffnung und Öffentlichkeitsarbeit der Organisation teilgenommen und festgestellt, dass der erwartete Bus ausgefallen ist. Sie nutzen die Zeit, gemeinsam etwas zu trinken. Dabei unterhalten sie sich ganz zwanglos darüber, was das Thema Öffentlichkeitsarbeit für eine interkulturelle Orientierung und Öffnung überhaupt bringen kann, welche Ansichten sie vertreten und wo sie skeptisch sind. Sie können ganz offen reden, sie sind ja unter sich. Das Gespräch soll ca. zehn Minuten dauern. Die Moderation hält das Gespräch in Stichpunkten auf dem Flipchart fest. Sie beendet das Gespräch mit dem Worten: „Da kommt gerade ein Taxi. Sie nutzen die Gelegenheit und teilen sich den Fahrtpreis."

2. Gesprächsrunde *(ca. 10 Min.)*
Die Moderation kündigt die zweite Runde des Experimentes an, für die wieder zwei Freiwillige benötigt werden. Sie erhalten die Instruktion, dass sie als Führungskräfte in der Organisation arbeiten, die TN des Workshops nicht kannten, an der Bushaltestelle standen und zufällig das Gespräch mitgehört haben. Da noch viel Zeit ist, trinken sie etwas zusammen und tauschen sich über das Gehörte aus.

Auch dieses Gespräch wird in Stichpunkten durch die Moderation festgehalten. Sie beendet das Gespräch nach angemessener Zeit mit den Worten: „Ihr Bus kommt. Sie fahren nach Hause."

3. Gesprächsrunde *(10 Min.)*
Für die dritte Runde wird eine weitere freiwillige Person benötigt, auch sie wird instruiert: Sie ist mit der Person befreundet, die die Bar bedient, und hat im Hintergrund darauf gewartet, dass die Bar geschlossen wird. Danach wollen sie noch etwas gemeinsam unternehmen. Es kommen zwar keine weiteren Gäste, doch bis zur Schließung dauert es noch eine Weile. Das ist die Gelegenheit, sich über das Gehörte aus ihrer unbeteiligten Sicht unter dem Motto „Hast Du das mitbekommen?" zu unterhalten. Auch die letzte Gesprächsrunde wird in Stichpunkten festgehalten. Die Moderation beendet das Gespräch mit den Worten: „Endlich Feierabend. Sie können sich auf den Weg machen."

Auswertung im Plenum *(ca. 30 Min.)*
Die Gesprächsnotizen werden für alle gut sichtbar aufgehängt. Gemeinsam wird die Frage diskutiert, welche Erkenntnisse, Hypothesen und Ideen aus den Gesprächen abgeleitet werden können. Die Ergebnisse werden auf ein weiteres Flipchartblatt notiert. Dabei wird festgehalten, auf welches Gespräch sie sich beziehen, um sich die jeweilige Perspektive zu vergegenwärtigen. Abschließend wird der Frage nachgegangen, was die Ergebnisse für den Workshop bedeuten.

10.1.2 Das spricht mich an!

Kurzbeschreibung
Vorstellungsrunde, in der alle Teilnehmerinnen und Teilnehmer (TN) ein Statement und ein Beispiel zu gelungener Öffentlichkeitsarbeit einbringen.

Ziele:
- Die TN haben reflektiert, wie Öffentlichkeitsarbeit auf sie selbst wirkt.
- Ein erster Bezug zwischen verschiedenen Formen von Öffentlichkeitsarbeit und Zielgruppen ist hergestellt.
- Ein erstes Kennenlernen hat stattgefunden.

Zeit: ca. 30 Min.

Vorbereitung:
Die TN wurden im Vorfeld gebeten, ein Beispiel für Öffentlichkeitsarbeit mitzubringen. Zusätzlich werden verschiedene Beispiele von Materialien der Öffentlichkeitsarbeit auf einem großen Tisch, um den sich die TN locker gruppieren können, ausgestellt.

Materialien: Beispiele von Materialien der Öffentlichkeitsarbeit

Stichworte:
Kennenlernen – Organisation und Umwelt – Öffentlichkeitsarbeit

Ablauf:

Die TN werden gebeten, ihre mitgebrachten Beispiele gelungener Öffentlichkeitsarbeit in die Mitte des Stuhlkreises auf den Boden zu legen. Wer vergessen hat, ein Beispiel mitzubringen, darf sich eines aus der Sammlung der ausgestellten Materialien ausborgen.

Eine Person beginnt damit, ein Beispiel aufzuheben, (das nicht selbst mitgebracht wurde), den anderen TN rundum zu zeigen, sich dabei vorzustellen (Name, Funktion) und zu erläutern, warum gerade dieses Beispiel aus dem Materialienfundus herausgesucht wurde. Das Beispiel wird anschließend der Person übergeben, die es mitgebracht hat.

Diese erläutert nun, was die Gründe für ihre Wahl waren, was genau an dem ausgewählten Beispiel ins Auge sticht und für welche Zielgruppe das Beispiel geeignet ist.

Die Moderation hält die genannten Argumente in Stichpunkten auf Karten fest.

Anschließend stellt sie sich selbst vor. Dann wählt sie ein anderes Beispiel aus dem Fundus, das ihre Aufmerksamkeit geweckt hat, zeigt es der Gruppe und übergibt es der Person, die es mitgebracht hat.

Der Vorgang wiederholt sich, bis alle TN sich vorgestellt und ihre Beispiele gelungener Öffentlichkeitsarbeit präsentiert haben, die anschließend auf dem Ausstellungstisch drapiert werden. Dabei hat die Gruppe Zeit, auch die übrigen Ausstellungsstücke genauer zu betrachten und zu kommentieren. Im lockeren Gespräch werden Gemeinsamkeiten und Unterschiede der Materialien erörtert.

Die Kartensammlung wird auf einer Pinnwand ausgestellt und die Gruppe tauscht sich darüber aus, welche Beispiele von Öffentlichkeitsarbeit in Bezug auf das Projekt zur interkulturellen Orientierung und Öffnung geeignet sein können.

10.1.3 Ein Slogan

Kurzbeschreibung

Ein Slogan zum Thema Vielfalt für die eigene Organisation wird kreiert.

Ziele:

- Die Teilnehmerinnen und Teilnehmer (TN) setzen sich mit ihrem Arbeitauftrag und dem gewünschten Image ihrer Einrichtung auseinander.
- Sie reflektieren ihre eigenen Wünsche und Ziele.
- Sie formulieren ihre Vision als Slogan.

Zeit: ca. 50 Min.

Vorbereitung:
Pinnwand mit einer Auswahl von Slogans vorbereiten.

Materialien:
Pinnwand für Slogans, Pinnwände und Moderationskoffer für drei Arbeitsgruppen, eventuell Rekorder und Musikkassetten

Besonderheiten:
Die Aktivität „Ein Slogan" sollte in möglichst lockerer Arbeitsatmosphäre stattfinden. Wenn die Gruppe damit einverstanden ist, läuft leise Musik im Hintergrund. Die Aktivität ist auch gut geeignet, die Erarbeitung eine Vision oder eines Leitbildes vorzubereiten.

Eine Auswahl von Slogans finden sich unter:
http://www.slogans.de/slogans.php?ISelect%5B%5D=36

Stichworte: Beteiligung – Organisation und Umwelt – Öffentlichkeitsarbeit

Verlauf:

Einführung *(ca. 10 Min.)*
Die Moderation führt in die Funktion eines Slogans ein:
Ein Slogan ist ein prägnanter Satz oder eine Aneinanderreihung von Begriffen, die in kompakter Form eine Aussage treffen. Sie sind eingeladen, heute einen Slogan für ihre Arbeit zu kreieren. Das Wort Slogan bedeutet „Wahlspruch". Slogan ist ein Lehnwort aus dem Gälischen „Sluaghghairm", aus dem das Wort „Slogan" abgeleitet wurde. Es setzt sich zusammen aus „sluagh", dem Begriff für „Heer", und „ghairm" für „rufen" (Kluge 1999: 767). Ein „Sluaghghairm" war ein Schlachtruf, der Kräfte mobilisieren sollte oder in Friedenzeiten als Sammelruf eines Clans diente. Ein Slogan bringt wesentliche Aussagen auf den Punkt. Er will aktivieren, Assoziationen und Gefühle wecken. Er hat einen Wiedererkennungswert und steht für Ziele, Absichten, Haltungen oder Unternehmensphilosophien. In der Werbebranche ist er häufig mit Produkten assoziiert. Wir alle kennen Werbeslogans wie „Nichts ist unmöglich!" oder „Qualität ganz oben – Preise ganz unten" oder „Ich bin doch nicht blöd". Den meisten von Ihnen wird sofort das Produkt oder die Firma einfallen, für die mit diesen Slogans Werbung betrieben wird. Auch im sozialen Bereich gibt es eine große Anzahl griffiger Slogans. Hier einige Beispiele:

- Amnesty International (Schweiz): Es geschieht nicht hier. Aber jetzt.
- Bundesverband Alphabetisierung: Schreib dich nicht ab!
- Caritas München: Caritas – Nah. Am Nächsten.
- Deutscher Kinderschutzbund: Helfen statt Schweigen.
- Schwangerschaftsberatung der Diakonie: Für schwierige und andere Umstände
- Attac: Die Welt ist keine Ware.

Der Slogan, der den amerikanischen Wahlkampf des Präsidenten Obama bestimmte, lautete „Yes We Can" und löste eine ganze Bewegung aus.

Es ist nicht einfach, einen Slogan zu kreieren. Es gibt Slogans, die zwar sehr bekannt sind, aber eine zweifelhafte Botschaft transportieren wie beispielsweise „Geiz ist geil", oder Slogans, die zwar voll ins Schwarze treffen und doch daneben sind, wie beispielsweise der Werbeslogan eines Schützenvereins „Lerne Schießen. Treffe Freunde."

Gruppenarbeit *(ca. 30 Min.)*
Die TN arbeiten in drei Werkstattgruppen an einem Slogan, der sich auf die eigene Organisation, ihre Ziele und Ideale bezieht und das Thema Vielfalt berücksichtigt.

Plenum *(ca. 20 Min.)*
Die Arbeitsergebnisse werden präsentiert und durch Applaus gewürdigt. Gemeinsam bespricht die Gruppe, welches Image der Organisation durch die Slogan zum Ausdruck gebracht wird.

10.1.4 Daneben? – Standards erwünscht!

Kurzbeschreibung

Die Teilnehmerinnen und Teilnehmer (TN) überlegen am Beispiel eines Informationsfalters, was für sie eine nicht gelungene, gesellschaftliche Vielfalt nicht berücksichtigende Öffentlichkeitsarbeit ist. In Gruppenarbeit werden die Kritikpunkte positiv umformuliert und mögliche Standards für eine kultursensible Öffentlichkeitsarbeit entwickelt.

Ziele:

- Die Wirkung von Informationsmaterialien ist reflektiert.
- Kritikpunkte sind positiv umformuliert.
- Mögliche Standards für eine kompetente Gestaltung die Vielfalt berücksichtigt, sind entwickelt.

Materialien:

Karten, Stifte, Pinnwand, Pinnnadeln, 3 Flipcharts

Quelle:

Die aufgeführten Beispiele entstanden 2002 im Rahmen des Projektes „Interkulturelle Qualitätsentwicklung in Münchner Sozialregionen" in einem Auftaktworkshop für den Qualitätszirkel Öffentlichkeitsarbeit.

Stichworte:

Organisation und Umwelt – Öffentlichkeitsarbeit – Standards

Ablauf:

Brainstorming *(ca. 15 Min.)*

Die Moderation führt in ein Brainstorming ein:

Es geht nun um Beispiele misslungener Öffentlichkeitsarbeit in Form von Informationsfaltern der Organisation. Wir alle kennen das: Wir wollen Informationen über eine Organisation oder Einrichtung, bekommen einen Falter oder eine Broschüre in die Hand gedrückt und ärgern uns sehr. Was könnten die Gründe sein? Warum könnten wir den Falter „daneben" finden? Was könnten andere „daneben" finden?

Mögliche Kritikpunkte werden durch Zuruf geäußert und von der Moderation auf Karten gesammelt und an eine Pinnwand geheftet.

Gruppenarbeit *(ca. 30 Min.)*
Drei Arbeitsgruppen teilen die Kartensammlung unter sich auf und bearbeiten jeweils etwa ein Drittel der Karten. Dazu werden die Kritikpunkte positiv umformuliert.

Die Gruppe diskutiert, welche Standards für eine migrationssensible, Vielfalt berücksichtigende Öffentlichkeitsarbeit sinnvoll sind. Alle Vorschläge werden auf dem Flipchart schriftlich festgehalten.

Beispiel:
- Die Sprache ist einfach, leicht verständlich und in kurzen Sätzen formuliert.
- Fremdworte oder Fachbegriffe werden nur in Ausnahmen verwendet. Ihre Bedeutung erschließt sich direkt aus dem Text.
- Die Gestaltung ist übersichtlich und ansprechend. Textbausteine und Bilder wechseln einander ab.
- Auf Bildern ist die Vielfalt der Gesellschaft sichtbar, ohne Differenz, beispielsweise durch folkloristische Elemente, zu betonen.
- Der Text ist deutschsprachig verfasst. Sind mehrsprachige Ansprechpersonen zu bestimmten Zeiten vorhanden, wird auf diese in den entsprechenden Sprachen durch einen eigenen Textbaustein hingewiesen.
- Die Namen von Ansprechpersonen mit Migrationshintergrund sind korrekt geschrieben, auch wenn dazu Sonderzeichen verwendet werden müssen.
- Die Schrift ist gut lesbar. Sie hebt sich deutlich vom Untergrund ab. Die Buchstaben haben eine auch für ältere Menschen leicht lesbare Größe.
- Die Leserinnen und Leser werden sachlich, wertschätzend und anschaulich angesprochen.
- Kreative Überschriften gliedern den Text übersichtlich.
- Frauen sind ein Wort wert. Wenn sie gemeint sind, sind sie auch benannt.
- Druck und Papier sind von guter Qualität.
- Alle Veröffentlichungen sind durch festgelegte Gestaltungselemente und ein Logo der Organisation auf einen Blick zuzuordnen.

Abschluss *(ca. 15 Min.)*
Präsentation der Arbeitsergebnisse im Plenum

Fortwährend knüpft sich und löst sich und knüpft sich von neuem die Vergesellschaftung unter den Menschen.
Georg Simmel, deutscher Philosoph und Soziologe (1858 – 1918)

11. NETZWERKARBEIT

Im Sozialbereich werden Politiken der Netzwerkbildung durch kooperative Steuerungspraxen zum Teil durch Gesetz verankert. Beispielsweise regelt § 78 SGB VIII, dass Arbeitsgemeinschaften zu bilden sind, in denen Träger der öffentlichen Jugendhilfe gemeinsam mit anerkannten Trägern der freien Jugendhilfe geplante Maßnahmen aufeinander abstimmen und sich in ihren Angeboten gegenseitig ergänzen. Ziele sind, vorhandene Ressourcen zu bündeln, die Qualität von Wirkungen Sozialer Arbeit zu steigern und dadurch Synergieeffekte zu erzielen und Hilfesysteme zu professionalisieren.

Die interkulturelle Öffnung von Organisationen hat etwa im sozialen Bereich immer auch Auswirkungen auf die vorhandenen Netzwerkstrukturen. Beispielsweise führt die interkulturelle Orientierung und Öffnung von kommunalen Strukturen dazu, dass die Kommunen auch von freien Trägern im Rahmen ihrer Förderpolitik erwarten, dass diese sich interkulturell orientieren und öffnen. In München beispielsweise wurde diese Entwicklung durch ein Projekt ausdrücklich gefördert (Handschuck 2008a und b).

Was auf regionaler Ebene gilt, gilt für die überregionale Ebene gleichermaßen. Netzwerke können „Innovationsmotoren" (Schröer 2007 a: 62) sein, so diverse Förderprogramme von Bund und EU wie beispielsweise EQUAL- oder XENOS-Programme, die zur Zusammenarbeit verpflichtende Vorgaben machen.

Netzwerke stellen ein Beziehungsgeflecht zwischen einer Vielzahl von Akteuren – Personen wie Organisationen – dar. Auf der individuellen Ebene haben sie die Funktion, aus den sozialen Beziehungen zu anderen durch Kennen und Anerkennen soziales Kapital als individuelle Ressourcen zu gewinnen. Auf der Ebene der Gesellschaft werden sie zur Quelle kollektiven Sozialkapitals und damit zur Basis des sozialen Zusammenhalts. Für gesellschaftliche Integrationsprozesse ist die synergetische Zusammenführung vielfältiger Ressourcen von Relevanz: „Ziel von Netzwerkarbeit kann es sein, gemeinsame Aktivitäten durchzuführen, vorhandene Ressourcen optimal zu nutzen oder gemeinsame Interessen gegenüber netzwerkexternen Entscheidungsträgern wahrzunehmen. Eine zusätzliche Dimension findet sich mit der Vermittlung oder dem Austausch von Informationen, der z.B. auch den Transfer von Innovationen beinhalten kann" (Syfried u.a. 1999: 10).

Netzwerkarbeit ist damit eine angemessene Antwort auf die wachsende Ausdifferenzierung von Gesellschaften und die zunehmende Komplexität der sich daraus ergebenden Herausforderungen. Das gilt in besonderer Weise für die Inklusion von Menschen mit Migrationshintergrund in die Funktionssysteme unserer Gesellschaft. Dies zu fördern sind Strukturen geeignet, die in der Regel auf Freiwilligkeit basieren, die keine oder wenig Hierarchie aufweisen und die Kooperation, Koordination und den Informationsaustausch der beteiligten Akteure bezwecken.

Nach Manuel Castells (2001: 528) sind Netzwerke Machtinstrumente, da sie nach den Prinzipien von Einschluss und Ausschluss arbeiten: „Anwesenheit oder Abwesenheit im Netzwerk und die Dynamik eines jeden Netzwerkes gegenüber anderen sind entscheidende Quellen von Herrschaft und Wandel in unserer Gesellschaft". Eine interkulturelle Orientierung und Öffnung von Organisationen wirkt immer auch in Netzwerke und wird gleichzeitig von ihnen gefördert oder behindert. Inwieweit Verknüpfungen zu Netzen von Migrantenorganisationen stattfinden ist eine Frage der Öffnung. Netzwerkarbeit ist in allen gesellschaftlichen Bereichen eine zentrale Herausforderung. Austauschbeziehungen, seien sie ökonomisch, sozial oder politisch motiviert, sind auf den Austausch von offiziellen und inoffiziellen Informationen angewiesen, in Netzwerken finden Prozesse der Wertebildung und der öffentlichen Meinungsbildung statt.

Die in diesem Kapitel vorgestellten Aktivitäten wurden im Rahmen des Modellprojektes „Interkulturelle Qualitätsentwicklung im Sozialraum" (Handschuck 2008a und b) durchgeführt. Sie beziehen sich auf die interkulturelle Orientierung und Öffnung regionaler sozialer Dienste und wurden in dazu gebildeten Qualitätszirkeln durchgeführt, in denen mehrere regionale soziale Einrichtungen verschiedener Träger gemeinsam über drei Jahre aktiv waren. Für andere Arbeitsfelder sind die Aktivitäten entsprechend anzupassen.

Aktivitäten:

11.1 Ein Netz knüpfen
11.2 Was sind Netzwerke?
11.3 Ambivalenzen
11.4 Austauschbeziehungen in Netzwerken
11.5 Stakeholderanalyse

11.1 Ein Netz knüpfen

Kurzbeschreibung

Die Teilnehmerinnen und Teilnehmer (TN) knüpfen durch Zuwerfen eines Wollknäuels ein sichtbares Netz.

Ziele:

- Die TN sind auf das Thema Netzwerkarbeit eingestimmt.
- Eine erste Sammlung von möglichen Netzwerkpartnern hat stattgefunden.
- Der Arbeitsbegriff Stakeholder ist eingeführt.

Zeit: ca. 1 Stunde

Ausstattung: Großer Gruppenraum

Gruppengröße: 12–20 Personen

Vorbereitung: Flipchart mit Begriffsdefinitionen

Materialien: Pinnwand, Wandzeitungspapier, Flipchart und Stifte

Besonderheiten:
Die Aktivität „Ein Netz knüpfen“ eignet sich als Einstieg für das Thema Netzwerkarbeit insgesamt und insbesondere als Einführung in die Aktivität „Stakeholderanalyse“.

Stichworte: Netzwerkarbeit – Begriffsdefinitionen

Verlauf:

Ein Netz bilden *(ca. 15 Min.)*
Die TN bilden einen lockeren Kreis. Eine Person erhält ein Fadenknäuel (dicke, farbige Schnur oder Teppichknüpfwolle). Mit der Frage: „Interkulturelle Öffnung – Wer könnte ein Kooperationspartner sein?" wird das Knäuel einer Person im Kreis zugeworfen. Die werfende Person hält dabei den Fadenanfang fest.

Die angespielte Person nennt einen möglichen Kooperationspartner, hält den Faden fest und wirft das Knäuel mit der Frage: „Wer könnte ein weiterer Kooperationspartner sein?" weiter. Das Knäuel wird so lange weiter gegeben, bis alle Beteiligten eine Person oder Personengruppe, Institution oder Organisation als mögliche Akteure eines Netzwerkes benannt haben. (Reicht dazu das erste Fadenknäuel nicht aus, wird ein weiteres Knäuel angeknotet.)

Die Moderation protokolliert während der Aktivität die genannten Akteure auf dem Flipchart. Ist das Netz fertig „geknüpft", wird es auf den Boden gelegt.

Einführung *(ca. 5 Min.)*
Der Einstieg in die interkulturelle Orientierung und Öffnung wird als zeitlich befristetes Projekt vorgestellt, das darin münden soll, dass die Organisation in allen Bereichen interkulturell kompetent ist, ihre Kompetenzen pflegt und sie fortlaufend ausbaut.

Die Moderation erläutert nun den Begriff Stakeholder anhand einer auf dem Flipchart vorbereiteten Definition. Das deutsche Institut für Normung e.V. (DIN) definiert in der Norm ISO 10006 Stakeholder als alle Personen, die an einem Projekt Interesse haben und von dem Projekt in irgendeiner Weise betroffen sind.

Diskussion im Plenum *(ca. 30 Min.)*
Gemeinsam geht die Gruppe die Sammlung möglicher Kooperationspartner nacheinander durch und benennt und diskutiert ihre möglichen Interessen an der interkulturellen Orientierung und Öffnung der eigenen Organisation.

Resümee ziehen *(ca. 10 Min.)*
Die TN geben abschließend eine kurze Rückmeldung dazu, welche Erkenntnisse sie durch die Aktivität gewonnen haben.

11.2 Was sind Netzwerke?

Kurzbeschreibung

Die Teilnehmerinnen und Teilnehmer (TN) reflektieren ihre eigenen Erwartungen an ein Netzwerk und treffen Vereinbarungen über ihr weiteres Vorgehen.

Ziele:

- Der Begriff Netzwerk ist als Arbeitsbegriff eingeführt.
- Die Erwartungen aller TN an ein Netzwerk „Interkulturelle Öffnung" sind in der Gruppe bekannt.
- Vereinbarungen zum weiteren Vorgehen sind getroffen.

Zeit: ca. 2 Stunden (ohne Pause)

Ausstattung: Großer Gruppenraum mit Halbkreisbestuhlung

Gruppengröße: 12 – 20 Personen

Vorbereitung: Flipchart mit Begriffsdefinitionen

Materialien: Pinnwand, Wandzeitungspapier, Flipchart und Stifte

Stichworte: Netzwerkarbeit – Begriffsdefinitionen – Bestandsaufnahme

Verlauf

Einführung *(ca. 5 Min.)*
In den Sozialwissenschaften hat sich der Netzwerkbegriff im Anschluss an eine Feldstudie von John A. Barnes (1954; zitiert nach Straus 2002: 37) etabliert. Barnes untersuchte in den 1950er-Jahren das Beziehungsgeflecht in einem norwegischen Hafenstädtchen und verglich es mit einem Fischernetz.

Der Begriff Netzwerk ist schwer zu fassen, da er inzwischen für fast jede Form von Zusammenschluss verwendet wird. So ist von persönlichen Netzwerken ebenso die Rede wie von regionalen, überregionalen, nationalen und globalen Netzwerken. Unter Netzwerk wird ein Beziehungsgeflecht zwischen einer Vielzahl von Akteuren verstanden unabhängig davon, ob es sich um Personen oder Organisationen handelt. (Vorbereiteter Text auf Flipchart:) „Netzwerke bezeichnen die Struktur der Einbettung des Handelns in soziale Beziehungen und damit soziale Struktur schlechthin" (Bommes/Tacke 2006: 39).

Brainstorming: Netzwerke *(ca. 30 Min.)*
Die TN werden zu einem Brainstorming eingeladen, in dem sie Begriffe für verschiedene Zusammenschlüsse sammeln, die Netzwerken entsprechen, wie „Runder Tisch", Freundeskreis, Wirtschaftsförderungsnetzwerk, Nachbarschaftshilfe usw. Die Begriffe werden auf Karten festgehalten und in die Mitte des Stuhlkreises auf den Boden gelegt.

Die Moderation führt den Begriff Fokus ein. (Vorbereiteter Text auf Flipchart:) „Bei einem Fokus handelt es sich um relevante Aspekte der sozialen Umwelt, um die herum die Individuen ihre Sozialbeziehungen und Aktivitäten organisieren" (Henning 2006: 468). Anschließend überlegt die Gruppe gemeinsam, welchen Fokus verschiedene der gesammelten Netzwerke haben.

Gruppendiskussion *(ca. 20 Min.)*: ***Was motiviert Zusammenschlüsse?***
In der Gruppe werden durch ein moderiertes Gruppengespräch allgemeine Bedingungen der Netzwerkbildung herausgearbeitet wie der Wunsch nach Austauschbeziehungen zur Nutzung von Ressourcen, geteilte Interessen, gemeinsame Werte, geteilte Ideen, gemeinsame Wissensbestände usw., die auf einer Wandzeitung visualisiert werden.

Zweiergespräche *(ca. 20 Min.)*
In Zweiergesprächen setzen die TN die Ergebnisse der Gruppendiskussion in Beziehung zu einem Netzwerk „Interkulturellen Öffnung", benennen ihre eigenen Erwarten und reflektieren Gemeinsamkeiten.

Sammlung von Erwartungen *(ca. 30 Min.)*
Im Plenum werden die Erwartungen an ein Netzwerk „Interkulturelle Öffnung" auf einer Wandzeitung gesammelt.

Folgende Sammlung entstand auf einem Workshop in München mit Vertretern sozialer Einrichtungen im Rahmen des Projektes „Interkulturelle Qualitätsentwicklung im Sozialraum“ (Handschuck 2008 b):

- Fachkräfte sozialer Einrichtungen im Stadtteil persönlich kennenlernen, um Kooperationsmöglichkeiten auszuloten
- Fachlicher Austausch
- Positionen zu sozialpolitischen Fragen erarbeiten
- Gegenseitige Unterstützung bei der Durchsetzung einer interkulturellen Orientierung im Stadtteil
- Gemeinsamer Einsatz für sozialpolitische Forderungen
- Versorgungsengpässe und Versorgungslücken im Stadtteil erkennen
- Bedarfslücken schließen
- Kontakte zu Migrantenorganisationen aufbauen und pflegen
- Ressourcen gemeinsam nutzen
- Informationen austauschen (schnell und kurz)
- Neue Zielgruppen ansprechen
- Regelmäßige Zusammenkünfte (nicht zu viel, nicht zu selten, effektiv)
- Gemeinsame Nutzung von Adressverteilern
- Gemeinsam Strategien für die Öffentlichkeitsarbeit entwickeln
- Presseverteiler für in München erhältliche Printmedien in türkischer, russischer Sprache gemeinsam erstellen und Kontakte zu regionalen Pressevertretern herstellen

Abschlussresümee *(ca. 15 Min.)*

Die TN ziehen ein Resümee und verständigen sich darauf, wie sie mit den gesammelten Erwartungen weiter arbeiten wollen, ob beispielsweise ein neues Netzwerk aufgebaut werden soll oder ob überprüft werden soll, welche bereits bestehenden Netzwerkstrukturen geeignet sind, die gesammelten Erwartungen ganz oder teilweise zu erfüllen.

11.3 Ambivalenzen

Kurzbeschreibung

Die Teilnehmerinnen und Teilnehmer (TN) setzen sich mit hemmenden Faktoren in der Netzwerkarbeit auseinander und entwickeln in Gruppenarbeit Strategievorschläge zur Verminderung von Hemmnissen.

Ziele:

- Ambivalenzen der Netzwerkarbeit sind reflektiert.
- Strategievorschläge zu Minderung hemmender Faktoren in der Netzwerkarbeit sind erarbeitet.

Zeit: ca. 1,5 Stunden

Ausstattung:
Großer Gruppenraum mit Halbkreisbestuhlung, Nebenräume oder Arbeitsnischen für vier Kleingruppen

Gruppengröße: 12–20 Personen

Vorbereitung: Pinnwand mit Begriffspaaren

Materialien:
Pinnwand, 4 Flipcharts und Stifte für die Gruppenarbeit

Besonderheiten:
Die Aktivität „Ambivalenzen" wird hier am Beispiel von Netzwerken in der Sozialen Arbeit eingeführt. Für Organisationen außerhalb der Sozialen Arbeit ist diese Einführung nicht geeignet.

Stichworte: Netzwerkarbeit – Meinungsbildung – Begriffsdefinitionen

Verlauf:

Einführung *(ca. 15 Min.)*

In der Sozialen Arbeit sind Netzwerkarbeit und Gemeinwesenarbeit nicht voneinander zu trennen. Der Begriff „Netzwerkbildung" ist zur Lösungsmetapher für alle möglichen Probleme geworden. Florian Straus (2002: 313) benennt als „Markenzeichen" definierte Eigenschaften von Netzwerken der Selbsthilfe: freiwilliger Zusammenschluss, keine Hierarchie, keine Marktmechanismen. In vielen Bereichen können Netzwerke aber durchaus hierarchische Elemente enthalten oder auf Druck von außen zustande gekommen sein. So auch im Sozialbereich. Mit einer Politik der Netzwerkbildung über Gesetze wurden beispielsweise im Sozialbereich kooperative Steuerungspraxen etabliert.

Netzwerkarbeit findet also immer auch im Spannungsfeld verschiedener Ambivalenzen statt. Positive Potenziale von Netzwerken resultieren beispielsweise aus Kooperation, Ressourcenbündelung, Informationsvielfalt, Akteurshandeln, Beschleunigung von Entscheidungen, Ideenreichtum und Innovation. Dem stehen hemmende Faktoren gegenüber wie Konkurrenzdruck, beispielsweise durch eine kommunale Sparpolitik, Ausschluss, beispielsweise von muslimischen Anbietern sozialer Hilfen, Informationsüberflutung, beispielsweise durch unspezifische E-Mail-Verteiler oder schrumpfende Zeitbudgets für Vernetzungsarbeit. Entscheidungen können in Vernetzungsgremien auch ausgesessen, Verantwortung weitergeschoben und Spielräume begrenzt werden. Netzwerkarbeit setzt Vertrauen voraus, dem eine Angst vor Kontrolle entgegenstehen kann.

Die Moderation präsentiert eine Pinnwand mit drei Beispielen aus der folgenden Aufzählung:

Kooperation	–	Konkurrenz
Informationsvielfalt	–	Informationsüberflutung
Beschleunigung	–	Verschleppung
Einbeziehung	–	Ausschluss
Verlässlichkeit	–	Beliebigkeit
Engagement	–	Rückzug
Vertrauen	–	Misstrauen

Austausch im Plenum *(ca. 15 Min.)*

Die TN werden gebeten, die ausgewählten Begriffspaare durch eigene Erfahrungen zu veranschaulichen und durch weitere Begriffspaare zu ergänzen.

Gruppenarbeit *(ca. 30 Min.)*
Es werden vier Arbeitsgruppen gebildet. Jede Gruppe wählt ein Begriffspaar zur weiteren Bearbeitung. Die Fragestellung lautet: Welches Vorgehen ist geeignet, die jeweiligen positiven Potenziale von Netzwerkarbeit zu stärken und die hemmenden Faktoren zu mindern? Die Vorschläge werden auf dem Flipchart gesammelt.

Plenum *(ca. 30 Min.)*
Austausch und Diskussion der Arbeitsergebnisse.

Resümee *(ca. 15 Min.)*
In einer abschließenden Feedbackrunde teilen die TN der Gruppe mit, welches Resümee sie aus der Aktivität in Bezug auf die weitere Arbeit zur interkulturellen Orientierung und Öffnung ziehen.

11.4 Austauschbeziehungen in Netzwerken

Kurzbeschreibung

In Kleingruppenarbeit interpretieren die Teilnehmerinnen und Teilnehmer (TN) drei Interviewpassagen zum Thema Austauschbeziehungen in Netzwerken. Sie ziehen daraus Schlüsse für die Gestaltung der eigenen Netzwerkarbeit.

Ziele:

- Positive und negative Erfahrungen in der Netwerkarbeit sind ausgetauscht und reflektiert.
- Vertrauensbildende Faktoren in der Netzwerkarbeit sind generiert.
- „Spielregeln", die geeignet sind, die Stabilität eines Netzwerkes zu stützen, sind entwickelt.

Zeit: ca. 1 Stunde

Raumbedarf:
Großer Gruppenraum, Arbeitsnischen für die Gesprächsrunden

Gruppengröße: 12 – 15 Personen

Vorbereitung:
Handout kopieren, Arbeitsauftrag auf einer Wandzeitung visualisieren

Materialien: 3 Flipcharts, Stifte, Handout

Quelle:
Die bereinigten Interviewpassagen sind Interviews entnommen, die im Rahmen der Projektevaluation „Interkulturelle Qualitätsentwicklung im Sozialraum" (Handschuck 2008 b) durchgeführt wurden.

Stichworte: Netzwerkarbeit – Meinungsbildung

Verlauf:

Einführung *(10 Min.)*
Netzwerke werden gebildet, um neue, in den bereits bestehenden Strukturen eher unwahrscheinliche Kommunikations- und Interaktionsmöglichkeiten zu schaffen und dadurch einen Mehrgewinn zu erzielen. Jedes Netzwerk entwickelt sein eigenes Leistungspotenzial, das durch seine Reichweite, durch die Vielfalt der Kombinationsmöglichkeiten von sachlichen und sozialen Ressourcen der eingebundenen Akteure und durch die Intensität, die Qualität und Häufigkeit der Kontakte zwischen ihnen beeinflusst ist.

Netzwerke nehmen ihre TN häufig in unvorhergesehener Weise in Anspruch. Sie fordern konkrete Leistungen in der Gegenwart, bieten dabei im Gegenzug aber Leistungen, die in der Zukunft liegen und unbestimmt sind. Netzwerkarbeit setzt damit Vertrauen voraus. Ein bewusster Umgang mit Zumutungen durch ihre Begrenzung und die Reflexion von Austauschmodalitäten innerhalb eines Netzwerkes durch die Akteure selbst kann dazu beitragen, dass das Vertrauen in einem Netzwerk gefestigt wird. Die Stabilität eines Netzwerkes hängt davon, ob die TN einen sozialen oder sachlichen Mehrwert aus der Vernetzung ziehen können.

Ziel der Aktivität „Austauschbeziehungen" ist, anhand von Erfahrungen vertrauensbildende Faktoren der Netzwerkarbeit herauszuarbeiten. Die Moderation informiert über den weiteren Verlauf der Aktivität mit Hilfe einer Wandzeitung, auf der die Arbeitsaufträge der Kleingruppen schriftlich festgehalten sind.

Gesprächsrunden in Kleingruppen *(ca. 20 Min.)*
Die TN werden gebeten, drei Gesprächsrunden zu bilden. Jede Gesprächsgruppe erhält ein Handout mit einer der drei Interviewpassagen. Diese wird zum Einstieg in das Gespräch vorgelesen, anschließend werden die eigenen positiven und negativen Erfahrungen ausgetauscht.

Auswertung *(ca. 20 Min.)*
Die Erfahrungen der TN selbst sowie die Erfahrungen der interviewten Personen werden auf ihre Wirkungen hin analysiert und stichpunktartig als Faktoren formuliert. Die Faktoren werden folgenden zwei Kategorien zugeordnet:
1. aufbauend, motivierend, vertrauensbildend
2. hemmend, frustrierend, belastend

Austausch der Arbeitsergebnisse und Diskussion im Plenum *(ca. 30 Min.)*
Die Arbeitsergebnisse werden im Plenum ausgetauscht und verglichen. Die Gruppe überlegt gemeinsam, welche „Spielregeln" geeignet sind, ein Netzwerk zu stabilisieren.

Interviewpassagen

1. „Eigentlich gibt es zwei (Netzwerke) bei mir. Das offizielle mit den elend vielen Arbeitsgruppen. Die sitzt man oft so ab und man ist froh, wenn die Zeit rum ist. Fachbasis und so weiter. Das ist auch notwendig, ich mein, dass man sich austauscht, dass man die Leute regelmäßig sieht und so, aber das ist alles etwas zäh. Und dann ist da das andere (Netzwerk), einfach weil man die Leute kennt und gut findet. Also, wenn ich was brauche oder was wissen will, dann schreib ich fix eine E-Mail oder ruf besser gleich meine Leute an. Das klappt einfach. Da ist keine Konkurrenz, auch wenn die woanders arbeiten, auch wenn die was ganz anderes machen. Das klappt einfach! Und das geht schnell und man hat gleich was in der Hand. Ohne das wäre ich oft aufgeschmissen. Das klappt natürlich nur, weil ich mich auch sofort kümmere, wenn meine Leute was von mir wollen. Da wäscht eine Hand die andere."

2. „Als ich von Stadtteilarbeitskreis Migration gehört habe, ich hab das für eine Einrichtung ins Netz gestellt, da bin ich da mal hingegangen. Vernetzung habe ich gedacht, toll! Ich war neu in der Stadt und es war mein erster Job hier. Ich hatte mir vorgestellt, dass da viele Migrantinnen drin sitzen, dass ich neue Leute kennen lerne, dass da auch was politisch läuft. Aber das waren dann alles deutsche Sozialpädagoginnen oder so, nur ein Mann, der X, der war Kroate, ganz sympathisch. Eine hat mich ganz besonders geärgert. Die kam aus Österreich und betonte immer, dass sie auch Migrationshintergrund hat. Na toll. Die waren ganz begeistert, dass ich da aufgetaucht bin. Das hat sich dann aber ziemlich schnell blöd entwickelt. Von wegen Ressourcen zusammen führen. Alle naselang wollte jemand was von mir. Mal sollte ich schnell was übersetzen, mal den Kontakt zur muslimischen Gemeinde im Stadtteil vermitteln, mal erklären, warum das mit dem Computer nicht so klappt wie gewünscht. Ich bin keine Muslima, ich bin auch kein Übersetzungsbüro. Türkisch habe ich erst in Deutschland gelernt. Ich helfe gerne bei Problemen mit dem Computer, das ist mein Job, dafür will ich dann aber etwas mehr als einen feuchten Händedruck und eine Tasse Kaffee. Es hat gar nicht interessiert, wer ich bin und was ich will. Da kam nichts zurück. Das war eine Einbahnstraße. Ich war für die Leute nicht Person, sondern Ressource. Ich habe mich da schnell rausgezogen. So viel zu meiner ersten Erfahrung mit Vernetzung."

3. „Ich halte viel von Netzwerkarbeit. Mit dem interkulturellen Thema bin ich aber lange Zeit in den verschiedenen Gremien nicht durchgekommen. Das Thema hat die Leute genervt. Durch das Projekt hat sich dann so was wie ein Zusammenhalt entwickelt. Man hat das Thema gemeinsam verfolgt. Ja, da ist das dann angenehm in der Gruppe. Da ist dann Interesse da. Man ist nicht mehr alleine mit dem Thema und kann sich viel besseres Gehör verschaffen. Dadurch ist eine ganz andere Unterstützung in den Gremien da durch die anderen, die auch am Projekt teilnehmen, und das ist schon neu. (Lacht.) Da nerven jetzt mehr."

11.5 Stakeholderanalyse

Kurzbeschreibung

Mögliche Interessensgruppen werden auf Karten gesammelt und mit Hilfe einer Portfolio-Analyse auf ihr Potenzial an Einfluss und Interesse zum Projekt hin analysiert und dargestellt. Auf Grundlage der Stakeholderanalyse wird das weitere Vorgehen für die Kommunikation mit den Stakeholdern und in Bezug auf die Netzwerkarbeit vereinbart.

Ziele:

- Das Projekt zur interkulturellen Öffnung ist beschrieben (Ziel, Umfang, Zeitraum).
- Interessensgruppen und Betroffene sind ermittelt.
- Die Einflussmöglichkeiten und Interessen der Stakeholder sind bewertet.
- Handlungsstrategien zur Einbindung der Stakeholder sind entwickelt und Vorgehensweisen vereinbart.

Zeit: ca. 4 Stunden

Ausstattung: Großer Gruppenraum

Gruppengröße: 6–16 Personen

Vorbereitung:

Wandzeitung: Koordinatensystem mit den Achsen Einfluss und Interesse.

Wurde zuvor die Aktivität „Ein Netz knüpfen" durchgeführt, werden die dort gesammelten Netzwerkpartner als Fundus eingebracht.

Materialien

3 Pinnwände, Wandzeitungspapier, Flipchart und Stifte, Karten (kleine Karteikarten)

Besonderheiten:

Die Aktivität verlangt eine hohe Arbeitskonzentration. Nach jeder Teilaktivität sollten die TN die Möglichkeit haben, sich in längeren Pausen zu erholen. Bewährt hat sich, den Workshop in einem Tagungshaus mit einer angenehmen Umgebung und in räumlicher Distanz zu den Arbeitsstellen der TN durchzuführen. Eine ausgedehnte Mittagspause nach der ersten Diskussionsrunde ermöglicht informelle Gespräche zwischen den TN, die die weitere Zusammenarbeit befruchten können.

Stichworte: Netzwerkarbeit – Planung – Stakeholderanalyse

Verlauf

Einführung *(ca. 10 Min.)*
Die Moderation stellt die Ziele und den Verlauf der Aktivität vor.

Unter Beteiligung der Gruppe werden die Projektziele, der Projektumfang und die geplante Projektdauer des Projektes „Interkulturelle Öffnung" auf dem Flipchart schriftlich festgehalten.

Brainstorming *(ca. 40 Min.)*
Die TN sammeln Institutionen und Personengruppen, die durch das Projekt betroffen sind oder die Interesse am Projekt haben oder haben könnten. Die Sammlung wird auf Karten festgehalten und zunächst ungeordnet an eine leere Pinnwand geheftet. Anschließend werden die Karten nach Kategorien sortiert (z.B. Politik, Verwaltung, Netzwerke Selbsthilfeorganisationen usw.).

Erstellen der Portfolio-Analyse *(ca. 45 Min.)*
Die als Stakeholder ermittelten Institutionen, Gruppen und Personen werden nun in das vorbereitete Diagramm „Einfluss – Interesse" eingesetzt. Zunächst werden die Karten auf der vertikalen Achse „Einfluss" entsprechend ihrer Möglichkeiten auf das Projekt Einfluss zu nehmen, positioniert. Entscheidend für die Zuordnung ist nicht, inwieweit die jeweiligen Stakeholder grundsätzlich über Macht oder Einflussnahme verfügen. Die Zuordnung erfolgt allein in Bezug auf ihre Einflussnahmemöglichkeiten auf das eingangs definierte Projekt zur interkulturellen Orientierung und Öffnung.

Anschließend werden die Karten auf der horizontalen Achse „Interesse" verschoben, bis allen Stakeholdern eine Position entsprechend ihres Interesses an dem Projekt zugewiesen ist.

Ist die Zuordnung der Karten abgeschlossen, werden zwei rote Fäden vertikal und horizontal über das Diagramm gespannt, so dass sich vier gleichgroße Felder abbilden. Die Felder werden nummeriert.

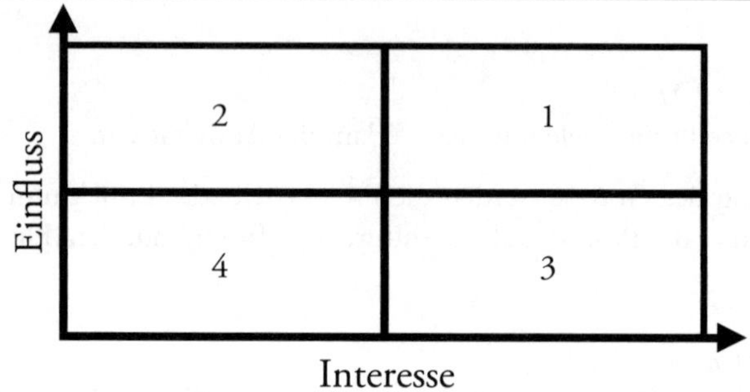

Für die anschließende Diskussion, welche Handlungsanforderungen sich aus den jeweiligen Feldern ergeben, wird je eine Flipchartblockseite mit einem Zuordnungsfeld beschriftet:

1. Feld: hohe Einflussmöglichkeit/großes Interesse
2. Feld: hohe Einflussmöglichkeit/geringes Interesse
3. Feld: geringe Einflussmöglichkeit/großes Interesse
4. Feld: geringe Einflussmöglichkeit/geringes Interesse

Diskussion: Handlungsstrategien *(ca. 45 Min.)*
Die TN diskutieren Handlungsstrategien, die den vier Feldern angemessen sind. Die Diskussionsergebnisse werden auf Flipchart festgehalten.

Zu 1.
Dieses Feld erfordert eine hohe Aufmerksamkeit und einen hohen Arbeitsaufwand. In ihm finden sich Stakeholder wie Arbeitgeber, für die Finanzierung zuständige Stellen oder starke ideelle Bündnispartner. Ihre Erwartungen sind besonders zu berücksichtigen. Strategien können sein: regelmäßige und umfassende Information, Stakeholderkonferenz zur Abfrage der Erwartungen, abgestimmte Öffentlichkeitsarbeit usw.

Zu 2.
Stakeholder dieses Feldes haben zwar große Einflussmöglichkeiten, aber ein geringes Interesse an dem konkreten Projekt. Abzuwägen ist, ob das geringe Interesse eher von Vorteil ist (keine Einmischung, keine Konkurrenz) oder eher von Nachteil (gewünschte Ressourcen sind nicht zugänglich). Strategie im ersten Fall kann eine auf das Nötigste beschränkte Informationspolitik sein, um das Interesse weiterhin gering zu halten. Strategie im zweiten Fall können eine gezielte Kontaktaufnahme über bestehende Netzwerkverbindungen oder das Angebot einer Kooperation in einem für diese Stakeholder interessanten Bereich sein, um Interesse zu wecken. Hier wäre zu prüfen, ob der damit verbundene Aufwand gerechtfertigt ist. (Beispielsweise hat die Politik der Pflegeversiche-

rungen viel Einfluss auf die interkulturelle Orientierung und Öffnung der Altenhilfe, es besteht aber kaum Interesse daran, die Öffnung zu unterstützen, da sie für die Pflegeversicherungen mit einem hohen Kostenaufwand verbunden wäre. Auf der Ebene eines regionalen Projektes wäre die Pflegeversicherung kein relevanter Stakeholder, die Karte kann aussortiert werden.)

Zu 3.
In der Regel hat die Zielgruppe eines Projektes hohe Interessen und Erwartungen, gleichzeitig aber geringe Einflussmöglichkeiten. In diesem Feld finden sich dementsprechend Klientinnen und Klienten bzw. Nutzerinnen und Nutzer oder Kundinnen und Kunden sowie Bürgerinnen und Bürger und Gruppen, in denen sich diese selbst organisiert haben, wie Selbsthilfegruppen und Vereine und Zusammenschlüsse, deren Anliegen es ist, die Interessen der Zielgruppe zu vertreten wie Initiativen oder Arbeitskreise. Oft kommen aus dieser Stakeholderpopulation wertvolle Hinweise und Anregungen zur Projektarbeit. Strategien können hier sein, diese Stakeholder angemessen zu informieren, die Kommunikation mit ihnen sicherzustellen, niedrigschwellige Begegnungsmöglichkeiten zu schaffen, sie am Projekt zu beteiligen und ihre Interessen abzufragen.

Zu 4.
Stakeholder mit geringem Einfluss und geringem Interesse erfordern auch nur einen geringen Aufwand. Sie sind daraufhin zu beobachten, ob sich ihre Position verändert.

Die Diskussionsergebnisse und die vier Diagrammfelder werden abfotografiert, die Dokumentation der Gruppe übergeben.

Diskussion: Konsequenzen für die Netzwerkarbeit *(ca. 45 Min.)*
Die TN diskutieren, welche Handlungsstrategien in der Netzwerkarbeit die Positionierung der Stakeholder angemessen berücksichtigen. Die Diskussionsergebnisse, beispielsweise Adressverteiler für das Projekt erstellen bzw. aktualisieren und kategorisieren (welche Gruppen erhalten welche Informationen, z.B. Veranstaltungshinweise, Rundmails, Zwischenberichte usw.), Website des Projektes ins Internet stellen, Diskussionsforum im Netz einrichten, Ansprechperson für Öffentlichkeitsarbeit benennen, Austauschforen planen, niederschwellige Kontaktmöglichkeiten schaffen (Fest, Tag der offenen Tür, Infobörse), werden auf Flipchart festgehalten.

Auswertung *(ca. 45 Min.)*
Die Gruppe wertet anhand der Diskussionsergebnisse unter Abwägung der erwarteten Wirkungen der jeweiligen Strategien und unter Berücksichtigung der vorhandenen Ressourcen (Personal, Finanzmittel, Zeitkapazitäten) aus, welche Handlungsstrategien sofort umgesetzt werden sollen, welche erst zu einem späteren Zeitpunkt in Angriff genommen werden können und welche zunächst nur „im Hinterkopf“ behalten werden.

Abschließend wird das weitere Vorgehen festgelegt (was, wann, wie, wo) und Zuständigkeiten werden delegiert (wer, mit wem).

Beispiel einer Stakeholderliste aus einem Workshop „Interkulturell orientierte Hilfen im Alter"

Arbeitskreis Altenhilfe	Stelle für interkulturelle Arbeit	Alten- und Servicezentren
Fachkräfte der Altenhilfe	Fachschule für Pflege	Sozialreferat/Abt. Hilfen im Alter
Bewohnerinnen und Bewohner des Stadtteils	Gesundheitsreferat	Pflegedienste
Wohlfahrtsverbände	Private Pflegeanbieter	Hausärzte
Apotheken	Seniorenbeirat	Ausländerbeirat
Internationales Seniorenforum	Beschwerdestelle der Altenhilfe	Kreisverwaltungsreferat/Heimaufsicht
Altenclubs der Pfarreien	Moscheeverein	Facharbeitskreis Altenhilfe
Arbeitskreis interkulturelle Altenarbeit	Projekt: Muttersprachliche Helferinnen	Migrantenvereine
Aktion Nachbarschaftshilfe	Freiwilligen Dienste	Betreuungsstelle Freiwilliges Soziales Jahr
Donna Mobile/ Gesundheitsinitiative	Betreuungsvereine	Pflegeheime
Hospizverein	Dolmetscherdienst	Sprachmittlerdienst
Zentrum für transkulturelle Medizin	Erstberatungsstellen für Migrantinnen und Migranten	Sozialministerium
Mehrgenerationenhaus	Forschungsprojekt: Situation älterer Migranten im Stadtteil	Arbeitskreis Migration
Soziale Stadt	Pflegeversicherungen	Schlüsselpersonen im Stadtteil [1]

1 Als Schlüsselpersonen wurden konkrete, im Stadtteil bekannte Personen benannt, die die interkulturelle Öffnung der Altenhilfe unterstützen, wie ein Imam, eine pensionierte sehr aktive Lehrerin, ein Pfarrer, die Leiterin eines Pflegeheims und eine Hausfrau, die als Mitglied des Bezirksausschusses aktiv ist.

Handle, bevor die Dinge da sind.
Ordne sie, bevor die Verwirrung beginnt.
Laotse, chinesischer Philosoph (6. Jahrhundert v. Chr.)

12. MONITORING UND EVALUATION

Eine problematische Erfahrung vieler Veränderungs- und Reorganisationsprozesse vor allem in öffentlichen oder öffentlich geförderten Organisationen ist es, dass ein erkennbarer Abschluss des durchgeführten Projektes fehlt. Dafür ist die Evaluation das geeignete Vorgehen. Sie hat dabei zwei Funktionen: Der Prozess der interkulturellen Öffnung als Organisationsveränderung ist ein Kommunikationsprozess. Dieser ist formal abzuschließen. „Eine Evaluation der Reorganisation ist ein wichtiger Bestandteil dieser abschließenden Kommunikation" (Kieser 2002: 314). Das ist notwendig, bevor neue Projekte und Prozesse in Gang kommen. Zugleich dient die Evaluation der Überprüfung der Wirkungen und Ergebnisse. Dabei sollten die Anforderungen nicht zu hoch angesetzt werden. Gerade in Organisationen des sozialen und pädagogischen Feldes sind dafür Mittel kaum vorhanden. Kieser (ebd.) empfiehlt deshalb eine „qualitativ-argumentative Evaluation, die viel Raum für Interpretationen lässt." Nach unseren Erfahrungen reicht es in der Regel, wie im folgenden vorgeschlagen, sich auf einige ausgewählte Ziele zu beschränken, um zu überprüfen, ob der Veränderungsprozess die erwarteten Wirkungen zeigt. Dafür ist eine Selbstevaluation durchaus geeignet. Das Design der Evaluation sollte in der ersten Phase des Projektes, sobald die Ziele formuliert und operationalisiert sind, erarbeitet werden. Zu diesem Zeitpunkt muss auch entschieden werden, ob die Evaluation als Gegenstand den Prozess oder lediglich die Ergebnisse des Prozesses untersuchen soll.

Im Verlauf eines Projektes zur interkulturellen Orientierung und Öffnung ist auch festzulegen, ob und für welche Bereiche ein Monitoringsystem zur Beobachtung und nachhaltigen Absicherung des Veränderungsprozesses zu etablieren ist. Das ist auch abhängig von Größe und Ressourcen der Organisation.

Monitoring

Der Begriff Monitoring bezeichnet alle Arten einer systematischen Beobachtung von Prozessen und Vorgängen, die in Form von Daten festgehalten werden. Der Zweck des Monitoring besteht darin, durch wiederholte Beobachtung Ergebnisse vergleichen zu können. Beständigkeiten und Veränderungen werden festgestellt, um aus ihnen Schlussfolgerungen zu ziehen. Nehmen Prozesse nicht den gewünschten Verlauf bzw. werden bestimmte Werte über- oder unterschritten, können Strategien entwickelt werden, um den erwünschten Resultaten näher zu kommen. Das Ziel von Monitoring ist also, steuernde Eingriffe zu ermöglichen (vgl. Sorg 2010).

Die interkulturelle Öffnung der kommunalen Verwaltung ist in der Regel ein Handlungsfeld kommunaler Integrationspolitik. Von daher ist das Monitoring der interkulturellen Öffnung der Verwaltung meistens in das Integrationsmonitoring einer Kommune integriert und Teil der Integrationsberichtserstattung, wie beispielsweise im Integrations- und Diversitätsmonitor der Stadt Wien (Magistrat der Stadt Wien 2010) oder im Interkulturellen Integrationsbericht der Stadt München (Landeshauptstadt München 2011). Was hier für kommunale Handlungsfelder und Institutionen beschrieben wird, gilt in gleicher Weise für andere Organisationen der sozialen und pädagogischen Arbeit.

Ziel von Monitoring ist es, Erfolge und Defizite der interkulturellen Öffnung sichtbar zu machen. Die daraus abgeleiteten Erkenntnisse bilden die Grundlage für (kommunalpolitische) Entscheidungen, in welchen Bereichen welche Schritte als notwendig erachtet werden, um den gleichrangigen Zugang zu Leistungen und zu Positionen in der Verwaltung und in den von ihr geförderten Organisationen und Institutionen sicherzustellen.

Integrationsmonitoring allgemein ist der Versuch, die Integration von Migrantinnen und Migranten durch eine kontinuierliche Beobachtung der Bereiche zu messen, die als relevant für die Integration von zugewanderten Menschen eingestuft werden. Welche Bereiche dies sind, ist vor allem von der jeweiligen sozialpolitischen Zielsetzung der Kommune bzw. Organisation abhängig, aber auch von der demografischen Struktur, von der Infrastruktur und von der sozialökonomischen Ausgangslage. Die meisten Kommunen sehen in der interkulturellen Orientierung und Öffnung der Verwaltung die wesentliche Voraussetzung für gelingende Integrationsprozesse und räumen ihr von daher, den Empfehlungen der Kommunalen Gemeinschaftsstelle für Verwaltungsmanagement folgend (KGSt. 2008), einen hohen Stellenwert ein.

So verfährt auch in Österreich die Hauptstadt Wien. Deren erster Integrations- und Diversitätsmonitor beobachtet sieben Handlungsfelder der Stadt. Das erste Handlungsfeld ist das der Strategie. Hier wird als zentrale Aufgabe der Politik benannt, „Rahmenbedingungen zu schaffen, die Stadtgesellschaften den produktiven Umgang mit Vielfalt erleichtern sowie Integrations- und Aufstiegschancen für alle Bevölkerungsgruppen ermöglichen“ (Magistrat der Stadt Wien 2010: 34). Das Diversitätsmanagement ist als strukturelle Aufgabe der Organisationsentwicklung definiert. Die interkulturelle Öffnung der Leistungserbringung, „Kernherausforderung für eine Stadtverwaltung“, wird als ein „integraler Bestandteil von Qualitätsmanagement“ beschrieben (ebd.: 39).

Hervorzuheben ist, dass das Wiener Integrations- und Diversitätsmonitoring aus zwei unterscheidbaren, aber systematisch miteinander verknüpften Prozessen besteht, durch die sowohl Integration gemessen und zugleich analysiert wird, wo die Stadt bei der Umsetzung ihrer integrationsorientierten Diversitätspolitik steht (vgl. ebd.: 9).

Monitoring als Beobachtung von Entwicklungen ist Teil eines Kreislaufs von Zielsetzung, Hypothesenbildung, Umsetzungsplanung, Controlling und Evaluation.

Beispielsweise beruht das Ziel, „Die Mitarbeiterinnen und Mitarbeiter sind durch die Teilnahme an interkulturellen Fortbildungen interkulturell sensibilisiert und verfügen über Kenntnisse in der interkulturellen Kommunikation“ auf der Hypothese, dass sich die interkulturelle Verständigung mit Menschen anderer Herkunft verbessert, wenn Fachkräfte in Schulungen interkulturell sensibilisiert wurden. Durch Monitoring kann beobachtet werden, wie viele Personen an Schulungen teilnehmen und ob die Anzahl von Beschwerden in Bereichen mit interkulturell geschultem Personal geringer ist als in anderen Arbeitsbereichen. Allerdings müssen dazu die entsprechenden Daten erhoben werden.

Welche Wirkungen die interkulturellen Schulungen auf die interkulturelle Kommunikation haben, kann durch das Monitoring selbst nicht ermittelt werden.

Es könnte durchaus sein, dass sich vor allem Personen um Weiterbildung bemühen, die bereits sehr kundenorientiert arbeiten und die eine hohe Dienstleistungsqualität bieten. Sie würden auch ohne die Teilnahme an einer interkulturellen Schulung interkulturell sensibel arbeiten.

Ob die Schulungen konkrete Verhaltensänderungen bei den Mitarbeiterinnen und Mitarbeitern bewirken und wie diese Verhaltensänderungen wiederum die interkulturelle Kommunikation beeinflussen, müsste erst evaluiert werden.

Wenn also eine Organisation ein Monitoringsystem zur interkulturellen Orientierung und Öffnung implementieren will, sind die folgenden Schritte zu gehen. Dafür ist ein Qualitätszirkel sinnvoll, in dem Vertretungen aus den Bereichen Planung und Controlling einbezogen sind.

1. Die Definition von interkultureller Orientierung und Öffnung
2. Festlegung von strategischen Zielen der interkulturellen Öffnung
3. Priorisierung von Handlungsfeldern des interkulturellen Öffnungsprozesses
4. Hypothesen formulieren
5. Operative Ziele formulieren
6. Auswahl von Indikatoren zur Messung von Ausgangslage und Entwicklungen
7. Die dazu benötigten Daten identifizieren
8. Indikatoren mit Daten füllen
9. Daten analysieren
10. Hypothesen durch Evaluation überprüfen

Zum Abschluss eines Projektes zur interkulturellen Orientierung und Öffnung einer Organisation ist es sinnvoll festzulegen, welche Entwicklungen zukünftig beobachtet werden sollen und welche Daten dazu erhoben werden müssen, um die Nachhaltigkeit des Prozesses zu verfolgen und bei Bedarf nachsteuern zu können. Dabei sind Aufwand und Nutzen abzuwägen. Monitoring als Verfahren einzuführen kann ein Projektergebnis sein.

Evaluation

Unter Evaluation wird allgemein eine Bewertung anhand bestimmter Kriterien verstanden, um Wirkungen zu messen. Es gibt verschiedene Formen von Evaluation, die sich dadurch unterscheiden, was bewertet werden soll. Bei der Erstellung eines Evaluationskonzeptes steht die Frage am Anfang, für welche Adressatinnen und Adressaten Informationen gewonnen werden sollen.

Wenn überprüft werden soll, zu welchen Resultaten der Prozess der interkulturellen Orientierung und Öffnung der Organisation geführt hat, handelt es sich um eine Ergebnisevaluation. Es wird untersucht, welche Ergebnisse nach Abschluss des Projektes bei der Zielgruppe zu beobachten sind. Die Zielgruppe sind die Mitarbeiterinnen und Mitarbeiter der Organisation. Adressat der Resultate ist das Management der Organisation. Es kann aufgrund der Ergebnisse feststellen, was sich durch die Projektdurchführung verändert hat und ob die angestrebten Ziele erreicht wurden.

Wenn während des Projektes bereits überprüft werden soll, wie die Zielgruppe durch das Projekt erreicht wird, wie sie auf die angebotenen Aktivitäten reagiert und zu welchen Wechselwirkungen mit dem Umfeld, also den Nutzerinnen und Nutzern der Organisation, der Prozess führt, handelt es sich um eine Prozessevaluation. Eine Prozessevaluation begleitet das Projekt mit dem Ziel der kontinuierlichen Verbesserung. Adressat der Ergebnisse sind die Projektverantwortlichen selbst. Sie können anhand der Ergebnisse feststellen, ob die angebotenen Maßnahmen angenommen werden und zur Zielerreichung des Projektes geeignet sind. So können sie bei Bedarf nachsteuern, um den Prozess zu optimieren.

Sinnvoll ist es, Ergebnis- und Prozessevaluation miteinander zu verknüpfen, um herauszufinden, durch welche Aktivitäten in welchen Zusammenhängen welche Ergebnisse erzielt wurden, also welche Wirkungen des Projektes zur interkulturellen Orientierung und Öffnung der Organisation festzustellen sind. Es soll die Frage beantwortet werden, ob und wie das Projekt funktioniert hat. Wirkungen sind ein Ergebnis der Koproduktion zwischen Management, Projektverantwortlichen, Mitarbeiterinnen und Mitarbeitern der Organisation und den Zielgruppen, für die sich die Organisation öffnen will.

Verschiedene Aktivitäten in anderen Kapiteln wie die Nutzerinnen- und Nutzerbefragung oder die Blitzbefragung (Kapitel 3) sind ebenfalls als Evaluationsinstrumente einsetzbar. Wichtige Grundlagen finden sich ferner in Kapitel 7 über Ziele, Standards und Indikatoren.

Aktivitäten:

12.1 Veränderung ist angesagt
12.2 Die Sache mit dem Dingsda
12.3 Was wollen wir wissen?
12.4 Ein Glas füllen

12.1 Veränderung ist angesagt

Kurzbeschreibung

Nach verschiedenen Kriterien wechseln die Teilnehmerinnen und Teilnehmer (TN) ihre Sitzplätze. Anschließend werden ihre Beobachtungen ausgetauscht. Die Gruppe überlegt gemeinsam, wie Beobachtungen sinnvoll zu systematisieren sind.

Ziele:

- Die TN sind aufgelockert und auf das Thema Evaluation und Monitoring eingestimmt.
- Der Unterschied zwischen zufälliger und systematischer Beobachtung ist nachvollzogen.
- Relevante Daten zur Messung der interkulturellen Orientierung und Öffnung sind identifiziert.

Zeit: ca. 1 Stunde

Ausstattung:
Großer Raum mit großzügig angeordnetem Stuhlkreis

Gruppengröße: mindestens 12 bis maximal 20 Personen

Vorbereitung:
Stuhlkreis so anordnen, dass zwischen die einzelnen Stühlen in einem Abstand von mindestens 40 cm stehen

Stichworte: Einstimmen – Monitoring – Begriffsdefinitionen

Besonderheiten:
Die Aktivität eignet sich gut als Einstiegsübung zum Thema Monitoring. Sie ist sehr bewegungsintensiv und kann nicht mit körperlich eingeschränkten Personen durchgeführt werden.

Verlauf:

Platzwechsel *(ca. 15 Min.)*
Die Moderation steht in der Mitte des Stuhlkreises und erklärt kurz die Spielregeln: Migration ist Wanderung, ist Bewegung, geht einher mit Veränderungen. Wir alle haben selbst schon viele Veränderungen erlebt, sie genießen können oder sie bewältigen müssen. Wer in der Mitte steht, sagt eine Veränderung mit den Worten an: „Veränderung ist angesagt. Alle wechseln den Platz, ...“ (die schon einmal umgezogen sind, die im Ausland gelebt haben, von denen ein Elternteil im Ausland geboren wurde, die eine größere Wohnung suchen, die mehr als drei Mal den Arbeitsplatz gewechselt haben, die in einer anderen Stadt ihre Ausbildung gemacht haben usw.) Alle Personen, auf die die jeweilige Aussage zutrifft, suchen sich einen neuen Stuhl. Er muss mindestens zwei Plätze vom alten Stuhl entfernt sein. Die Person, die keinen Stuhl erwischt, stellt sich in die Mitte und sagt die nächste Veränderung an.

Der Platzwechsel wird nach etwa zehn Minuten abgebrochen oder sobald die Bewegungsfreude der Gruppe nachlässt.

Diskussion im Plenum *(ca. 45 Min.)*
Die TN diskutieren, was sie durch die Aktivität an neuen Informationen über die Gruppe gewonnen haben. Anschließend wird erörtert, wie statt eines zufälligen Informationsgewinns systematisch Daten erhoben werden können und welche Daten relevant sind, um die interkulturelle Orientierung und Öffnung einer Organisation messen zu können. Die Moderation hält die Diskussionsergebnisse in Stichpunkten auf dem Flipchart fest. Die Begriffe Monitoring und Evaluation werden definiert.

12.2 Die Sache mit dem Dingsda

Kurzbeschreibung

Die Teilnehmerinnen und Teilnehmer (TN) beschreiben ein „Dingsda" aus ihrer jeweiligen Perspektive und reflektieren, wie unterschiedliche Wahrnehmungsperspektiven auf ein Monitoring wirken können.

Ziele:

- Die TN reflektieren, dass unterschiedliche Wahrnehmungsperspektiven zu unterschiedlichen Schlüssen führen.
- Sie haben sich damit auseinander gesetzt, dass „Überschriften" die eigenen Schlussfolgerungen beeinflussen.
- Die Gruppe hat sich darüber ausgetauscht, was durch ein Monitoring beobachtet werden kann und was beobachtet werden sollte, um die interkulturelle Öffnung einer Organisation zu verfolgen.

Zeit: ca. 2 Stunden

Raumbedarf: Raum mit Stuhlkreis der Gruppengröße entsprechend

Gruppengröße: mindestens 12 bis maximal 20 Personen

Vorbereitung:

Arbeitsblätter erstellen. Ein „Dingsda" basteln: Ein großer Packkarton (ca. 60 cm lang, 40 cm breit, ca. 40 cm hoch) wird mit unterschiedlichen Motiven beklebt (z.B. spielende Kinder, Menschengruppen, Autos, Hunde, Hochhausfassaden, Parklandschaft, Graffitikunst, Blumen, Marktstände o.a.). Die Bilder können aus Zeitschriften, alten Kalendern oder alten Werbeplakaten zu einer thematischen Collage zusammengefügt werden. Die Collagen sollen so angeordnet sein, dass sie aus jeder Betrachtungsperspektive ein Bild ergeben. Jede Collage widmet sich nur einem Thema und unterscheidet sich farblich von den anderen fünf Bildern.

Materialien „Dingsda", Arbeitsblatt und Stifte

Quelle: Nach einer Idee von Anneliese Herzig.

Besonderheiten:
Die Aktivität eignet sich gut als Einstiegsübung zum Thema Monitoring. Voraussetzung ist, dass alle TN sich in einer gemeinsamen Sprache gut schriftlich ausdrücken können.

Stichworte: Einstimmung – Monitoring

Verlauf:

Einführung *(ca. 15 Min.)*
Die TN werden gebeten, vier Sitzgruppen, an den Himmelsrichtungen orientiert, zu bilden. Dabei bleibt der Stuhlkreis als Kreis bestehen, die Gruppen sind nur durch eine leicht vergrößerte Lücke zwischen den Stühlen voneinander getrennt. In der Mitte wird das Dingsda zunächst verhüllt platziert. Alle TN erhalten ein Arbeitsblatt mit Fragen, die sich von Gruppe zu Gruppe unterscheiden:

Nordgruppe:
Welche Funktion könnte das Dingsda haben? Wie könnte es heißen?

Südgruppe:
Wie wirkt das Dingsda auf Sie? Welche Gefühle oder Assoziationen löst es bei Ihnen aus? Welchen Zweck hat es?

Westgruppe:
Was ist Sache? Auf welche Probleme deutet das Dingsda hin?

Ostgruppe:
Was ist Sache? Welche Lösungsideen fallen Ihnen beim Betrachten des Dingsda ein?

Die Moderation enthüllt das Dingsda. Die TN werden gebeten, das Dingsda in Ruhe vom eigenen Platz aus zu betrachten und sich möglichst gut leserlich zu den Fragen auf ihrem Arbeitsblatt innerhalb von zehn Minuten schriftlich zu äußern. Die Aktivität soll schweigend erfolgen.

Austausch der Arbeitsblätter *(ca. 30 Min.)*
Nach der Schreibarbeit bittet die Moderation, dass die TN ihre Arbeitsblätter so falten, dass die jeweiligen Einstiegsfragen nicht sichtbar sind. Die TN geben ihre Arbeitsblätter nun rundum weiter, bis jede Person jeden Text gelesen hat und sie das eigene Arbeitsblatt wieder in den Händen hält.

Auswertung *(ca. 15 Min.)*
Im Plenum (die TN bleiben nach wie vor auf ihren Plätzen sitzen) werden erst allgemeine Gedanken und Eindrücke der TN zu der Aktivität ausgetauscht (ca. 5 Min.). Dann wird der Frage nachgegangen, was sich durch das Herumgeben der Blätter verändert hat und welche neuen Eindrücke gewonnen wurden (ca. 5 Min.). Die Einstiegsfragen werden veröffentlicht und es wird kurz diskutiert, wie die jeweilige Fragestellung die Wahrnehmung des Dingsda beeinflusst hat (ca. 5 Min.). Abschließend werden die TN aufgefordert, sich das Dingsda von allen Seiten zu betrachten und dabei den Quader auf unterschiedliche Seiten zu stellen, so dass auch die bisher verdeckte Seite einmal sichtbar wird.

Resümee im Zweiergespräch *(ca. 10 Min.)*
Unter der Fragestellung, was die Aktivität mit dem Thema Monitoring zu tun hat und welche Erkenntnisse aus ihr gezogen werden konnten, ziehen die TN ein Resümee in Zweiergesprächen.

Diskussion im Plenum *(ca. 30 Min.)*
Die Resümees aus den Zweiergesprächen werden ausgetauscht. Die Gruppe diskutiert, wie verschiedene Fragestellungen auf die Wahrnehmung wirken. Anschließend wird erörtert, was durch ein Monitoring beobachtet werden kann und was beobachtet werden sollte, um die interkulturelle Orientierung und Öffnung der eigenen Organisation zu verfolgen.

12.3 Was wollen wir wissen?

Kurzbeschreibung

Erwartungen an den Prozess der interkulturellen Orientierung werden aus verschiedenen Perspektiven reflektiert, auf Standards bezogen und mit Indikatoren versehen. Die Teilnehmerinnen und Teilnehmer (TN) treffen eine für die Projektevaluation relevante Auswahl, auf deren Grundlage ein Evaluationskonzept erstellt werden kann.

Ziele:

- Die Erwartungen des Managements, der Belegschaft, der Projektleitung und der Zielgruppe Personen mit Migrationshintergrund an die Projektergebnisse sind reflektiert.
- Eine Auswahl von Prüfindikatoren ist erarbeitet.
- Aufwand und Nutzen der erarbeiteten Evaluationsbausteine sind abgewogen.

Zeit: ca. 3,5 Stunden

Ausstattung:
großer Saal für das Plenum mit vier Arbeitsnischen für die Gruppenarbeit

Gruppengröße: 12 – 15 Personen

Vorbereitung:
4 Flipcharts mit Überschriften, 4 Wandzeitungen mit Tabellenraster für die Arbeitsgruppen, Handout mit den Projektzielen für die interkulturelle Orientierung und Öffnung der Organisation

Materialien:
4 Pinnwände, Moderationsmaterialien, große Papierbögen (Pinnwandbespannung), 4 Flipcharts

Besonderheiten:
Die Aktivität eignet sich gut als Vorbereitung zur Erarbeitung eines Selbstevaluationskonzeptes für den Prozess der interkulturellen Orientierung und Öffnung und für den Einstieg in eine Projektgruppe oder einen Qualitätszirkel „Projektevaluation“.

Voraussetzungen:
Die TN setzen sich aus Personen zusammen, die für verschiedene Maßnahmen der interkulturellen Orientierung und Öffnung verantwortlich sind oder in entsprechenden Projektgruppen bzw. Qualitätszirkeln aktiv sind. Die Projektleitung selbst nimmt an der Aktivität als Teilnehmerin bzw. als Teilnehmer teil. Die Projektziele und die Projektplanung sind allen bekannt. Mindestens eine Person vertritt das Management der Organisation. Mindestens zwei organisationsinterne Personen haben selbst Migrationshintergrund und sind bereit, die Interessen von Menschen mit Migrationshintergrund zu vertreten. Die TN haben Erfahrungen in der Formulierung von Zielen, Standards und Indikatoren (siehe Kapitel 8).

Die bzw. der Projektbeauftragte hat sich bereit erklärt, nach der Veranstaltung die Arbeitsergebnisse in ein Evaluationskonzept einzuarbeiten, das der Organisationsleitung vorgelegt und von ihr genehmigt und dann den Beteiligten zur Kenntnis gegeben wird. Es stehen Ressourcen für eine Selbstevaluation des Projektes zur Verfügung.

Stichworte: Evaluation – Standards – Indikatoren

Verlauf:

Einführung *(ca. 45 Min.)*
Die Moderation begrüßt die TN, eine Vorstellungsrunde schließt sich an.

Die Ziele und Inhalte der Aktivität werden durch die Moderation vorgestellt. Sie führt in das Thema Selbstevaluation ein und stellt den Unterschied zwischen einer Prozessevaluation und einer Ergebnisevaluation dar (siehe Einleitung zum Kapitel 12). Die zur Verfügung stehenden Ressourcen für eine Selbstevaluation sind benannt. Offene Fragen werden beantwortet.

Brainstorming in Arbeitsgruppen *(ca. 30 Min.)*
In den vier Arbeitsnischen ist jeweils ein Flipchart aufgestellt. Die erste Seite ist jeweils mit einer Interessensperspektive überschrieben: Management, Projektleitung, Mitarbeiterschaft, Nutzerinnen und Nutzer. Es folgt die Einladung zum Brainstorming: „Das Projekt ist gut gelaufen, wenn …"

Die TN ordnen sich den jeweiligen Interessensperspektiven zu. Wichtig ist, dass sowohl in der Gruppe „Mitarbeiterschaft" als auch in der Gruppe „Nutzerinnen und Nutzer" eine Person vertreten ist, die bereit ist, die möglichen Interessen von Personen mit Migrationshintergrund einzubringen.

Die Arbeitsgruppen tragen auf dem Flipchart Erwartungen an die Projektergebnisse der jeweiligen Interessensgruppe zusammen.

Beispiele:
Management
Das Projekt ist gut gelaufen, wenn …
- neue Zielgruppen erreicht wurden.
- die Mitarbeiterinnen und Mitarbeiter sich zufrieden äußern.
- die Nachhaltigkeit des Projektes gesichert ist.
- …

Mitarbeiterschaft
Das Projekt ist gut gelaufen, wenn …
- die erbrachten Leistungen in der Projektarbeit anerkannt werden und einen beruflichen Nutzen haben.
- sich die fachliche Qualität der Arbeit verbessert hat und durch das Projekt erworbene Erfahrungen und erworbenes Wissen den Arbeitsalltag erleichtern.
- Personen mit Migrationshintergrund eingestellt und beruflich gefördert werden.
- …

Projektleitung
Das Projekt ist gut gelaufen, wenn …
- die Projektdurchführung partizipativ erfolgt ist und Vision und Leitbild von allen getragen werden.
- die interkulturelle Orientierung als Haltung sichtbar geworden ist und die Kundenzufriedenheit sich erhöht hat.
- die Maßnahmen interkultureller Öffnung von Management und Mitarbeiterschaft als erfolgreich bewertet werden.
- …

Nutzerinnen und Nutzer
Das Projekt ist gut gelaufen, wenn …
- Erwartungen an die Dienstleistungen bekannt sind und berücksichtigt werden.
- Verständigung bei Bedarf durch den Einsatz von Sprachmittlern gewährleistet ist.
- das Dienstleistungsangebot übersichtlich und verständlich dargestellt ist und gesellschaftliche Vielfalt berücksichtigt wird.
- …

Vorstellung und Diskussion der Arbeitsergebnisse im Plenum *(ca. 60 Min.)*
Die Ergebnisse werden vorgestellt und Rückfragen beantwortet. Anschließend wird im Plenum diskutiert, welche Erwartungen erfüllt sein müssen, um von einem Projekterfolg

reden zu können. Die Erwartungen werden mit den Zielen des Projektes verglichen. Jede Gruppe entscheidet sich für die Projektziele, die den in der Gruppe gesammelten Erwartungen entsprechen und an denen weiter gearbeitet werden soll. Falls erforderlich werden strategische Ziele durch operative Ziele konkretisiert. Die strategischen Ziele werden in das Arbeitsraster auf der Pinnwand eingetragen.

Gruppenarbeit *(ca. 60 Min.)*
Die Gruppen erarbeiten zu dem von ihnen ausgewählten Ziel Standards, die die Erreichung des Ziels wahrscheinlich machen und die Prozessqualität sicherstellen, Indikatoren, anhand derer die Zielereichung überprüft werden kann und wie die Überprüfung erfolgen soll.

Beispiel:
Nutzerinnen und Nutzer

Ziel	Standards	Indikatoren	Evaluationsmethoden
Das Dienstleistungsangebot ist unter Berücksichtigung gesellschaftlicher Vielfalt kundenorientiert ausgerichtet.	Konzept für die Durchführung von Fokusbefragungen liegt vor. Ein für Fokusbefragungen qualifiziertes Team wird eingesetzt. Das Team beherrscht die Herkunftssprache der befragten Zielgruppe.	Beteiligung von Nutzerinnen und Nutzern mit Migrationshintergrund einer Nationalitätengruppe an einer Fokusbefragung. Lücken zwischen Erwartungen an eine Dienstleistung und der Ausführung der Dienstleistung sind festgestellt. Schließung von Lücken.	Nutzer- und Nutzerinnenbefragung nach der SERVQUAL-Methode. Dokumentation der Umsetzungsergebnisse.
Die sprachliche Verständigung zwischen Fachkräften und Nutzerinnen und Nutzern ist gewährleistet.	Qualifizierungsangebot für den Einsatz von Sprachmittlern. Arbeitshilfen im Intranet.	Teilnahme am Qualifizierungsangebot. Sprachmittlereinsatz findet statt.	Erhebung des Qualifizierungsbedarfes. Evaluation der Weiterbildungen durch Evaluationsbogen.

12.4 Ein Glas füllen

Kurzbeschreibung

Anhand eines einfachen Beispiels erarbeiten die Teilnehmerinnen und Teilnehmer (TN) ein Systemdiagramm in Gruppenarbeit. Sie reflektieren Annahmen über die Wirkungen von interkultureller Öffnung und entwickeln gemeinsam Vorstellungen, wie diese Annahmen überprüft werden können.

Ziele:

- Ein einfaches Systemdiagramm ist erarbeitet.
- Wechselbeziehungen und Veränderungsprozesse sind anhand von Beispielen aus der eigenen Praxis nachvollzogen.
- Durch Feedbackprozesse bzw. durch Reflexionsschleifen ist ermittelt, welche Daten zu welchen Annahmen führen und welche Aussagekraft die Daten haben.

Zeit: 2,5 Stunden

Ausstattung:
großer Saal für das Plenum mit drei Arbeitsnischen für die Gruppenarbeit

Gruppengröße: 9 – 15 Personen

Vorbereitung:
Plakat mit einem Zitat von Peter M. Senge (2003: 97): „Der Schlüssel zu einer systemischen Wahrnehmung der Realität besteht darin, dass man in Einflusskreisen und nicht in geraden Linien denkt."

Materialien:
3 Pinnwände, Moderationsmaterialien, Flipchart, große Papierbögen (Pinnwandbespannung)

Quelle: In Anlehnung an Peter M. Senge (2003: 95 ff.)

Besonderheiten:
Die Aktivität eignet sich gut als Einstiegsübung zum Thema Monitoring und Evaluation und als Einstieg in die Arbeit eines Qualitätszirkels zum Thema Evaluation.

Voraussetzungen:
Die TN setzen sich aus Personen zusammen, die für verschiedene Maßnahmen der interkulturellen Orientierung und Öffnung verantwortlich sind oder in entsprechenden Projektgruppen bzw. Qualitätszirkeln aktiv sind. Die bzw. der Projektbeauftragte stellt die Arbeitsergebnisse zusammen und arbeitet sie in ein Evaluationskonzept ein, das von der Organisationsleitung genehmigt und den Beteiligten zur Kenntnis gegeben wird. Es stehen Ressourcen für eine Selbstevaluation des Projektes zur Verfügung.

Stichworte: Systemdiagramm – Evaluation – Indikatoren

Verlauf:

Einführung *(ca. 15 Min.)*
Die Moderation erläutert das Modell von Peter M. Senge (2003: 95f.) und stellt dabei einen Einflusskreis als Schaubild dar:
Stellen Sie sich vor, Sie füllen ein Glas mit Wasser.

Wenn wir ein Glas mit Wasser füllen, beobachten wir, wie der Wasserspiegel steigt. Die Veränderung der Lücke zwischen dem Wasserstand und dem gewünschten Wasserpegel wird verfolgt. Nähert sich der Wasserstand dem gewünschten Ergebnis, wird der Wasserzulauf reduziert. Ist das gewünschte Ergebnis erreicht, wird der Hahn zugedreht.

Dieses einfache System umfasst fünf Variablen: den gewünschten Wasserstand, den aktuellen Pegel im Glas, die Lücke zwischen diesen beiden, die Stellung des Wasserhahns und den Wasserfluss.

Werden diese fünf Variablen in einem Kreis von Ursache und Wirkung angeordnet, hat man einen „Feedbackprozess".

Beim Systemdenken ist das Feedback ein Axiom. Das bedeutet, dass jeder Einfluss sowohl Ursache als auch Wirkung ist. Es gibt also keine „Einweg-Kausalität" wie: „Meine Hand am Wasserhahn steuert den Wasserfluss, der das Glas füllt", da es genauso gut heißen könnte: „Der Wasserpegel im Glas steuert meine Hand."

Beide Aussagen sind unvollständig. Die vollständige Aussage lautet: „Meine Absicht, das Glas zu füllen, setzt ein System in Gang, das Wasser ins Glas fließen lässt, solange der Pegel niedrig ist, und dann den Fluss unterbricht, wenn das Glas voll ist." Erst durch diese Aussage wird die Struktur, die dem Handeln zugrunde liegt, sichtbar. Die Feedbackschleifen dienen also dazu, Strukturen sichtbar zu machen.

Sobald alle TN die Darstellung nachvollzogen haben und offene Fragen beantwortet sind, werden drei Arbeitsgruppen gebildet.

Gruppenarbeit *(ca. 45 Min.)*
Die TN erarbeiten einen Einflusskreis bezogen auf eine Intervention bzw. eine Maßnahme zur interkulturellen Öffnung (z.B. Öffentlichkeitsarbeit, Interkulturelle Weiterbildungen, Vernetzung).

Plenum *(ca. 60 Min.)*
Die Gruppenarbeitsergebnisse werden vorgestellt und diskutiert:

- Welche Annahmen liegen den Einflusskreisen zugrunde?
- Welche Daten stützen diese Annahmen?
- Gibt es weitere Daten, die diese Annahmen unterstützen könnten?
- Gibt es die Möglichkeit, auch zu anderen Schlussfolgerungen zu kommen?
- Was muss beobachtet werden, um Einflüsse so zu steuern, dass sie zu den gewünschten Resultaten führen? (Monitoring)
- Was kann wie beobachtet werden, um Wirkungen zu erfassen? (Indikatoren)

Abschluss *(ca. 30 Min.)*
Vereinbarungen treffen, offene Fragen klären

- Was geschieht mit den Arbeitsergebnissen?
- Wer übernimmt für was Verantwortung?
- Wann und wie werden die Ergebnisse in welcher Form aufbereitet?

Literatur

Ahlemeyer, Uwe (2006): Intercultural Mainstreaming – Strategie für eine gerechtere Gesellschaft. In: http://www.migration-boell.de/web/diversity/48_778.asp. (10.08.2011)

Akpinar, Ünal/López-Blasco, Andrés/Vink, Jan (1977): Pädagogische Arbeit mit ausländischen Kindern und Jugendlichen. Bestandsaufnahme und Praxishilfe. München.

Albrecht, Corinna (1997): Überlegungen zum Konzept der Interkulturalität. In: Bizeul, Yves/Bliesener, Ulrich/Prawda, Marek (Hrsg.): Vom Umgang mit dem Fremden. Weinheim/Basel, S. 116–122.

Arbeiterwohlfahrt Bundesverband e.V. (Hrsg.) (2002):Sozialbericht 2002. Die Einwanderungsgesellschaft – Forderungen an das Jahrzehnt der Integration. Bonn.

Arbeiterwohlfahrt Bundesverband e.V. (Hrsg.) (2002); Interkulturelle Öffnung der Altenhilfe – Begegnungsstätten, Betreutes Wohnen. Bonn.

Arbeiterwohlfahrt Bundesverband e.V. (Hrsg.) (2004): Interkulturelle Orientierung in Tageseinrichtungen für Kinder – Ein Leitfaden für die Praxis. Bonn.

Arbeiterwohlfahrt Bundesverband e.V. (Hrsg.) (2005): Interkulturelle Aspekte in der Altenpflegeausbildung. Arbeitshilfen für die Unterrichtspraxis. Bonn.

Arbeiterwohlfahrt Bundesverband e.V. (Hrsg.) (2006a): Interkulturelle Öffnung der Suchtberatung. Ein Leitfaden für die Praxis. Bonn.

Arbeiterwohlfahrt Bundesverband e.V. (Hrsg.) (2006b): Die Umsetzung der interkulturellen Öffnung in unterschiedlichen Handlungsfeldern der Sozialen Arbeit. Eine Arbeitshilfe für die Praxis. Bonn.

Arbeiterwohlfahrt Bundesverband e.V. (Hrsg.) (2008): Rahmenkonzeption der AWO – Interkulturelle Öffnung der ambulanten und stationären Angebote für ältere Menschen. Berlin http://www.awo.org/dienstleistungen/senioren/kultursensible-altenhilfe.html (10.08.2011).

Arbeiterwohlfahrt Bundesverband e.V. (Hrsg.) (2010): Interkulturelle Öffnung der „Hilfe zur Erziehung“ in den Diensten und Einrichtungen der AWO. Eine Handreichung für die Praxis. Berlin.

Arbeiterwohlfahrt Nürnberg (2010): Interkulturelle Öffnung. In: http://www.awo-nuernberg.de/startseite/awo-aktivitaeten/interkulturelle-oeffnung.html (10.08.2011).

Auernheimer, Georg (1995): Einführung in die interkulturelle Erziehung. 2. und ergänzte Auflage. Darmstadt.

Auernheimer, Georg (1999): Notizen zum Kulturbegriff unter dem Aspekt interkultureller Bildung. In: Gemende, Marion/Schröer, Wolfgang/Sting, Stephan (Hrsg.): Zwischen den Kulturen. Pädagogische und sozialpädagogische Zugänge zur Interkulturalität. Weinheim und München. S. 27–36.

Auernheimer, Georg (2003). Einführung in die interkulturelle Pädagogik. 3. Auflage. Darmstadt.

Baecker, Dirk (1999): Organisation als System. Frankfurt/Main.

Barwig, Klaus/Hinz-Rommel, Wolfgang (Hrsg.) (1995): Interkulturelle Öffnung sozialer Dienste. Freiburg.

Beauftragte der Bundesregierung für die Belange der Ausländer (Hrsg.) (1994): Empfehlungen zur interkulturellen Öffnung sozialer Dienste. Bonn.

Beauftragte der Bundesregierung für Migration, Flüchtlinge und Integration (Hrsg.) (2005): 6. Bericht der Beauftragten über die Lage der Ausländerinnen und Ausländer in Deutschland. Berlin.

Beauftragte der Bundesregierung für Migration, Flüchtlinge und Integration (Hrsg.) (2007): 7. Bericht der Beauftragten über die Lage der Ausländerinnen und Ausländer in Deutschland. Berlin.

Beauftragte der Bundesregierung für Migration, Flüchtlinge und Integration (Hrsg.) (2010 a): 8. Bericht der Beauftragten über die Lage der Ausländerinnen und Ausländer in Deutschland. Berlin.

Beauftragte der Bundesregierung für Migration, Flüchtlinge und Integration (2010 b): Vielfalt als Chance. In: www.vielfalt-als-chance.de/index.php?id=9 (10.08.2011).

Bericht der Unabhängigen Kommission „Zuwanderung" (2001): Zuwanderung gestalten – Integration fördern. Berlin.

Bertelsmann Stiftung/Bertelsmann Forschungsgruppe Politik (Hrsg.) (2001): Eine Welt der Vielfalt. 2. überarbeitete Auflage. Gütersloh.

Bertelsmann Stiftung/Bertelsmann Forschungsgruppe Politik (Hrsg.) (2002): Eine Welt der Vielfalt. Methodenhandbuch. Gütersloh.

Bertelsmann Stiftung, Bundesministerium des Innern (Hrsg.) (2005). Erfolgreiche Integration ist kein Zufall. In: http://www.bertelsmann-stiftung.de/cps/rde/xchg/SID-5F21CAEE-3265677C/bst/hs.xsl/6644.htm (10.08.2011).

Bertelsmann Stiftung (Hrsg.) (2011): Diversität gestalten. Erfolgreiche Integration in Kommunen – Handlungsempfehlungen und Praxisbeispiele. Gütersloh.

Besser, Ralf (2006): Kaskadengespräch. In: Rohm, Armin (Hrsg.): Change-Tools. Erfahrene Prozessberater präsentieren wirksame Workshop-Interventionen. Bonn, S. 39–44.

Bobzien, Monika (2004): Kundenorientierung in der Beratungsarbeit mit Migrantinnen und Migranten – ein Bericht über die Entwicklung von Qualitätsstandards zur Servicequalität in der interkulturellen sozialen Arbeit. In: Rundbrief Gemeindepsychologie 2004, Bd. 10, Heft 2, S. 21–29.

Bommes, Michael/Guter, Jochen/Wolff-Jontofsohn, Ulrike (2004): „Miteinander – Erfahrungen mit Betzavta": Evaluationsprozess und Ergebnisse. In: Uhl, Kathrin/Ulrich, Susanne/Wenzel, Florian M. (Hrsg.) (2004): Evaluation politischer Bildung – Ist Wirkung messbar? Gütersloh, S.91–120.

Bommes, Michael/Tacke, Veronika (2006):Das Allgemeine und das Besondere des Netzwerkes. In: Hollstein, Bettina/Straus, Florian (Hrsg.): Qualitative Netzwerkanalyse. Wiesbaden, S.37–62.

Boos, Frank/Heitger, Barbara/Hummer, Cornelia (2005): Systemische Beratung im Vergleich. Anforderungen und Zukunft. In: Zeitschrift für Organisationsentwicklung Heft 1, S. 4–15.

Bourdieu, Pierre (1982): Die feinen Unterschiede. Frankfurt/Main.

Bourdieu, Pierre (1983): Ökonomisches Kapital, kulturelles Kapital, soziales Kapital. In: Kreckel, Reinhard (Hrsg.): Soziale Ungleichheiten. Soziale Welt. Sonderband 2. Göttingen.

BQN Berlin (2010): Kampagne „Berlin braucht dich!". In: http://www.bqn-berlin.de/htm/bbd.htm (10.08.2011).

Brömmling, Ulrich (2010): Projekte statt Polemik. Schon lange vor der jüngsten Debatte haben sich Stiftungen um das Thema Integration gekümmert. In: Süddeutsche Zeitung vom 18.11.2010, S. 32.

Brückers, Rainer/Boss, Hedi/Kuleßa, Peter (2007): Diversity in der Arbeiterwohlfahrt (AWO) – das Konzept der Bundesgeschäftsstelle.

Bund der Alevitischen Jugend in Deutschland e.V. (2011): Zum Verband. In: www.aagb.net (10.08.2011).

Bundesagentur für Arbeit (2009).Geschäftsbericht 2008. Nürnberg. In: http://www.arbeitsagentur.de/nn_27836/SiteGlobals/Forms/Suche/serviceSuche__Form,templateId=processForm.html?lang=de&zielgruppe=&allOfTheseWords=Gesch %C3 %A4ftsbericht+2009&x=16&y=5 (10.08.2011).

Bundesagentur für Arbeit (2010).Geschäftsbericht 2009. Nürnberg. In: http://www.arbeitsagentur.de/nn_27836/SiteGlobals/Forms/Suche/serviceSuche__Form,templateId=processForm.html?lang=de&zielgruppe=&allOfTheseWords=Gesch %C3 %A4ftsbericht+2009&x=16&y=5 (10.08.2011).

Bundesamt für Migration und Flüchtlinge (2011): Das Integrationsportal. Interkulturelle Öffnung. In: http://www.integrationindeutscland.de/nn_282926/SubSites/Integration/DE/03__Akteure/Programm/Themen/Oeffnung/oeffnung-node.html?__nnn=true (10.08.2011).

Bundesamt für Migration und Flüchtlinge (2010): Bundesweites Integrationsprogramm. Angebote der Integrationsförderung – Empfehlungen zu ihrer Weiterentwicklung. Nürnberg.

Bundesinstitut für Berufsbildung (2009): Cultural Mainstreaming. In: http://www.good-practice.de/3843.php (10.08.2011).

Castells, Manuel (2001): Der Aufstieg der Netzwerkgesellschaft. Teil 1 der Trilogie Das Informationszeitalter. Opladen.

Deardorff. Darla K. (2006): Policy Paper zur Interkulturellen Kompetenz. In: Bertelsmann Stiftung (Hrsg.): Interkulturelle Kompetenz – Schlüsselkompetenz des 21. Jahrhunderts.Thesenpapier der Bertelsmann Stiftung auf Basis der Interkulturellen-Kompetenz-Modelle von Dr. Darla K. Deardorff. Gütersloh.

Demorgon, Jacques/Kordes, Hagen (2006): Multikultur, Transkultur, Leitkultur, Interkultur. In: Nicklas, Hans/Müller, Burkhard/Kordes, Hagen (Hrsg.): Interkulturell denken und handeln. Theoretische Grundlagen und gesellschaftliche Praxis. Bonn.

Deutscher Caritasverband e.V. (Hrsg.) (2004): Brücken bauen – Fäden spinnen. Interkulturelle Öffnung der Caritas und die Rolle der Migrationsdienste. Freiburg.

Deutscher Caritasverband e.V. (Hrsg.) (2006): Vielfalt bewegt Menschen. Interkulturelle Öffnung der Dienste und Einrichtungen der verbandlichen Caritas. Eine Handreichung. Freiburg. http://www.caritas.de/aspe_shared/form/download.asp?nr=163593&form_typ=115&ag_id=1081&action=load (10.08.2011).

Deutsches Jugendinstitut (2010): Projekt Interkulturelle Öffnung in der Jugendverbandsarbeit – Stand, Hindernisse und Möglichkeiten der Realisierung eines Konzepts. In: http://www.dji.de/cgi-bin/projekte/output.php?projekt=659 (10.08.2011).

Deutsches Rotes Kreuz e.V. (Hrsg.) (2004): Leitthesen. Interkulturelle Öffnung im DRK. www.drk.de/alt/integration/pdf/Leitthesen_IKOE.pdf (10.08.2011).

Diakonisches Werk der Evangelischen Kirche in Deutschland e.V. (Hrsg.) (2008): Interkulturelle Öffnung in den Arbeitsfeldern der Diakonie. Stuttgart. www.diakonie.de/Texte_13_2008-Interkulturelle-Oeffnung.pdf (10.08.2011).

Die Bundesregierung (2007): Der Nationale Integrationsplan. Neue Wege – Neue Chancen, Berlin. http://www.bundesregierung.de/Content/DE/Publikation/IB/Anlagen/nationaler-integrationsplan,property=publicationFile.pdf (10.08.2011).

Die Bundesregierung (2008): Nationaler Integrationsplan. Erster Fortschrittsbericht. Berlin. http://www.bundesregierung.de/Content/DE/Publikation/IB/nationaler-integrationsplan-fortschrittsbericht.html (10.08.2011).

Dittrich-Brauner, Karin/Dittmann, Eberhard/List, Volker/Windisch, Carmen (2008): Großgruppenverfahren. Lebendig lernen – Veränderung gestalten. Heidelberg.

Döge, Peter (2002): Auf dem Weg zum Managing Diversity – Gender-Mainstreaming und Cultural Mainstreaming als gemeinsame Lernprozesse in Organisationen. In: http://www.iaiz.de/Publikationen/managing_diversity.html (10.08.2011).

Doppler, Klaus/Lauterburg, Christoph (2008): Change Management. Den Unternehmenswandel gestalten. 12. aktualisierte und erweiterte Auflage. Frankfurt/New York.

Eagleton, Terry (2001): Was ist Kultur? Eine Einführung. München.

Filsinger, Dieter (2002): Interkulturelle Öffnung Sozialer Dienste. Expertise im Auftrag der Regiestelle E & C. Saarbrücken/Berlin.

Finkielkraut, Alain (1989): Die Niederlage des Denkens. Reinbek bei Hamburg.

Fischer, Veronika (2005): Interkulturelle Kompetenz – ein neues Anforderungsprofil für die pädagogische Profession. In: Fischer, Veronika/Springer, Monika/Zacharaki, Ioanna (Hrsg.): Interkulturelle Kompetenz. Fortbildung – Transfer – Organisationsentwicklung. Schwalbach, S. 33–47.

Fischer, Veronika/Krumpholz, Doris/Eichener, Volker (2005): Kompetenzentwicklung und Transfer. Ausgewählte Ergebnisse der wissenschaftlichen Evaluation des Zertifikatkurses „Interkulturelle Kompetenz für BeraterInnen und PädagogInnen im Bereich Berufsorientierung". In: Fischer, Veronika/Springer, Monika/Zacharaki, Ionna (Hrsg.): Interkulturelle Kompetenz. Fortbildung – Transfer – Organisationsentwicklung. Schwalbach. S. 82–133.

Fischer, Veronika (2011): Interkulturelle Kompetenz. In: Fischer, Veronika/Springer, Monika (Hrsg.): Handbuch Migration und Familie. Schwalbach. S. 334–358.

Füssel, Hans Peter (1994): Kulturkonflikt im Schulrecht. In: Bryde, Brun-Otto (Hrsg.): Das Recht und die Fremden. Baden-Baden. S. 67–81.

Gaitanides, Stefan (1993): Multikulturelle Soziale Dienste. Auf dem Weg zu einer multikulturellen Öffnung der Systeme der sozialen und psychosozialen Versorgung. In: Sozialmagazin Heft 6, S.16–26.

Gaitanides, Stefan (2006): Interkulturelle Öffnung sozialer Dienste. In: Otto, Hans-Uwe/Schrödter, Mark (Hrsg.): Soziale Arbeit in der Einwanderungsgesellschaft. Multikulturalismus – Neo-Assimilation – Transnationalität. neue praxis Sonderheft 8/2006, S. 222–234.

Geertz, Clifford (1983): Dichte Beschreibungen. Beiträge zum verstehen kultureller Systeme. Frankfurt/Main.

Gemende, Marion/Schröer, Wolfgang/Sting, Stephan (1999): Pädagogische und sozialpädagogische Zugänge zur Interkulturalität. In: Dies. (Hrsg.): Zwischen den Kulturen. Weinheim und München. S. 7–24.

Glatz, Hans/Graf-Götz, Friedrich (2007): Handbuch Organisationen gestalten. Weinheim und Basel.

Graf, Pedro (2007): Inwieweit lassen sich personale und soziale Systeme steuern? – Kritische Anmerkungen zum radikalen Konstruktivismus und zur Autopoiese-Theorie. In: Heck, Josef/Schwarz, Gotthart (Hrsg.): Systemisch – neu gesehen!? Theoretische und methodische Konzepte auf dem Prüfstand. Augsburg. S. 64–96.

Habermas, Jürgen (1974): Zur Rekonstruktion der Historischen Materialismus. Frankfurt/Main.

Händeler, Erik (2007): Die Geschichte der Zukunft – Sozialverhalten heute und der Wohlstand von morgen. 6. Auflage. Moers.

Hall, Edward T./Reed, Mildred (1999): Understanding Cultural Differences: Keys to Success in West Germany, France and the United States. Yarmouth.

Hall, Stuart (1994): Rassismus und kulturelle Identität. Ausgewählte Schriften 2. Hamburg.

Hall, Stuart (1999): Die zwei Paradigmen der Cultural Studies. In: Hörning, Karl/Winter, Rainer (Hrsg.): Widerspenstige Kulturen. Cultural Studies als Herausforderung. Frankfurt/Main. S.13–42.

Hamburger, Franz (1999): Von der Gastarbeiterbetreuung zur Reflexiven Interkulturalität. In: Migration und Soziale Arbeit Heft 3–4, S. 33–39.

Hamburger, Franz (2009): Abschied von der interkulturellen Pädagogik. Plädoyer für einen Wandel sozialpädagogischer Konzepte. Weinheim und München.

Handschuck, Sabine (1995): KIDS TOGETHER. Herausgegeben von der BMW AG. München.

Handschuck, Sabine (2008 a): Interkulturelle Qualitätsentwicklung im Sozialraum. Band 1: Konzeption eines Modellprojektes zur interkulturellen Orientierung und Öffnung von sozialen Einrichtungen. Augsburg.

Handschuck, Sabine (2008 b): Interkulturelle Qualitätsentwicklung im Sozialraum. Band 2: Konzeptevaluation eines Modellprojektes zur interkulturellen Orientierung und Öffnung von sozialen Einrichtungen. Augsburg.

Handschuck, Sabine/Klawe, Willy (2010): Interkulturelle Verständigung in der Sozialen Arbeit. Ein Erfahrungs-, Lern- und Übungsprogramm zum Erwerb interkultureller Kompetenz. 3. Auflage. Weinheim und München.

Handschuck, Sabine/Schröer, Hubertus (2002): Interkulturelle Orientierung und Öffnung von Organisationen. Strategische Ansätze und Beispiele der Umsetzung. In: neue praxis Heft 2, S. 511–521.

Handschuck, Sabine/Schröer, Hubertus (2007): Interkulturelle Qualitätsentwicklung – Das Mehrgenerationenhaus „Unter den Arkaden" München Harthof. Herausgegeben von Frauenknecht, Willy und Weber, Uschi. München.

Handschuck, Sabine/Schröer, Hubertus (2010): Eigennamen in der interkulturellen Verständigung. Handbuch für die Praxis. 2. überarbeitete und erweitert Auflage. Augsburg.

Heiner, Maja (Hrsg.) (1996): Qualitätsentwicklung durch Evaluation. Freiburg.

Henning, Marina (2006): Individuen und ihre sozialen Beziehungen. Wiesbaden.

Hinz-Rommel, Wolfgang (1994): Interkulturelle Kompetenz. Ein neues Anforderungsprofil für die soziale Arbeit. Münster/New York.

Hirseland, Andreas/Dimbath, Oliver/von Hayek, Julia/Schneider, Werner (2004): Evaluation des Programms „Achtung (+) Toleranz" – ein Praxisbeispiel. In: Uhl, Kathrin/Ulrich, Susanne/Wenzel, Florian M. (Hrsg.): Evaluation politischer Bildung – Ist Wirkung messbar? Gütersloh. 57–82.

Hofmann, Mathias/Strikker, Frank (2009); Steuerungsgruppe. In: Leao, Anja/Hofmann, Mathias (Hrsg.): Fit for Change. 44 praxisbewährte Tools und Methoden im Change für Trainer, Moderatoren, Coaches und Change-Manager. 2. Auflage. Bonn.

Hundhausen, Carl (1937): Public Relations. Ein Reklame-Kongreß für Werbefachleute der Banken in den USA. In: Deutsche Werbung 30, S. 1054.

Informations- und Dokumentationszentrum für Antirassismusarbeit e.V. (2010): Interkulturelle Öffnung. In: http://www.idaev.de/interkulturelle_oeffnung.htm (10.08.2011).

Jungk, Robert/Müllert, Norbert R. (1981) Zukunftswerkstätten. Hamburg. (überarbeitet 1989 München)

Jungk, Sabine (2001): Interkulturelle Öffnung sozialer Dienste und Ämter – Eine Herausforderung für die Einwanderungsgesellschaft. In: Riehle, Eckart (Hrsg.): Interkulturelle Kompetenz in der Verwaltung? Wiesbaden. S. 95–115.

Kalpaka, Annita (1998): Kompetentes (sozial-)pädagogisches Handeln in der Einwanderungsgesellschaft. Anforderungen an Aus- und Fortbildung. In: Paritätisches Bildungswerk, Landesverband Bremen (Hrsg.): Interkulturelle Kompetenz als Anforderungsprofil für pädagogische und soziale Arbeit. Bremen.

Khanide, Marina/Giebeler, Karl (2003): Ohne Angst verschieden sein – In der Fremde sich selbst begegnen. Ein Praxishandbuch für die interkulturelle Arbeit. Gütersloh.

Kehr, Jochen (2004): Praxisbericht: Evaluation des Programms „Eine Welt der Vielfalt". In. Uhl, Kathrin/Ulrich, Susanne/Wenzel, Florian M. (Hrsg.) (2004): Evaluation politischer Bildung – Ist Wirkung messbar? Gütersloh. S. 83–95.

Keil, Marion (2009): Diversity Management als Veränderungsprozess. In: http://www.migration-boell.de/web/diversity/48_2127.asp (10.08.2011).

Kieser, Alfred (2002): Konstruktivistische Ansätze. In: Ders. (Hrsg.): Organisationstheorien. 5. Auflage. Stuttgart.

Kluge, Friedrich (1999): Etymologisches Wörterbuch der deutschen Sprache. Bearbeitet von Elmar Seebold. 23. erweiterte Auflage. Berlin/New York.

Koalitionsvertrag zwischen der NRWSPD und Bündnis 90/Die Grünen NRW (2010): Gemeinsam neue Wege gehen. Düsseldorf.

Köppel, Petra/Yan, Junchen/Lüdicke, Jörg (2007): Cultural Diversity Mainstreaming in Deutschland hinkt hinterher. Herausgegeben von der Bertelsmann Stiftung. Gütersloh.

Kommunale Gemeinschaftsstelle für Verwaltungsmanagement (KGSt) (2008): Interkulturelle Öffnung. In sieben Schritten zur Interkulturellen Öffnung der Verwaltung. Bericht Nr. 5/2008. Köln.

Kotter, John P. (1998): Chaos, Wandel, Führung. Düsseldorf/München.

Kriechhammer-Yağmur, Sabine (2002): Es geht um Haltungen, nicht um Methoden – Ergebnisse des Projektes „Interkulturelle Öffnung der Kinder- und Jugendhilfe". Herausgegeben vom Paritätischen Wohlfahrtsverband. Frankfurt.

Kriechhammer-Yağmur, Sabine (2008): Migrationsarbeit als Motor interkultureller Öffnungsprozesse in Regeleinrichtungen. Herausgegeben vom Paritätischen Gesamtverband. Berlin.

Kuhnt, Beate/Müllert, Norbert R. (2006): Zukunftswerkstätten. Das Praxisbuch zur sozialen Problemlösungsmethode Zukunftswerkstatt. 3. überarbeitete Auflage. Neu-Ulm.

Kulmer, Ulla/Trebesch, Karsten (2004): Der kleine Unterschied und die großen Folgen. Von der Organisationsentwicklung zum Change Management. In: Zeitschrift für Organisationsentwicklung Heft 4, S. 80–87.

Land Berlin (2010): „Berlin braucht dich!" In: http://www.berlin-braucht-dich.de/(10.08.2011).

Land Brandenburg (2005): Konzeption der Landesregierung zur Integration bleibeberechtigter Zuwanderer und zur Verbesserung der Lebenssituation der Flüchtlinge im Land Brandenburg 2005 – 1. Fortschreibung der Landesintegrationskozeption 2002 – vom 21.07.2005. In: http://www.masgf.brandenburg.de/sixcms/media.php/4055/LIK_1Fortschreibung.pdf (10.08.2011).

Landeshauptstadt München, Sozialreferat/Stadtjugendamt (1999): Kommunale Kinder- und Jugendplanung – Leitlinien für eine interkulturell orientierte Kinder- und Jugendhilfe. München.

Landeshauptstadt München, Sozialreferat/Stelle für interkulturelle Arbeit (2008): Interkulturelles Integrationskonzept. Grundsätze und Strukturen der Integrationspolitik der Landeshauptstadt München. München.

Landeshauptstadt München, Sozialreferat/Stelle für interkulturelle Arbeit (2011): Interkultureller Integrationsbericht. München lebt Vielfalt. München

Landis, Dan/Bennett, Janet M./Bennett, Milton J. (2004): Handbook of intercultural Trainings. Thousend Oaks. California.

Lange, Matthias/Pagels, Nils (2000): Überlegungen zu Theorie und Praxis von kommunalen Ansätzen und Strategien einer interkulturellen Öffnung. In: Stadt Göttinger (Hrsg.): Interkulturelle Kompetenz in Kommunalverwaltung und Gemeinwesenarbeit. Dokumentation. Göttingen, S. 239–254.

Leenen, Wolf Rainer (2001): Interkulturelles Training – Anmerkungen zur Entstehung, Typologie und Methodik. In: Landeszentrum für Zuwanderung NRW (Hrsg.): Interkulturelle und antirassistische Trainings – aber wie? Konzepte, Qualitätskriterien und Evaluationsmöglichkeiten. Solingen, S. 9–24.

Leiprecht, Rudolf (2001): Antirassismus: eine Untersuchung bei Jugendlichen in Deutschland und in den Niederlanden. Münster/New York/München/Berlin.

Link, Jürgen (1983): Was ist und was bringt Diskurstaktik? In: kultuRRevolution 2. Dortmund.

Lüking, Hansjörg (1994): Deutsche und Ausländer im Stadtteil. Neue Wege der Kooperation in der sozialen Arbeit. Konzepte und Erfahrungen aus zwölf Jahren Förderung. Herausgegeben von der Robert Bosch Stiftung. Berlin.

Lüthi, Erika/Oberpriller, Hans (2009): Teamentwicklung mit Diversity Management. Bern – Stuttgart – Wien.

Magistrat der Stadt Wien (Hrsg.) (2010): Integrations- und Diversitätsmonitor der Stadt Wien 2009. Wien.

Majewski, Karin/Seyband, Elke (2002): Erfolgreich arbeiten mit QfS. Qualitätsmanagement und fachliche Standards für Organisationen im sozialen Bereich. Weinheim/München.

M.A.R.E. – Migration und Arbeit Rhein-Main Regionale Entwicklungspartnerschaft (Hrsg.) (2005): Trainingshandbuch Implementierung interkulturelle Kompetenz im Arbeitsalltag von Verwaltungen und Organisationen. Frankfurt.

Mecheril, Paul (2004): Einführung in die Migrationspädagogik. Weinheim/Basel.

Mecheril, Paul (2008): „Kompetenzlosigkeitskompetenz". Pädagogisches Handeln unter Einwanderungsbedingungen. In: Auernheimer, Georg (Hrsg.): Interkulturelle Kompetenz und pädagogische Professionalität. 2. aktualisierte und erweiterte Ausgabe. Wiesbaden. S. 15–34.

Meier-Braun, Karl-Heinz (2002): Deutschland, Einwanderungsland. Frankfurt.

Ministerium für Arbeit, Soziales, Gesundheit, Familien, Frauen Rheinland-Pfalz (2007): Verschiedene Kulturen – Leben gemeinsam gestalten! Integrationskonzept des Landes Rheinland-Pfalz. Mainz.

Ministerium für Generationen, Familie, Frauen und Integration Nordrhein-Westfalen (2006 a): Interkulturelle Öffnung.

Ministerium für Generationen, Familie, Frauen und Integration Nordrhein-Westfalen (2006 b): Nordrhein-Westfalen. Land der neuen Integrationschancen – Aktionsplan Integration. Düsseldorf.

Nestmann, Frank/Tiedt, Friedemann (1988): Quantitative und qualitative Analyse des Nachfrage-, Leistungs- und Kooperationsprofils sozialer Dienste für Ausländer. Endbericht. Bonn.

Niedersächsisches Ministerium für Inneres, Sport und Integration (Hrsg.) (2008): Handlungsprogramm Integration. Hannover. In: http://www.ms.niedersachsen.de/live/live.php?navigation_id=26521&article_id=91258&_psmand=17 (10.08.2011).

Niedersächsisches Ministerium für Inneres, Sport und Integration (Hrsg.) (2009): Vielfalt als Chance. Leitfaden zur interkulturellen Öffnung der Landesverwaltung. Hannover. In: http://www.integrationsbeauftragte.niedersachsen.de/live/live.php?navigation_id=4906&article_id=12489&_psmand=16 (10.08.2011).

Nieke, Wolfgang (2000): Interkulturelle Erziehung und Bildung. Wertorientierung in Alltag. Opladen.

Paritätischer Wohlfahrtsverband (Hrsg.) (2001): Perspektivenwechsel – Agenda für eine rationale Zuwanderungs- und Integrationspolitik. Materialien zur Bundespresskonferenz. Frankfurt.

Paritätischer Wohlfahrtsverband (Hrsg.) (2006): Eckpunkte zur zukünftigen Migrations- und Integrationspolitik. Berlin.

Pilgram, Jutta (2010): Anton hat bessere Chancen als Aslan. Interview mit Professor Leo Kaas. Süddeutsche Zeitung vom 12.02.2010.

Podsiadlowski, Astrid (2004). Interkulturelle Kommunikation und Zusammenarbeit. München.

Pollock, Friedrich (1955): Gruppenexperiment. Ein Studienbericht. Frankfurt/Main.

Prengel, Annedore (2006): „Pädagogik der Vielfalt“. Verschiedenheit und Gleichberechtigung in Interkultureller, Feministischer und Integrativer Pädagogik. 3. aktualisierte und überarbeitete Auflage. Wiesbaden.

Pröhl, Marga/Hartmann, Hauke (Hrsg.) (2001): Strategien der Integration. Handlungsempfehlungen für eine interkulturelle Stadtpolitik. Gütersloh.

Puskeppeleit, Jürgen/Thränhardt, Dietrich (1990): Vom betreuten Ausländer zum gleichberechtigten Bürger. Freiburg.

Rommelspacher, Birgit (1999): Zur Vermittlung von interkultureller Kompetenz. Ein Zauberwort für die Lösung aller Probleme? In: Stadt Göttingen (Hrsg.): Interkulturelle Kompetenz in Kommunalverwaltung und Gemeinwesenarbeit. Dokumentation, Göttingen, S. 111 – 119.

Sachverständigenkommission 6. Familienbericht (Hrsg.) (2000): Materialien zum 6. Familienbereicht Band II. Opladen.

Sachverständigenrat deutscher Stiftungen (Hrsg.) (2010): Jahresgutachten 2010. In: http://www.svr-migration.de/?page_id=7 (10.08.2011).

Schader-Stiftung u.a. (Hrsg.) (2005): Zuwanderer in der Stadt – Empfehlungen zur stadträumlichen Integrationspolitik. Darmstadt.

Schader-Stiftung u.a. (Hrsg.) (2006): Voneinander lernen – Gute-Praxis-Beispiele stadträumlicher Integrationspolitik. Darmstadt.

Schröer, Hubertus (2006): Vielfalt gestalten. Kann Soziale Arbeit von Diversity-Konzepten lernen? In: Migration und Soziale Arbeit Heft 1, S. 61–68.

Schröer, Hubertus (2007 a). Interkulturelle Öffnung und Diversity Management. Konzepte und Handlungsstrategien zur Arbeitsmarktintegration von Migrantinnen und Migranten. Expertise im Auftrag von anakonde GbR. Schriftenreihe IQ Band 1. München/Düsseldorf. In: www.i-iqm.de (10.08.2011).

Schröer, Hubertus (2007 b): Interkulturelle Orientierung und Öffnung: ein neues Paradigma für die soziale Arbeit. In: Archiv für Wissenschaft und Praxis der sozialen Arbeit Nr. 3, S. 80–91.

Schröer, Hubertus (2008): Paradigmenwechsel: Von der Ausländersozialarbeit zur interkulturellen Arbeit. Konsequenzen für die Arbeit mit jungen Menschen mit Migrationshintergrund. In: Theunert, Helga (Hrsg.): Interkulturell mit Medien. München, S. 143–162.

Schröer, Hubertus (2009): Interkulturelle Öffnung und Diversity Management. Ein Vergleich der Strategien. In: Migration und Soziale Arbeit Heft 3–4, S. 203–211.

Schröer, Hubertus (2011 a): Interkulturelle Orientierung und Diversity-Ansätze. In: Fischer, Veronika/Springer, Monika (Hrsg.): Handbuch Migration und Familie. Schwalbach. S. 307–322.

Schröer, Hubertus (2011 b): Interkulturalität. Schlüsselbegriffe der interkulturellen Arbeit. In: Kunz, Thomas/Puhl, Ria (Hrsg.) Arbeitsfeld Interkulturalität. Grundlagen, Methoden und Praxisansätze der Sozialen Arbeit in der Zuwanderungsgesellschaft: Weinheim und München. S. 44–57.

Schröer, Hubertus/Szoldatits, Franziska (2010): Interkulturelle Öffnung des Personalmanagements: Beispiel Landeshauptstadt München. In: http://www.migration-boell.de/web/diversity/48_2628.asp (10.08.2011).

Schwarz, Gotthart (1994): Sozialmanagement. Augsburg.

Schwarz, Gotthart (2007): Über die vermeintliche oder tatsächliche (In)kompatibilität systemischer und kritischer Gesellschaftstheorie – Ein Rückblick auf (typisch deutsche?) akademische Diskurse und verpasste Chancen. In: Heck, Josef/Schwarz, Gotthart (Hrsg.): Systemisch – neu gesehen!? Theoretische und methodische Konzepte auf dem Prüfstand. Augsburg. S. 98–136.

Schwarz-Wölzl, Maria/Maad, Christa (2003–2004): Diversity und Managing Diversity – Teil 1: Theoretische Grundlagen. In: https://www.zsi.at/attachIDiversity_Teil1_Theorie.pdf (10.08.2011).

Seliger, Ruth (2008): Einführung in Großgruppen-Methoden. Heidelberg.

Senge, Peter M. (2003): Die Fünfte Disziplin. Kunst und Praxis der lernenden Organisation. 9. Auflage. Stuttgart.

Sielert, Uwe/Jaeneke, Katrin/Lamp, Fabian/Selle, Ulrich (2009): Kompetenztraining „Pädagogik der Vielfalt". Weinheim und München.

Simon-Hohm, Hildegard (2004): Interkulturelle Öffnung Sozialer Dienste und interkulturelle Kompetenz. In: Treichler, Andreas/Cyrus, Norbert (Hrsg.): Handbuch Soziale Arbeit in der Einwanderungsgesellschaft. Frankfurt. S. 231–252.

Sorg, Uschi (2002): Evaluation der Einstiegsfortbildungen. In: Landeshauptstadt München, Sozialreferat/Stadtjugendamt (Hrsg.): „Türkische“ Jungen: Namus ve Arkada_lık. S. 38–73.

Sorg, Uschi (2010): Kommunales Integrationsmonitoring. Heft 2 der Broschürenreihe „Integration in Bayern“. Herausgegeben von VIA Bayern – Verband für interkulturelle Arbeit e.V. München. In: www.via-bayern.de/NIB/publikation.html (10.08.2011).

Sorg, Uschi/Szoldatits, Franziska (2009): Umsetzung des Interkulturellen Integrationskonzeptes der Landeshauptstadt München. In: Migration und Soziale Arbeit, Heft 3–4, S. 179–182.

Springer, Monika/Zacharacki, Ioanna (2005): Der Zertifikatskurs „Interkulturelle Kompetenz für BeraterInnen und PädagogInnen im Bereich Berufsorientierung“. In: Fischer, Veronika/Springer, Monika/Zacharaki, Ionna (Hrsg.): Interkulturelle Kompetenz. Fortbildung – Transfer – Organisationsentwicklung. Schwalbach. S. 48–81.

Straus, Florian (2002): Netzwerkanalysen. Wiesbaden.

Strauss, Bernd (1992): „Augenblicke der Wahrheit“ in der Dienstleistungserstellung: Ihre Relevanz und ihre Messung mit Hilfe der Kontrapunkt-Analyse. In: Bruhn, Manfred/Strauss, Bernd (Hrsg.): Dienstleistungsqualität. Frankfurt/Main.

Stuber, Michael (2004): Diversity. Das Potenzial von Vielfalt nutzen – den Erfolg durch Offenheit steigern. München.

Syfried, Erwin/Kohlmeyer, Klaus/Furth-Ridesser, Rafael (1999): Qualitätsentwicklung in der beruflichen Bildung durch lokale Netzwerke. Eine Studie im Auftrag des CEDEFOP, Fachhochschule für Verwaltung und Rechtspflege Berlin. Berlin.

Taylor, Charles (1997): Multikulturalismus und die Politik der Anerkennung. Mit einem Beitrag von Jürgen Habermas. Frankfurt/Main.

Terkessidis, Mark (2010): Interkultur. Berlin.

Tibi, Basam (2001): Leitkultur als Wertekonsens – Bilanz einer missglückten deutschen Debatte. In: Aus Politik und Zeitgeschehen. Das Parlament. Band 1–2, S. 23–26.

Treibel, Annette (1999): Migration in modernen Gesellschaften. Soziale Folgen von Einwanderung, Gastarbeit und Flucht. 2., völlig neu bearbeitete und erweiterte Auflage. Weinheim/München.

Ulrich, Susanne/Henschel Thomas R./Oswald, Eva (1997): Miteinander – Erfahrungen mit Betzavta. Gütersloh.

Ulrich, Susanne (2000): Achtung (+) Toleranz. Wege demokratischer Konfliktregelung. Gütersloh.

Vittinghoff Katja (2006) „Wo bitte geht‘s nach Norden?“ In: Rohm, Armin (Hrsg.): Change-Tools. Bonn. S. 15–20.

Weber, Max (1972): Wirtschaft und Gesellschaft. 5. Auflage. Tübingen.

Wimmer, Rudolf (2004): OE am Scheideweg. Hat die Organisationsentwicklung ihre Zukunft bereits hinter sich? In: Zeitschrift für Organisationsentwicklung Heft 1, S. 26–39.

Welsch, Wolfgang (1995): Transkulturalität. In: www.forum-interkultur.net/fileadmin/user_upload/pdf/27.pdf (10.08.2011).

Wöhrle, Armin (2002): Change Management. Organisationen zwischen Hamsterlaufrad und Kulturwandel. Augsburg.

Zeithaml, Valerie A./Parasuraman, A./Berry, L. L. (1992): Qualitätsservice. Was Ihre Kunden erwarten – was sie leisten müssen. Frankfurt/New York.

Zydra, Markus (2009): Die Zündkerze der Wirtschaft. In: Süddeutsche Zeitung 22.12.2009, S. 26.

Atelier La Silhouette

Das Atelier La Silhouette ist eine Mode-, Kultur- und Bildungswerkstatt. Die Damenmaßschneiderei mit Innungszugehörigkeit bietet jungen, sozial ausgegrenzten Frauen unterschiedlicher Herkunft eine ganzheitliche Ausbildung zur Damenmaßschneiderin. Getragen wird das Atelier La Silhouette durch den Verein Junge Frauen und Beruf e.V., Mitglied des Diakonischen Werkes Bayern e.V.

Das Atelier La Silhouette bietet derzeit 16 jungen Frauen die Möglichkeit der Ausbildung, der psychosoziale Stabilisierung und der nachhaltige Existenzsicherung. Ein interdisziplinäres Team aus Schneidermeisterinnen und Pädagoginnen qualifiziert und begleitet durch die Ausbildung und bietet über ein Netzwerk im Anschluss an den erfolgreichen Abschluss den jungen Frauen weitere Hilfestellungen für ihre berufliche und persönliche Fortentwicklung.

Das Maßschneiderhandwerk ist die Basis für Mode, Kultur, Bildung und persönliche Entwicklung. Der Frauenbetrieb mit seiner besonderen Struktur schafft Lebensperspektiven und dadurch spezielle Ressourcen und ist in allen Lernzusammenhängen bewusst interkulturell ausgerichtet.

Schulversagen, Brüche in der Lebensbiografie, Gewalt- und Kriegserfahrungen, seelische und körperliche Erkrankungen und Verarmung sind nur einige wenige Beispiele, die den Druck aufzeigen, unter dem die jungen Frauen leiden. An der konkreten Lebenssituation der Frauen setzt das alltägliche Lern- und Ausbildungsprogramm an. Mit Unterstützung erarbeiten die jungen Frauen ihre beruflichen Lebensperspektiven. Raum für Lebensfreude, Lernerfolge und soziale Bindungen wird geschaffen.

Das Atelier La Silhouette ist ein Musterbeispiel für interkulturelle Orientierung und Öffnung. Die Fotos in diesem Buch zeigen Münder und Augen der Auszubildenden, aufgenommen von Barbara Hemauer-Volk.

Atelier La Silhouette
Pariser Straße 13
81667 München
info@la-silhouette.de

Die Autoren

Sabine Handschuck,

promovierte Pädagogin, war langjährige Beauftragte für interkulturelle Arbeit der Landeshauptstadt München. Ihre Schwerpunkte sind die interkulturelle Qualitäts-, Personal- und Organisationsentwicklung. Sie ist Mitarbeiterin des „Institut – Interkulturelle Qualitätsentwicklung München“.

Hubertus Schröer,

promovierter Jurist, zuletzt Leiter des Stadtjugendamtes der Landeshauptstadt München. Jetzt tätig in der Organisations- und Qualitätsentwicklung mit dem Schwerpunkt Beratung von Kommunen, Geschäftsführer des „Institut – Interkulturelle Qualitätsentwicklung München“.

ziel **Diversity Management**

Helga Losche, Stephanie Püttker

Interkulturelle Kommunikation

Theoretische Einführung und Sammlung praktischer Interaktionsübungen
5. überarbeitete, erweiterte Auflage, 256 Seiten
Format 20 x 24 cm, 42 Spiele und Übungen
19,80 € (D) / 20,40 € (A) / 35,00 sFr
ISBN 978-3-940 562-28-9 (Softcover)

Die Fähigkeit, zu kommunizieren bestimmt die Qualität der Beziehung von Menschen. Kommunikation hat viele Seiten: verbal, nonverbal, tasten, fühlen, spüren und Sprache. Welche Schwierigkeiten aber auch Lernfelder entstehen, wenn Menschen unterschiedlicher Kulturen und Sprachen aufeinander treffen?

Der erste Teil des Buches beschäftigt sich mit dem theoretischen Hintergrund Interkultureller Kommunikation. Wer oder was bestimmt Kultur? Wie lernt man Kultur? Behandelt werden auch Probleme in der interkulturellen Begegnung sowie Interaktions- und Kommunikationskompetenzen.

Der zweite Teil stellt eine Vielzahl von Interkulturellen Übungen vor. Alle vorgestellten Übungen sind vielfach erprobt und durch Hinweise zu Zielen, Teilnehmerzahl und benötigtem Material einfach in der Praxis einsetzbar.

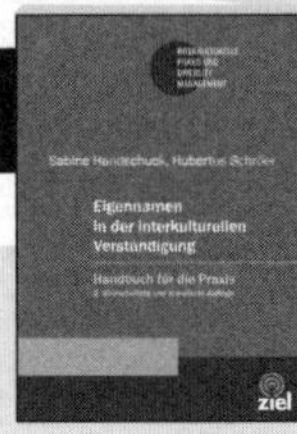

Sabine Handschuck, Hubertus Schröer

Eigennamen in der interkulturellen Verständigung

Handbuch für die Praxis
2. überarbeitete, erweiterte Auflage
284 Seiten, Format A5
24,80 € (D) / 25,50 € (A) / 45,00 sFr
ISBN 978-3-940 562-59-3 (Softcover)

Da die gegenseitige Vorstellung oder die Frage nach dem Namen häufig in der interkulturellen Begegnung die ersten Sprechakte sind, ist der Umgang mit Eigennamen in der interkulturellen Kommunikation ein Schlüsselprozess, der maßgeblich das Gelingen oder das Misslingen einer Verständigung beeinflusst. Das Grundprinzip der Anerkennung in der interkulturellen Verständigung kommt bereits in der ersten Anrede zum Tragen oder, wie häufig noch der Fall, es wird bereits bei der Vorstellung und Anrede verweigert.

Ein hervorragendes Buch, das ich nicht nur PraktikerInnen uneingeschränkt empfehlen möchte, sondern auch Lehrenden und Studierenden als Pflichtlektüre ans Herz lege [.]. Ein Buch, das jeder lesen muss, der nicht nur an dem Thema „Eigennamen", sondern an dem Themenkomplex „Interkulturelle Verständigung" oder „Interkulturellen Kompetenz" interessiert ist. Ich wünsche dem konstruktiven, hervorragend geschriebenen und differenzierten Beitrag von Sabine Handschuck und Hubertus Schröer in jeder Hinsicht eine intensive und breite Rezeption.
Prof. Dr. Ahmet Toprak, in: Migration und Soziale Arbeit 3/4-2010

Sabine Handschuck

Interkulturelle Qualitätsentwicklung im Sozialraum

Band I: Konzeption eines Modellprojektes zur interkulturellen Orientierung und Öffnung von sozialen Einrichtungen
212 Seiten, Format A5, zahlreiche Tabellen
24,80 € (D) / 25,50 € (A) / 45,00 sFr
ISBN 978-3-940 562-20-3 (Softcover)
auch erhältlich: Band II (ISBN 978-3-940 562-22-7)

Interkulturelle Orientierung und Öffnung ist zu einem beherrschenden Thema in der Gesellschaft geworden. Wie kann die interkulturelle Öffnung von Einrichtungen der Sozialen Arbeit gelingen? Welches Vorgehen und welche Instrumente gewährleisten die Qualität einer interkulturell orientierten Sozialarbeit? Wie können strukturelle Ausgrenzungsmechanismen in Einrichtungen Sozialer Arbeit erkannt und Maßnahmen entwickelt werden, um diese abzubauen?

Das Projektkonzept „Interkulturelle Qualitätsentwicklung im Sozialraum" bietet eine theoretisch fundierte Antwort auf diese Fragen und zeigt auf, wie interkulturelle Orientierung und Öffnung sozialräumlich durch die Zusammenarbeit sozialer Einrichtungen im Stadtteil gelingen kann.

Die Analyse, welche Wissensbestände geeignet sind, die oben genannten Fragestellungen theoretisch und praktisch zu beantworten, führt vier Fachdiskurse zusammen: die Debatte über Qualitätsentwicklung mit dem Verwaltungsreformdiskurs und den Diskursen um Vernetzung und interkulturelle Öffnung von sozialen Einrichtungen. Aus diesen theoretischen Ansätzen wird das methodische Vorgehen abgeleitet. Prozessschritte, Ziele, Standards und Indikatoren sind übersichtlich dargestellt und dienen über das konzipierte Projekt hinaus als Modell für die Praxis. Die Evaluation des Prozesses wird in einem 2. Band veröffentlicht.

Der Band stellt eine für Fach- und Führungskräfte der Sozialen Arbeit und der Kommunalverwaltung wertvolle Anregungen dar und gibt Studierenden einen Einblick in Problemlösungsstrategien einer interkulturell orientierten Sozialen Arbeit.

Reinhilde Beck, Constance Engelfried (Hrsg.)

Managing Gender

Implementierung von Gender Mainstreaming in psycho-sozialen Arbeitsfeldern
236 Seiten, Format A5
11 Abb. / Graf. / Tab.
24,80 € (D) / 25,50 € (A) / 45,00 sFr
ISBN 978-3-940 562-36-4 (Softcover)

Gender Mainstreaming ist eine 1999 im Amsterdamer Vertrag auf Europaebene begründete Programmatik und EU-weite Strategie. Sie soll darauf hinwirken, den Anspruch auf Chancengleichheit von Frauen und Männern in sämtlichen politischen Konzepten und Maßnahmen der EU und in allen Einrichtungen des öffentlichen Lebens europaweit umzusetzen. Gender Mainstreaming setzt an den Strukturen einer Organisation an und zielt auf eine geschlechterdemokratische Neuorganisation, vermittels derer die Gleichstellung der Geschlechter effektiv vorangebracht werden soll.

Im Kontext von Förderpolitik und Leistungsträgerschaft des Sozial- und Gesundheitsbereichs entwickelt sich „Gender" zunehmend zu einem handlungsleitenden Qualitätskriterium. Nach wie vor wird jedoch bei der konkreten Umsetzung geschlechterdemokratischer Strategien in Strukturen sozialer Organisationen in der Regel Neuland betreten.

Im Rahmen eines zweijährigen Modellprojektes „Gender Mainstreaming in Einrichtungen und Diensten der Suchthilfe und Psychiatrie (2006–2008)", wurden daher Wege zur Einführung und Umsetzung von Gender Mainstreaming entwickelt, erprobt und hinsichtlich weitergehender Konsequenzen evaluiert. Das Kooperationsprojekt und die erzielten Ergebnisse sind Hauptgegenstand der vorliegenden Publikation.

Weitere Titel finden Sie unter www.ziel-verlag.de

ziel

Bestellungen bitte an:

ZIEL – Zentrum für interdisziplinäres erfahrungsorientiertes Lernen GmbH
Zeuggasse 7–9, 86150 Augsburg
Tel. (08 21) 420 99 77, Fax (08 21) 420 99 78
E-Mail: verlag@ziel.org

ZIEL-Verlag:

- Praktische Erlebnispädagogik
- SozialMANAGEMENT Praxis / SozialWIRTSCHAFT Diskurs
- Diversity Management
- Grundlagen der Weiterbildung
- Seminarmaterial

Online **www.ziel-verlag.de**
... und bei Ihrem Buchhändler!